煤炭高等教育“十四五”规划教材
应急管理能力与素质提升系列教材

应急管理教程

主编　徐淑华　曹家琳　陈建新

中国矿业大学出版社
·徐州·

内 容 提 要

本书作为应急管理系统干部培训和应急管理专业学习的基础性教材，主要包括应急管理基础知识，应急救援体系及应急保障能力建设，应急预案的编制实务，安全生产应急预案管理、演练与评估，安全生产应急管理与处置相关法律法规，应急管理动态与现代应急管理理论，应急技术、应急装备与应急平台，地方政府事故应急处置程序与职责等内容，旨在通过应急管理基础理论和专业知识的呈现和传播，加强应急管理专业人才培养和提升领导干部应急处突能力来推动我国应急管理事业的发展和进步。

图书在版编目(CIP)数据

应急管理教程/徐淑华，曹家琳，陈建新主编．—徐州：中国矿业大学出版社，2024.7

ISBN 978-7-5646-5893-9

Ⅰ．①应… Ⅱ．①徐… ②曹… ③陈… Ⅲ．①危机管理—教材 Ⅳ．①C934

中国国家版本馆 CIP 数据核字(2023)第 131414 号

书　　名　应急管理教程
主　　编　徐淑华　曹家琳　陈建新
责任编辑　黄本斌
出版发行　中国矿业大学出版社有限责任公司
（江苏省徐州市解放南路　邮编 221008）
营销热线　(0516)83885370　83884103
出版服务　(0516)83995789　83884920
网　　址　http://www.cumtp.com　**E-mail**:cumtpvip@cumtp.com
印　　刷　江苏淮阴新华印务有限公司
开　　本　787 mm×1092 mm　1/16　**印张** 15.25　**字数** 390 千字
版次印次　2024 年 7 月第 1 版　2024 年 7 月第 1 次印刷
定　　价　45.00 元

序

党的十九大以来，为深入贯彻落实习近平总书记关于应急管理重要论述，按照应急管理部党委决策部署，华北科技学院（中国煤矿安全技术培训中心）与北京京煤集团有限公司在“安全生产预防及应急”专项资金的支持下，联合开展“国家级安全生产事故预控与应急处置技术实验实训和科普基地”项目（以下简称“基地项目”）建设工作，充分利用京西关停煤矿的宝贵空间资源，打造集灾害事故预控与应急处置高新技术研发、专业学生实习、干部教育培训、科学知识普及于一体的示范性综合实践基地，着力破解退出产能矿区普遍面临的转型发展难题，为加快推进应急管理能力现代化和城市安全发展提供有力支撑。

基地项目包括防灾减灾救灾技术支撑平台建设、应急管理信息化研发平台建设、应急管理特色学历教育课程体系建设、应急管理能力培养课程体系建设和基础条件建设5个部分。其中，应急管理能力培养课程体系建设旨在利用基地建设形成的实战训练环境，为应急管理人员培训演练开发以文字、音像、多媒体为载体，以动漫、影视、三维虚拟仿真为表现形式的配套课程体系。该课程体系包括应急管理人员能力提升课程、煤矿安全监管监察人员能力提升课程和安全生产法律法规专题培训课程3个部分共50余门课程。

为提升培训课程学习效果，我们组织编写了与50余门课程配套的系列教材。其中，应急管理人员能力提升课程以提升应急管理行政执法人员业务水平为主线，内容涵盖危险化学品、石油天然气开采、工贸、金属冶炼、职业卫生等10个行业领域的监管执法理论和实务知识；煤矿安全监管监察人员能力提升课程以提升煤矿安全监管监察人员业务水平为主线，内容涵盖煤矿重大危险源辨识与隐患排查、煤矿安全监察执法裁量、煤矿事故调查与应急处置等理论和实务知识；安全生产法律法规专题培训课程以提升应急管理干部法治思维和依法行政能力为主线，内容涵盖近年来安全生产领域最新政策法规和规范性文件的解读。

该系列教材可以作为应急管理人员能力素质提升培训的专用教材和应急管理相关专业本科生、研究生的学习教材，也可以作为从事应急管理、煤矿安全监管监察相关科研、实践人士的参考用书。

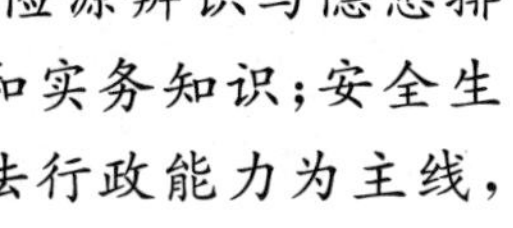

前　言

本书作为“国家级安全生产事故预控与应急处置技术实验实训和科普基地”项目建设方案中课程体系建设的组成部分，在课题组成员的共同努力下，经过三年的撰写和多次修正，最终完成了编写工作。这三年来，我们以本课题为主要支撑点，以学校“政治建校、特色立校、质量强校、文化兴校”的办学理念为导向，共同步入应急管理领域的科学研究，亲历了应急管理大学（目前处于筹备阶段）轮廓的逐渐清晰，见证了我国应急管理事业的跨越式发展。

新姿态担当新使命。由青年博士转向青年教师，由公共管理领域转向应急管理领域，秉承“天下为公、报国为怀”的北京大学政府管理学院院训以及“对党忠诚、纪律严明、赴汤蹈火、竭诚为民”的训词精神，编写一部适用于应急管理系统干部培训和应急管理专业学生学习的基础性教材，凸显了我们对于研究应急管理和服务应急管理事业发展的情怀。在本书编写过程中，我们感受到了应急管理形势的严峻性、应急管理工作的重要性以及应急管理事业发展的紧迫性。作为青年学者，积极投身于应急管理领域研究，这既是应急管理大学建设发展赋予我们的新使命，也是我国应急管理事业发展要求赋予我们的新使命。

新理念开创新征程。面对新时代应急管理的新形势、新挑战，我们应以习近平总书记总体国家安全观和关于应急管理工作的重要指示精神为指导，系统地、动态地、脚踏实地地开展应急管理领域的教学和科研工作。本书的出版，是课程体系建设中教材建设的起点，同时也是我们从事应急管理领域基础理论和应用研究的起点。

本书具体编写分工如下：徐淑华和张丽颖编写第一章，姚清晨编写第二章，曹家琳编写第三章和第四章，赖成宇和邵晨编写第五章，汤彬编写第六章，徐淑华、李峰波和陈建新编写第七章和第八章，徐淑华和王瑞馨负责全书统稿。

在本书编写过程中，得到了许多学者和同学的帮助和支持，感谢祁慧老师、李泽荃老师、杨壆老师、李碧霄老师、王艺岚老师对本书的理论指导和精神关怀，感谢澳门大学社会科学学院的崔雯绚、蒋雯静、张锐、哈瑞琦、林海恩、张苑儿等同学，北京大学政府管理学院的史大宁博士后、王月博士后、吕立邦博士、刘江远博士、周隆武博士、王开洁博士、于越博士、宿杨博士，中国矿业大学公共管理学院（应急管理学院）的熊亚超博士，武汉大学政治与公共管理学院的侯寓栋博士，重庆工商职业学院的张颖老师，广西职业师范学院的周泽老师，北京外国语大学-英国博尔顿大学的范梦云同学等人在资料搜集方面给予的大力支持，感谢华北科技学院经济管理学院的李思奇、卫仕豪、刘思含、付博聪、张璐瑶等同学在书稿校对和后勤保障方面做出的贡献。

本书编写与出版是一个探索的过程，也是一个进步的过程，对于书中存在的不足，敬请广大读者指正。

作　者

2023 年 11 月

目　录

第一章　应急管理基础知识 …… 1

第一节　突发事件概述 …… 1

第二节　承灾载体概述 …… 6

第三节　应急管理概述 …… 7

第二章　应急救援体系及应急保障能力建设 …… 17

第一节　应急救援体系建设 …… 17

第二节　应急保障能力建设 …… 35

第三章　应急预案的编制实务 …… 40

第一节　应急预案基本知识 …… 40

第二节　应急预案的编制 …… 43

第四章　安全生产应急预案管理、演练与评估 …… 62

第一节　安全生产应急预案的管理 …… 62

第二节　安全生产应急预案演练 …… 64

第三节　应急预案评估实务 …… 88

第五章　安全生产应急管理与处置相关法律法规 …… 93

第一节　我国省会及较大市以上应急管理相关法律法规汇总及解读 …… 93

第二节　主要发达国家相关法律法规汇总及解读 …… 95

第三节　中外安全生产应急管理法律法规对比及经验借鉴 …… 99

第四节　石油天然气事故应急处置相关法律法规 …… 103

第五节　典型案例分析 …… 107

第六章　应急管理动态与现代应急管理理论 …… 117

第一节　应急管理的实践与理论发展历程 …… 117

第二节　现代应急管理的过程与机制审视 …… 127

第三节　应急管理的理论前沿与比较研究…………………………………… 139

第七章　应急技术、应急装备与应急平台 …………………………………… 144
第一节　应急技术…………………………………………………………………… 144
第二节　应急装备…………………………………………………………………… 160
第三节　应急平台…………………………………………………………………… 174

第八章　地方政府事故应急处置程序与职责………………………………… 195
第一节　地方政府事故应急处置程序……………………………………………… 195
第二节　地方政府事故应急处置职责……………………………………………… 212

参考文献…………………………………………………………………………… 229

第一章 应急管理基础知识

突发事件具有突发性和不确定性、破坏性和连锁性、衍生性和扩散性等特征，使得针对突发事件的应急管理工作成为当前全世界范围内各国政府部门必须承担的基本职能。特别是2019年年底暴发的新型冠状病毒肺炎疫情（以下简称COVID-19疫情）以来，针对当前突发事件易发和频发的世情和国情，需要政府部门加强对突发事件的应急管理。本章将应急管理基础知识分为突发事件、承灾载体和应急管理三个部分进行阐述，其目的是让大家了解突发事件的概念与特征、分类、分级和分期，了解突发事件的承灾载体——人、物、社会经济系统，了解应急管理的内涵与外延、应急管理体系、主要行业和领域的应急管理等基础性知识。

第一节 突发事件概述

与政府的日常管理工作内容不同，应急管理主要是政府部门针对突发事件进行的管理。要掌握应急管理的基础知识，首先应了解什么是突发事件，突发事件有哪些特征，如何对突发事件进行分类、分级和分期。在此基础上，再来明确应急管理的内涵与外延、环节与功能等。

一、突发事件的概念和特征

1. 突发事件的概念

本书所指的突发事件，特指突发性公共事件，是指突然发生，造成或者可能造成严重社会危害，需要采取应急处置措施予以应对的自然灾害、事故灾难、公共卫生事件和社会安全事件。突发事件的发生往往具有规模大，人员伤亡和财产损失严重，社会危害性强的特点，易对社会环境产生广泛的负面影响。

2. 突发事件的特征

突发事件是由人财物和整个社会、自然系统组成的复杂系统，对突发事件特征进行整合分析，主要表现在以下几个方面。

（1）突发性和不确定性

突发事件的发生具有高度的不确定性，防不胜防，不会给涉事主体任何时间反应和应对。比如大型矿难事故，我们不可能确定什么时候会有灾难发生，更不可能预测灾难发生地点，来不及做多方面准备。既然事件是突然发生的，那么处置过程中就具有极强的紧迫性，事件演变也会非常迅速，使得人们猝不及防，处置突发事件的时间和机会也是稍纵即逝，令人手足无措。

如果及时准确地抓住突发事件发生后应对的关键时期，便可能转危为安。反之，一旦延误时机，会对社会秩序、经济发展、人民生产生活等方面造成非常严重的负面影响。以危险化学品泄漏、爆炸等事故为例，事件一旦发生便可能造成严重的人员伤亡和财产损失，如不能立即采取紧急救助措施，人员伤亡和财产损失将有可能不断扩大。

(2) 破坏性和连锁性

首先，突发事件具有破坏性，具体体现在人员的伤亡和财产的损失。比如"8·12"天津滨海新区爆炸事故造成160余人遇难、790余人受伤，300余座建筑物严重受损、万余辆汽车受损，核定的直接破坏性经济损失高达68.66亿元；再如江苏天嘉宜化工有限公司"3·21"爆炸事故，造成78人死亡、76人重伤、640人住院救治，这种破坏性的损失是非常令人震惊的。

其次，突发事件具有高度连锁性，一个突发灾害事件可能会导致一个或多个继发性灾害事件。比如1998年洪水是一场包括长江、嫩江、松花江等江河流域地区的特大急性洪水，核定的直接经济损失约占当年全国GDP的3%；洪水在造成巨大直接经济损失的同时，对于水利基础设施、道路交通基础设施、电网与无线通信设施、文教卫生设施等重要基础设施都造成了非常严重的影响，洪涝受灾面积3.3亿亩(1亩≈666.7 m^2，下同)，成灾面积2.07亿亩，受灾人口1.86亿人，死亡4 150人，倒塌房屋685万间。再如美国"9·11"恐怖袭击事件使得美国将反恐行动作为对外关系紧张政策的战略目标，这种战略目标的紧张关系也几乎直接波及了全世界，战争和其他暴力冲突事件造成的战略性损失和严重破坏难以准确计量，此次恐怖袭击事件对于其他国家和地区的外交政策和战略目标也都产生了影响。

(3) 衍生性和扩散性

突发事件给我们带来的影响和后果不仅是严重的，而且是可以衍生和迅速扩散的，表现为很多突发事件对于周围环境和人的健康的影响，以及不良后果往往会持续相当长的时间，短时间内难以彻底清除。危险化学品的泄漏事件往往会对城市土壤、河流、草场等生态环境造成长期的、不可逆的污染，区域性城市重建的难度和压力也将变得非常大。

突发事件的突发性和高度不确定性、破坏性和高度连锁性、衍生性和扩散性已成为突发事件的主要性质和特征，这些特征使得突发事件难以预测和有效的预防。突发事件中所释放的巨大能量会通过传导机制迅速蔓延，引发多米诺骨牌效应，从而导致更大的危机，造成更大的损失。

二、突发事件的分类、分级与分期

1. 突发事件的分类

对突发事件进行分类是应急管理的基础。突发事件的类型不同，其造成的危害情形也不同，政府和社会在具体的应对过程中也会有其特殊性，因此对突发事件进行分类管理，符合我国"综合协调、分类管理、分级负责、属地管理为主"的应急管理工作体系。《中华人民共和国突发事件应对法》(以下简称《突发事件应对法》)中将突发事件划分为自然灾害、事故灾难、公共卫生事件和社会安全事件四大类。表1-1列举了我国突发事件的主要特征和常见案例。

表 1-1　突发事件的主要类型

类型	特征描述	示例
自然灾害	自然原因而导致的突发事件	水旱灾害、气象灾害、地震灾害、地质灾害、海洋灾害、生物灾害和森林草原火灾等
事故灾难	人类活动或者人类发展而导致的计划之外的事件或事故	工矿商贸等企业的各类安全事故、交通运输事故、公共设施和设备事故、环境污染和生态破坏事件等
公共卫生事件	主要由病菌或病毒引起的大面积的流行疾病等事件	传染病疫情、群体性不明原因疾病、食品安全和职业危害、动物疫情以及其他严重影响公众健康和生命安全事件
社会安全事件	主要由人们主观意愿产生，会危及社会安全的突发事件	恐怖袭击事件、经济安全事件和涉外突发事件等

在进行突发事件分类时还需注意以下问题：

第一，突发事件具有很多并发危害，这些危害往往都是相互联系和相互影响的，会呈现出共时性特征，在某些情况下还可能会互相转化，衍生出其他复合式的反应，比如发生大地震可能会直接引发海啸、生态破坏等。

第二，突发事件的不确定性非常明显，在进行分类时必须考虑各种新情况和新变化，以便适时进行调整和更新。

第三，企业的应急管理应充分归纳和分析国内外、行业内外各类突发事件的应急管理经验，建立应急管理中心，围绕如何有效应对各类突发事件，加强各类企业突发事件的应急组织和管理机制的建设，以及相互之间的应急管理协调、配合和衔接。

2. 突发事件的分级

突发事件应急管理实行分级响应机制，根据突发事件的严重程度不同明确不同的响应级别，并对通报范围、应急组织启动、应急装备调集等内容进行相关约定。

在我国，按照社会危害程度、影响范围、突发事件性质和可控性等因素将自然灾害、事故灾难、公共卫生事件分为四级，即特别重大、重大、较大和一般。同时，根据突发事件可能造成的危害程度、紧急程度和发展趋势，将自然灾害、事故灾难和公共卫生事件预警级别也划分为四个等级，并依次用不同颜色标明。突发事件的预警级别如表 1-2 所列。

表 1-2　突发事件的预警级别

突发事件等级	事件特点	预警颜色
一级(特别重大)	预计将要发生特别重大的突发事件，事件会随时发生，事态正在不断蔓延	红
二级(重大)	预计将要发生重大以上的突发事件，事件即将发生，事态正在逐步扩大	橙
三级(较大)	预计将要发生较大以上的突发事件，事件即将发生，事态有扩大的趋势	黄
四级(一般)	预计将要发生一般以上的突发事件，事件即将发生，事态可能会扩大	蓝

突发事件的应急管理和处置工作要严格遵循“综合协调、分类管理、分级负责、属地管理为主”的工作体系。首先，依靠本地的力量基本可以处置和解决大部分的各类突发事件。其

次，上级负责应急管理的部门必须着手处置和解决破坏严重程度远远超出地方处置突发事件能力的各类突发事件。

3. 突发事件的分期

突发事件预防和应急管理主要涵盖了我国突发事件事前、事发、事中、事后的各个主要阶段，强调的主要是对全过程的应急风险管理。根据我国突发事件可能发生的各个主要阶段，将我国突发事件应急管理周期划分为酝酿期、暴发期、缓解期和善后期，涵盖了突发事件预防准备、监测预警、响应处置、恢复重建四个主要应急管理任务，充分体现了“预防为主、常备不懈”的应急理念，如表 1-3 所列。

表 1-3 突发事件的分期

分期	发生阶段	主要任务	机制设置	主要内容
酝酿期	事前	预防准备	防范事件的发生	应急预案体系，城乡规划符合预防与应急管理的需要；预防并防范潜在隐患；完善应急培训、演练、教育体系；应急人员、物资、经费保障；建立巨灾风险保险体系；人才培养与科学开发；等等
暴发期	事发	监测预警	及时控制事件并防止其蔓延	突发事件信息系统；突发事件信息收集、报告、评价制度；监测制度；预警制度；社会安全事件信息报告制度；等等
缓解期	事中	响应处置	最大限度地降低事件带来的损失	应急处置机制；各类事件应急处置措施；应急协作机制；信息发布；禁止编造、传播虚假信息；群众性基层自治组织应急职责；有关单位的应急职责；公民应当履行的义务；等等
善后期	事后	恢复重建	尽快恢复正常秩序并从灾难中学习	评估损失和组织恢复重建；支援恢复重建；善后工作；调查、应急处置工作总结；等等

应急管理是一个动态的过程，尽管在实际情况中这些阶段往往是交叉的，但每一阶段都有其明确的目标，而且每一阶段又是构筑在前一阶段的基础之上的。预防、准备、响应和恢复的相互关联，构成了突发事件应急管理的循环过程。

(1) 酝酿期

酝酿期主要包括为有效应对各类突发事件而进一步采取的预先防范措施，主要任务就是事前预防与准备，为应对突发事件而事先防范采取的措施，如应急意识、组织、机制、预案、队伍、资源、培训以及演练等各种预先防范措施。此准备阶段为后续各个阶段的应急安全管理工作的开展提供了支撑，涵盖了应急安全管理工作的全生命周期过程。

(2) 暴发期

暴发期主要包括为控制事件的发生并及时防止其继续蔓延而采取的监测和预警分析工作。暴发期要准确预测可能面临的安全风险和危害的严重程度，对事故情况进行准确的监测和预警分析评价。通过监测与预警分析工作能够灵敏快速地进行信息搜集、传递、处理、识别和发布，并且能够对复杂多变的信息做出准确判断，这样就能够将大量的突发事件消除或者控制在萌芽状态。同时为了实现监测工作的闭环管理，使得各过程紧密衔接，必须保证预警分析工作的连贯性和准确性。

（3）缓解期

缓解期主要指突发事件发生后，公共危机进入相持阶段，仍有可能继续向坏的方向发展，管理的主要任务是为持续性地控制危机并尽快恢复至正常秩序，所需采取的各种紧急应对的措施和行动。比如COVID-19疫情结束后，应稳定公众情绪，及时公开疫情，控制疫情的负面影响。

《突发事件应对法》第七十二条第一款明确规定："突发事件发生后，履行统一领导职责或者组织处置突发事件的人民政府应当针对其性质、特点、危害程度和影响范围等，立即启动应急响应，组织有关部门，调动应急救援队伍和社会力量，依照法律、法规、规章和应急预案的规定，采取应急处置措施，并向上级人民政府报告；必要时，可以设立现场指挥部，负责现场应急处置与救援，统一指挥进入突发事件现场的单位和个人。"此条款明确规定了政府在突发事件发生后进行应急响应和处置的具体要求。

应急的响应和处置阶段是政府应对各种突发事件的关键阶段和实战阶段，考验着一个应急管理部门的快速响应和处置的能力。应急管理部门若要做好应急响应和处置，需解决好以下几个关键问题：一是需要应急管理部门具有快速响应的能力。响应速度越快，意味着越能有效地减少危害损失。由于各种突发事件发生突然、扩散迅速，只有及时地做出响应，控制住危险的局面，防止突发事件的继续发生和扩展，才能有效地减轻突发事件造成的各种经济损失。以往的经验也表明，建立统一的应急救援指挥中心或者管理系统有助于救援人员提高快速反应的能力。二是需要应急管理部门具有较强的组织协调能力。有效地应对各种突发事件，尤其是特别重大的突发事件，需要应急管理部门具有较强的组织协调和紧急动员能力，组织多方面力量积极参与，相互协作，共同应对。三是需要应急管理部门具有物资配备能力。为参与一线的应急救援人员配备必要的安全设施和防护装备，以有效地提高在各种应急事件处置过程中应急救援人员的自我防护能力。

（4）善后期

善后期包括突发事件发生后政府应采取的各种应急善后措施及尽量减少可能造成损害的应急管理行为，重点任务就是尽快恢复和善后重建。突发事件的严重威胁和危害一旦得到了控制或者消除后，应尽快恢复地区生产、生活、工作的秩序，同时，善后阶段要重点关注和规避新突发事件的发生。《突发事件应对法》第八十六条明确规定："突发事件的威胁和危害得到控制或者消除后，履行统一领导职责或者组织处置突发事件的人民政府应当宣布解除应急响应，停止执行依照本法规定采取的应急处置措施，同时采取或者继续实施必要措施，防止发生自然灾害、事故灾难、公共卫生事件的次生、衍生事件或者重新引发社会安全事件，组织受影响地区尽快恢复社会秩序。"因此，在恢复和重建的善后阶段要认真分析和总结各种应急事件处置与其应急善后综合管理的经验教训，这不仅在理论上可以为今后预防和应对类似事件的发生奠定新的应急管理基础，而且在实践工作上也有助于建立和促进善后的制度及其管理的革新，降低同类型事件反复发生所带来的风险和损失。

第二节　承灾载体概述

承灾载体，简而言之就是突发事件作用的对象，是界定突发事件的必要条件，是在突发事件作用下发生损坏而带来次生和衍生灾害的中间媒介。承灾载体包括人、物和社会经济系统三种类型。

一、人

在承灾载体的三种类型中，人是最重要的承灾载体，同时也是最脆弱的承灾载体。在突发事件到来时，由于人的知识信息和反应行为方式各不相同，人们对于灾害的认知和应对能力各不相同，这主要是个人对风险认知的偏差和反应决定的。风险认知指通过人们对于风险的主观评判，以及由此判断引发的风险认知态度和应对风险的决策倾向。它涵盖了全体人们对于风险的主观感知、理解、记忆、反应的整个风险认知和反应过程。对风险的认知及其偏差和反应泛指个体在进行风险认识和理解或者判断某种风险时可能发生的某种主观偏离或者客观偏离的倾向。

在所有的突发事件中，人基本上都是最直接的承灾载体。无论是自然灾害、事故灾害，还是公共卫生事件和社会安全事件，都会直接影响和危害到人的身体健康和生命安全。人作为承灾载体具有直接性、脆弱性等特征，使得在突发事件的应急管理中，首先要秉承以人为本的应急管理原则，遵循生命至上、安全第一的应急管理理念，全面控制突发事件对人生命健康安全所带来的危害和影响。

二、物

物是人类社会的基本载体，我们时刻被各种各样的物包围着，包括各种发明创造，从人力车、马力车到蒸汽机车、电力机车，从热气球、飞艇到飞机、飞船，从油灯、蜡烛到电灯等，人类用自己的智慧创造这个世界，创造物也成为人类社会生产、生活、经济社会运行的有效载体。突发事件灾害是普遍存在的，作为承灾载体的物也是多种多样的，其具有以下两个特点。

1. 损害人类的生命和财产安全

比如在洪灾或火灾中承受灾害的城市建筑物，受地震破坏的桥梁、地表，受自然灾害破坏的电力、热力、雨污排水等城市管网，这些显然都严重损害人类的生命和财产安全。

2. 伤害和损失具有一定规模

价值总量和承灾能力是承灾载体面对灾情作用的体现，主要反映了受灾数值和损失率的大小。此方面也是国内学者研究的重点，建筑物、桥梁、城市管网等能够对人类的生命或财产安全构成重大威胁，需要重点进行关注和研究。

三、社会经济系统

社会经济系统包括经济、政体、社会组织和文化价值等子系统，每一个子系统都由若干个元素组成并相互联结在一起。社会经济系统是承灾载体的重要类型，在突发事件导致的承灾载体破坏中，对社会经济系统的破坏所造成的后果往往比对单纯的人或物的伤害或破坏要更加严重，这不仅表现在社会经济系统的破坏极易导致人和物的伤害和破坏，更表现在社会经济系统的破坏往往会造成长期的影响，恢复难度极大。

例如，COVID-19 疫情在全球范围内给人类的生命健康造成了极大损害，截止到 2023 年 5 月 5 日，世界卫生组织宣布 COVID-19 疫情不再构成“国际关注的突发公共卫生事件”，全球累计报告病例逾 7.6 亿，死亡病例超过 690 万。在 COVID-19 疫情冲击下，全球经济出现了明显的萎缩，全球贸易出现了显著的负增长，交通运输、餐饮业、旅游业以及文化产业等受到的冲击尤为突出，严重危害了社会经济系统的正常运行。

第三节 应急管理概述

基于突发事件的基本特征以及突发事件给承灾载体带来的危害，应急管理成为政府部门的重要职能，也促使政府部门不断加强应急管理体系和应急管理能力建设。2018 年3 月中华人民共和国应急管理部正式成立，该部门是国务院组成部门，它的组建体现了我国政府对应急管理需求的科学认知，对应急管理事业的高度重视，也是我国在推进应急管理体系和应急管理能力现代化进程中的一个重要里程碑。

一、应急管理的内涵与外延

应急管理是指政府部门针对包括自然灾害、事故灾难、公共卫生事件和社会安全事件等各类突发事件，从预防与准备、监测与预警、救援与处置到恢复与重建等全方位、全过程的管理，其本质上是为了应对社会各种突发事件而组织开展的管理活动，旨在有效保障社会公共安全，避免或最大限度地减少各种突发事件对公民生命、财产造成的损失和对社会生活秩序造成的影响。从应急管理的主体来看，应急管理由政府部门主导，企业、社会组织和公民共同参与。《突发事件应对法》第十七条第一款规定：“县级人民政府对本行政区域内突发事件的应对管理工作负责。突发事件发生后，发生地县级人民政府应当立即采取措施控制事态发展，组织开展应急救援和处置工作，并立即向上一级人民政府报告，必要时可以越级上报，具备条件的，应当进行网络直报或者自动速报。”第二十三条规定：“公民、法人和其他组织有义务参与突发事件应对工作。”从应急管理的客体来看，应急管理是对全灾种的综合管理，不仅包括自然灾害、事故灾难，还包括公共卫生事件和社会安全事件。从应急管理的过程来看，应急管理不仅包括事中的救援与处置环节，还包括事前的预防与准备、事发的监测与预警以及事后的恢复与重建环节，是对全灾种的全过程管理。

2003 年“非典”事件之后，我国各级人民政府开始建立以“一案三制”为核心的应急管理体系，也逐渐将公众进行应急管理活动上升为法定的行为。因此，应急管理在本质上是当代我国各级人民政府进一步加强对社会公共安全管理、搞好社会公共服务的一项基本职能和基本维度。

面对各类突发事件的风险和不确定性，应急管理的本质就是在系统总结和吸纳各种新型应急处置实践经验的基础上，通过长期的归纳比较和系统的分类梳理，从大量不确定因素中努力探索寻找具有一定的重复性、共通性、程序性的因素和规律，建立和完善相应的组织体制、运转机制和法规监督管理制度，进而全面提高各类突发事件的风险防范能力和快速进行应急处置的能力及综合应急管理能力。

应急管理主要包括常态应急管理和非常态应急管理。常态应急管理主要是指对突发事件能够在发生前按照正常的程序有效地开展应急组织管理体系建设、队伍管理体系建设、机制管理体系建设和应急制度管理体系建设等工作，可以在现有常规应急组织的框架下协调和解决绝大多数矛盾，尽可能地体现公平、合理。非常态应急管理主要是指针对各种突发事件在偶然发生后，或者无法判定其是否可能发生时，也需要紧急处理好这些直接关系人民群众生命财产安全的紧迫事件和形势，通常需要快速搭建应急平台和出台应急管理措施，构建应急管理组织结构、集结应急处置力量和调配应急物资，有效地缓解政府在应急处置时的压力和工作量，避免政府和决策者由于信息掌握能力不足、经验有限、时间紧迫等约束条件造成不必要的应急管理事务。

所以说，应急管理就是在紧急状况发生或预测发生时，及时准确地针对本次灾害，选择最好、最经济的应急管理方法来有效地实施和应对。

二、应急管理体系

“一案三制”的应急管理体系，是学术界比较普遍采用的一种观点。其中，“一案”指的是应急预案，“三制”指的是应急管理体制、应急管理机制和应急管理法制。还有学者提出应急管理体系应包括“一案三制一平台”，“平台”指的是应急管理平台。将应急预案、应急管理法制和应急管理平台独立于应急管理体制和机制之外的应急管理体系划分方法，可以比较直观地描述应急管理体系的组成部分，但是容易造成它们与应急管理体制和机制之间的脱节。实际上，应急管理机制应包括应急预案、应急管理法制和应急管理平台。本书中，我们遵循常规的划分方法，将应急管理体系分为“一案三制一平台”。

1. 应急预案

应急预案是为保证依法、迅速、科学、有序地开展突发事件应急救援行动、降低人员伤亡和减少经济损失而预先研究制订的有关计划或方案。它是在辨识评估潜在重大风险，可能发生的事件类型、发生概率、事件过程、事件后果及危害程度的基础上，对应急机构、人员、技术、装备、设施、物资、救援行动等方面做出的预先安排，是现代国家应急管理体系建设的一项首要任务。突发事件应急预案解决了事件发生前、事件过程中及事件发生后，谁来做、怎样做、做什么、何时做等问题。

应急预案是应急管理体系的重要组成部分，也是应急准备工作的重要任务，其主要目标是及时控制各种紧急情况的发生，并尽可能多地消除潜在的危机，避免事件的危害扩展，将紧急突发事件对人、财产和环境的负面影响降到最低。

在我国应急管理体系建设过程中，应急预案为有效应对突发事件提供了迅速、有效、有序的行动方案，也为应急管理体制、机制、法制建设提供了基础性支撑和保障作用，在应急管理实践中发挥了重要的规范和指引作用。通过编制应急预案并进行有效的管理，相关应急主体经过培训演练，可以做好充分的准备以应对各种复杂的突发事件。在多地区跨部门协同应对过程中，应急预案通过应急处置机制预设能实现各部门高效的协调联动。应急预案编制过程中通过应急资源调查而预先配备的人、财、物等资源为重大突发事件的应对处置提供了重要保障。此外,应急预案也是突发事件应对处置经验教训的总结,处置程序和措施合理有效,通过培训和演练,在突发事件发生后应急机构或人员能够采取更有效的应对措施。

2. 应急管理体制

体制是指国家机关、企事业单位在管理部门机构设置、领导部门隶属关系和部门管理权限划分等各个方面的体系、制度、方法、形式等内容的总称。应急管理体制是指包括政府部门、军队、企事业单位、社会组织以及公众等应急管理主体在突发事件应对中的机构设置、权责关系、人员配置以及相关的制度、方法、形式等的总称。应急管理体制是一个由横向和纵向合成的综合性系统,主要包括应急管理的领导指挥机构、专项应急指挥机构、日常办事机构、工作机构、地方机构及专家组等。应急管理体制基本的原则包括统一指挥、专常兼备、反应灵敏、上下联动。

应急管理体制作为“一案三制一平台”的重要前提和基本要素,是管理体制中重要的组成部分,由应急管理系统中行政部门执行管理,它是保障国家公共安全,有效预防和正确应对各种突发事件,避免、减少和缓解各种突发事件对国家和社会产生的各种负面影响的基础。通过应急管理体制的完善,可以建立以政府部门为应急管理核心,其他非政府组织和社会公众共同参与的应急行政组织管理体系。与一般的管理体制结构上有所不同,应急管理体制在本质上是一个开放的体系管理结构,由许多能够独立开展应急管理和服务活动的单元体构成。

从整体上分析,应急管理体制可针对不同类型、不同级别、不同地域和范围内的应急突发事件,设计和构建一套相应的应急组织和管理体制。从功能上分析,设计应急管理体制的目的在于根据应急管理发展目标,设计和规划建立一套确定应急组织机构和管理职位的系统,确定内部职权关系,把应急的内部联系整合起来,以有效保证应急管理组织和机构的正常运转。

3. 应急管理机制

应急管理机制作为“一案三制一平台”的关键组成要素,是国家应急管理部门在突遇危急事件全过程中各种制度化、程序化的行政应急管理的方法和措施。突发事件的应急管理机制主要涵盖了突发事件事前、事发、事中和事后四个关键环节,分为突发事件预防与准备、监测与预警、信息与报告、决策与指挥、公共沟通、社会风险应急动员、恢复重建、调查风险评估、应急与保障等内容,是遇到突发事件全过程中各种系统化、制度化、程序化、规范化的方法与应急管理措施。

具体而言,应急管理机制有以下含义:首先,从内涵和实质来看,应急管理机制应该是建立在国家法律法规之上的各级政府应急管理工作流程,能够很好地凸显政府在突发事件应急管理的系统中与其他组织之间的关系及其内部相互作用的关系;其次,从外在表现形式来看,应急管理机制主要体现的是各级人民政府及其职能部门对各种突发事件的响应和治理能力;最后,从作用流程来看,应急管理机制包括了预防与准备、监测与预警、救援与处置、恢复与重建等多个环节。

应急管理机制通过对应急管理流程和应急工作内容的有效协调统一,实现各部门在应对突发事件时能全面整合调配资源,达到对应急管理和行动的有效协调统一。综合实际情况来看,为有效应对各类突发事件,应急管理机制是一个完整的系统,机制之间相互作用、相互影响。

需要特别说明，每一项机制并不是直接限定在某个特定的时期或阶段，许多机制往往贯穿于整个流程中并发挥基础性作用，如应急风险防范、信息通报、协调联动、社会力量动员、信息发布机制等。

4. 应急管理法制

应急管理法制是“一案三制一平台”的基本保障要素。突发事件分为非常态事件与常态事件两种状态，应急管理法律法规很难完全覆盖所有特殊情况，为有效控制和消除非常态事件，需要建立尽量完整的应急管理法律法规体系，必要时运用行政紧急权力以及应急法律规范，来调整紧急情况下国家权力之间、国家权力与公民权利之间的各种社会关系，恢复正常的社会生活秩序和政治法律秩序，维护和平衡社会公共利益与公民的合法权益。

因此，应急管理法制是指针对各种突发事件及其可能引起的各种紧急情况，制定或执行国家认可的用于处理国家权力之间、国家权力与公民权利之间各种社会关系的法律规范和原则的总称，是国家法律法规体系的基本组成部分。

与常规管理的法律运行机制相比，应急管理法制具有以下特征：

(1) 权力优先性

在紧急状态下，与立法、司法等其他国家权力及法定的公民权利相比，行政紧急状态下的权力往往具有更大的法律权威性和优先性，例如可以限制或暂停某些公民法定权利的行使等。

(2) 紧急处置性

在紧急状态下，政府可以根据危机事件的程度进行紧急处置，防止公共利益和公共权力受到更大程度的损害，即便是没有针对该情况的具体法律规定。

(3) 程序特殊性

在紧急状态下，行政紧急权力的行使可遵循一些特殊的政府紧急法定程序，例如政府可以紧急出台某些简易程序和措施以确保危机事件处理的顺利进行，或者对某些政令和措施的出台设置更高的事中或事后审查门槛。

(4) 社会配合性

在紧急状态下，社会组织和公民有义务配合政府实施行政紧急权力，在必要时提供各种帮助。

(5) 救济有限性

在紧急状态下，政府依法行使行政紧急权力，有时会造成公民合法权益的损害。有些损害的后果可能是普遍且巨大的，政府依靠财政收入无法全部补偿，只能提供有限的救济和适当的补偿(但不得违背公平负担的原则)。

5. 应急管理平台

突发事件应对往往具有综合性和协调性。应急管理平台是为满足现代应急救援管理的需求，能够快速应对日益复杂多变的突发事件的一种新兴综合管理支撑手段，具有“平时”和“战时”两种机制，具有统一指挥、功能齐全、协调响应、高效运行的应急特点，其主要目的是防范和应对突发的自然灾害、重大事故事件，以快速响应并减少突发事件对社会公共利益造成的损失。从技术层面讲，它需要以通信和计算机系统为依托，将某一地域范围内跨越多个管理域、具有不同体系结构的各种应用系统综合集成为具有单一体系结构的系统。

应急管理平台通常都包含六个基本职责，分别是灾害发展趋势的预测、预期后果的评估、出台干预政策、进行应急决策、评估应急救援的效果以及全天候和全方位的监测监控。应急管理平台依托强大的信息通信及管理技术，融合了突发事件应急保障技术系统，可实现应急场景监测监管、风险评估分析、应急预警与决策处理、应急指挥统一协调等功能。这些功能还可以概括为三个方面：一是能够综合利用各种信息资源，对突发事件进行预测和危险性评估；二是能够结合已有的数据库和分析系统，动态生成优化的事故处置方案和资源调配方案；三是能够形成实施应急预案的交互式实战指南。

三、主要行业和领域的应急管理

道路交通安全事故、突发公共卫生事件、电力系统突发事件以及矿山事故，都是典型行业和领域的突发事件，需要进行应急管理。以下简单介绍这四种突发事件的概念、特征、分级以及应急管理体系。

1. 道路交通安全事故应急管理

（1）道路交通安全事故的概念及分类

道路交通安全事故泛指在道路交通途中，车辆非正常行驶所造成的人身伤亡或财产损失的责任事故。发生道路交通安全事故的原因不仅可以是人员违反道路交通法律法规，也可以是自然灾害等，如由地震、台风、山洪、雷击等各种不可抗拒因素造成的自然灾害。

《道路交通事故处理程序规定》第三条将道路交通事故分为财产损失事故、伤人事故和死亡事故。财产损失事故是指造成财产损失，尚未造成人员伤亡的道路交通事故。伤人事故是指造成人员受伤，尚未造成人员死亡的道路交通事故。死亡事故是指造成人员死亡的道路交通事故。

（2）道路交通安全事故应急管理体系

道路交通安全事故应急管理和救援工作，是直接关系新时期国民经济持续快速发展和保障广大人民群众生命财产安全的重要方面，也是彻底改变我国近年来道路交通安全事故频发、死亡率居高不下的重要举措。党中央、国务院以及交通运输部、地方各级的道路交通管理部门一直非常重视对道路交通安全的管理工作。近年来，随着我国社会和经济的快速发展，道路交通安全事故应急管理和救援将是道路交通管理部门的一项重要工作。

道路交通应急救援组织体系的管理是道路交通应急救援管理体系的核心和基础之一，其管理体系主要由领导决策层、应急救援管理与应急协调指挥系统以及道路交通应急救援队伍共同组成。对于实际上需要多个部门共同负责或者参与的紧急救援，由主管部门统一牵头，相关部门共同参加，组成跨部门、跨地区的应急救援协调指挥机构。对于较大规模的应急救援行动，由国务院组成的领导协调机构进行统一指挥。

道路交通应急救援运作的机制应包括联席会议制度，统一指挥和分级响应协调机制，监督、检查和考核应急救援工作机制，以及道路交通事故救援的应急工作预案等。我国道路交通的应急救援运作机制始终贯穿于道路交通应急的事前准备、初级反应、扩大应急和应急事故恢复等。在应急救援管理活动中，涉及道路交通应急和救援的工作机制众多，但关键的、最主要的运作机制是统一指挥、分级响应和调动公众参与等。

道路交通突发事件应急救援的技术支撑保障系统主要包括应急救援通信与信息保障系统、培训与应急演练保障系统、技术支持信息保障系统、物资与应急救援装备保障系统。为了保障道路交通突发事件应急救援体系的有效运行，在保持现有体系的基础上，应逐渐完善道路交通突发事件应急救援的相关法律法规和保障体系，确保现有的道路交通安全事故应急救援的技术、装备、信息保障落实到位。

2. 突发公共卫生事件应急管理

(1) 突发公共卫生事件的概念及特征

突发公共卫生事件泛指突然或者意外发生，造成或者可能造成对我国公众健康严重损害的重大流行性传染病疫情、群体性不明发病原因的疾病、重大食物和职业中毒以及其他严重或者可能直接影响我国公众健康的事件。

突发公共卫生事件具有以下特征：

① 突发性：所有突发公共卫生事件都是突然之间发生、突如其来的，一般是不可能被预测的。

② 群体性：突发公共卫生事件危害的不是特定的受害人，而是不特定的受害群体。

③ 危害性：突发公共卫生事件可对公众健康及其生命安全、社会经济的发展、生态环境等造成严重危害。

④ 系统性：各类突发公共卫生事件不仅是公共卫生的问题，而且还是一个涉及全社会的问题，需要有关政府部门的人员共同努力，甚至是全社会的共同关注和参与。

(2) 突发公共卫生事件分级

根据突发公共卫生事件性质、危害程度、涉及范围，突发公共卫生事件划分为特别重大(Ⅰ级)、重大(Ⅱ级)、较大(Ⅲ级)和一般(Ⅳ级)四级。

有下列情形之一的为特别重大突发公共卫生事件(Ⅰ级)：

① 肺鼠疫、肺炭疽在大、中型城市发生并有扩散趋势，或肺鼠疫、肺炭疽疫情波及 2 个以上省份，并有进一步扩散趋势。

② 发生传染性非典型肺炎、人感染高致病性禽流感病例，并有扩散趋势。

③ 涉及多个省份的群体性不明原因疾病，并有扩散趋势。

④ 发生新传染病或我国尚未发现的传染病发生或传入，并有扩散趋势，或发现我国已消灭的传染病重新流行。

⑤ 发生烈性病菌株、毒株、致病因子等丢失事件。

⑥ 周边以及与我国通航的国家和地区发生特大传染病疫情，并出现输入性病例，严重危及我国公共卫生安全的事件。

⑦ 国务院卫生行政部门认定的其他特别重大突发公共卫生事件。

有下列情形之一的为重大突发公共卫生事件(Ⅱ级)：

① 在一个县(市)行政区域内，一个平均潜伏期内(6 天)发生 5 例以上肺鼠疫、肺炭疽病例，或者相关联的疫情波及 2 个以上县(市)。

② 发生传染性非典型肺炎、人感染高致病性禽流感疑似病例。

③ 腺鼠疫发生流行，在一个市(地)行政区域内，一个平均潜伏期内多点连续发病 20 例以上，或流行范围波及 2 个以上市(地)。

④ 霍乱在一个市(地)行政区域内流行，一周内发病 30 例以上，或波及 2 个以上市(地)，有扩散趋势。

⑤ 乙类、丙类传染病波及 2 个以上县(市)，一周内发病水平超过前 5 年同期平均发病水平 2 倍以上。

⑥ 我国尚未发现的传染病发生或传入，尚未造成扩散。

⑦ 发生群体性不明原因疾病，扩散到县(市)以外的地区。

⑧ 发生重大医源性感染事件。

⑨ 预防接种或群体性预防性服药出现人员死亡。

⑩ 一次食物中毒人数超过 100 人并出现死亡病例，或出现 10 例以上死亡病例。

⑪ 一次发生急性职业中毒 50 人以上，或死亡 5 人以上。

⑫ 境内外隐匿运输、邮寄烈性生物病原体、生物毒素造成境内人员感染或死亡的。

⑬ 省级以上人民政府卫生行政部门认定的其他重大突发公共卫生事件。

有下列情形之一的为较大突发公共卫生事件(Ⅲ级)：

① 发生肺鼠疫、肺炭疽病例，一个平均潜伏期内病例数未超过 5 例，流行范围在一个县(市)行政区域以内。

② 腺鼠疫发生流行，在一个县(市)行政区域内，一个平均潜伏期内连续发病 10 例以上，或波及 2 个以上县(市)。

③ 霍乱在一个县(市)行政区域内发生，一周内发病 10～29 例或波及 2 个以上县(市)，或市(地)级以上城市的市区首次发生。

④ 一周内在一个县(市)行政区域内，乙、丙类传染病发病水平超过前 5 年同期平均发病水平一倍以上。

⑤ 在一个县(市)行政区域内发现群体性不明原因疾病。

⑥ 一次食物中毒人数超过 100 人，或出现死亡病例。

⑦ 预防接种或群体性预防性服药出现群体心因性反应或不良反应。

⑧ 一次发生急性职业中毒 10～49 人，或死亡 4 人以下。

⑨ 市(地)级以上人民政府卫生行政部门认定的其他较大突发公共卫生事件。

有下列情形之一的为一般突发公共卫生事件(Ⅳ级)：

① 腺鼠疫在一个县(市)行政区域内发生，一个平均潜伏期内病例数未超过 10 例。

② 霍乱在一个县(市)行政区域内发生，一周内发病 9 例以下。

③ 一次食物中毒人数 30～99 人，未出现死亡病例。

④ 一次发生急性职业中毒 9 人以下，未出现死亡病例。

⑤ 县级以上人民政府卫生行政部门认定的其他一般突发公共卫生事件。

3. 电力系统突发事件应急管理

(1) 电力系统突发事件的概念及特征

电力系统突发事件泛指突然发生的、造成或者可能直接造成整个电力系统的故障，使得电力系统不能稳定运行和正常的供电，需要及时采取相关应急措施予以应对的突发性紧急事件。

电力系统突发事件往往具有受灾面积大、影响范围广、持续时间长、应急救援需求点多以及对物资需求量大的特点。然而正是由于电力系统突发事件具有以上的特点,集发、输、供、配以及广大用户的消费于一身,因此,电力系统的任何一个环节出现了问题,都会直接影响整个电力供应体系原有的平衡,以及整个电力系统的安全稳定。

电力系统突发事件的种类大致分为自然灾害类、事故灾难类和经济社会突发事件类。

① 自然灾害类:由台风、地震、冰雹、雷雨、洪水、森林火灾等引起的电网损毁。其中冰雹、雷雨等自然灾害影响的范围小,而台风、地震等灾害所造成的影响则严重得多。由台风、地震等灾害引起的电力系统突发事件的特点主要有:灾害影响的范围大;一般情况会对电网造成严重的机械性损伤,如电网倒塌、断线等,恢复周期长、难度大;电网倒塌的经济损失严重,恢复电网重建工程投资巨大。

② 事故灾难类:由电力设施设备故障引发的事故灾难。事故中受损的设备较少,故恢复供电难度不大,时间也较短。但是电网系统中某一元件的故障或损坏可能会引起连锁反应,导致一系列其他设备或元件的停运,乃至发生可能导致整个电网系统崩溃的现象。

③ 经济社会突发事件类:包括人为破坏、偷盗、战争、恐怖活动等。该类突发事件的前兆少,且危害相对较大。

电力系统突发事件导致的不仅仅是事故灾难,其引发的次生事件往往成为社会安全事件,或者加重自然灾害。电力系统突发事件已成为现代社会公共危机的重要诱因,与自然灾害、社会安全事件具有密切相关性、伴生性,必须认真研究、积极应对。国内近年来的多起突发事件对电网的安全运行造成了严重影响,如 2008 年汶川地震和南方雨雪冰冻灾害导致全国一些地区电网大面积瘫痪,影响了电力系统的安全稳定运行,给国民经济和社会发展带来了重大损失。

电力系统突发事件具有以下特征:

① 突发性:电力系统中各类突发事件的发生大都突然出现,很难提前预测,如果不能及时有效地采取应对措施,将有可能造成更大的社会危害和经济损失。

② 不确定性:主要表现在事件发生的原因、事件变化的方向、影响的因素以及事件后果等方面。事件无确定性,难以准确地预测和把握。

③ 紧迫性:电力系统中各类突发事件造成的损害影响范围广,损失程度高,如不及时处理,会造成更加严重的危害和后果。

④ 复杂性:我国电力设备众多,网络复杂,电网内部线路、杆塔结构遍布各个角落,外部环境复杂,又容易受各种不确定性因素的影响,导致整个电力系统突发事件发生具有一定的复杂性。

⑤ 衍生性:电力系统突发事件发生后往往具有连带效应,由于电网的紧密联系决定了局部的突发事件可能具有非常快的蔓延速度,如果不及时采取应对措施,必定会造成电力系统突发事件的进一步加剧和恶化,引发次生或衍生突发事故,从而造成更大的经济损失和社会危害。

(2) 电力系统突发事件应急管理体系

电力系统突发事件的应急管理主要包括对电力系统突发事件的预警管理、预案管理,以及应急处理和善后处理。所谓预警管理就是根据一些电力系统突发事件的基本特征,对可能发生或出现电力系统突发事件的各种相关信息进行收集、整理和分析,并根据信息分析的结果对其进行长期规划，给出重要警示。预警管理的目的主要是对可能发生的突发事件进行早发现、早处理，从而有效避免电力系统突发事件的发生，或最大限度地减少电力系统突发事件带来的经济损失和社会危害。

预案管理是指对具有一定特征的突发事件应对时可能采取的措施和方案的集合，由一系列的决策点和措施组成。突发事件的预案管理贯穿于应急管理的整个过程中，如预案的组织准备和修订、制定过程就是在总结突发事件的处理方法和经验，用于指导可能发生突发事件的处理。对突发事件的处理过程就是对预案的实施及其调整的过程。预案管理涉及对一些突发事件可能出现的规律性特征进行分析和预测，通过规律分析研究这些突发事件之间的联系，寻找其中的共性特征，用于指导突发事件预案的准备和修订。

应急处理是应急管理的核心，它表现为各种资源的组织和利用，在各种方案间进行决策。当突发事件发生以后，应对事件产生的影响进行整理和分析，对事件未来的发展趋势进行预测，并根据分析的结果，对各种应对措施做出相应的决策。

善后处理主要是指对影响区域原有状态的恢复，主要工作集中在突发事件的影响逐渐减弱或突发事件结束之后，对已经发生的事件及时形成案例，总结其经验教训。

4. 矿山事故应急管理

(1) 矿山事故的概念及特征

由于开采方式和开采矿石性质的不同，矿山作业的危害有很大差异。一般按开采方式和开采矿石性质的不同，将矿山分为四类：煤矿井、非煤矿井、露天煤矿和露天非煤矿山。以煤矿井为例，其生产、开采工作系统复杂，安全隐患多，容易发生瓦斯和煤尘爆炸、火灾、顶板垮落、矿井透水等事故，稍有不慎就可能会给企业造成巨大的损失，而且随着采煤工作面的移动，地质条件不断发生变化，会使工作面不断出现新的情况和重大问题，如不及时有效地采取安全措施，可能会直接造成重大的生产安全事故。

矿山事故具有如下特征：

① 突发性：矿山事故往往具有突发性，暴发前基本没有明显的征兆，而一旦发生事故，其发展蔓延速度快，难以有效地制定出事故应急措施，导致事故抢险初期容易出现失误，扩大经济损失。

② 灾难性：矿山事故往往会造成许多工人的伤亡或严重威胁作业人员的生命安全，一旦发生矿山事故，如果事故处理计划制订得不全面，则容易造成应急救援指挥和决策的失误，往往会酿成重大恶性事故。

③ 破坏性：矿山事故会严重破坏矿井生产系统，如损毁矿井生产机械设备、破坏矿井通风和排水系统等，造成大量的人员伤亡，同时，也大大增加了矿山抢险和应急救援的难度。

④ 继发性：矿山事故会诱发其他类型的事故，或重复地发生类似的事故，这就需要指挥者有充分的思想准备，多做预想，正确地制定应急救援措施，迅速做出应急救援决策。

⑤ 救援管理条件受限：矿山事故会严重破坏矿井的安全生产管理系统，被困井下的人员存活时间相对较短，死亡率非常高，所以矿山事故救援条件受限特征非常显著。

(2) 矿山事故的应急管理体系

① 预防：矿山事故预防是指通过安全生产管理和安全技术等多种手段，对矿山员工干部进行安全生产宣传及相关的安全教育培训，尽可能地防止生产安全事故发生。通过预先

采取的应急管理预防措施，达到有效地降低或减缓安全事故的影响或造成后果的严重程度。

② 准备：矿山事故应急准备是应急管理过程中一个极其关键的工作。它是针对可能在生产过程中发生的安全事故，为迅速有效地开展应急行动而预先所做的各种应急准备，包括矿山应急管理体系的建立、职责的落实、应急救援队伍的建设、应急救援设备与救援物资的准备和维护、应急预案的制定和演练、与外部应急救援力量的有效衔接等，其主要目标就是保障矿山事故应急抢险救援所需的各种能力。

③ 响应：在矿山事故发生后应立即采取应急处置措施及响应行动，包括事故报警与紧急通信、人员疏散与急救医疗、消防与抢险、信息的收集与处理以及应急的决策和外部的救援等。事故发生后立即响应和采取措施可以有效控制不良局面并降低事故的负面影响，最大限度地降低生命、财产及其他损失，同时有效控制事故蔓延。

④ 恢复：应急恢复工作应在矿山事故发生后立即进行，逐步地恢复到相对安全的正常状态。在应急救援恢复工作中，应充分吸取类似事故和救援过程的经验教训，避免出现新的事故或者其他紧急情况。

第二章　应急救援体系及应急保障能力建设

应急救援体系和应急保障能力是应急管理体系和应急管理能力的重要组成部分。应急救援体系涉及与应急救援相关的制度体系、政策体系、组织体系、运行机制等结构性内容，应急保障能力则是保证应急管理和应急救援等体系建设、组织建立、行动开展等的基础。能否建立完善的应急救援体系，以及能否有效提升应急保障能力，对于整个应急管理体系和能力的现代化进程至关重要。通过本章的学习，旨在让读者掌握应急救援体系和应急保障能力的基本概念、了解应急救援现场处置和应急保障能力提升的主要流程及其方法，最重要的是结合不同地区、不同层级的现实情况，洞悉应急救援体系和应急保障能力建设中出现的主要问题，并能够实事求是地提出对策建议。

第一节　应急救援体系建设

加强应急管理，确保公共安全，是人类社会发展的基础和前提。当前，全面推进国家应急管理体系和能力现代化，是防范化解重大安全风险，建设更高水平、更高质量“平安中国”的一项长期性、紧迫性任务。应急救援体系建设是推进应急管理体系现代化的重要举措之一。促进应急救援体系建设，首先要对应急救援体系本身有较为清晰的把握，了解应急救援体系的构成及其要素。应急救援现场处置是应急救援体系建设的重要环节，集中反映了应急救援体系建设的水平。日常情况下的应急救援体系建设和突发事件发生后的应急救援现场处置是统一的、不可分割的，需要同时着力，不可偏废。

一、应急救援体系概况

把握应急救援体系的基本概况，可以从以下几个方面着手，即应急救援体系的概念、应急救援体系的分类和应急救援体系建设的基本原则。

1. 应急救援体系的概念

应急救援是应急管理的重要组成部分。通常来说，应急救援是指针对突发、具有破坏力的紧急事件而采取的预防、预备、响应和恢复等活动与计划。应急救援的目的在于通过切实有效的应急救援活动，尽可能降低事故引发的后果，包括人员伤亡、财产损失、生态破坏、环境污染等。根据紧急事件的不同类型，分为卫生应急、交通应急、消防应急、地震应急、厂矿应急、家庭应急等领域的应急救援。

应急救援体系是针对应急救援建立的一套组织系统和运行系统，包括为应对突发事件所需的各种组织、人力、物力等及其相互关系，是涉及应急救援方方面面的制度、体制、机制的总和。建立健全科学的应急救援体系是一项复杂的系统工程，必须以完善的法律法规为依据，以国家和地方的实际情况为根本，以专项公共资源配置和整合为手段，以社会力量参与为依托，以提升应急救援能力和应急救援效率为目标。

应急管理是国家治理体系和治理能力的重要组成部分，承担防范化解重大安全风险、及时应对处置各类灾害事故的重要职责，担负保护人民群众生命财产安全和维护社会稳定的重要使命；要发挥我国应急管理体系的特色和优势，借鉴国外应急管理有益做法，积极推进我国应急管理体系和能力现代化。应急救援体系是应急管理体系的重要组成部分，应急救援体系建设是应急管理体系建设的重要一环，是提升应急管理能力的必然要求。

我国是世界上自然灾害较为严重的国家之一，灾害种类多，分布地域广，发生频率高，造成损失重，这是基本国情。同时，我国各类事故隐患和安全风险交织叠加、易发多发，影响公共安全的因素日益增多。加强应急管理体系和能力建设，既是一项紧迫任务，又是一项长期任务。因此，应急救援体系建设是防范风险、应对灾害、处置事件的必然要求。

2. 应急救援体系的分类

应急救援体系可以依据突发事件的性质、应急救援对象的范围以及应急救援体系的层级等进行划分。

（1）按突发事件性质分类

依据突发事件性质，应急救援体系可以划分为自然灾害应急救援体系、事故灾难应急救援体系、公共卫生应急救援体系和社会安全应急救援体系，如图 2-1 所示。自然灾害应急救援体系针对自然界发生的灾害，不以人的意志为转移，如地震、洪水、泥石流等；事故灾难应急救援体系主要针对安全事故，是由于偶然因素或人为因素等造成的，如化工厂爆炸、煤矿

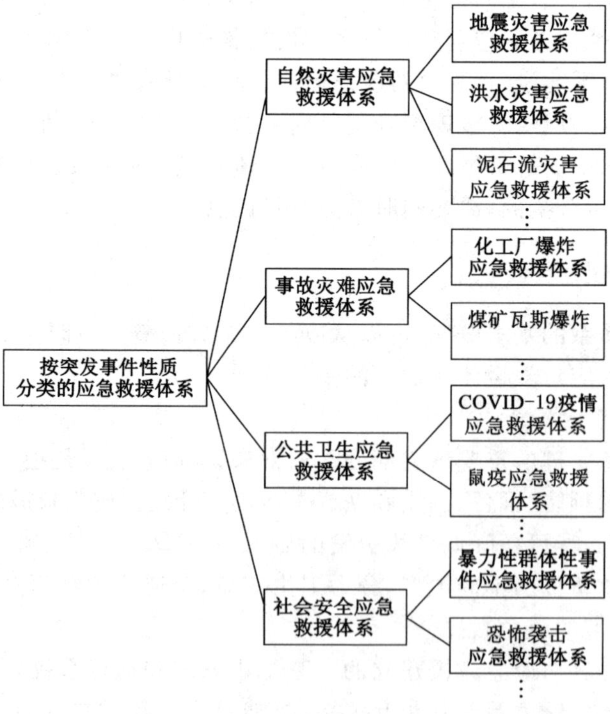

图 2-1　按突发事件性质分类的应急救援体系

瓦斯爆炸等；公共卫生应急救援体系主要针对病疫等的暴发，以在人与人之间的迅速传播为特点，如 COVID-19 疫情、SARS 疫情、鼠疫、瘟疫等；社会安全应急救援体系主要针对公共安全事件，是人为因素造成的，如暴力性群体性事件、恐怖袭击等。针对不同性质的突发事件，要设定有针对性的应急救援体系。

(2) 按应急救援对象范围分类

依据应急救援对象的范围，应急救援体系可以划分为综合应急救援体系、专项应急救援体系和现场处置应急救援体系，如表 2-1 所列。综合应急救援体系是从总体上制定事故的应急方针、政策，确定应急组织机构的相关应急职责，规范应急行动、措施和保障等基本要求和程序，是应对各类事故的综合性系统。专项应急救援体系是针对具体的事故类别、危险源和应急保障而设置的组织体系和运行机制，是综合应急救援体系的组成部分，应按照综合应急救援体系的程序和要求进行设定。专项应急救援体系应当具有明确的救援程序和具体的应急救援举措。现场处置应急救援体系是针对具体的装置、场所或设施、岗位所制定的应急处置体系。现场处置应急救援体系是具体的、简单的，具有很强的针对性。现场处置应急救援体系应当根据风险评估即危险性控制措施进行设定，相关人员在其中的职责十分明确，资源配置十分精准。

表 2-1　按应急救援对象范围分类的应急救援体系

应急救援体系	特点
综合应急救援体系	从总体上制定事故的应急方针、政策
专项应急救援体系	针对具体的事故类别、危险源和应急保障而设置的组织体系和运行机制
现场处置应急救援体系	针对具体的装置、场所或设施、岗位所制定的应急处置体系

(3) 按应急救援体系层级分类

依据应急救援体系的层级，应急救援体系可以划分为国家应急救援体系、省级应急救援体系、地市应急救援体系、区县应急救援体系和乡镇应急救援体系，如图 2-2 所示。国家应急救援体系是我国最高层级的应急救援体系，囊括了全国范围内所有的应急救援组织机构和保障系统，对全国范围内的应急救援事务负有最高领导权和指挥权，但并不直接领导和指挥非重大突发事件的应急救援任务。省级应急救援体系包括各省、自治区、直辖市的应急救援体系，以各省级人民政府应急救援部门为常设领导机构。地市应急救援体系、区县应急救援体系和乡镇应急救援体系分别对应不同层级，并从属于上一级以及更高层级应急救援体系，是上一级和更高层级应急救援体系的一部分。根据不同程度的突发事件，分别由不同层级的应急救援体系予以应对。不同的应急救援体系体现了我国应急救援体系的条块结合、以块为主的基本原则。

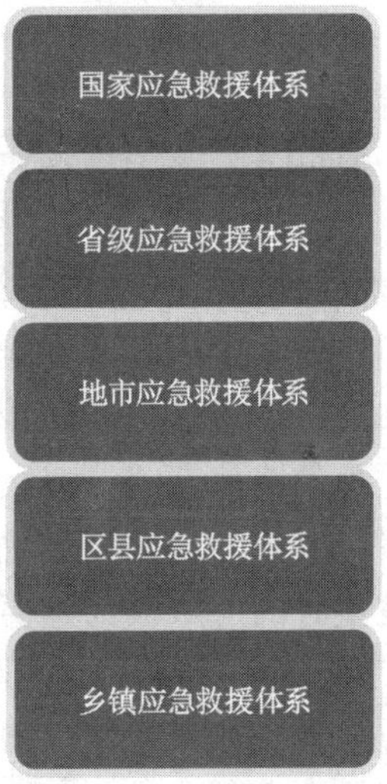

图 2-2　按应急救援体系层级分类的应急救援体系

3. 应急救援体系建设的基本原则

建设应急救援体系需要遵循以下几个基本原则，以保证应急救援体系建设的科学性和有效性。

(1) 条块结合、以块为主

应急救援体系建设应该坚持纵向上应急管理部门层层指导与横向上地方政府统一领导相结合的原则，坚持以属地为主。当重大突发事件发生时，应急救援应当在地方政府的统一领导下进行，发挥地方政府的整体性和系统性优势。属地为主强调“第一反应”的思想和以现场应急、现场指挥为主的原则。

(2) 统筹规划、合理布局

应急救援体系建设要坚持顶层设计、统筹规划。应急救援涉及的部门和政府层级众多，相关的资料配置和人员调配相应地也较为复杂，因此必须在较高层级上进行顶层设计，对人财物进行统一规划，对应急救援能力建设进行统一指导，对应急救援的相关保障进行合理布局，从而发挥最大功用，提高应急救援效率。

(3) 信息畅通、资源共享

应急救援必须保证信息畅通，包括平时的信息沟通和事故发生时的信息畅通，要通过调查和规划弄清应急救援队伍、装备等资源的配置情况、布局情况、优劣情况、更替情况，保证在事故发生时能够及时进行资源共享，提高应急救援资源利用的效率。

(4) 整体设计、分步实施

在应急救援体系建设中要把握整体性和系统性，对指挥机构、救援队伍、保障能力、资源状况进行合理规划与设计，在建设过程中做到分步实施，分清轻重缓急，做到稳中有序，科学合理，不可盲目建设，毫无重点。

(5) 统一指挥、部门联动

应急救援体系必须坚持统一指挥，缺乏统一指挥体系无法形成合力，甚至会出现体系内部各要素之间相互冲突，造成资源浪费，行动相悖等现象。统一指挥保证了部门联动的顺利开展，部门联动显示了统一指挥的优势所在。统一指挥是应急活动的基本原则之一。应急指挥一般可分为集中指挥与现场指挥，或场外指挥与场内指挥等。无论采取哪一种指挥系统，都必须采取统一指挥的模式，无论应急救援活动涉及单位的行政级别高低还是隶属关系不同，都必须在应急指挥员的统一组织下行动，有令则行，有禁则止，统一号令，步调一致。应急救援体系的这一原则在重大突发事件的应急处置时尤为重要。

(6) 专兼结合、平战一体

应急救援体系建设要注重专业队伍和兼职力量的结合，要坚持重视平时预防演练和事故(事件)发生时的现场处置的统一。在应对突发事件上，要坚持久久为功，平时的演练对于事故发生时的应对极为重要，这一点在诸多实际案例中已经得到证实。

(7) 政府主导、社会协同

应急救援体系的建设需要投入大量的人力、物力、财力，政府是建设应急救援体系的主导力量这一点不容置疑，这也是政府作为公共权力之一的职责。同时，随着社会经济的发展，公民自主意识的提升，越来越多的社会力量自愿加入到应急救援队伍当中，发挥着日益重要的作用。一方面要鼓励社会力量参与应急救援，另一方面要将社会力量纳入政府的统一规划之中，避免因为独立行动影响整个应急救援体系的科学运行。

二、应急救援体系构成

简单地讲，一个完整的应急救援体系由组织体系、运作机制、法制基础、保障系统四个部分构成，如图 2-3 所示。其中组织体系一般包括应急救援中心、应急救援专家、医疗救治、消防与抢险、检测组织、公众疏散组织、警戒与治安组织、后勤保障组织、信息发布中心等。保障系统一般包括通信系统、警报系统、技术与信息支持系统、宣传教育和培训系统等。

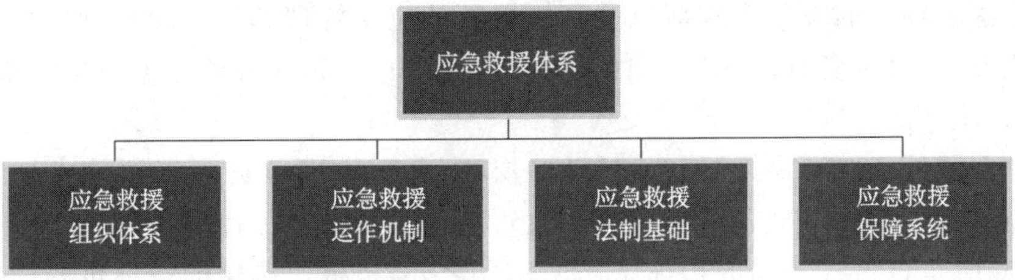

图 2-3 应急救援体系构成

1. 应急救援组织体系

应急救援组织体系明确了应急救援组成机构之间的职责划分和相互关系，是应急救援体系的核心和基础，主要包括应急救援的领导决策层、协调指挥层和救援队伍层，如图 2-4 所示。其中应急救援的协调指挥层可以分为应急指挥机构和事故现场指挥机构，前者负责协调应急组织各个机构的运作与合作关系，后者负责事故现场的应急指挥工作、人员调度和资源调配。除此之外，应急救援组织体系还包括应急救援的支持保障机构、信息管理与发布机构等，其中支持保障机构主要负责提供应急救援的物资和各种物质资源，信息管理与发布机构主要负责事故信息和救援信息的收集、整理与发布等。

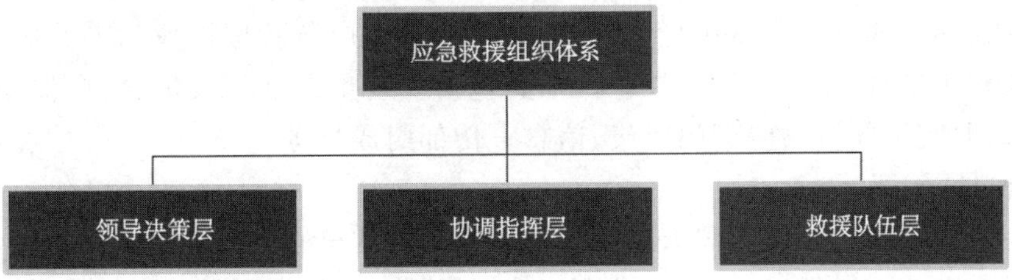

图 2-4 应急救援组织体系构成

从国家层面的应急救援组织体系来看，2018 年 3 月，根据第十三届全国人民代表大会第一次会议批准的国务院机构改革方案，我国成立了应急管理部。按照分级负责的原则，一般性灾害由地方各级政府负责，应急管理部代表中央统一响应支援；发生特别重大灾害时，应急管理部作为指挥部，协助中央指定的负责同志组织应急处置工作，保证政令畅通、指挥有效。应急管理部要处理好防灾和救灾的关系，明确与相关部门和地方各自职责分工，建立协调配合机制。应急救援是应急管理部的重要职责之一，应急管理部下设由副部长担任主任的国家安全生产应急救援中心，负责领导全国安全生产应急救援。当前，国家安全生产应急救援中心下设 6 个职能部门或机构，包括综合部、指挥协调部、信息管理部、技术装备部、资产财务部和矿山救援中心。以此观之，作为应急救援重要组成部分的组织体系，主要承担指挥协调、信息管理和技术装备保障等重要任务。

具体来看，应急救援组织体系的三个组成部分，即领导决策层、协调指挥层和救援队伍层分别承担以下主要职责。

（1）领导决策层

领导决策层负责对应急救援工作的统一领导；研究并提出应急救援工作的重大方针和政策措施等；同时负责监督检查应急救援体系的建设情况和运行情况。一般来说，处于领导决策层的是国家层面的应急管理部以及省级层面的应急管理部门。应急管理部负责统一领导全国应急救援工作，各省级人民政府应急管理部门负责领导各地方的应急救援工作。

（2）指挥协调层

指挥协调层处于领导决策层和救援队伍层之间，一方面负责落实领导决策层的统一安排，接受领导决策层的统一领导，另一方面负责应急救援日常工作的管理、资源的维护、人员的调动等，同时负责事故现场的指挥工作。除此之外，指挥协调层的一项重要任务是明确参与应急救援的不同部门和人员的职责，负责协调工作。具体地，指挥协调层又可以划分成三个层面，即总指挥、副总指挥和应急救援参与成员，他们有着各自不同的职责。

总指挥一般负责制定应急救援预案，或者就拟定的应急救援预案做出抉择；负责对应急救援相关的人财物进行调配，决定投入人力、物力、财力的多少，以及在权限范围内所能调配资源不足时向上级或外部力量请求支援；负责向领导决策层汇报应急救援情况，并传达落实领导决策层的指示，做出应急救援的整体安排并下达应急救援的指令；负责审核应急救援的信息发布材料，同时参与出席部分应急救援信息发布活动。

副总指挥一般负责协助总指挥开展工作，具体执行总指挥下达的任务并就承担的工作承担指挥任务，副总指挥的指挥权来自总指挥的授权，因此要在总指挥的示意下开展工作，同时当总指挥不在事故现场时，副总指挥代行总指挥的职责。

应急救援参与成员是具体执行应急救援任务，从事应急救援工作的人。应急救援参与成员依据工作类别划分为不同部门成员，主要包括安全生产部门成员、安全保卫部门成员、设备管理部门成员、物资供应部门成员、信息宣传部门成员等。

（3）救援队伍层

加强应急救援队伍建设是国家应急管理体系建设的核心内容。应急救援队伍由直接参与应急救援行动的人员组成，一般来说应急救援队伍由三种类型的队伍组成，即综合性应急救援队伍、专业应急救援队伍和社会应急救援队伍。以国家层面的应急救援队伍组成为例，2018 年 11 月，中华人民共和国综合性消防救援队伍授旗仪式在人民大会堂举行，中华人民共和国综合性消防救援队伍由应急管理部管理，是由公安消防部队、武警森林部队退出现役，成建制划归应急管理部后组建成立的国家综合性消防救援队伍。国家综合性消防救援队伍，是我国应急救援的主力军和国家队，承担着防范化解重大安全风险、应对处置各类灾害事故的重要职责。在各类灾害事故处置中，国家综合性消防救援队伍当先锋、打头阵、挑重担，以救民于水火、助民于危难的实际行动，彰显了我国应急救援力量体系重塑重构的初步成效。2023 年 1 月，应急管理部消防救援局和森林消防局整合而成的国家消防救援局正式挂牌，这是中国消防救援事业的重要里程碑，也是中国应急救援队伍建设的重要里程碑。

各类专业应急救援队伍，主要由地方政府和企业专职消防、地方森林(草原)防灭火、地震和地质灾害救援、生产安全事故救援等专业救援队伍构成，是国家综合性消防救援队伍的重要协同力量，担负着区域性灭火救援和生产安全事故、自然灾害等专业救援职责。另外，交通、铁路、能源、工信、卫生健康等行业部门都建立了水上、航空、电力、通信、医疗防疫等应急救援队伍，主要担负行业领域的事故灾害应急抢险救援任务。

目前社会应急救援队伍有 1 200 余支，依据人员构成及专业特长开展水域、山岳、城市、空中等应急救援工作。另外，一些单位和社区建有志愿消防队，属群防群治力量。同时，人民解放军和武警部队是我国应急处置与救援的突击力量，担负着重特大灾害事故的抢险救援任务。

由此，我国从国家层面建立了“综合＋专业＋社会”的全方位应急救援队伍，构成我国应急救援力量体系。各省级行政区、地市、区县、乡镇也都按照相同的模式构建了地域性或区域性的应急救援力量体系，在各种突发灾害和事故中承担应急救援的重要任务。在应急救援队伍建设过程中，要遵循专常兼备、反应灵敏、作风过硬、本领高强的标准，这是推进国家应急管理体系和应急管理能力现代化进程的根本要求。

2. 应急救援运作机制

应急救援运作机制展现了应急救援体系的动态场景，在整个应急救援体系中占据十分重要的地位。科学合理的应急救援组织体系要想实现良好的运转，必须有相应的、合理的应急救援运作机制与之匹配。简单地说，应急救援组织体系规定了应急救援“由谁来做”，而应急救援运作机制则规定了“如何做”。

(1) 应急救援运作机制概述

应急救援组织体系作为一个系统，牵涉诸多行动主体和保障资源，涉及的人财物众多，同时面对的是具有急迫性、危机性的突发事件。因此要使这一体系高效、灵活地运转，必须设置科学、具体的运作机制予以支撑。

应急救援运作机制是应急运行机制的组成部分，前者是后者的具体化，是针对应急救援任务和活动设定的一系列规范和方法。应急救援运作机制是指按照应急管理体系的构成机理、应急管理的要求和科学的方法，为保证体系正常与高效运转，对体系内部要素以及要素之间的互动关系所规定的行为准则，尤其指紧急状态下相关应急主体在监测、预警、干预或控制以及消解突发事件生成、演进与影响的过程中所采取的一系列方法和措施。就此而言，应急救援运作机制就是指以应急救援组织体系为基础，依据科学的应急救援要求和方法，合理调配应急救援保障资源，在应急救援法制要求的框架下对各类突发事件进行应急处置，开展应急救援的一系列行为准则、规范和方法。

应急救援运作机制具有综合性、不确定性、应急性等特点。其中综合性是指应急救援运作机制既包括突发事件或灾害发生以后的现场处置与救援，还包括事件暴发之前的预防、预警以及之后的恢复重建等环节，是一个持续的、长期的、综合性的系统。不确定性是指应急救援运作机制面对的是具有高度不确定性的突发事件，其对象具有不确定性，同时应急救援的环境也具有不确定性，且对于不同事件而言，其出现的时间、地点、预兆等都具有不确定性。应急性则是指应急救援体系面向的突发事件所具有的突然暴发和处于紧急状态的特性，要求应急救援组织必须做出紧急处置，并且处置时间极为有限。应急救援运作机制的应急性意味着突发事件暴发后，应急救援组织必须在最短的时间内做出反应。

制定应急救援运作机制，必须把握以下六个方面的基本原则。

第一，合法性。合法性是制定制度和政策的前提，制定应急救援运作机制必须在既有的法律框架下进行，同时应急救援运作机制本身所涉及的一切组织、活动、规范也都必须符合法律规定。具体来说，在应急救援运作机制中，应急救援组织机构的设置、权限、运行、责任等都必须合法，尤其要合乎应急法律法规。应急救援运作机制中的程序和内容也必须合乎法律法规。此外，应急救援运作机制中的个人在从事应急救援相关工作中必须树立依法行事的理念和思想，确保一切活动都在法律的框架下进行。

第二，可行性。应急救援运作机制的可行性主要包括两个方面：一是坚持一切从实际出发，实事求是；二是在政治、经济和技术等方面具有可行性。具体来说，应急救援运作机制必须坚持一切从实际出发，以实际情况作为运作的基础，不能脱离现实情况制定运作机制，在实际运作中也不能脱离实际情况开展活动。一切应急救援活动的运作都必须考虑特定时空的制约。此外，应急救援活动不可能无限制地投入资源，处置不同的突发事件需要投入的资源不同，应急救援行动要考虑资源的数量和质量，考虑技术条件的制约，不可超越条件约束进行决策和开展活动。

第三，科学性。应急救援运作机制要坚持科学性原则，保证运作机制本身的科学合理，也就是运作机制的具体内容要符合一般的科学规律，所采用的技术和方法要符合科学研究成果，参与运作的个人的行为方式和思维方式要具有科学性。同时，应急救援运作机制作为应急救援体系中的重要组成部分，作为应急救援组织中各个主体的行动规则，也要具有科学性，其设计要符合科学规律，而不能仅仅依靠人为经验。

第四，协调性。应急救援运作机制涉及方方面面，既有组织又有个人，既有规则又有方法，它们彼此之间是相互关联的。一方面，应急救援运作机制要与其他方面的应急运作机制相协调。应急运作机制中不仅包括应急救援运作机制，还包括应急管理其他方面的运作机制，如装备资源管理机制、应急管理合作参与机制等。应急救援运作机制要与这些机制相协调，保证整个应急救援体系的协调。另一方面，应急救援运作机制内部各要素之间要相互协调，尤其是不同层级组织之间以及承担不同职责的救援队伍之间，通过协调实现整个系统的良好运行和机制的良好运作。

第五，及时性。应急救援针对的是突发性的公共事件或灾难事件，其目标是最大限度地保护人民的生命财产安全，让人员伤亡和灾害损失降低到最低限度。因此，应急救援运作机制必须坚持迅速性，重视时间要素，将时间作为重要的考量因素纳入机制设计之中。鉴于突发事件的危害性、破坏性和多变性等特点，应急救援活动中的时间因素尤为重要。应急救援系统在应对突发事件时，一定要保证救援行动的快速，争取在黄金时间内对突发事件予以处置。

第六，明确性。应急救援运作机制的明确性表现在三个方面，即权责明确、任务明确和过程明确。权责明确就是应急救援运作机制中的每个行为主体都必须有明确的权限和明确的责任，不得越权行事，必须履行应尽责任。任务明确是指应急救援运作机制中的任务必须明确，有明确的任务目标，有明确的任务执行规范，有明确的任务执行程序，有明确的任务分解，同时每项任务有明确的说明，并且便于理解。过程明确是指应急救援运作机制必须对整个应急救援过程中的每个步骤都能够明确界定，每个环节之间有明确的衔接途径，从而保证应急救援能够顺利完成。明确性类似于管理标准化，意味着专业性和统一性。但由于应急救援工作所面对突发事件的不确定性，在坚持明确性的同时也要赋予不同行为主体一定的灵活性，使其具有积极性和能动性，能够尽职尽责。

（2）应急救援预防机制

应急救援预防机制是针对可能发生的各类突发事件，通过事前的日常管理和行为手段，阻止突发事件的发生，同时增强抵御突发事件的一系列规范和方法。应急救援预防机制基于对突发事件和灾害事件的充分的科学认知，对其发生和演进规律的精准把握，在此基础上一方面采取各种手段预防突发事件的发生，另一方面提高应对突发事件发生后的能力。从一定程度上来说，应急救援预防机制比现场处置机制更加重要，因为“防患于未然”的成本更低，阻止事件的发生要好过应对事件本身。

突发事件的预防是整个应急救援过程的第一步，是减少危机发生概率，同时也是降低危机损失的关键，是后续所有应急救援过程的基础和前提。应急救援预防机制之所以能够发挥作用，是因为突发事件虽然具有不确定性、突发性等特征，但其暴发背后总有一定的规律所循。如果将突发事件的酝酿与暴发比喻为火药堆积和爆炸的过程，那么火药从何而来是可以被认知的，突发事件的发生总是由环境变化或社会矛盾激化导致的。自然灾害事件的发生比突发事件的发生有更大的偶然性，因为突发事件基本源于人的行为，而自然灾害事件大多属于不可抗力，如地震、海啸、雷击山火等。但是，无论是哪种突发事件，应急救援预防都必不可少。对于自然灾害而言，通过培训、演练等提高人们在灾害来临时的应对能力，能大大提升应急救援效率；对于事故灾难而言，完善日常建设、弥补管理漏洞、健全精准治理、坚持良政善治，都是有效的预防机制。

（3）应急救援预警机制

简单地说，预警就是灾害发生前发布的紧急信号。具体地，预警是指在灾害或灾难以及其他需要提防的危险发生之前，根据以往总结的规律或观测得到的可能性前兆，向相关部门发出紧急信号，报告危险情况，以避免危害在不知情或准备不足的情况下发生，从而最大限度地减轻危害所造成的损失的行为。预警机制则是指依据收集整理的信息，通过分析、预测、评估等，对极有可能发生的突发事件的预报、预先处理等制定相应的行动规程。应急救援预警机制是针对应急救援设置的预警机制。

《突发事件应对法》第六十三条将可以预警的自然灾害、事故灾难和公共卫生事件的预警级别，按照突发事件发生的紧急程度、发展势态和可能造成的危害程度分为一级、二级、三级和四级，分别用红色、橙色、黄色和蓝色标示，一级为最高级别。红色等级：预计将要发生特别重大的突发事件，事件会随时发生，事态正在不断蔓延。橙色等级：预计将要发生重大的突发事件，事件即将发生，事态正在逐步扩大。黄色等级：预计将要发生较大的突发事件，事件即将发生，事态有扩大的趋势。蓝色等级：预计将要发生一般的突发事件，事件即将发生，事态可能会扩大。

《突发事件应对法》第六十四条规定，可以预警的自然灾害、事故灾难或者公共卫生事件即将发生或者发生的可能性增大时，县级以上地方人民政府应当根据有关法律、行政法规和国务院规定的权限和程序，发布相应级别的警报，决定并宣布有关地区进入预警期，同时向上一级人民政府报告，必要时可以越级上报；具备条件的，应当进行网络直报或者自动速报；同时向当地驻军和可能受到危害的毗邻或者相关地区的人民政府通报。发布警报应当明确预警类别、级别、起始时间、可能影响的范围、警示事项、应当采取的措施、发布单位和发布时间等。以北京市东城区为例，《东城区突发事件总体应急预案（2022年修订）》规定，区应急委可根据有关法律、法规、规章规定和本区实际情况，组织发布本地区预警信息。黄色、蓝色预警信息由区专项指挥部办公室、相关部门按有关规定审批发布和解除，并上报市应急办及市相关部门备案；橙色、红色预警信息由相关部门向区应急办提出预警建议，并由区应急办履行审批程序，其中，红色预警信息由区政府主要领导批准，橙色预警信息由分管区领导批准后，由区应急办或授权相关专项指挥部办公室、相关部门发布和解除，并报市应急办及市相关部门备案。对于需要向公众发布的区域性预警信息，由区专项指挥部或相关部门履行审批程序，并由区预警信息发布中心按规定统一对外发布。对于仅在行业（领域）内部发布的警示性信息，可由行业（领域）主管部门或单位在本系统、本单位及可能受影响范围内自行发布。其他组织和个人不得擅自对外发布预警信息。区应急委及时根据实际情况，调整本区预警级别，并上报市应急办、市相关专项指挥部办公室、市相关部门备案。

应急救援预警机制一般包括五个流程，即潜在突发事件信息的收集、信息的初步分析与预测、突发事件风险评估、应急救援决策以及应急救援预警实施。其中，信息的初步分析与预测可以通过多种方法进行，如经验法、逻辑推理法、运筹学方法及现代预测模拟技术等。

（4）应急救援处置机制

突发事件发生后，要立即启动应急救援预案，对事件进行及时的、有针对性的处置工作。应急救援的处置在整个应急救援系统中处于极为重要的地位，关乎应急救援工作的成败，因此需要建立一套科学完善的管理流程和工作程序。

应急救援处置机制在流程上处于应急救援预防机制和应急救援预警机制之后，是在事件发生后启动的。现实中，迅速的应急救援响应虽然无法避免突发事件的发生，但是可以通过有效的处置方法，控制突发事件发生的范围、降低灾害和灾难的危害等级，防止事件升级，也就是通过人为干预加快事件的息止。应急救援处置机制一般通过应急救援预案进行规定，当应急救援预案启动后，应急救援处置机制便开始发挥作用。应急救援处置机制一般要遵循以下几个基本原则。

第一，快速响应原则。应急救援处置过程中，一方面要立足实际状况，另一方面要有超前思维，制定科学合理的应急预案和处置方案。突发事件发生后，时间就是生命，快速响应关乎人民群众的生命财产安全。尤其是对于公共安全事件而言，能够利用好最初的黄金救援时间至关重要。因此，要在应急救援事件出现后，对事件的性质、发展趋势等做出准确及时的判断和评估，并做出迅速反应。

第二，因情施策原则。应急救援的现场处置是一个即时性的过程，需要对应急现场的情况有清晰的把握，根据现实状况采取具有针对性的措施。同时在处置应急事件过程中，要坚持群策群力，广泛吸取来自内部、外部的科学意见和建议，制定切实可行、行之有效的问题解决方案。有的放矢、对症下药，才能保证应急事件得到合理解决。

第三，协调统筹原则。突发事件发生后，除了以政府为代表的官方系统参与救援，其他社会力量可能会主动、自愿地加入到救援队伍当中，发挥来自民间的力量。这时候如果没有科学合理的协调与统筹，可能会导致不同力量之间缺乏合理安排，致使应急救援过程受到阻碍。这种情况下，应该由政府作为负责方，视具体情况决定是否需要民间力量进行协助，如果需要，便将其纳入统一统筹之中，协调各个子系统的行动，保证应急救援现场行动科学有序进行。

第四，总结反思原则。应急救援处置过程中，要一边处置一边反思，及时发现决策和执行中的不足，予以弥补和改正，修正应急救援方法。要通过应急救援处置过程来丰富经验，并作为制定预案和设置机制的基础，但也要注意，每一次的突发事件都是新问题，其时间地点、社会背景等都不同，因此也不能拘泥于经验和文字规定，而要联系实际情况灵活运用，并将突发事件处置的新经验并入原有的应急救援预案中加以完善。

一般来说，应急救援处置的流程包括以下几个阶段：应急救援启动、应急救援正式行动、应急救援事件恢复、应急救援结束。其中不同阶段又包括不同的任务，如应急救援正式行动中包括突发事件的诊断、应急救援方案的制定、应急救援资源的调配与布置、应急救援人员的协调、应急救援事件是否得到有效控制的判断等。

（5）应急救援决策机制

应急救援决策机制，顾名思义就是在应急救援的整个过程中进行决策的一系列规程、规范。具体地，应急救援决策机制是指在应急救援启动之后，为了尽快消除突发事件的危害和负面影响、减缓和控制突发事件带来的损失，在信息不完全、时间不充裕、资源不足够的情况下，制定并选择行动方案的一系列应急救援行为规程。

一般而言，应急救援决策流程包括六个方面，即问题界定、目标设定、备选方案制定、备选方案选择、决策执行、评估反馈。其中，问题界定阶段首先要发现和界定问题，这就需要对突发事件的相关信息进行收集整理，并尽可能保证信息的完全与完整；其次，要找寻问题出现的根本原因，弄清楚问题的来龙去脉；最后，要对问题的重要性进行识别，是否属于重要问题，以及是否属于紧迫问题。

目标设定是在发现问题之后设定解决问题的目标，目标设定要清晰、明确，与此同时要设定总目标和子目标。

备选方案制定是一个群策群力的过程，这个阶段需要对相关信息进行详尽收集与整理，对相关数据进行系统分析。备选方案的制定要避免一类错误，即在制定过程中预设了将要选择的备选方案，其他备选方案仅仅是为了能够让备选方案可以“被选择”。备选方案的制定其意义就在于提供解决问题的多种方案，在决策中权衡各个方案的利弊，依据一定的原则选择其中一个最佳方案，如果一开始只有一个方案可供选择，那备选方案的选择将失去意义。

备选方案选择是应急救援决策机制的核心环节。应急救援备选方案经由专家通过系统分析，评估各个方案的成本与收益，分析各个方案的效果及影响，权衡各个方案的利弊，并按照优劣顺序提交给决策者，决策者运用战略视角和相关考量在备选方案中进行最终选择。

决策执行在应急救援决策机制中同样占据重要地位，因为方案仍然停留在文本上，只有通过执行才能实现最终效果。决策执行要做好以下几个方面的工作。首先，目标传达与动员；其次，实施方案制定与分工；再次，责任明确与规范确立；最后，偏差纠正与反馈。

应急救援决策流程的最后一个环节是评估反馈，在落实应急救援决策过程中，要对执行情况进行持续性评估和即时性反馈，保证执行效果与目标的一致。

（6）应急救援沟通机制

应急救援沟通机制在整个应急救援活动中至关重要，信息沟通的顺畅是整个应急救援活动的基础和前提，是保证应急救援人员协调行动和应急救援资源合理调配的关键。应急救援沟通机制包括应急救援活动的内部沟通机制和外部沟通机制，同时与应急救援信息披露机制密不可分。在整个应急救援活动中，应急救援组织要通过多种手段，尤其是现代信息网络技术，与公众及相关机构进行密切的信息沟通，形成完整的应急救援体系，保障应急救援活动的顺利进行。

应急救援内部沟通机制主要针对的是应急救援组织内部沟通以及应急救援组织和受灾群众之间的沟通。应急救援组织内部的沟通比较容易实现，作为统一的组织，应急救援指挥机构是信息沟通的核心，自下而上进行信息收集，同时自上而下进行信息发布。应急救援系统的各个部分通过正式的组织结构进行内部信息沟通，为此要打造快速、便捷、高效、安全、大容量、低成本的互联互通应急协调信息机制。面向受灾群众的信息沟通由应急救援组织负责，在重大突发事件中，及时有效的信息沟通能够有助于消解受灾群众的恐慌心理，有利于应急救援活动的开展。同时，应急救援组织可以通过面向受灾群众的信息沟通机制向受灾群众传播公共信息和应急救援自救措施，开展各种应急救援教育活动，增强受灾群众自身的突发事件应对能力。

应急救援外部沟通机制主要针对的是除应急救援组织内部以及受灾群众以外的组织和人员的沟通，如其他官方或非官方机构、受灾群众的亲友、社会大众以及国际社会等的沟通。针对外部的信息沟通与信息披露紧密结合，信息发布多于信息获取。具体地，应急救援组织要积极与其他机构进行沟通，尤其是其他官方机构，向上级机构汇报相关情况，同时积极应对媒体等部门以获取支持。与此同时，应急救援组织负有向社会公开应急救援信息的责任和义务。最后，当突发事件的范围较广、影响较大时，要做好对外的信息沟通工作，这关系到一个国家政府的公信度。当应急救援活动需要国际支持时，应急救援组织要主动寻求国际帮助，以期尽快顺利地完成应急救援任务。

3. 应急救援法制基础

应急救援法制基础是应急救援体系的重要组成部分之一。应急救援的所有组织体系、运作机制、程序方法、物资保障都必须依照法律法规开展，以保证应急救援的规范性和科学性。

法律法规体系是应急体系的法制基础和保障，也是开展各项应急活动的依据，与应急有关的法律法规主要包括由立法机关通过的法律，政府和有关部门颁布的规章、规定以及与应急救援活动直接有关的标准或管理办法等。我国应急救援的法制基础包括四个部分，即法律、法规、规章和标准。涉及应急救援的相关法律包括《中华人民共和国宪法》《中华人民共和国消防法》《中华人民共和国职业病防治法》《中华人民共和国矿山安全法》《中华人民共和国安全生产法》《中华人民共和国防震减灾法》《突发事件应对法》等；涉及应急救援的相关法规包括国务院文件和行政法规等，其中国务院文件包括《国务院办公厅关于加强安全生产监管执法的通知》等，行政法规包括《生产安全事故应急条例》《生产安全事故报告和调查处理条例》等；涉及应急救援的规章主要是由应急管理部或原国家安全生产监督管理总局发布的，如《矿山救援规程》《生产安全事故应急预案管理办法》等；涉及应急救援的标准是应急管理相关部门发布的关于应急救援相关事项的各类标准，如《生产安全事故应急演练基本规范》等。

在诸多应急救援法制文本中，与之最为相关的是《突发事件应对法》，其中对应急处置和救援做了专门的法律规定。从内容上看，《突发事件应对法》建立了一个完备、系统的应急框架体系，与应急管理的全过程相适应。这部法律不仅对“危机处置”进行了详尽规定，而且还以此为中心向两端延伸，向前规定了“危机监测”相关内容，重在规范判断进入应急管理阶段的依据，保证信息畅通和判断准确，后端延伸到“恢复重建”，就此覆盖了“预防、预备、监测、预警、处置、恢复重建”的全过程。其中有关“处置”的内容对应急救援过程做了规定。

政府作为最主要的力量既负有开展应急救援的责任和义务，也拥有组织力量调配资源的权力，因此当突发事件发生后，政府必须在第一时间组织力量开展应急救援工作，避免事件发展为更为严重的公共事件，减轻突发事件对人民群众的生命和财产损害。《突发事件应对法》和相关法律法规有效衔接，根据应急救援工作的实际需要，对政府及相关主体的责任义务，对应急救援工作的相关程序、方式进行了必要规定，有效地保证了应急救援工作的开展。

4. 应急救援保障系统

应急救援保障系统是应急救援体系的重要组成部分之一，是保证整个应急救援工作有序开展的基础。若要应急救援保障系统在突发事件发生时发挥重大作用，需要政府和相关主体在日常生活中对其加以重视。应急救援保障系统一般包括以下几个方面。

第一，信息通信保障。应急信息系统是为事故、灾害和紧急事件提供应急服务的信息系统，由通信基础设施、信息资源、信息应用服务系统、信息技术标准体系及信息安全保障体系等构成。就此而言，应急救援信息通信保障系统是在应急救援过程中提供信息通信服务的保障系统。在应急救援过程中，要保证所有预警、报警、警报、报告、指挥等活动的信息交流快速、及时供应到位，力求信息沟通与交流的畅通无阻。与此同时，要保证信息能够及时、准确地对外公开，以免造成公众恐慌。

具体地，在突发事件中，为保证应急救援通信畅通和信息传递及时准确，要做好几个方面的工作，如应急响应单位和人员要保证通信畅通，重点区域值班电话要保证 24 h 畅通；应急通信设备和设施要做好日常维护，确保能够正常使用。当通信设备和设施因突发事件发生损坏时，要第一时间抢修并恢复通信，使得应急组织能够尽快了解突发事件现场的情况，并及时下达应急救援命令。与此同时，要定期定时对外公开突发事件情况和应急救援的实时情况。随着当前互联网技术和信息技术的高速发展以及自媒体时代的到来，突发事件的应急救援组织一方面要通过多种方式发布应急救援信息，另一方面也要关注外界对突发事件的讨论，及时辟谣，用事实掌握话语权。总之，应急救援信息通信保障就像是应急组织的“眼睛”“耳朵”“嘴巴”，是应急救援组织和人员了解情况和发布命令、对外沟通的必要条件，在应急救援工作中占据重要地位，因此必须保证应急救援信息通信保障系统的畅通与稳定。

第二，人力资源保障。应急救援人力资源大致包括应急救援指挥人才、应急救援具体操作人才、应急救援监督指导人才、应急救援信息技术人才等。一支经过专业化训练的突发事件应急救援队伍能够在短时间内快速有效地处理好各种应急救援任务。

应急救援人力资源保障建设要避免几个问题。首先，人岗匹配问题。缺乏科学专业的工作分析和人才测评手段，会使得应急救援人员的工作职责和岗位任务要求模糊不清，进而无法对应急救援人力资源的知识、技术和能力进行全面把握。其次，人员短缺问题。风险社会中，各类突发事件层出不穷。与各类社会问题和公共事件日渐增多相比，我国应急救援人力资源队伍建设稍显不足。值得一提的是，应急救援人力资源并非固定的，也就是说并非只有应急管理部管理的综合队伍是应急救援人力资源。对于不同的突发事件，需要不同的应急救援人力资源，比如突发公共卫生事件中，卫生系统内的医生、护士、医疗专家等都是针对特定公共卫生事件的应急救援人力资源。这就涉及针对不同突发事件的人力资源调配与安排，以及正常状态下的应急救援人力资源培训和人力资源储备。当然，应急救援人力资源既要防止人员不足，也要避免人才浪费，因此要根据应急预案和对不同突发事件的预测开展人力资源开发与配置。与此同时，在解决了应急救援人力资源的供需问题之后，还要注意岗位配置问题，防止大材小用和人不配岗等问题。为此，要大力开发和培养应急救援人力资源保障系统，整合社会资源，既保证人力资源的充沛，又要保证人力资源保障系统内部的结构协调和人员素质提升。

第三，物资装备保障。应急救援物资装备是突发事件应急救援和处置的重要物质支撑，是应急救援保障系统“人、财、物”中的重要组成部分之一。应急救援物资装备的种类一般包括应对自然灾害、安全事故灾难、应急抢险等类的物资装备。应急救援物资装备保障包括应急救援物资装备的采购、维护、保管、保养、更新、发放、供应、使用等环节。

应急救援物资装备的采购应按照法定采购程序进行，在此之前应针对不同的突发事件列出全面的物资和装备清单，避免突发事件发生时才发现缺少某类物资或装备。应急救援物资装备的维护和保管应由专人负责、专库存放，坚持“谁主管、谁负责”的原则，做到“专业管理、保障急需、专物专用”。对应急救援物资装备要定期保养，避免物资装备的损坏。对于已经消耗和损坏的应急救援物资装备要定期更新和重新购置，并严格依据规定时间、规格、数量等进行。应急救援物资装备的发放、供应和使用也必须依规进行，在突发事件发生后，由应急救援组织的负责人对应急救援物资装备进行分配，并由专人负责使用。当本地应急救援物资装备出现短缺时，可以申请由其他地区调配。对于大范围甚至全国性的应急救援物资装备短缺，可以由政府主导，促进物资装备生产企业加紧生产，同时也可以调动全社会的力量，通过社会捐赠、海外捐赠等方式弥补物资短缺。但是在这一过程中要保证专人负责、公开透明。

各组织单位要制定专门的应急救援物资装备保障制度，对应急救援物资装备的管理进行科学严格的规范。

第四，财务保障。应急救援财务保障是指担负应急救援行动的单位在执行应急救援行动的整个过程中需要的一切费用保障，具体费用包括执行应急救援行动时所需要的生活福利费、公务费、事业费、物资消耗、设备使用费、教育训练费等。应急救援财务保障有以下几个特点，即资金需求量大，但筹措相对困难；时效性高，需要事先准备；协调困难，需要执行标准；审计监督困难，且结算量较为复杂。因此，为保证应急救援财务保障的稳定，应当建立专项应急科目，如应急救援基金等，以保障应急管理运行和应急救援行动中的各项开支。同时，应急救援财务保障还包括与应急救援体系建设相关的资金支持等，以保障应急救援体系建设和体系正常运行。

三、应急救援现场处置

应急救援现场处置是突发事件发生后针对应急事故开展的一系列程序和活动。针对不同的突发事件,应急救援现场处置的方案也有所不同,但大致可以划分为五个方面,即先期处置、快速评估、决策指挥、协调联动和信息发布。一般而言,涉及应急救援现场处置的事故包括火灾事故、道路交通事故、触电事故、物体打击事故、高处坠落事故、淹溺事故、坍塌事故、受限空间中毒窒息事故、食物中毒事故、高温中暑事故、电梯安全事故、生产安全事故等。

1. 应急救援现场处置的流程

应急救援现场处置的流程如图 2-5 所示。突发事件发生后,现场负责人应立即报警,并对现场情况进行初步判断,同时向上级负责人汇报。当应急救援需要当地政府介入并主导救援工作时,应急管理部门接警后要迅速介入,并判断应急响应级别。应急响应级别的确定要依据应急救援预案中规定的相关标准予以确定,以此为后续的应急救援行动设定行动标准。

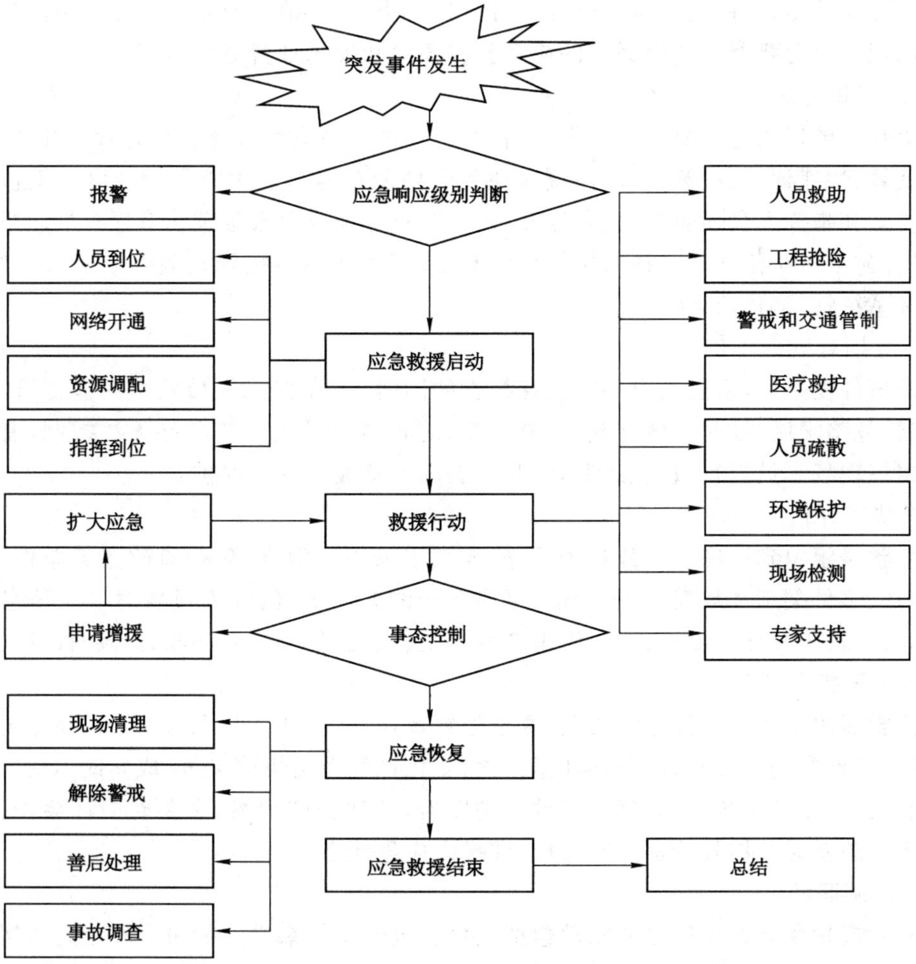

图 2-5　应急救援现场处置的流程

应急救援启动后，要做好四个方面的工作：人员到位、网络开通、资源调配、指挥到位。这是开展应急救援行动的必要准备性工作。也就是说，在应急响应启动之后，要按所确定的应急响应级别启动应急救援程序，通知应急救援有关人员到位，开通信息通信网络、通知调配救援所需的应急物资（包括应急队伍和物资装备等）、成立现场指挥部等。

具体救援行动包括八个方面的任务，即人员救助、工程抢险、警戒和交通管制、医疗救护、人员疏散、环境保护、现场检测和专家支持。

通过救援行动对应急事故进行控制后，若无法控制事态恶化或人员物资不足，需要及时申请增援，并判断是否需要提高应急响应等级。待救援行动结束后，在应急恢复阶段，要做好现场清理、解除警戒、善后处理和事故调查。同时应对事故调查做出初步的定论，明确事故性质、责任人员、事故损失、人员伤亡、经济损失等，要着重调查事故的起因、性质和影响。

应急救援现场处置结束后，要进行总结评审，归纳经验教训。此外，还要做好突发事件的善后工作，做好补偿补助和抚恤工作。

需要注意的是，不同的突发事件在处置流程上类似，但在具体措施上存在差别，因此应急救援的现场处置要严格按照详尽的应急救援预案和现场处置方案进行。

2. 应急救援现场处置的任务

应急救援的现场处置要做好几个方面的工作，也就是应急救援现场处置的几个任务，包括先期处置、快速评估、决策指挥、协调联动和信息发布等。这主要是针对应急救援现场处置的负责人和指挥人员而言的，做好这几项工作，是保证应急救援现场有序开展救援工作的前提，是应急救援队伍开展具体救援任务的基础，否则应急救援活动就会缺乏条理性、缺乏组织性和系统性，事倍功半。

（1）先期处置

突发事件发生后，事发地有关部门在报告的同时，应在保障人员安全的前提下，控制危险源，封锁危险场所，及时有效处置，控制事态，防止事态扩大。若事态无法控制，有关部门应立即组织现场人员进行撤离、疏散，同时开展现场救援和现场保护。

（2）快速评估

应急救援组织到达应急事故现场后，要详细记录相关信息，包括事故报告单位或个人、时间、地点、事件类别和规模、危害程度、可能演变的方向等，值守人员要对以上信息进行分析研判，及时报告领导和上级机关，决策者要有敏感意识和审时度势能力，及时决断。

（3）决策指挥

应急救援决策作为非程序性决策，要求处置者在有限的时间、人力、物力、技术约束条件下，迅速对事件类别和级别、严重性和紧迫性、变化趋势做出快速决策，成立或启动应急救援机构，向有关对象发出预警，在确定事件级别以后，启动相应预案，必要时向社会预警，调动应急救援资源及时开展处置，各种力量立即投入应急状态。

（4）协调联动

应急救援现场处置中的协调联动包括应急救援组织体系之间的协调和应急救援体系中人财物的协调。应急救援组织中的领导决策层要担负起协调应急救援组织的责任，分配应急救援任务，保证应急救援组织体系的科学运转。此外，要促进应急救援组织体系和社会力量的协调联动，在应急救援力量不足时积极动员社会力量参与应急救援行动。

（5）信息发布

应急救援现场处置中要安排专人负责信息收集和发布工作，一方面保证信息在应急救援组织内部传递畅通，另一方面要保证信息由应急救援现场向外的传递畅通。保证信息发布的科学、准确，既是政府作为应急救援组织的职能和责任，也是保证公众知情权的要求。

应急救援现场处置中的信息发布要遵循以下几个原则：及时性、准确性、客观性和全面性。在发布内容上，要注意信息的简要性和重要性，着重发布初步核实的事件基本情况、政府的应对措施和公众防范措施。信息发布机构要得到授权方可进行信息发布，可以通过散发新闻稿、组织报道、记者采访和召开新闻发布会等方式进行信息发布。

四、应急救援体系建设的主要问题及对策

当前，我国应急救援体系建设中主要存在以下几个方面的问题：

第一，应急救援思想意识薄弱。应急救援思想意识薄弱主要体现在两个大的方面。第一个方面，全社会安全意识淡薄。具体表现为全民安全意识不足，群众生产生活中，违章驾驶、违章作业、不穿戴劳动防护用品等现象突出，导致各类事故多发频发；交通安全意识不足，各类超员、超速、超载、不佩戴安全带及接打电话行车现象突出，两轮、三轮电动车违规载人上路等交通安全问题较多，在亡人交通事故中占比较大；自防自救能力不足，有些群众缺乏安全意识和科学常识，对不安全的行为、不安全的现象不能够自觉抵制和积极举报，发生事故不能及时开展自救互救；社会宣传发动不足，群众安全意识较为淡薄，麻痹大意和侥幸心理普遍存在。第二个方面，应急救援组织体系中的人员思想意识薄弱。主要表现为对应急救援工作的不重视，认为应急救援工作不是主要工作，因此可以应付了事，敷衍应对；科学严谨的思维意识不足，不能树立防患于未然、坚持预防重于处置的应急救援思路；重视应急救援体系建设的思想不能持续，以开展运动的方式对待应急救援体系建设，“热乎劲儿”随着专项行动的结束而消失。

第二，应急救援法律法规不健全。当前，我国虽然建立了较为完备、系统的应急救援法律法规体系，但距离现代化应急救援法律法规的确立仍有一定距离。在所有有关应急管理的法律法规中，处在最高阶的法律是《突发事件应对法》。随着我国经济社会的快速发展，社会各领域的不确定性增强，各类社会问题、社会矛盾呈现快速变化的态势，尤其是我国社会主要矛盾已经转化为人民日益增长的美好生活需要和不平衡不充分的发展之间的矛盾，加上当前逆全球化趋势抬头，国际环境趋于紧张，世界处于百年未有之大变局。在此情形下，应急管理和应急救援相关法律法规应适时予以修改完善，并且应适时出台针对不同领域的突发事件应对法律法规。以 COVID-19 疫情为例，此次疫情危害大、影响严重，社会各界，乃至每个人都投入到疫情防控工作之中，此种情形需要能够指导突发公共卫生事件的法律法规，从根本上规定疫情应对的措施规范。

第三，应急救援体制机制不顺畅。应急救援体制是开展应急救援的组织框架和制度框架，是应急救援系统的“骨骼”，应急救援机制是开展应急救援所遵循的逻辑，是应急救援体系的“血管”。体制不顺、机制不畅会导致应急救援体系的运行失效，出现实践层面的梗阻现象。在 2018 年政府机构改革中，我国成立了专门负责应急管理工作的应急管理部，将应急

管理职能整合到一个部门之中，一定程度上解决了此前应急管理工作多头负责的问题，但在条块结合的政府纵向结构中，理顺应急管理这一重要的政府职能并非一日之功，需要在实践中探索与磨合，直至在纵向和横向层面实现应急管理和应急救援体制机制的完善。

第四，应急救援后勤保障不到位。应急救援思想意识的相对薄弱，使得一些组织单位在应急救援后勤保障方面存在问题，不能为应急救援工作提供充分的后勤保障，导致应急救援工作的迟滞和缺失。另外，有些组织单位不能对应急救援后勤保障物资进行及时更新，造成部分应急救援物资老化、破损，同样阻碍了应急救援工作的正常开展。不同于其他日常工作的后勤需求，应急救援工作的后勤保障是"养兵千日，用兵一时"，正常情况下可能无法发挥作用，但是当突发事件发生时，这些物资就变成了保卫生命财产安全必不可少的储备。

第五，应急救援职业化、专业化程度不高。在此次我国应急管理体制改革之前，尤其是消防部队原属于武警序列的一段时期内，我国应急救援的管理体系不够清晰。消防部队同时受地方政府和上级军队的双重领导，服役制度制约了消防队伍战斗力的稳定性，不利于消防的职业化发展。当前应急管理体制机制改革已完成了国家顶层设计，但具体政策的落实尚未完成，能否围绕这一改革，理顺内部关系，将顶层设计落实落细，任务依然艰巨。

第六，应急救援干部人员缺乏。当前我国正处在全面深化改革的深入期和攻坚期，经济社会发展对于人才的需求极其旺盛，各行各业对人才的需求都十分强烈，应急管理和应急救援亦不例外。尤其是应急救援工作是一项专业化十分强的工作，必须经过专业化的训练才能胜任。随着需求的提升，供给不足的问题逐渐显现，尤其是专业化人员和干部人才。

针对以上应急救援体系建设中存在的主要问题，可以从以下几个方面予以应对：

第一，增强应急救援体系建设思想意识。思想意识是行动的先导，对于以预防为主，无法产生直接效益的应急救援工作而言，更要增强重视这项工作的思想意识。不仅要建立制度化的途径促进应急管理和应急救援体系内部人员的思想转变和意识提升，更要通过各种宣传手段提升全社会的应急管理和应急救援思想意识。

第二，健全应急救援法律法规体系。是否有健全的法律法规体系，对于一个系统、一项工程或一个工作的开展至关重要，它决定了有没有制度化的规范对这一系统、工程或工作进行约束和激励。当前，我国已修订了《突发事件应对法》，但还应适时制定出台以公共卫生领域为代表的专门领域的突发事件应对法，并配套相关的次级法规、规章等。各级地方也应该适时出台针对各地各领域的应急救援相关地方性法规、行政规章等。

第三，改革应急救援体系体制机制。如果把应急救援体系比作一个人体，那么改革并理顺应急救援体系的体制、机制就是在"舒筋活络、打通筋脉"，这对于一个体系的科学运转无疑具有十分重要的作用。为此，要以全面深化改革为契机，理顺应急救援体系的体制、机制，促进应急救援工作的顺利开展。

第四，提升应急救援体系建设保障。要坚持"不打无准备之仗"的原则，做好应急救援体系建设和应急救援工作的后勤工作。要加大财政投入，设立专项资金，健全采购制度，加强应急救援体系建设和应急救援工作后勤保障力度。

第五，加强应急救援职业化、专业化程度。要借鉴英美等发达国家实施的职业消防员和志愿消防员相结合的模式，提升以消防为主的应急救援职业化水平和专业化程度。要开展职业上岗培训制度，规范职业筛选体系，引入竞争机制，提升应急救援专业人员的待遇保障和社会地位。要制定符合其自身特点的职务职级序列和管理办法，提高职业荣誉感。

第六，加强应急救援人力资源开发。人的问题是一切问题的根本，人才是应急救援的重中之重。要加强应急救援人力资源的培训与开发，加强应急救援工作干部人才的培养，建立应急救援人力资源的梯队式发展模式。与此同时，要完善应急救援人力资源管理，保证应急救援人力资源的长远发展。

第二节　应急保障能力建设

俗话说"兵马未动，粮草先行"。对于战争而言，充足的后勤补给是取得胜利的根本保障，没有良好的保障措施，再高超的兵法也无法发挥应有的效用。对于应急管理、应急救援而言，科学、充足、适合的应急保障至关重要。为此，有必要充分认识应急保障能力的基本概念和基本原则，弄清楚应急保障能力建设的主要目标，在识别应急保障能力建设主要问题的基础上，提出相应的对策。

一、应急保障能力的概念

应急保障能力在综合性应急救援任务中具有先发性、基础性地位，直接影响队伍平战转换的速度和任务成败。为做好突发事件的应急工作，需要建立一个有效的应急保障体系，提升应急保障能力。一个完整的应急保障体系主要包括为应急管理体系提供法律保障的法律法规、为应急管理体系提供财政保障的应急资金、为应急管理体系提供物资保障的物资与装备、为应急管理体系提供场所保障的避难场所、为应急管理体系提供信息保障的通信系统等。

应急保障是为建立与完善应急管理体系并保证应急管理体系正常运行而具备的人力、财力、物力、法律、场所等基础条件。应急保障能力则是保证应急管理和应急救援科学、有效运行的各种基础条件和能力的总称。应急保障能力是应急管理能力的重要方面，应急保障能力建设是应急管理能力建设的重要组成部分。

提升应急保障能力，对促进应急能力建设具有重要作用。首先，促进应急保障能力建设有利于"以人为本"理念的践行。应急保障能力建设，应急管理体系和管理能力现代化的目的是在突发事件到来时能切实保护人民群众的生命财产安全，保护人民的生存权和发展权，这是践行"以人为本"理念的重要举措。其次，提升应急保障能力，促进应急保障能力建设有利于推进应急管理体系和应急管理能力现代化进程。缺乏基础保障的应急管理体系和应急管理能力会成为空中楼阁，没有实现现代化的条件和前提。最后，提升应急保障能力是政府的重要职责之一，是政府提供公共产品的重要方式之一，有利于服务型政府建设。应急管理作为一项重要的政府职能，其产出是应急救援行动，是惠及社会公民的公共服务之一。

二、应急保障能力的分类

依据应急保障能力所包含的内容，可以将应急保障能力划分为应急法律与制度保障能力、应急组织与人员保障能力、应急物资与财政保障能力、应急技术与设备保障能力、应急医疗保障能力、应急安全教育与文化保障能力、应急场所保障能力等。

应急法律与制度保障能力是为保证应急管理体系和应急救援体系正常运行而制定法律、设计制度和体制机制的能力，国家和地方立法机关具有出台应急管理相关法律的权力，国务院和地方政府以及各组织单位具有设计相应范围和区域内应急制度和体制机制的权限和责任。

应急组织与人员是应急管理体系和应急救援体系的主体，是参与应急管理和应急救援行动的单位和个人，他们担负具体的应急行动。应急组织和人员保障能力的高低涉及组织和人员的“数量”和“质量”两个方面，前者是指应急管理和应急救援需要一定数量的人员和组织参与，后者是指参与应急管理和应急救援的组织和人员的特质，如组织凝聚力、人员素质等。

应急物资与财政保障能力是为保证应急管理体系和应急救援体系正常运行而必需的物质和资金条件的水平。政府财政中有针对应急物资与财政的专项支出，但对于特定突发事件可能会出现应急物资与财政保障能力不足的问题，此时需要政府动用额外资金予以解决，同时可以动员社会力量弥补应急物资与财政保障能力的不足。

应急技术与设备保障能力是针对应急管理和应急救援而开发、使用的科学技术和设备装备等技术条件的水平。应急技术和应急装备设备在应急管理和应急救援行动中能否发挥重要作用，往往可以决定应急救援能否成功。应急技术与设备保障和应急物资与财政保障息息相关，需要投入大量资金进行开发、采购。

应急医疗保障能力是应急管理和应急救援中必不可少的要素之一，是保障突发事件中人民群众的人身免遭伤害的必然要求。突发事件的发生一般都伴随着人民群众生命财产安全受到损害，因此应急医疗保障是应急救援队伍中的一股重要力量。对于突发公共卫生事件来说，应急医疗保障能力具有更加重要的作用。

应急安全教育与文化保障能力是指整个社会应对突发事件的应急意识、应急知识和应急理念等的总和，包括政府和各组织单位开展应急安全教育的水平、社会公众的应急安全意识等。应急安全教育与文化保障能力体现在两个方面，一方面是突发事件发生后相关主体拥有的应对应急事件的意识、知识和理念等，另一方面是日常生活中，也就是非突发事件时期的社会应急意识、知识和理念水平等。

应急场所保障能力是为了应对特定突发事件而开辟的应急避难场所的水平。

需要指出的是，针对不同类型的突发事件，不同的应急保障能力所指向的内容并非是一成不变的，如自然灾害中的应急救援人员以综合性消防救援队伍为主，而公共卫生实践中的应急救援人员则以医护人员为主。因此，在应急保障能力建设中，要针对不同类型的突发事件，有针对性地提升不同的应急保障能力。

除了以上应急保障能力之外，还有应急运输保障能力、应急治安保障能力以及应急基本生活保障能力等。

三、应急保障能力建设的基本原则

应急保障是应急管理和应急救援的“后勤部队”，是开展所有应急管理和应急救援行动的基础。所谓“兵马未动，粮草先行”，缺少良好的应急保障，那么后续的一切应急管理和应急救援行动就有可能无法顺利开展。在应急保障能力建设过程中，要遵循以下四个基本原则。

1. 未雨绸缪

凡事预则立,不预则废。应急保障能力建设是一个持续性的过程,是发生突发事件之前进行的工作。在此过程中,要加强风险评估,依据风险开展应急保障能力建设,既避免资源浪费,又防止保障不足。

2. 有的放矢

应急保障能力建设要坚持实事求是,依据对不同风险的事前评估,比对当前已经具备的保障能力和尚未达到要求的保障能力,进行有的放矢的保障能力建设。“木桶原理”告诉我们,木桶装多少水由最短的一条木板决定。因此在应急保障能力建设过程中,要坚持不同保障能力均衡提升,避免个别能力的短缺,进而影响整个应急保障体系。

3. 依法建设

应急保障能力建设必须在法律框架下进行,将法治思维和法治方式贯穿到应急保障能力建设的全过程。法治化是现代化的重要特征之一,应急保障能力建设的法治化能够推进应急管理体系和管理能力现代化进程。

4. 社会共建

应急保障能力建设要坚持群众观点和群众路线,坚持社会共治,把各方面力量充分调动起来,筑牢防灾减灾救灾的人民防线。应急保障能力建设之所以要调动全社会的力量参与,是因为突发事件所带来的后果往往是未知的,有些突发公共卫生事件可能会给全社会的运行带来风险,此时单靠政府的力量是不够的,需要市场和社会的参与。比如应急产业的发展、应急科学的普及都需要民营经济的参与。办好应急产业园,国家和地方应当出台促进应急产业发展的政策法规(如减免税、发放贴息贷款、设立专项开发基金等),鼓励和引导民资进入应急产业,突出区位优势办好产业园区。

四、应急保障能力建设的主要目标

应急保障能力建设的主要目标包括以下几个方面。

第一,保障设施完善。应急保障能力建设的主要内容是各类应急物资、设备、装备的齐全、充足。因此,应急保障能力建设的一个重要目标是保障设施的完善,保证应急管理和应急救援行动能够有效开展,有序进行。

第二,应急预案健全。应急预案是开展应急救援行动的依据和指南,在应急保障能力中占据重要地位。提升应急保障能力必须做到应急预案的健全,同时应定期开展应急演练,保证突发事件发生时能够有条不紊地开展应急救援行动。

第三,人员训练有素。应急救援人员是应急救援行动的主要力量。开展应急保障能力建设必须注重应急救援人员的素质,提升应急救援队伍的应急能力,包括身体素质、心理素质、技能素质等。与此同时,要注重应急救援指挥人员的素质,促进从指挥人员到执行人员,从救援人员到支援人员的全面素质提升。

第四,应急保障有力。应急保障能力建设的最终目标是为应急管理体系和应急救援体系的正常运行提供最坚实的保障,使各项应急管理活动和应急救援行动没有后顾之忧,使应急管理和应急救援的制度、体制、机制能够科学运转,发挥应急资源的最大效能。

五、应急保障能力建设的主要问题及对策

当前，我国应急保障能力建设主要面临以下几个方面的问题：

第一，应急保障能力建设缺乏一定的系统性。应急保障能力建设关乎应急管理体系和应急管理能力现代化的进程，关乎国家社会的健康稳定，关乎人民群众的生命财产安全。无论是从国家层面还是从各地方政府层面，应急保障能力建设都必须坚持系统性原则。这一问题一方面表现在国家和地方纵向层级上的系统性不足，另一方面表现在不同类型应急保障能力之间的系统性缺乏。无论哪一方面的问题都会导致国家这一宏观层面上应急管理体系和应急保障体系不够完善的结果。

第二，应急保障能力建设相关人才较为缺乏。任何事业都需要人来完成，发挥人力资源和人才力量对于完成一项事业至关重要。当前我国应急管理方面的人力资源和人才力量尚显不足，具体表现在应急管理的理论研究人员不足、应急管理和应急救援指挥人员不足、应急管理和应急救援队伍不足。与此同时，应急管理和应急救援相关人力资源的素质和能力也与社会对应急管理和应急救援人才的需求不相吻合。

第三，应急保障能力建设相关标准尚不统一。应急保障能力建设涉及方方面面，从内容上说包括人、财、物等要素。因此，在应急保障能力建设中，统一标准就显得十分重要。否则，不同层级、不同区域、不同组织在进行应急保障能力建设中缺乏统一标准，就会造成建设超标、保障越规等问题。这一方面会造成公共资源的浪费，另一方面也会使得不同层级、不同区域、不同组织在进行应急支援中出现协调乏力、沟通不畅等问题。

第四，应急保障能力建设体制机制有待规范。体制机制的完善是一个持续性的过程，随着我国应急管理体系和应急管理能力现代化进程的逐步推进，以及行政组织层面上应急管理部门的成立与改革，相关配套的体制机制有待进一步完善，这都需要一个过程。应急保障能力建设作为应急管理体系的重要建设部分，其运行的体制机制需要在整个框架系统中予以制定和完善，进而规范应急保障能力建设过程。

例如，2020 年 3 月 7 日 19 时 14 分，福建省泉州市鲤城区一建筑物发生坍塌，造成 71 人被困。事故发生后，应急管理部立即启动应急响应，会同住房和城乡建设部等部门派出工作组连夜赶赴现场指导协助应急处置工作。福建省、泉州市迅速组织力量开展救援。国家综合性消防救援队伍、国家安全生产专业救援队伍、中交集团、地方专业队伍、社会救援力量等共计 118 支队伍、5 176 人参与抢险救援。福建省消防救援总队迅速调派 10 个支队的重、轻型救援队 1 086 名指战员，携带生命探测仪、搜救犬以及特种救援装备到场处置。救援人员采取多种方式反复侦查，确定被困人员方位，按照“由表及里、先易后难”的顺序，合理使用破拆、撑顶、剪切等方式破拆建筑构件，多点作业、逐步推进，全力搜寻营救被困人员。卫健部门调派 56 名专家赶赴泉州支援伤员救治，并在事故现场设立医疗救治点，调配 125 名医务人员、20 部救护车驻守现场，及时开展现场医疗处置、救治和疫情防控工作。经过 112 h 的艰苦奋战，成功将 71 名被困人员全部救出，其中 42 人生还。这个典型案例不仅体现了专业装备在应急救援中的优势作用，同时也体现了应急保障能力建设中部门协同机制和社会应急力量参与的重要性。

针对以上应急保障能力建设中存在的主要问题，可以从以下几个方面予以应对：

第一，加强应急保障能力建设的顶层设计。顶层设计是应急保障能力建设的第一步，起到规划引领的作用。要依据应急管理和应急救援的现实需求，超前谋划应急保障的需求，提前布局应急保障的供给，从人、财、物和制度体系等各个方面提升应急保障能力。

第二，改革应急保障能力建设的体制机制。理顺应急保障能力建设的体制机制是应急管理体系现代化的重要组成部分，是不可或缺的重要一环。要从阻碍应急保障能力建设的问题入手，加大改革力度，破除梗阻，促进应急保障能力建设的顺利开展。

第三，提升应急保障能力建设的思想意识。思想意识是行动的先导，发挥着指导行动的作用。应急保障能力是应急管理能力的重要内容之一，是促进应急管理现代化的重要方面，要树立正确的思想意识，消除提供保障不如工作开展重要的错误认知，从思想上把握正确方向。

第四，吸纳社会力量参与应急保障能力建设。应急保障能力建设不仅仅是政府自己的任务，全社会都有义务参与到应急保障能力建设中来，一方面要配合政府开展这方面的工作，另一方面要做好家庭和个人的应急保障工作，为全社会的应急保障能力建设贡献自己的力量。

第三章　应急预案的编制实务

应急预案体系不仅是应急管理工作有序、有效开展的基础保障，也是应急管理体系建设的重要内容。各级人民政府及其部门、基层组织、企事业单位等组织应急预案的编制与实施，在应急管理工作实践中起到了重要的规范和指引作用。本章主要介绍应急预案的概念、作用和分类，应急预案的内容，应急预案的编制程序，生产经营单位应急预案的编制和应急预案编制实例分析。

第一节　应急预案基本知识

《突发事件应对法》第二十六条明确规定国家要建立健全突发事件应急预案体系。《中华人民共和国安全生产法》《中华人民共和国消防法》《中华人民共和国防震减灾法》《生产安全事故应急条例》等法律法规都对应急预案做出了明确要求。为了编制科学有效的应急预案，首先要明白什么是应急预案，为什么要编制应急预案，应该编制什么类型的应急预案。

一、应急预案的概念

应急预案又称“应急计划”“突发事件应对方案”。根据《突发事件应急预案管理办法》(国办发〔2024〕5号)的规定，应急预案是指各级人民政府及其部门、基层组织、企事业单位和社会组织等为依法、迅速、科学、有序应对突发事件，最大程度减少突发事件及其造成的损害而预先制定的方案。《生产经营单位生产安全事故应急预案编制导则》(GB/T 29639—2020)将应急预案定义为“针对可能发生的事故，为最大程度减少事故损害而预先制定的应急准备工作方案”。应急预案是各类组织在进行事故风险评估以及应急资源调查的基础上，对应急组织机构及职责、人员、技术、装备、设施、物资、救援行动及其指挥协调等方面预先做出的具体安排。因此，应急预案的核心是解决突发事件的事前、事发、事中、事后，谁来做、做什么、怎样做、何时做、用什么资源做等问题。

二、应急预案的作用及意义

预案不是万能的，但如果事先没有制定好应急预案，突发事件发生后“临时抱佛脚”必定会慌乱无序。2008年瓮安“6·28”事件从最初的部分群众游行请愿升级为不法分子打砸抢烧事件，当地领导之所以没有采取及时有效措施的一个重要原因就是应急预案的缺失。应急预案的制定是以风险评估为基础的，通过风险辨识、评估，采用技术和管理手段降低突发事件发生的可能性，将事故后果控制在一定范围内，起到了预防事故的作用。一旦发生突发事件，根据应急预案预先制定的应急处理程序和方法处理事故，就有可能消除事故影响。即使不能完全消除事故影响，也可以采用预先制定的现场抢险救援方式方法，控制或减少突发事件造成的损失。因此应急预案在应急管理工作中具有重要的作用和意义，主要体现在以下几个方面。

一是应急预案明确了应急救援的范围和体系，使应急管理有据可依、有章可循；

二是制定应急预案，有利于应急各方根据预先明确的职责和响应程序做出及时的应急响应，减少突发事件造成的损失；

三是通过编制基本应急预案和专项应急预案，不仅保证了应急预案的灵活性，也能够为各类突发事件提供应急基础，使应急救援具有明确的针对性、对现场具有明确的指向性；

四是有利于各部门应急协调与沟通，特别是在突发事件的应急需求超出组织应急能力时，能保证应急救援工作顺利、快速和高效地进行，便于实时扩大应急；

五是应急预案的编制、评审以及发布宣传，有利于各方了解可能存在的风险及应急措施，提高风险防范意识和能力。

三、应急预案的分类

根据我国实际情况，按照“统一领导、分类管理、分级负责”的原则，《国家突发公共事件总体应急预案》中规定，我国突发事件应急预案体系分为国家总体应急预案、国家级专项应急预案、国务院部门应急预案、地方应急预案、企事业单位应急预案、重大活动应急预案六大类。我国突发事件应急预案体系见图 3-1。在 2018 年国务院机构改革后，根据最新的法律法规要求和组织机构调整情况，各级各类组织均对相关应急预案进行了修订和完善优化。

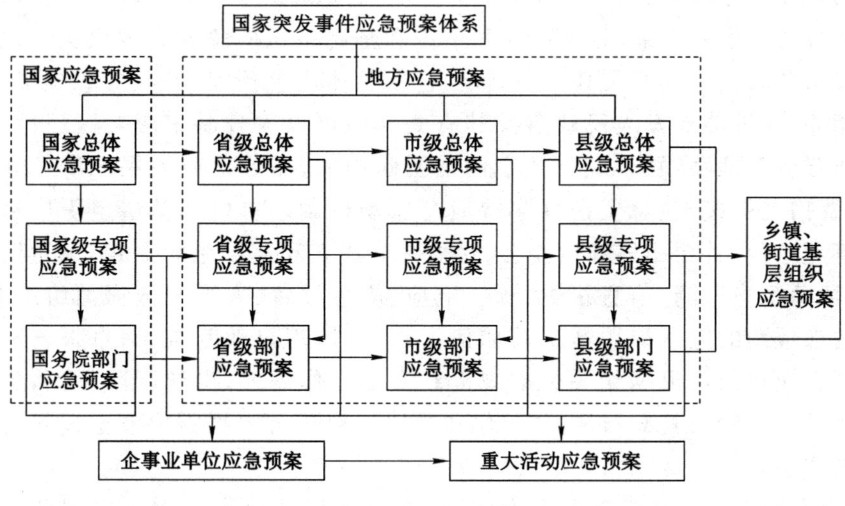

图 3-1　我国突发事件应急预案体系

1. 国家总体应急预案

国家总体应急预案是全国应急预案体系的总纲，是国务院应对特别重大突发事件的规范性文件。目前我国突发事件总体应急预案就是 2005 年 1 月通过的《国家突发公共事件总体应急预案》，2018 年国家应急管理体制改革后，应急管理部牵头组织对国家总体应急预案进行了修订完善。

2. 国家级专项应急预案

国家级专项应急预案主要是国务院及其有关部门为应对某一类型或某几种类型突发事件而制定的应急预案。比如《国家安全生产事故灾难应急预案》《国家地震应急预案》等。

3. 国务院部门应急预案

国务院部门应急预案是国务院有关部门根据总体应急预案、专项应急预案和部门职责为应对突发事件而制定的预案。目前我国发布的部门应急预案已经超过 80 件。

4. 地方应急预案

地方应急预案具体包括:省级人民政府的突发事件总体应急预案、专项应急预案和部门应急预案;各市(地)、县(市)人民政府及其基层政权组织的突发事件应急预案。上述预案在省级人民政府的领导下,按照分类管理、分级负责的原则,由地方人民政府及其有关部门分别制定。

5. 企事业单位应急预案

企事业单位应急预案是企事业单位根据所处地理环境、气象条件和自身生产经营活动可能发生的重大突发事件和有关法律法规要求而制定的应急预案。

6. 重大活动应急预案

举办大型会展和文化体育等重大活动,主办单位应当制定应急预案。如 2010 年上海世博会、2022 年北京冬奥会、2023 年杭州亚运会等重大活动应急预案。

2024 年,国务院办公厅印发了《突发事件应急预案管理办法》,该文件按照制定主体将应急预案分为政府及其部门应急预案、单位和基层组织应急预案两大类。政府及其部门应急预案由各级人民政府及其部门制定,包括总体应急预案、专项应急预案、部门应急预案等。相邻、相近的地方人民政府及其有关部门可以联合制定应对区域性、流域性突发事件的联合应急预案,联合应急预案侧重明确相邻、相近地方人民政府及其部门间信息通报、处置措施衔接、应急资源共享等应急联动机制。单位和基层组织应急预案由机关、企业、事业单位、社会团体和居委会、村委会等法人和基层组织制定,侧重明确应急响应责任人、风险隐患监测、信息报告、预警响应、应急处置、人员疏散撤离组织和路线、可调用或可请求援助的应急资源情况及如何实施等,体现自救互救、信息报告和先期处置特点。大型企业集团可根据相关标准规范和实际工作需要,参照国际惯例,建立本集团应急预案体系。政府及其部门、有关单位和基层组织还可根据需要制定现场工作方案和应急预案操作手册。

此外,应急预案类型还有多种划分方式,根据不同的分类依据可以划分为不同的预案类型。按行政区域可划分为国家级应急预案、省级应急预案、市级应急预案、县级应急预案和基层单位应急预案;按基层单位类型可划分为乡镇(街道)应急预案、村(社区)应急预案、企事业单位应急预案;按突发事件类型可划分为自然灾害应急预案、事故灾难应急预案、公共卫生事件应急预案和社会安全事件应急预案;按应急预案适用范围可划分为综合应急预案、专项应急预案、现场应急预案和单项应急预案。

第二节　应急预案的编制

应急预案的内容是否全面，应急预案的编制是否科学规范，决定着应急预案的实用性和可操作性。因此，应急预案的编制工作尤为重要。本节主要介绍应急预案的内容、应急预案的编制程序、生产经营单位应急预案的编制以及应急预案编制实例分析。

一、应急预案的内容

按照应急管理的全过程，应急预案的内容不仅应包括事故发生过程中的应急响应和救援措施，还应包括事故发生前的各种应急准备和事故发生后的紧急恢复，以及预案的管理与更新等。因此，一个完善的应急预案主要包括方针与原则、应急策划、应急准备、应急响应、现场恢复、预案管理与评审改进，以及其他相关文件等。

这些内容之间既具有一定的独立性，又紧密联系，从应急的方针、策划、准备、响应、恢复到预案的管理与评审改进，形成了一个有机联系并持续改进的应急管理体系。根据各项内容中所包括的任务和功能，应急策划、应急准备和应急响应三项内容可进一步划分成若干个具体要素。所有这些要素构成了重大事故应急预案的主要内容，是重大事故应急预案编制应当涉及的基本方面。在实际编制时，根据单位的风险和实际情况的需要，也为便于预案内容的组织，可根据单位自身实际，将要素进行合并、增加、重新排列或适当的删减等。应急预案的内容见表 3-1。

表 3-1　应急预案的内容

序号	一级要素	二级要素
1	方针与原则	
2	应急策划	2.1　危险辨识与评估 2.2　应急资源评价 2.3　应急机构与职责 2.4　法律法规要求
3	应急准备	3.1　应急资源 3.2　应急人员的培训 3.3　应急预案演练 3.4　公众教育 3.5　互助协议
4	应急响应	4.1　接警与通知 4.2　指挥与控制 4.3　警报和紧急公告 4.4　通信 4.5　事态监测与评估 4.6　警戒与治安 4.7　人群疏散与安置 4.8　医疗与卫生 4.9　公共关系 4.10　应急人员安全 4.11　消防和抢险 4.12　泄漏物控制
5	现场恢复	
6	预案管理与评审改进	
7	其他相关文件	

1. 方针与原则

阐明应对工作的方针与原则，如保护人员安全优先，防止和控制事故蔓延，保护环境，以及预防为主、常备不懈、高效协调和持续改进的思想；列出应急预案所针对的突发事件类型、适用的范围和救援目标等。

2. 应急策划

应急策划必须明确预案的对象和可用的应急资源情况，即在全面系统地认识和评价所针对的潜在事故类型的基础上，识别出重要的潜在事故及其性质、区域、分布及事故后果，同时，根据危险分析的结果，分析评估企业中应急救援力量和资源情况，为所需的应急资源准备提供建设性意见。应急策划阶段应明确突发事件应对过程中单位内部或外部相关机构及人员的具体职责。在进行应急策划时，还应当列出国家、地方相关的法律法规，作为制定预案和应急工作授权的依据。因此，应急策划包括危险辨识与评估、应急资源评价、应急机构与职责，以及法律法规要求等内容。

3. 应急准备

应急准备应说明针对可能发生的应急事件，要做好的各项准备工作。应急预案能否成功地在应急救援中发挥作用，取决于应急准备的充分与否。应急准备基于应急策划的结果，明确所需应急队伍的建设和人员培训、应急物资的准备、预案的演习、公众的应急知识教育培训和签订必要的互助协议等。

4. 应急响应

应急响应能力的体现，应包括需要明确并实施的应急救援过程中的核心功能和任务。这些核心功能具有一定的独立性，又互相联系，构成应急响应的有机整体，共同完成应急救援目的。

应急响应的核心功能和任务包括：接警与通知、指挥与控制、警报和紧急公告、通信、事态监测与评估、警戒与治安、人群疏散与安置、医疗与卫生、公共关系、应急人员安全、消防和抢险、泄漏物控制等。

（1）接警与通知

目的是准确及时了解事故的性质、规模等初始信息。需要制定接警程序，保证接警人员迅速、准确地向报警人员询问事故现场的重要信息；制定通报程序，保证迅速向有关应急机构、政府及上级部门发出事故通知。

（2）指挥与控制

制定指挥决策程序；初始评估、确认紧急状态、建立现场工作区、确定重点保护区域、应急行动优先原则、指挥协调各救援队伍开展救援行动、合理配置救援资源。

（3）警报和紧急公告

警报系统：报警装置、启动条件与程序、报警范围等。

紧急公告：事故性质、事态进展、对健康的影响、自我防护等，通过紧急公告告知疏散信息等。

（4）通信

通信功能需要说明通信系统的来源、使用、维护；应急组织之间通信所需的详细信息；紧急状态下通信能力和保障；备用通信系统等。

（5）事态监测与评估

建立对事故现场及场外的监测和评估程序:确定事态监测与评估的职责;监测仪器设备及监测方法;实验室化验、监测点的设置及监测方法;监测报告程序。事故现场常规监测活动有事故影响边界,气象条件,对食物、饮用水卫生以及水体、土壤、农作物等的污染,可能的二次反应有害物,爆炸危险性及损毁建筑物垮塌危险性,污染物滞留带等。

（6）警戒与治安

防止无关人员进入事故现场,保障救援队伍、物资运输和人群疏散等的交通畅通,执行指挥机构的命令、协助事故调查,发出警报、现场紧急疏散、人员清点、传达紧急信息等。

（7）人群疏散与安置

人群疏散与安置规定了启动疏散的条件、疏散区域、路线、运输工具、避难所等;人群数量、所需时间及可利用的时间、风向等环境;特殊人群(老弱病残)的疏散;临时生活安置等。

（8）医疗与卫生

应急响应需要掌握急救中心、救护车和现场急救人员的数量;医院的数量、分布、可用床位、治疗能力;抢救药品、医疗器械、消毒、解毒药品等的供应和来源;医疗人员的培训:了解灾害类型和处置方法等。

（9）公共关系

为保证事故和救援信息的统一发布,应明确信息发布的审核和批准程序;指定新闻发言人;适时举行新闻发布会;对公众咨询、接待、安抚受害者家属做出安排。

（10）应急人员安全

应急人员安全是开展救援工作的前提,需要明确应急人员的预防措施,个体防护等级,现场监测工作内容,应急反应人员向外求援的方式,应急人员撤离救援的条件和程序。

（11）消防和抢险

消防和抢险作为核心应急响应功能,危险性大、难度高,是防止事故蔓延和扩大的主要内容,应对消防和抢险工作的组织程序,相关消防设施、器材和物资,人员培训,现场指挥和行动方案要点等做好充分准备。

（12）泄漏物控制

危险物质的泄漏或消防用水均有可能造成环境污染,导致事故损失扩大,因此需要进行泄漏物控制,确定可用的收容设备(池、泵、吸附材料等)、洗消设备及物资、洗消物资供应企业的供应情况和通信名录。

5. 现场恢复

应急救援工作结束后需要开展现场恢复工作,在现场恢复过程中仍存在潜在的安全风险。因此现场恢复阶段应制定现场警戒安全和撤点、宣布应急取消的程序,进行现场清理和受影响区域的连续监测,对从业人员提供帮助,制定恢复正常状态的程序,对破坏损失进行评估,开展保险的索赔、事故调查、后果评价、灾后重建等工作。

6. 预案管理与评审改进

应急预案是保障应急救援工作顺利开展的指导性文件,并具有法规权威性,应当制定应急预案的编制程序,应急预案的审核程序,应急预案的批准、发放程序,应急预案的修改、检测和更新预案的程序等管理规定,不断更新和完善应急预案体系文件。

7. 其他相关文件

除了以上基本内容，一个完整的应急预案还应包括以下内容：

（1）应急预案发布令。宣布应急预案生效，做好各项应急准备。

（2）应急机构署名页。应急相关部门及负责人签名。

（3）应急预案分布记录页。应急预案接收部门签字。

（4）应急预案修改记录页。修改人签字。

（5）术语与定义等。对应急预案中涉及的专业术语或名词加以解释，如危险化学品事故应急预案中提到的危险化学品、重大危险源、易燃液体等概念解释。

（6）支持附件。包括风险分析附件，通信联络附件，法律法规附件，应急资源附件，教育、培训、演练附件，技术支持附件，互助协议附件，技术专家附件，各种表单，其他支持附件。

二、应急预案的编制程序

依据《生产经营单位生产安全事故应急预案编制导则》(GB/T 29639—2020)的规定，应急预案编制程序包括成立应急预案编制工作组、资料收集、风险评估、应急资源调查、应急预案编制、桌面推演、应急预案评审、批准实施八个步骤(图 3-2)。

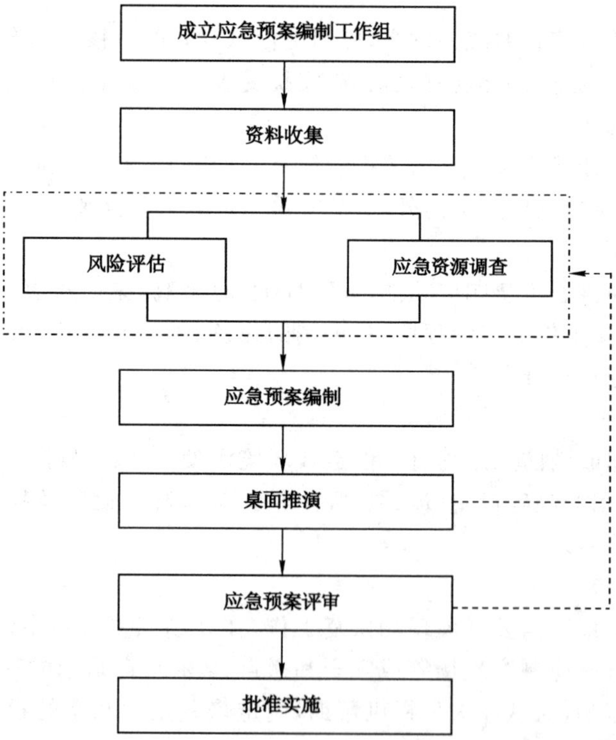

图 3-2　应急预案编制程序

1. 成立应急预案编制工作组

成立应急预案编制工作组，是将各有关职能部门、各类专业技术人员有效地结合起来的最佳方法，可以有效地保证应急预案的准确性和完整性，而且可以为应急各方提供一个非常重要的协作与交流机会，有利于统一应急各方的不同意见和观点。应急预案编制工作组的组长由单位主要负责人担任，参加人员包括生产、技术、设备、安全、行政、人事、财务等单位相关部门人员，此外还应邀请相关救援队伍以及周边相关企业、单位或社区代表参加。应急预案编制小组的成员确定后，须明确编制任务、职责分工和工作计划，保证应急预案编制工作的科学有序。表 3-2 是某公司发布的关于成立应急预案修编工作领导小组的通知实例。

表 3-2　某公司关于成立应急预案修编工作领导小组的通知

各项目部(施工队)、科室：

为了规范公司应急管理，完善应急体系建设，做好应急预案备案前的准备工作，公司组织成立应急预案编审机构，按照《生产安全事故应急预案管理办法》及《生产经营单位生产安全事故应急预案编制导则》对公司的应急预案进行修订、补充和完善。应急预案的修订和编制应充分体现公司安全生产第一责任人的组织和全员参加的总体性，保证应急预案预防突发事件和指导处置突发事件的实用性。

一、领导小组名单

组　长：×××

副组长：×××　×××　×××

成　员：×××　×××　×××　×××　×××

二、主要职责

① 组织成立应急预案编审组织机构。

② 督促检查编制、审议小组工作开展情况。

③ 批准公司应急预案的项目设置。

④ 批准各部门执行应急职责。

⑤ 对于审议结束后的应急预案批准试行，并报市局备案。

(一) 审议小组

组长：×××

成员：×××　×××　×××

职责：

① 为领导小组进行综合预案、专项预案和现场处置方案的项目设置提供建议。

② 审议应急预案修编过程中存在的问题，并提出改进建议。

③ 审议各部门应急职责设置情况。

④ 对编制后的应急预案的完整性、可行性和规范性进行审议，为领导小组和编制小组提供修订意见。

(二) 编制小组

组长：×××

成员：×××　×××　×××

职责：

① 负责进行应急预案支持材料的收集和整理。

② 对单位所辖的设备和岗位进行风险分析，制定预防措施和安全注意事项。

③ 对公司应急预案体系进行修订、补充和完善。

三、编制原则

(一) 注重实用性，提高可操作性

目前公司预案较为烦琐，对突发事件的应对处置指导性不强。修编工作应突出重点，对预案进行精简，提高预案的实用性和可操作性，保证在突发事件发生时可以通过启动预案有效进行救援，减少突发事件造成的损失。

表 3-2(续)

（二）完善重点要素，体现完整性 按照《生产经营单位生产安全事故应急预案编制导则》对公司预案的各项要素进行完善。完善风险监测、预警行动、应急响应、应急处置和应急结束等关键要素。注重应急保障中应急队伍、应急物资与装备、通信与信息的完善和建档。补充完善应急机构人员联系方式、应急物资储备清单、关键路线标识及图纸和相关流程等附件信息。 （三）编制预案全员参与，体现集体智慧 应急预案的编制是一项系统工程，需由专业技术人员和安全人员以及各岗位人员共同参与。在预案的编制过程中，首先由专业技术人员做好专业所辖设备和重要工作岗位的风险分析工作，再根据分析出的风险情况制定出预防、预警和应急响应等内容。风险分析不具体、不全面，相应的应急处置行动就会存在漏洞，就失去了对应急工作全面指导的实际意义。 （四）完善体系建设，做好预案衔接 应急预案由综合预案、专项预案和现场处置方案构成。应急预案的编制工作，要做到与相关预案的有序衔接。明确综合预案、专项预案和现场处置方案的涵盖内容。明确与上级单位、地方政府应急预案的衔接和外部救援单位的应急支援等相关内容。 20××年××月××日

2. 资料收集

应急预案编制工作组应收集下列相关资料：

(1) 适用的法律法规、部门规章、地方性法规和政府规章、技术标准及规范性文件。

(2) 企业周边地质、地形、环境情况及气象、水文、交通资料。

(3) 企业现场功能区划分、建(构)筑物平面布置及安全距离资料。

(4) 企业工艺流程、工艺参数、作业条件、设备装置及风险评估资料。

(5) 本企业历史事故与隐患、国内外同行业事故资料。

(6) 属地政府及周边企业、单位应急预案。

3. 风险评估

风险评估是应急预案编制的基础。在前期资料收集的基础上，开展风险评估的过程是针对不同事故种类及特点，识别存在的危险有害因素，分析事故可能产生的直接后果以及次生、衍生后果，评估各种后果的危害程度和影响范围，提出防范和控制事故风险措施的过程。风险评估具体流程包括风险辨识、风险分析和风险评价，具体如图 3-3 所示。

风险辨识的目的是将本单位可能存在的重大危险因素识别出来，作为风险评价的对象。总结历史上本地区发生过的重大事故灾难，进行事故分类分级，分析这些事故灾难的机理，明确影响这些事故灾难的因素都有哪些，形成风险源数据库，为应急预案编制提供依据。

风险分析主要是确定事故或灾害发生时造成破坏的可能性以及可能导致的实际破坏或伤害程度，以此作为确定风险级别的基准，为风险评价和处置提供支持。

风险评价主要是通过对从风险分析中获得的风险等级和预先设定的风险评估标准进行比较，对组织可能面临的各种风险进行综合排序，确定不同风险的重要程度和可接受水平。风险评价结果确定了不同风险的轻重缓急，为风险处置和应急行动提供了具有优先级的风险列表。

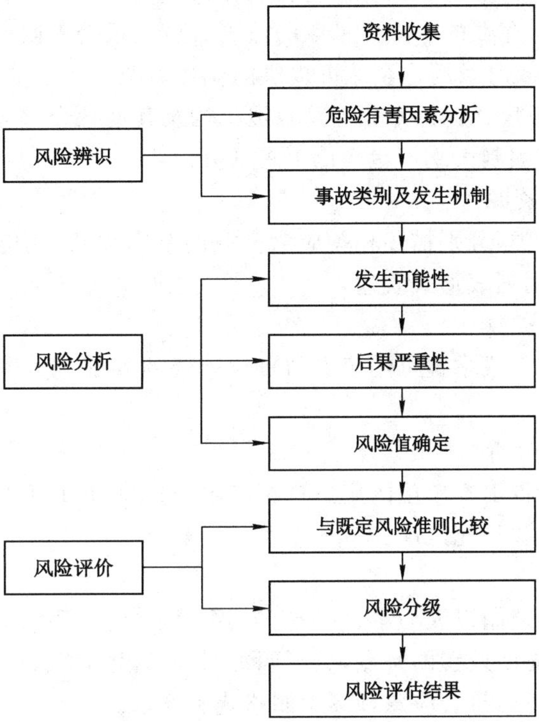

图 3-3　风险评估具体流程

最后需要根据风险评估结果撰写评估报告，其编制大纲可包含以下四部分内容：

（1）危险有害因素辨识

描述本单位危险有害因素辨识的情况（可用列表形式表述）。

（2）事故风险分析

描述本单位事故风险的类型、事故发生的可能性、危害后果和影响范围（可用列表形式表述）。

（3）事故风险评价

描述本单位事故风险的类别及风险等级（可用列表形式表述）。

（4）结论建议

得出本单位应急预案体系建设的计划建议。

4. 应急资源调查

应急资源是应对和处置突发事件所需要的基本要素，包括人力资源、物资资源、设备设施资源、资金资源、信息资源等。通过应急资源调查可以确定应急响应需要资源的种类、数量与规格，本单位当前拥有哪些资源，资源的供求现状等内容，为有效应对和处置突发事件提供支持。

应急资源调查需要全面调查和客观分析本单位以及周边单位和政府部门可请求援助的应急资源状况，撰写应急资源调查报告，其内容包括但不限于：

① 本单位可调用的应急队伍、装备、物资、场所；

② 针对生产过程及存在的风险可采取的监测、监控、报警手段；

③ 上级单位、当地政府及周边企业可提供的应急资源；

④ 可协调使用的医疗、消防、专业抢险救援机构及其他社会化应急救援力量。

应急资源调查报告编制大纲可包含以下三部分内容：

(1) 单位内部应急资源

按照应急资源的分类，分别描述相关应急资源的基本现状、功能完善程度、受可能发生的事故的影响程度(可用列表形式表述)。

(2) 单位外部应急资源

描述本单位能够调查或掌握可用于参与事故处置的外部应急资源情况(可用列表形式表述)。

(3) 应急资源差距分析

依据风险评估结果得出本单位的应急资源需求，与本单位现有内外部应急资源对比，提出本单位内外部应急资源补充建议。

5. 应急预案编制

应急预案编制应当遵循以人为本、依法依规、符合实际、注重实效的原则，以应急处置为核心，体现自救互救和先期处置的特点，做到职责明确、程序规范、措施科学，尽可能简明化、图表化、流程化。此外还要符合应急预案编制格式和要求。

应急预案编制工作主要包括：

(1) 依据事故风险评估及应急资源调查结果，结合本单位组织管理体系、生产规模及处置特点，合理确立本单位应急预案体系。

(2) 结合组织管理体系及部门业务职能划分，科学设定本单位应急组织机构及职责分工。

(3) 依据事故可能的危害程度和区域范围，结合应急处置权限及能力，清晰界定本单位的响应分级标准，制定相应层级的应急处置措施。

(4) 按照有关规定和要求，确定事故信息报告、响应分级与启动、指挥权移交、警戒疏散方面的内容，落实与相关部门和单位应急预案的衔接。

6. 桌面推演

按照应急预案明确的职责分工和应急响应程序，结合有关经验教训，相关部门及其人员可采取桌面演练的形式，模拟事故应对过程，逐步分析讨论并形成记录，检验应急预案的可行性，并根据桌面推演结果进一步完善应急预案。桌面推演通常采用文字、图片、地图、沙盘、流程图、计算机模拟、视频资料等方式描述突发事件场景，根据不同工作条件可借助各类工具以增强推演效果，如沙盘、兵棋、计算机模拟仿真等。

7. 应急预案评审

为保证应急预案的科学性、合理性以及与实际情况的符合性，应急预案必须经过评审。应急预案的评审，包括内部评审和外部评审两类。内部评审是指编制小组成员内部实施的评审，应急预案管理部门应要求预案编制单位在预案初稿编写工作完成之后，组织编写成员内部对其进行评审，保证预案语言简洁通畅，内容完整。外部评审是由本单位、上级机构、社区公众以及有关政府部门实施的评审。外部评审的主要作用是确保预案能被各阶层接受。根据评审人员的不同，又可分为专家评审、同级评审、社区评审和政府评审。

应急预案评审程序包括以下步骤：

(1) 评审准备

成立应急预案评审工作组，落实参加评审的专家，将应急预案、编制说明、风险评估、应急资源调查报告及其他有关资料在评审前送达参加评审的单位或人员。

(2) 组织评审

评审采取会议审查形式，企业主要负责人参加会议，会议由参加评审的专家共同推选出的组长主持，按照议程组织评审；表决时，应有不少于出席会议专家人数的三分之二同意方为通过；评审会议应形成评审意见(经评审组组长签字)，附参加评审会议的专家签字表。表决的投票情况应以书面材料记录在案，并作为评审意见的附件。

(3) 修改完善

被评审单位应认真分析研究，按照评审意见对应急预案进行修订和完善。评审表决不通过的，被评审单位应修改完善后按评审程序重新组织专家评审，被评审单位应写出根据专家评审意见的修改情况说明，并经专家组组长签字确认。

8. 批准实施

应急预案经评审通过后，应当报有关部门批准，批准后进行正式发布和备案。一般情况下，各级政府的专项应急预案应当经同级政府批准同意，由同级政府发布。部门应急预案和专项应急预案应当报行政主管部门备案。企事业单位的应急预案由单位领导批准，自行印发，并应报行政主管部门备案。

应急预案的实施，是应急管理工作的重要环节。应急预案经批准发布后，应组织实施应急预案，包括开展预案的宣传、进行预案的培训，落实和检查各个有关部门的职责、程序和资源准备，组织预案的训练、演习，并定期评审和更新预案，使应急预案有机地融入公共安全保障日常工作之中，将应急预案所规定的要求落到实处。

三、生产经营单位应急预案的编制

生产经营单位的应急预案体系主要由综合应急预案、专项应急预案和现场处置方案构成。此外，应急预案的文本策划还应包括应急预案各个层次文本的附件。生产经营单位应根据有关法律、法规和相关标准，结合本单位组织管理体系、生产规模以及可能发生的事故类型确定本单位的应急预案体系，并注意与其他类别应急预案相衔接。生产经营单位可根据本单位的实际情况，确定是否编制专项应急预案。事故风险单一、危险性小的生产经营单位，可只编制现场处置方案。

1. 综合应急预案的编制

综合应急预案是生产经营单位为应对各种生产安全事故而制定的综合性工作方案，是本单位应对生产安全事故的总体工作程序、措施和应急预案体系的总纲。综合应急预案内容包括总则、应急组织机构及职责、应急响应、后期处置、应急保障等。综合应急预案编制提纲见表 3-3。

表 3-3　综合应急预案编制提纲

一级标题	二级标题	主要内容
1　总则	1.1　适用范围	说明应急预案适用的范围
	1.2　响应分级	依据事故危害程度、影响范围和生产经营单位控制事态的能力，对事故应急响应进行分级，明确分级响应的基本原则。响应分级不可照搬事故分级
2　应急组织机构及职责		明确应急组织形式(可用图示)及构成单位(部门)的应急处置职责。应急组织机构可设置相应的工作小组，各小组具体构成、职责分工及行动任务应以工作方案的形式作为附件
3　应急响应	3.1　信息报告	(1) 信息接报。明确应急值守电话、事故信息接收、内部通报程序、方式和责任人，向上级主管部门、上级单位报告事故信息的流程、内容、时限和责任人，以及向本单位以外的有关部门或单位通报事故信息的方法、程序和责任人。 (2) 信息处置与研判。明确响应启动的程序和方式。根据事故性质、严重程度、影响范围和可控性，结合响应分级明确的条件，可由应急领导小组做出响应启动的决策并宣布，或者依据事故信息是否达到响应启动的条件自动启动。若未达到响应启动条件，应急领导小组可做出预警启动的决策，做好响应准备，实时跟踪事态发展。响应启动后，应注意跟踪事态发展，科学分析处置需求，及时调整响应级别，避免响应不足或过度响应
	3.2　预警	(1) 预警启动。明确预警信息发布渠道、方式和内容。 (2) 响应准备。明确做出预警启动后应开展的响应准备工作，包括队伍、物资、装备、后勤及通信。 (3) 预警解除。明确预警解除的基本条件、要求及责任人
	3.3　响应启动	确定响应级别，明确响应启动后的程序性工作，包括应急会议召开、信息上报、资源协调、信息公开、后勤及财力保障工作
	3.4　应急处置	明确事故现场的警戒疏散、人员搜救、医疗救治、现场监测、技术支持、工程抢险及环境保护方面的应急处置措施，并明确人员防护的要求
	3.5　应急支援	明确当事态无法控制情况下，向外部(救援)力量请求支援的程序及要求、联动程序及要求，以及外部(救援)力量到达后的指挥关系
	3.6　响应终止	明确响应终止的基本条件、要求和责任人
4　后期处置		明确污染物处理、生产秩序恢复、人员安置方面的内容
5　应急保障	5.1　通信与信息保障	明确应急保障的相关单位及人员通信联系方式和方法，以及备用方案和保障责任人
	5.2　应急队伍保障	明确相关的应急人力资源，包括专家、专兼职应急救援队伍及协议应急救援队伍
	5.3　物资装备保障	明确本单位的应急物资和装备的类型、数量、性能、存放位置、运输及使用条件、更新及补充时限、管理责任人及其联系方式，并建立台账
	5.4　其他保障	根据应急工作需求而确定的其他相关保障措施(如：能源保障、经费保障、交通运输保障、治安保障、技术保障、医疗保障及后勤保障)

2．专项应急预案

专项应急预案是生产经营单位为应对某一种或者多种类型生产安全事故，或者针对重要生产设施、重大危险源、重大活动防止生产安全事故而制定的专项工作方案。专项应急预案与综合应急预案中的应急组织机构、应急响应程序相近时，可不编写专项应急预案，相应的应急处置措施并入综合应急预案。

专项应急预案主要包括适用范围、应急组织机构及职责、响应启动、处置措施、应急保障等内容。专项应急预案编制提纲见表3-4。

表 3-4　专项应急预案编制提纲

标题	主要内容
1　适用范围	说明专项应急预案适用的范围，以及与综合应急预案的关系
2　应急组织机构及职责	明确应急组织形式（可用图示）及构成单位（部门）的应急处置职责。应急组织机构以及各成员单位或人员的具体职责。应急组织机构可以设置相应的应急工作小组，各小组具体构成、职责分工及行动任务建议以工作方案的形式作为附件
3　响应启动	明确响应启动后的程序性工作，包括应急会议召开、信息上报、资源协调、信息公开、后勤及财力保障工作
4　处置措施	针对可能发生的事故风险、危害程度和影响范围，明确应急处置指导原则，制定相应的应急处置措施
5　应急保障	根据应急工作需求明确保障的内容

3．现场处置方案

现场处置方案是生产经营单位根据不同生产安全事故类型，针对具体场所、装置或者设施所制定的应急处置措施，主要包括事故风险描述、应急工作职责、应急处置和注意事项等内容。现场处置方案编制提纲见表3-5。

表 3-5　现场处置方案编制提纲

标题	主要内容
1　事故风险描述	简述事故风险评估的结果（可用列表的形式附在附件中）
2　应急工作职责	明确应急组织分工和职责
3　应急处置	主要包括以下内容： （1）应急处置程序。根据可能发生的事故及现场情况，明确事故报警、各项应急措施启动、应急救护人员的引导、事故扩大及同生产经营单位应急预案的衔接程序。 （2）现场应急处置措施。针对可能发生的事故从人员救护、工艺操作、事故控制、消防、现场恢复等方面制定明确的应急处置措施。 （3）明确报警负责人以及报警电话及上级管理部门、相关应急救援单位联络方式和联系人员，事故报告基本要求和内容
4　注意事项	包括人员防护和自救互救、装备使用、现场安全等方面的内容

4. 附件

应急预案各个层次文本的附件，是应急预案内容的补充，是应急预案的主要组成部分。附件内容主要包括以下 8 个方面。

(1) 生产经营单位概况

简要描述本单位地址、从业人数、隶属关系、主要原材料、主要产品、产量，以及重点岗位、重点区域、周边重大危险源、重要设施、目标、场所和周边布局情况。

(2) 风险评估的结果

简述本单位风险评估的结果。

(3) 预案体系与衔接

简述本单位应急预案体系构成和分级情况，明确与地方政府及其有关部门、其他相关单位应急预案的衔接关系(可用图示)。

(4) 应急物资装备的名录或清单

列出应急预案涉及的主要物资和装备名称、型号、性能、数量、存放地点、运输和使用条件、管理责任人和联系电话等。

(5) 有关应急部门、机构或人员的联系方式

列出应急工作中需要联系的部门、机构或人员及其多种联系方式。

(6) 格式化文本

列出信息接报、预案启动、信息发布等格式化文本。

(7) 关键的路线、标识和图纸

主要包括：警报系统分布及覆盖范围；重要防护目标、风险清单及分布图；应急指挥部(现场指挥部)位置及救援队伍行动路线；疏散路线、集结点、警戒范围、重要地点的标识；相关平面布置、应急资源分布的图纸；生产经营单位的地理位置图、周边关系图、附近交通图；事故风险可能导致的影响范围图；附近医院地理位置图和路线图。

(8) 有关协议或者备忘录

列出与相关应急救援部门签订的应急救援协议或备忘录。

5. 应急预案编制格式

(1) 封面

应急预案封面主要包括应急预案编号、应急预案版本号、生产经营单位名称、应急预案名称、颁布日期等内容。

(2) 批准页

应急预案应经生产经营单位主要负责人批准方可发布。

(3) 目次

应急预案应设置目次，目次中所列的内容及次序如下：

① 批准页；

② 应急预案执行部门签署页；

③ 章的编号、标题；

④ 带有标题的条的编号、标题(需要时列出)；

⑤ 附件，用序号表明其顺序。

四、应急预案编制实例分析

1. 北京市突发事件总体应急预案

十八大以来，以习近平同志为核心的党中央围绕加快推进应急管理体系和能力现代化做出了一系列重大决策部署，北京市应急管理也经历了理念的革新和体制机制的重塑。《北京市突发事件总体应急预案》作为北京市应急预案体系的总纲，自 2004 年印发以来，对于健全北京市应急管理工作体系，指导突发事件应对，保护人民群众生命财产安全和重大活动举办发挥了重要作用，此后分别于 2005 年、2010 年、2016 年、2021 年进行了修订。目前新版《北京市突发事件总体应急预案》以总体国家安全观、"两个坚持"和"三个转变"等新时代应急管理理念为指引，突出强调人民至上、生命至上，对预案内容进行了全方位的改进和完善，进一步强化了党对应急管理工作的集中统一领导。

修订后的《北京市突发事件总体应急预案》共 8 个部分内容，包括总则、组织机构与职责、监测与预警、应急处置与救援、恢复与重建、应急保障、预案管理、附则与附件等，其中新增预案管理部分。《北京市突发事件总体应急预案》的内容提纲见表 3-6。

表 3-6　《北京市突发事件总体应急预案》的内容提纲

1　总则
- 1.1　目的与意义
- 1.2　适用范围
- 1.3　工作原则
- 1.4　突发事件分类分级
- 1.5　应急预案体系

2　组织机构与职责
- 2.1　领导机构
- 2.2　工作机构
- 2.3　专项指挥机构
- 2.4　区、重点地区应急机构
- 2.5　基层应急机构
- 2.6　重大活动应急机构

3　监测与预警
- 3.1　监测与风险管控
- 3.2　预警
- 3.3　监测与预警支持系统

4　应急处置与救援
- 4.1　信息报送
- 4.2　先期处置与公众响应
- 4.3　分级响应
- 4.4　现场指挥部
- 4.5　处置措施

表 3-6(续)

4.6 社会动员
4.7 信息发布和舆论引导
4.8 应急结束
5 恢复与重建
5.1 善后处置
5.2 社会救助与抚恤
5.3 保险
5.4 调查与评估
5.5 监督检查问责与奖惩
6 应急保障
6.1 应急队伍保障
6.2 指挥系统技术保障
6.3 交通运输保障
6.4 物资装备保障
6.5 医疗卫生保障
6.6 治安保障
6.7 应急避难场所保障
6.8 资金保障
6.9 法制保障
7 预案管理
7.1 制定与备案
7.2 应急演练
7.3 宣传与培训
8 附则与附件
8.1 名词术语、缩写语的说明
8.2 本预案说明
8.3 市级专项应急预案目录
8.4 北京市突发事件应急委员会组织体系框架

具体来讲，2021 年的《北京市突发事件总体应急预案》重点针对以下 9 个方面进行了修订：

一是构建了“党委领导、统分结合”的应急指挥组织体系（图 3-4）。进一步突出了市委对应急管理全领域、全链条、全流程的统领地位，把强化党对应急管理工作的集中统一领导落到实处。明确“党委领导、政府主导，部门联动、条块结合，专业处置、社会参与”的工作格局。构建了在市委统一领导下，市应急委、市委应对重大突发公共卫生事件领导机构、市委平安北京建设领导小组等机构分别负责，统分结合的首都应急指挥组织体系。结合疫情防控经验，完善了巨灾条件下的应急体制机制。

二是完善了“协同联动、反应灵敏”的首都特色应急机制。根据多年来实践经验，立足首都“四个中心”功能定位，坚持区域协同、联防联控，健全完善首都地区和京津冀地区应急协调联动机制，明确启动条件和基本内容，强化与国家有关部门、驻京部队、中央在京单位以及

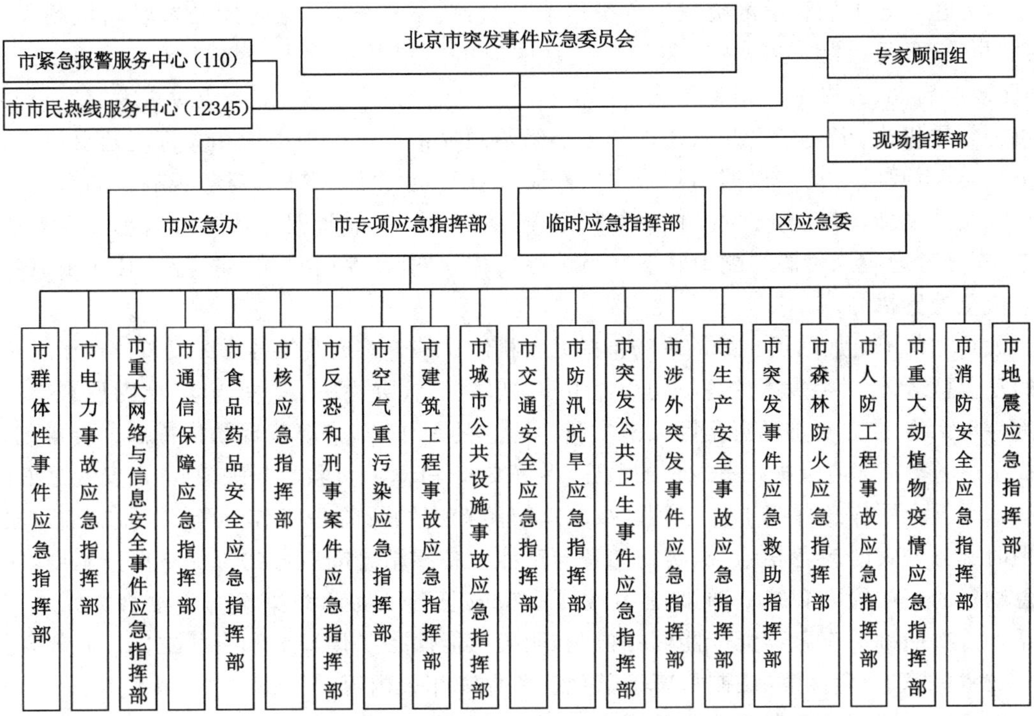

图 3-4　北京市突发事件应急委员会组织体系框架

周边省区市的联防联控，进一步明确了国家层面和北京市层面的应急指挥关系。

三是更新了相关机构和部门的应急工作职责。调整市应急委领导成员，强化市应急委的统筹和执行能力；将市应急委下设的市级专项指挥部由 19 个增加至 21 个；增加了乡镇(街道)关于开展风险排查、组建基层应急队伍的职责；依据机构改革后各部门和单位“三定”职责，调整 4 大类、52 小类突发事件的应急处置基本分工，明确市级处置主责部门；结合近年来重大活动应急服务保障经验，总结和固化了重大活动应急管理机制。

四是贯彻了以人为本、预防为主的应急工作理念。贯彻落实预防为主的理念，增加风险管控有关要求。同时，提升预警信息发布的及时性、权威性和覆盖面，特别明确对特殊群体的覆盖，对老、幼、病、残、孕等群体，以及学校、医院、旅游景点、交通枢纽等特殊场所和警报盲区、偏远地区应当采取有针对性的公告方式发布预警；在社会救助与抚恤中也新增了对特殊群体的重点关注，强化基本生活保障。进一步理顺了应急、民政、商务、财政、突发事件主责部门等开展应急救助的职责分工。

五是强化了突发事件信息报送和发布有关工作要求。对于能够判定为较大及以上突发事件等级的，事件本身比较敏感或发生在重点地区、特殊时期的，可能产生较大影响的突发事件或突出情况，相关机构或单位要立即报告市委总值班室和市应急办，详细信息最迟不得晚于事件发生后 2 h 报送。遇有重大突发事件，主责部门要加强网络舆情的监测与响应，第一时间通过权威媒体向社会发布信息，最迟应在 5 h 内发布。重大、特别重大突发事件发生后，24 h 内组建新闻发布中心，及时、准确、客观发布突发事件信息。

六是建立了更加科学的突发事件分级响应机制。进一步强化先期处置联动机制，力争做到“早发现、早控制、早解决”，将本市应急响应由高到低划分为四级。原则上，四级由区委、区政府启动；三级由市相关专项指挥部启动；二级由市应急委、市委应对重大突发公共卫生事件领导机构、市委平安北京建设领导小组等领导指挥机构根据市相关部门建议启动；一级由市委、市政府启动。根据多年来实践经验和首都定位的特殊性，对各级响应的启动条件进行了突破创新，不再与突发事件的等级划分标准完全对应，而是以事件等级标准作为重要参考，充分考虑应急资源与能力状况实行分级管控。同时，结合疫情防控经验补充了卫生领域等应急处置措施。

七是完善了更加贴近实战的现场指挥处置机制。基于对近些年各类突发事件现场应对处置的复盘总结，针对突发事件现场的快速组建、秩序管控、协调联动等重点事项，对原有内容做了进一步完善，使之更加贴近实际。落实科学应急的工作理念，规范现场指挥部运转机制，明确提出现场指挥部应维护好事发地的秩序，做好交通保障、人员救治与疏散、群众安置等工作。

八是健全了应急保障工作体系。汲取疫情防控中物资管理工作经验，明确本市建立健全平时服务与灾时应急相结合、实物储备与产能储备相结合的应急物资储备保障制度，实现应急物资的集中管理和统一调拨，并建立了由市应急管理局牵头负责的应急物资保障工作体系。首次明确了应急物资产能储备机制，明确产能储备工作环节和责任主体。此外，还优化了技术保障、力量保障、法制保障等其他应急保障相关内容。

九是加强了应急预案管理有关要求。新增“预案管理”章节，进一步完善了本市应急预案体系构成和职责分工。明确政府及其部门应急预案由总体应急预案、专项应急预案、部门应急预案、应急保障预案、巨灾应急预案，以及为应急预案提供支撑的应急工作手册、事件应对行动方案等组成。将市级专项应急预案目录由 41 个增加至 48 个(表 3-7 至表 3-11)。同时，强化了各级制定、修订预案和开展演练的具体要求。

表 3-7　自然灾害类应急预案

序号	名称	牵头编制部门
1	北京市地震应急预案	市应急管理局
2	北京市突发地质灾害应急预案	市应急管理局
3	北京市防汛应急预案	市应急管理局
4	北京市抗旱应急预案	市应急管理局
5	北京市森林火灾扑救应急预案	市应急管理局
6	北京市沙尘暴天气应急预案	市园林绿化局
7	北京市雪天道路交通保障应急预案	市交通委

表 3-8　事故灾难类应急预案

序号	名称	牵头编制部门
1	北京市危险化学品事故应急预案	市应急管理局
2	北京市矿山和尾矿库事故应急救援预案	市应急管理局

表 3-8(续)

序号	名称	牵头编制部门
3	北京市轨道交通突发事件应急预案	市交通委
4	北京市道路突发事件应急预案	市交通委
5	北京市桥梁突发事件应急预案	市交通委
6	北京市人防工程事故应急预案	市人防办
7	北京市火灾事故应急救援预案	市消防救援总队
8	北京市建设工程施工突发事故应急预案	市住房城乡建设委
9	北京市城市公共供水突发事件应急预案	市水务局
10	北京市地下管线抢修预案	市城市管理委
11	北京市大面积停电事件应急预案	市城市管理委
12	北京市燃气突发事件应急预案	市城市管理委
13	北京市供热突发事件应急预案	市城市管理委
14	北京市突发环境事件应急预案	市生态环境局
15	北京市空气重污染应急预案	市生态环境局
16	北京市核应急预案	市国防科工办
17	北京市网络安全事件应急预案	市委网信办
18	北京市信息安全事件应急预案	市委网信办

表 3-9　公共卫生事件类应急预案

序号	名称	牵头编制部门
1	北京市突发公共卫生事件应急预案	市卫生健康委
2	北京市食品安全事件应急预案	市市场监管局
3	北京市药品安全事件应急预案	市药监局
4	北京市疫苗质量安全事件应急预案	市药监局
5	北京市重大动物疫情应急预案	市农业农村局
6	北京市高致病性禽流感应急预案	市农业农村局

表 3-10　社会安全事件类应急预案

序号	名称	牵头编制部门
1	北京市处置恐怖袭击事件基本预案	市公安局
2	北京市群体性事件应急预案	市委政法委
3	北京市民族宗教群体性事件应急预案	市民族宗教委
4	北京市影响校园安全稳定事件应急预案	市委教育工委
5	北京市涉外突发事件应急预案	市政府外办
6	北京市突发公共事件新闻发布应急预案	市委宣传部
7	北京市粮食供给应急预案	市粮食和储备局
8	北京市金融突发事件应急预案	市金融局

表 3-11 应急保障类应急预案

序号	名称	牵头编制部门
1	北京市通信应急保障预案	市经济和信息化局
2	北京市气象应急保障预案	市气象局
3	北京市突发事件应急救助预案	市应急管理局
4	北京市应急物资装备保障预案	市应急管理局
5	北京市生活必需品市场供应应急预案	市商务局
6	北京市突发事件交通运输保障预案	市交通委
7	北京市突发事件医学救援预案	市卫生健康委
8	北京市能源供应保障预案	市城市管理委
9	北京市突发事件秩序管控预案	市公安局

2. 应急预案编制案例分析

根据应急预案基本编制程序，可以对单位应急预案的实际编制过程进行分析，找出存在的不足之处。

案例 1：某化工厂位于 B 市北郊，西距厂生活区约 500 m，厂区东面为山坡地，北邻一村，西邻排洪沟，南面为农田，其主要产品为羧基丁苯胶乳。生产工艺流程：从原料罐区来的丁二烯、苯乙烯、丙烯腈分别通过管道进入聚合釜，生产原料及添加剂在皂液槽内配置好后加入聚合釜；投料结束后，将胶乳从聚合釜转移到反应釜，反应结束后，胶乳进入气提塔，然后再进入改性槽，经调和后用泵打入成品储罐。生产过程中存在多种有毒、易燃易爆物质。为避免重大事故发生，该厂决定编制应急预案。厂长将该任务指派给安全科，安全科成立了以科长为组长，科员甲、乙、丙、丁为成员的五人厂应急预案编制小组。编制小组找来了一个相同类型企业 C 的应急预案，编制人员将企业 C 应急预案中的企业名称、企业介绍、科室名称、人员名称及有关联系方式全部按本厂的实际情况进行了更换，按期向厂长提交了应急救援预案初稿。此后，编制小组根据厂长的审阅意见，修改完善后形成了应急预案的最终版本，经厂长批准签字后下发至全厂有关部门。

分析：通过对以上案例 1 的场景描述分析，可知该厂应急预案的编制存在五个问题。一是应急预案编制小组组成不合理，小组成员仅包括安全科成员，未按规定纳入生产、技术、设备、行政、人事、财务等单位相关部门人员，以及救援队伍和周边单位代表等人员；二是应急预案未做风险评估，未确定该厂可能存在的风险类型及其可能造成的后果，使得应急预案没有针对性和可操作性；三是未做应急资源调查，一旦发生突发事件可能存在应急资源不足或无法获得应急资源等问题，不能快速有效地进行应急处理；四是未经桌面推演，未检验应急预案的可行性；五是应急预案未经过正式评审即发布实施，不能保证应急预案的科学性、合理性以及与实际情况的符合性。

案例 2：甲企业是一家建筑施工企业，乙企业是一家服装生产加工企业，丙企业是一家存在重大危险源的化工生产企业，丁企业是一家办公软件销售与服务企业。甲、乙、丙、丁四家企业根据《生产安全事故应急预案管理办法》开展应急预案编制工作。试分析下面关于生产经营单位应急预案编制的做法是否正确：一是甲企业董事长指定安全总监为应急预案编制工作组组长；二是乙企业在编制应急预案前，开展事故风险评估和应急资源调查；三是丁企业编写了火灾、触电现场处置方案；四是丙企业应急预案经过外部专家评审后，由安全总监签发后实施。

分析：做法一正确，编制工作组组长应为主要负责人或分管负责人。做法二正确，事故风险评估和应急资源调查是编制应急预案的基础。做法三正确，丁企业的主要风险包括火灾、触电等危险，其编制火灾、触电的现场处置方案，符合要求。做法四错误，根据《生产安全事故应急预案管理办法》有关规定，生产经营单位的应急预案经评审或者论证后，由本单位主要负责人签署，而非安全总监签发。

第四章 安全生产应急预案管理、演练与评估

生产经营单位应急预案编制完成后还需要进行评审、公布、备案、实施及监督管理等工作。《生产安全事故应急预案管理办法》和《生产安全事故应急演练基本规范》(AQ/T 9007—2019)分别对生产安全事故应急预案的管理和演练做出规定,本章主要介绍安全生产应急预案管理、应急预案演练和应急预案评估实务。

第一节 安全生产应急预案的管理

应急管理体系发挥作用的文本依据就是应急预案,应急预案的有效性取决于应急预案管理的水平。为规范突发事件应急预案(以下简称应急预案)管理,增强应急预案的针对性、实用性和可操作性,我国制定了《突发事件应急预案管理办法》《生产安全事故应急预案管理办法》等相关法规标准。

一、安全生产应急预案管理的原则

根据 2019 年修订的《生产安全事故应急预案管理办法》规定,安全生产应急预案的管理实行属地为主、分级负责、分类指导、综合协调、动态管理的原则。

《生产安全事故应急预案管理办法》第四条规定:"应急管理部负责全国应急预案的综合协调管理工作。国务院其他负有安全生产监督管理职责的部门在各自职责范围内,负责相关行业、领域应急预案的管理工作。县级以上地方各级人民政府应急管理部门负责本行政区域内应急预案的综合协调管理工作。县级以上地方各级人民政府其他负有安全生产监督管理职责的部门按照各自的职责负责有关行业、领域应急预案的管理工作。"第五条规定:"生产经营单位主要负责人负责组织编制和实施本单位的应急预案,并对应急预案的真实性和实用性负责;各分管负责人应当按照职责分工落实应急预案规定的职责。"

二、安全生产应急预案管理的内容

应急预案管理的目的是确保应急预案在突发事件预测预警、应急处置和紧急恢复的实际应用中能充分发挥效力。依据《突发事件应急预案管理办法》第三条规定,突发事件应急预案的管理包括应急预案的规划、编制、审批、发布、备案、培训、宣传、演练、评估、修订等工作。依据《生产安全事故应急预案管理办法》第二条规定,生产安全事故应急预案管理的内容包括应急预案的编制、评审、公布、备案、实施及监督管理工作。《生产安全事故应急预案管理办法》的主要目的是规范生产安全事故应急预案管理工作,迅速有效处置生产安全事故,因此安全生产应急预案管理的内容主要是应急预案的编制、评审、公布、备案、实施及监

督管理。

1. 应急预案的编制

应急预案的编制是应急预案管理的起点，主要是通过一系列的程序和方法，在事故风险辨识、评估和应急资源调查的基础上，制定出突发事件应对的文本。根据第三章第二节所述的应急预案编制过程，各级人民政府应当针对本行政区域多发易发突发事件、主要风险等，制定本级政府及其部门应急预案编制规划，并根据实际情况变化适时修订完善。单位和基层组织可根据应对突发事件需要，制订本单位、本基层组织应急预案编制计划。应急预案的编制应当遵循以人为本、依法依规、符合实际、注重实效的原则，以应急处置为核心，明确应急职责、规范应急程序、细化保障措施。

应急预案的编制应当符合下列基本要求：

(1) 有关法律、法规、规章和标准的规定；

(2) 本地区、本部门、本单位的安全生产实际情况；

(3) 本地区、本部门、本单位的危险性分析情况；

(4) 应急组织和人员的职责分工明确，并有具体的落实措施；

(5) 有明确、具体的应急程序和处置措施，并与其应急能力相适应；

(6) 有明确的应急保障措施，满足本地区、本部门、本单位的应急工作需要；

(7) 应急预案基本要素齐全、完整，应急预案附件提供的信息准确；

(8) 应急预案内容与相关应急预案相互衔接。

2. 应急预案的评审、公布和备案

应急预案编制完成后需根据国家法律法规规定及上级要求，进行应急预案评审。应急预案的评审贯穿于整个应急预案管理过程，包括预案制定完毕后的评审、演练完成后的评估及预案实施后的评估。预案审核的内容主要包括预案是否符合有关法律、行政法规，是否与有关应急预案进行了衔接，各方面意见是否一致，主体内容是否完备，责任分工是否合理明确，应急响应级别设计是否合理，应对措施是否具体简明、管用可行等。必要时，应急预案审批单位可组织有关专家对应急预案进行评审。应急预案经评审或者论证后，由本单位主要负责人签署，向本单位从业人员公布，并及时发放到本单位有关部门、岗位和相关应急救援队伍。告知周边可能受影响的单位及人员有关事故风险的信息。

根据相关法律规定，应急预案审批单位应当在应急预案印发后的20个工作日内依照法律、行政法规规定向相关人民政府及应急管理部门备案，并依法向社会公布。生产经营单位申报应急预案备案，还应当提交应急预案备案申报表、应急预案评审意见、应急预案电子文档、风险评估结果和应急资源调查清单等材料。

3. 应急预案的实施

各级人民政府应急管理部门、各类生产经营单位应当采取多种形式开展应急预案的宣传教育，普及生产安全事故避险、自救和互救知识，提高从业人员和社会公众的安全意识与应急处置技能，并将应急预案的培训纳入年度安全培训工作计划，组织开展培训活动。

各级人民政府应急管理部门、各类生产经营单位应制订本单位的应急预案演练计划，并按规定组织实施演练，对演练效果进行评估。通过演练应急预案，可以验证应急预案的有效性，发现并改正其中的问题；提高救援人员的技术水平与救援队伍的整体能力；快捷、有序、有效地应对突发事件。

应急预案应当及时修订和归档。需要修订的情况有：预案执行超过评审周期，实际突发事件应急反应经验，应急预案演练发现的问题，应急预案审核发现的问题，机构或部门、人员调整，应急组织和政策的调整，依据的法律、法规、规章、标准及上位预案中的有关规定发生重大变化的，设备、环境和危险源的变化等其他情况。

4. 应急预案的监督管理

各级人民政府应急管理部门和煤矿安全监察机构应当将生产经营单位应急预案工作纳入年度监督检查计划，明确检查的重点内容和标准，并严格按照计划开展执法检查。如深圳市应急管理局将应急预案的监督管理工作纳入了年度行政检查计划，工作流程见图 4-1。

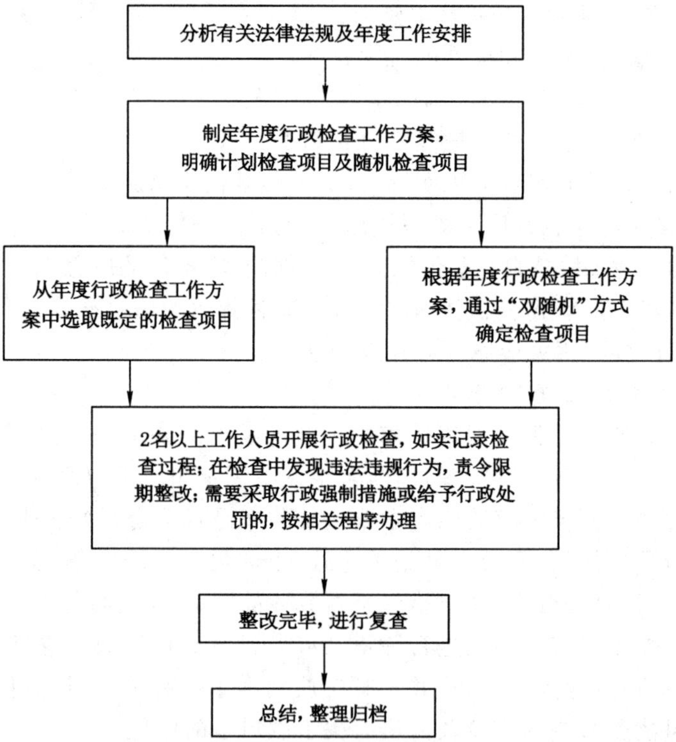

图 4-1　深圳市应急预案监督检查工作流程

地方各级人民政府应急管理部门应当每年对应急预案的监督管理工作情况进行总结，并报上一级人民政府应急管理部门。对于在应急预案管理工作中做出显著成绩的单位和人员，各级人民政府应急管理部门、生产经营单位可以给予表彰和奖励。

第二节　安全生产应急预案演练

应急预案的演练是检验应急预案适用性，提高应急队伍素质，确保应急行动快速、高效完成的重要保障。本节主要介绍应急预案演练的概念、目的、类型、目标、演练基本流程等内容。

一、应急预案演练的概念

依据国务院《突发事件应急演练指南》，应急演练是指各级人民政府及其部门、企事业单位、社会团体等组织相关单位及人员，依据有关应急预案，模拟应对突发事件的活动。《生产安全事故应急演练基本规范》（AQ/T 9007—2019）将应急演练定义为针对可能发生的事故情景，依据应急预案而模拟开展的应急活动。其中“事故情景”是指针对生产经营过程中存在的事故风险而预先设定的事故状况（包括事故发生的时间、地点、特征、波及范围以及变化趋势等）。根据以上定义可知，应急预案演练主体不仅仅是政府，还可以是企业和事业单位、社会团体等。在实际举行应急预案演练时，参加人员可以来自不同的组织和群体，担任应急预案涉及的各种角色。演练情景一般是模拟场景，接近真实场景但并不是真实突发事件，模拟情景的逼真程度不同，演练形式也各不相同。

二、应急预案演练的目的及工作原则

1. 应急演练的目的

(1) 检验预案

发现应急预案中存在的问题，提高应急预案的科学性、实用性和可操作性。

(2) 锻炼队伍

熟悉应急预案，提高应急人员在紧急情况下妥善处置事故的能力。

(3) 磨合机制

完善应急管理部门、相关单位和人员的工作职责，提高协调配合能力。

(4) 宣传教育

普及应急管理知识，提高参演和观摩人员风险防范意识和自救互救能力。

(5) 完善准备

完善应急管理标准、制度，改进应急处置技术，补充应急装备和物资，提高应急能力。

2. 应急演练工作原则

(1) 依据预案、符合规定

紧密结合组织面临的风险及事故特点，依据应急预案组织开展演练。按照国家相关法律法规、标准及有关规定组织开展演练。

(2) 着眼实战、讲求实效

以提高应急指挥人员的指挥协调能力、应急队伍的应急处置能力和单位应急准备能力为着眼点，重视对演练效果及组织工作的评估、考核，总结推广好经验，及时整改存在的问题。

(3) 精心组织、确保安全

围绕演练目的，精心策划演练内容，科学设计演练方案，周密组织演练活动，制定并严格遵守有关安全措施，确保演练参与人员、演练设备设施及演练场所的安全。

(4) 统筹规划、厉行节约

统筹规划应急演练活动，适当开展跨地区、跨部门、跨行业的综合性演练，充分利用现有资源，努力提高应急演练效果。

三、应急预案演练的类型

根据不同的划分依据，应急演练可以划分为不同的类型。具体演练类型的划分方式见表4-1。

表4-1　应急预案演练类型的划分方式

序号	分类依据	演练类型
1	演练组织形式	桌面演练；实战演练
2	演练内容	单项演练；综合演练
3	演练目的与作用	检验性演练；示范性演练；研究性演练
4	应急演练规模	桌面演练；功能演练；全面演练

按组织形式划分，应急演练可分为桌面演练和实战演练。桌面演练是指参演人员利用地图、沙盘、流程图、计算机模拟、视频会议等辅助手段，针对事先假定的演练情景，讨论和推演应急决策及现场处置的过程，从而促进相关人员掌握应急预案中所规定的职责和程序，提高指挥决策和协同配合能力。桌面演练通常在室内完成。实战演练是指参演人员利用应急处置涉及的设备和物资，针对事先设置的突发事件情景及其后续的发展情景，通过实际决策、行动和操作，完成真实应急响应的过程，从而检验和提高相关人员的临场组织指挥、队伍调动、应急处置技能和后勤保障等应急能力。实战演练通常要在特定场所完成。

按演练内容划分，应急演练可分为单项演练和综合演练。单项演练是指只涉及应急预案中特定应急响应功能或现场处置方案中一系列应急响应功能的演练活动。注重针对一个或少数几个参与单位（岗位）的特定环节和功能进行检验。综合演练是指涉及应急预案中多项或全部应急响应功能的演练活动。注重对多个环节和功能进行检验，特别是对不同单位之间应急机制和联合应对能力的检验。

按目的与作用划分，应急演练可分为检验性演练、示范性演练和研究性演练。检验性演练是指为检验应急预案的可行性、应急准备的充分性、应急机制的协调性及相关人员的应急处置能力而组织的演练。示范性演练是指为向观摩人员展示应急能力或提供示范教学，严格按照应急预案规定开展的表演性演练。研究性演练是指为研究和解决突发事件应急处置的重点、难点问题，试验新方案、新技术、新装备而组织的演练。

根据应急演练规模，常用的演练方法主要有桌面演练、功能演练和全面演练三种。

桌面演练的参加人员一般为应急组织的代表或关键岗位的人员，演练的内容主要是依据应急预案及其标准运作程序，讨论紧急情况时应采取的行动。桌面演练的特点是对演练情景进行口头演练，一般是一种非正式的活动，没有设定时间要求，通过演练人员检查和解决一些应急预案中的问题，来获得一些建设性的讨论结果。桌面演练相对简单，只需展示有限的应急响应和内部协调活动，参与人员主要来自本地应急组织，事后大都采取口头评议形式收集演练人员建议，书面报告也比较简单，因此演练成本较低，主要为功能演练和全面演练做准备。

功能演练是指针对某项应急功能或其中某些应急响应活动而举行的演练活动。通常在应急指挥中心进行，并可以同时开展现场演练，调用有限的应急设备，主要目的是针对应急响应能力，检验应急响应人员以及应急管理体系的策划和响应能力。从规模上来说，功能演练比桌面演练要大，也需要更多的应急响应人员和组织参与，必要时，还需要国家级应急响应机构参与，为演练的方案设计、协调、评估提供技术支持。演练完成后，除了口头评议外，还要向地方政府部门提供书面汇报并提出改进建议。

全面演练则是针对应急预案中全部或大部分的应急响应功能，检验、评价应急组织应急运行能力的演练活动。全面演练的持续时间长，通常采用交互方式进行，需要调用的应急响应人员和资源也更多，而且力求演练现场的真实性，这是一种实战性的演练。与功能演练一样，全面演练也需要负责应急运行、协调和政策制定人员的参与以及国家级应急管理组织。在演练方案设计、协调和评估工作方面提供技术支持，但在全面演练过程中，这些人员或组织的演练范围要更广，演练内容也更复杂。演练结束后，不仅要有口头评议和书面汇报，还应提交正式的书面报告。

这三种演练中，全面演练最能够较全面、真实展示应急预案的优缺点，并且参与人员也能够得到很好的实战锻炼，因此，条件和时机成熟时，各级政府部门和企事业单位应该积极地开展全面演练。对桌面演练、功能演练、全面演练三种演练类型的特点进行对比可参考表 4-2。

表 4-2　桌面演练、功能演练和全面演练的特点

对比项	桌面演练	功能演练	综合演练
组织方式	圆桌讨论	模拟行动	实际操作
主导人员	主持人	控制人员	控制人员
情景呈现	口头叙述、地图、沙盘、投影设备	模拟情景，视频场景	模拟现场，视频场景
事件导入	控制人员（主持人）提出问题	控制人员发布控制消息，模拟人员反馈行动消息	控制人员发布控制消息，现场行动人员反馈信息
行动压力	无时间压力	真实时间压力，要求按实际行动时间完成任务	现场真实行动，具有时间和环境压力
演练内容	相关部门与人员的职责和响应程序；应急处置的程序与方法（口头说明）	应急响应过程中的决策、指挥和协调活动；应急处置的程序与方法（模拟操作）	应急预案中要求的组织指挥、应急处置以及后勤保障等综合应急能力
演练人员	应急管理人员、指挥与协调人员、其他相关人员	应急管理人员、指挥与协调人员、部分应急处置人员	各类应急响应相关人员
演练地点	会议室或其他适合讨论的地点	应急指挥中心、应急管理与协调机构	应急指挥中心、应急管理与协调机构、现场指挥部、事件模拟现场
演练目的	解决应急组织相互协作和职责划分的问题；锻炼解决问题的方法	锻炼和提高应急人员的决策、指挥与协调等能力	全方位锻炼和提高相关应急人员的组织指挥、应急处置以及后勤保障等综合应急能力
持续时间	1～4 h	3～8 h	4 h 至数天
准备时间	1～3 个月	3～6 个月	6～12 个月
前期基础	充分的训练	训练、桌面演练	训练、桌面演练、功能演练
代价	低，不消耗应急资源	中等，消耗应急资源很少	高，消耗应急资源较多

四、应急预案演练的目标

应急演练目标是检验演练效果和评价应急组织、人员应急准备状态和能力的指标，在设计演练方案时，应围绕这些演练目标展开。演练目标主要有18项，根据应急演练目标性质与演练频次要求，可将这些目标分为A、B、C三类（表4-3）。

表4-3　应急演练目标

A类目标	B类目标	C类目标
1:应急动员 2:指挥和控制 3:事态评估 4:资源管理 5:通信 6:应急设施、装备与显示装置 7:警报与紧急公告 8:公共信息	9:公众保护措施 10:应急人员安全 11:交通管制 12:人员登记、隔离与去污 13:人群安置 14:紧急医疗服务	15:24 h不间断应急 16:外部增援（国家、省及其他地区） 17:事故控制与现场恢复 18:文件资料与调查

A类目标包括目标1～8，是演习核心目标，反映企业或城市有效应对重大事故所必需的应急准备能力。根据预案规定，所有承担相应职责的应急组织都应参与一年一次的全面演习，并在演习中展示相应目标。

B类目标包括目标9～14，反映企业或城市重大事故应急响应能力，一年一次的全面演习应有一些组织的演习目标。B类与A类不同点在于所有应急组织都应在每年一次的演习中展示A类目标，B类目标要求对其负责的应急组织可在稍长时间内演习一次即可。

C类目标包括目标15～18，反映企业或城市应对重大突发事故的应急准备能力。承担相应职责的应急组织可在稍长时间内演习一次即可。

1. 应急动员

该目标检验报警、通知、启动应急设施和应急人员就位的能力。

① 接收、核实紧急事件报告，根据级别及时向有关人员联系和发出警情的能力；

② 应急中心紧急就绪能力；

③ 选择突袭式或非上班时间，检验不在场的关键人物到位情况。

2. 指挥和控制

该目标检验指挥、控制和协调所有应急响应行动的能力。

① 现场指挥部及现场应急管理、指挥系统的建立；

② 与政府有关部门、场外组织的通信联系的建立；

③ 与应急中心或其他场外应急组织的行动协调能力；

④ 应急响应行动或措施决策能力；

⑤ 向应急人员发布行动指令；

⑥ 解决争议的能力。

3. 事态评估

(1) 开展初期评估，及时准确获取事故有关信息的能力。

① 事发地点及与事故相关的设施、设备与材料；

② 人员伤亡情况和财产破坏状况；

③ 是否涉及危险品，相关危险品的名称、种类和数量；

④ 事故影响范围及潜在危害；

⑤ 寻找知情人并咨询相关信息。

(2) 事态趋势的持续监测和评估。

监测小组的行动能力(合适的监测仪器设备、规定地点、按规定程序采集样品和测量相关数据；选择合理的计算模型，评估对附近区域可能造成的危害)。

(3) 将所获得的信息、监测数据、样品分析结果、评估结论及时向有关应急组织或人员报告的能力。

4. 资源管理

该目标检验动员和管理所需应急资源的能力。

① 根据事态评估结果，及时识别和确定应急资源需求，并联系资源供应方；

② 合理调配资源；

③ 保存应急资源使用记录。

5. 通信

该目标检验所有应急响应地点、应急组织和应急人员实施有效通信的能力。

① 所有应急方的通信系统运转情况是否正常；

② 建立与有关岗位关键人员的通信联系；

③ 备用通信系统的有效性；

④ 通信能力满足应急响应过程的需求。

6. 应急设施、装备及显示装置

该目标检验应急中心、移动指挥部等应急设施所具备的基本条件，包括水、电、照明、通信、设备、应急电源、地图、支持资料等配套情况。

7. 警报与紧急公告

该目标检验迅速向公众发布事故警报和应急防护措施公告的能力。

① 向公众发出警报和紧急公告的决策。

② 在规定的时限内完成早期警报和紧急公告活动的能力，包括选择、修改和编写公告内容；与其他应急组织协调，确认播出时间和播出内容；发出警报；协调紧急广播系统，确保播发消息准确无误。

③ 在警报和紧急公告系统失效或存在缺陷时，检验备用方式。

8. 公共信息

该目标检验应急各阶段及时向媒体和公众发布准确信息的能力。

① 所有拟发布的信息是否准确，并经过决策者审查和签字认可；

② 在确定信息的发布内容时，与其他应急组织协调一致；

③ 建立新闻中心和新闻发布程序，指定新闻发言人，协调媒体关系；

④ 接收和回复公众咨询电话；

⑤ 采取措施，控制不利于实施公众保护措施的谣言蔓延。

9. 公众保护措施

该目标检验确定并实施公众保护措施的能力。

① 根据事态评估信息和应急预案的规定，选择适当的公众保护措施；如果拟采取的保护措施需其他应急组织支持，则演练与其他机构的沟通协调能力。

② 识别实施公众保护措施覆盖区域内的特殊人群。

③ 确定覆盖区域内实施公众保护措施所需和能够获取的交通资源的数量和类型；联系可提供交通资源的应急组织。

10. 应急人员安全

该目标检验保护应急人员安全与健康的能力。

① 对应急人员进入数量和停留时间的有效管理；

② 根据事态评估所获得的信息，确定并提供应急人员应配备的个体防护装备类型；

③ 检查应急人员能否熟练使用防护装备；

④ 应急人员与现场指挥人员保持有效的通信联系，现场应急指挥人员应采取有效措施，监督、追踪和记录应急区域内每名应急人员的行踪；

⑤ 现场指挥人员能随时获得其他应急组织提供的可能影响应急人员安全的信息，并及时发出行动指令，保护应急人员的安全。

11. 交通管制

该目标检验控制交通流量、疏散区和安置区出入口的组织能力。

① 依据演练情景，确定合适的交通管制点及管制区域；

② 在疏散要求变更时及时通知交通控制人员；

③ 交通控制人员根据指令，及时到达指定地点设置交通管制点；

④ 及时识别、清除交通障碍物，必要时演练向其他组织请求协助的能力。

12. 人员登记、隔离与去污

该目标检验对疏散人员进行污染检测、去污和登记的能力。

(1) 根据演练情景决定启动何处设施作为疏散人员检测、去污和登记工作的接待场所。

(2) 启动并投入运行，保证所需空间。启动前完成下列各项工作：

① 承担检测、去污和登记工作的运行人员就位；

② 所需的补给、设备已准备妥当，并可投入运行；

③ 已完成降低自身污染水平的各种保护措施。

(3) 采取各种保护措施，降低接待场所的自身污染程度，有效隔离污染区与洁净区。

(4) 疏散人员完成检测、去污程序后登记，记录疏散人员姓名、家庭住址、检测结果和去污时间等信息。

(5) 对交通工具进行检测和去污，包括进气系统、空气滤清器、散热器、车身和轮胎等。

13. 人群安置

该目标检验疏散人群实施安置的程序以及安置场所、设施和物资、服务人员的准备情况。

① 根据演练情景确定是否设立疏散人员安置中心。

② 根据疏散人群、距离与交通便利等情况，确定安全的人群安置中心的地点，并与相关负责人建立联系。

③ 识别特殊人群的安置需求，并做出相应的安排。

④ 人群安置中心应配备足够的服务人员，包括护理人员、登记人员、餐饮服务人员、安保人员和卫生人员等。建立程序确保疏散人员进入安置中心前已通过污染检测和去污程序，并进行登记和追踪管理。

14. 紧急医疗服务

该目标检验将伤病人员迅速合理运往医疗机构的能力和为伤病人员提供医疗服务的能力。

① 转运人员按照污染控制程序，采取污染控制措施，如穿戴手套和防护服、在救护车内设防护垫等；

② 及时确定接收伤病人员的医疗机构，负责转运的人员应能立即将伤病送往指定医疗机构；

③ 转运人员与接收伤病人员的医疗机构保持通信联系，说明伤病人员伤情、身体状况及预计抵达时间等；

④ 医疗机构立即派出医疗人员救治伤病人员，或临时通知医疗人员及时赶赴指定地点；

⑤ 伤病人员送抵时，医疗机构已做好各项准备工作和污染防护措施；

⑥ 医疗人员对伤病人员伤情做出正确的诊断和处置。

15. 24 h 不间断应急

该目标检验在重大事故应急过程(可能持续 1 日以上)中，某些关键应急职能保持 24 h 不间断运行的能力。

① 所有负责保持 24 h 不间断运行的机构、演练关键岗位人员的轮班过程。关键应急职能包括通信、指挥与控制、警报和紧急公告、公共信息、事态监测与评估、保护措施、紧急医疗与健康服务等。

② 轮班过程不得中止应急运行，接班人员应了解并能承担被接替人员的工作，确保应急过程的持续性。

16. 外部增援

该目标检验获取外部增援的能力。

① 根据事故和自身力量情况，确定需外部增援(国家、省及其他地区)的各种情况，确保能从外部获得必要的资源。采用恰当的通信方式与外部应急机构联络人建立联系。

② 为前来增援的外部机构提供所需的资源，如运载工具、指挥所、办公场地、电话、无线频率、远程通信中心、物资补给等。

17. 事态控制与现场恢复

该目标检验能否及时采取针对性措施，有效控制事态发展以及开展现场的清理和恢复。

① 演练采取适宜措施控制事故发展的能力，包括获取专家意见，评估事故的潜在危害，有针对性制定技术对策和措施，降低事故影响直至完全控制事故。

② 清理现场污染物并恢复现场基本生活条件的能力，包括联系支援的能力。

18. 文件资料与调查

该目标检验根据事故及应急过程记录、日志等文件资料，进行调查分析并提出应急缺陷改进建议的能力。

① 演练开展事故调查的能力，事故调查机构应采取各种措施，包括举办事故情况听证会、查阅应急人员的记录以及媒体消息等手段，分析事故原因。

② 演练总结应急过程中经验与教训，以及提出改进措施建议的能力。对应急过程进行评价并提出书面的评价报告，分析应急响应过程中的不足，提出改进建议。

五、应急演练基本流程

根据《生产安全事故应急演练基本规范》(AQ/T 9007—2019)规定，安全生产应急预案演练的基本流程包括演练计划、演练准备、演练实施、演练评估总结、持续改进五个阶段。各阶段的主要工作内容见图 4-2。

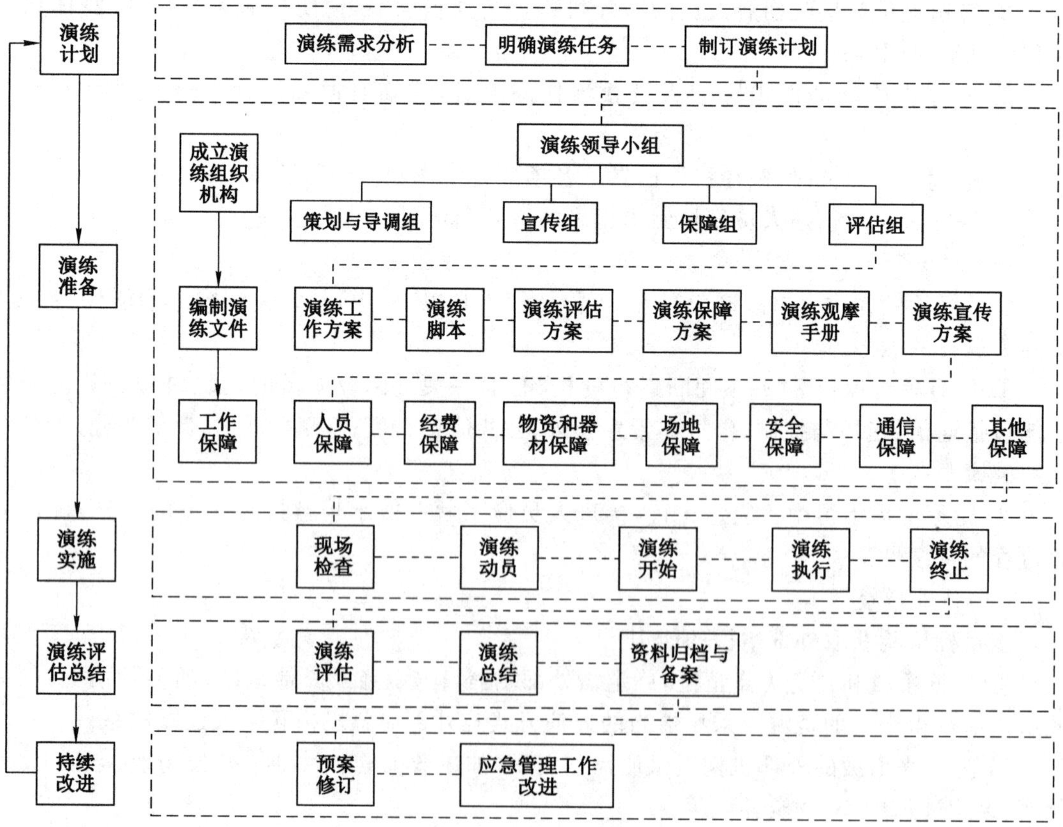

图 4-2 应急演练基本流程

1. 演练计划

演练计划是在将来一段时期内对各类应急预案演练活动的安排。明确应在什么时候举行演练、举行哪种类型演练和针对什么进行演练，计划有效期常以 1 年为限。一般遵循“先单项后综合、先桌面后实战、循序渐进、时空有序”的原则。演练计划阶段的主要任务是进行演练需求分析，明确演练任务，制订演练计划。

(1) 演练需求分析

演练组织单位应全面分析和评估应急预案、应急职责、应急处置工作流程和指挥调度程序、应急技能和应急装备、物资的实际情况，提出需要通过应急演练解决的内容，有针对性地确定应急演练目标，提出应急演练的初步内容和主要科目。

(2) 明确演练任务

确定应急演练的事故情景类型、等级、发生地域，演练方式，参演单位，应急演练各阶段主要任务，应急演练实施的拟定日期。

(3) 制订演练计划

根据需求分析及任务安排，组织人员编制演练计划文本。应急演练计划模板见表 4-4。

表 4-4 应急演练计划模板

××××应急演练计划

一、演练目的

（略）

二、演练需求

（略）

三、演练范围界定

（略）

四、演练目标

（略）

五、演练进度安排

（略）

六、演练预算和其他安排

（略）

应急演练一般采用“先单项后综合、先桌面后实战、循序渐进、时空有序”的形式开展。例如某煤矿根据演练需求制定了演练项目及时间安排，见表 4-5。

表 4-5 某煤矿应急演练时间安排

序号	演练项目名称	演练日程
1	水灾事故	2021 年 2 月
2	瓦斯、煤尘爆炸事故	2021 年 4 月
3	机电事故	2021 年 6 月

表 4-5(续)

序号	演练项目名称	演练日程
4	运输事故	2021 年 8 月
5	顶板事故	2021 年 10 月
6	停风事故	2021 年 12 月
7	火灾事故	2022 年 2 月
8	缺氧窒息事故	2022 年 4 月
9	地震灾害	2022 年 6 月
10	雨季“三防”事故	2022 年 8 月
11	重大交通事故	2022 年 10 月
12	职业卫生事故	2022 年 12 月
13	六大系统事故	2023 年 2 月
14	群体性突发事件	2023 年 4 月
15	冰冻雨雪事故	2023 年 6 月
16	地质灾害事故	2023 年 8 月
17	输煤系统事故	2023 年 10 月
18	综合应急演练	2023 年 12 月

2. 演练准备

(1) 成立演练组织机构

演练组织机构的主要职责是制订演练计划，设计演练方案，协调演练地域，建立与相关单位的联系，确定与通知演练参与人员，落实演练保障措施，负责演练的具体准备工作，参与演练控制与评估活动，负责编写演练总结报告，制定与落实演练的宣传报道或保密措施，负责演练的其他后续行动。通常成立演练领导小组，下设策划与导调组、宣传组、保障组、评估组等专业工作组。根据演练规模大小，其组织机构可进行调整。

① 演练领导小组

负责演练活动筹备和实施过程中的组织领导工作，具体负责审定演练工作方案、演练工作经费、演练评估总结以及其他需要决定的重要事项等。

② 策划与导调组

负责编制演练工作方案、演练脚本、演练安全保障方案，负责演练活动筹备及实施过程中与相关单位、工作组的联络和协调，事故情景布置，参演人员调度和演练进程控制等。

③ 宣传组

负责编制演练宣传方案，整理演练信息，组织新闻媒体和开展新闻发布。

④ 保障组

负责演练的物资装备、场地、经费、安全保卫和后勤服务保障，确保演练安全保障方案或应急预案落实到位。

⑤ 评估组

负责对演练准备、组织与实施进行全过程、全方位的跟踪评估；演练结束后，及时向演练单位或演练领导小组及其他相关专业组提出评估意见、建议，并撰写演练评估报告。

（2）编写演练文件

演练文件，指直接提供给参演人员文字材料的统称，通常包括《演练工作方案》《演练脚本》《演练评估方案》《演练保障方案》《演练观摩手册》《演练宣传方案》等文件。

演练文件编写工作由演练策划与导调组成员执笔起草，经演练策划等导调组全体成员开会讨论、修改后定稿，所有演练文件应在演练正式举行前至少两周将材料发放到参演人员手中，以方便其学习。

① 演练工作方案

《演练工作方案》内容主要包括目的及要求，事故情景，参与人员及范围，时间与地点，主要任务及职责，筹备工作内容，主要工作步骤，技术支撑及保障条件，评估与总结。

目的及要求：应列出演练所要达到的预期目标及演练的主要要求。如某煤矿在顶板事故桌面演练工作方案中明确了“为加强我矿应急管理能力，预防和减少顶板事故发生，评估我矿在发生顶板事故时的应急处置能力，检验、提高职工抢险、避灾能力，最大限度地减少事故造成的人员伤亡和财产损失，保持正常的生产秩序。根据2021年应急演练计划并结合实际情况，经研究决定，拟定于2021年10月20日上午组织开展顶板事故应急救援桌面演练。演练目的是检验预案、完善准备、锻炼队伍、磨合机制、科普宣教等”内容。

事故情景：应较详细地介绍待模拟演练事件的具体情况，包括事故类型、情景启动的具体时间与启动方式、连续事件的设置等方面内容。如某煤矿矿井辅助运输事故专项应急演练的事故情景设计为“此次演练模拟机电队早班11名员工正常入井工作，防爆人车行驶至副斜井2 400 m处，车辆由于刹车突然失灵，导致防爆人车撞向巷道帮上，车厢内11名员工被车辆突然撞击的惯性甩到车厢导致受伤，车辆撞击造成车辆驾驶室严重变形，驾驶员昏迷受伤，事故车辆导致副斜井2 450 m段车辆无法通行。当班辅助运输安监员正常检查时，发现遇险事故车辆，安监员现场检查完后确认驾驶员受伤昏迷、车厢内有多名乘车人员不同程度受伤，立即将现场情况向调度室及安全监察部汇报，接到安监员汇报后，调度室了解完具体情况，将事故逐级汇报至矿长，矿长下令迅速启动《××煤矿生产安全事故应急救援预案》和现场处置方案，在演练领导小组总指挥统一领导下，相关部门各司其职，用最短的时间组织对被困驾驶员在内的12名受伤员工救援，成功将12名员工解救，恢复辅助运输正常通行”。

参与人员及范围：应列出所有参演应急组织、企事业单位和政府行政部门及人员。

时间与地点：明确演练的日期和当天具体的开始、结束时间；明确演练的地点。如某煤矿顶板事故桌面演练工作方案明确了演练时间是“2021年10月20日10:00在办公楼三楼×××会议室进行，10:00开始，预计11:30结束，结束后召开演练总结评估会”。

主要任务及职责：主要任务包括基础设施保护，应急资源调动，紧急情况的评估、诊断，应急管理及响应，现场减灾措施，人员的控制与保护，受害人员的处置，事故调查与处理，现场恢复等。明确应急指挥机构、各相关部门及人员的职责。

筹备工作内容：包括应急演练计划的制订，应急演练组织机构的确立，应急演练目标及范围的确定，演练时间及地点的协调，演练经费的筹集，演练资源的调用，参演人员培训，演练前基本情况通报，演练前现场检查等内容。

主要工作步骤：确定演练过程中应遵循的工作步骤及要求。如某煤矿顶板事故桌面演练的基本步骤：一是本次桌面演练简介；二是演练策划组宣布顶板事故桌面演练开始；三是演练过程；四是避险逃生；五是参演人员口述职责及处置措施；六是演练结束。

技术支撑及保障条件：演练过程中需要的技术支持、物资保障、人员保障、经费保障、场地保障、通信保障以及安全保障要求等内容。

评估与总结：明确评估标准与方法，演练结束后，组织召开专题会议，对演练情况进行总结分析，改进不足，完善预案。

② 演练脚本

《演练脚本》是应急演练工作方案具体操作实施的文件，帮助参演人员全面掌握演练进程和内容。演练单位根据需要确定是否编制演练脚本，如编制演练脚本，一般采用表格形式，主要内容包括：

a. 模拟事故情景；

b. 处置行动与执行人员；

c. 指令与对白、步骤及时间安排；

d. 视频背景与字幕；

e. 演练解说词；

f. 其他。

具体实例可参考某公司全厂停电事故专项应急演练脚本，见表 4-6。

③ 演练评估方案

《演练评估方案》主要向评估人员介绍演练评估准则、策略和方法。为了更好地引导评估人员对演练实施情况做出客观、科学、合理的评价，《演练评估方案》可采用不同的编写样式，“问答式”是较为常见的一种。《演练评估方案》中提供了演练策划与导调组根据演练的目标、事故情景和实施流程精心设计的一系列问题，要求评估人员在演练过程中根据演练人员的表现对这些问题作答，并以此作为演练的现场记录。在问题设置上，既要突出要点同时要兼顾演练过程中每项细节。

《演练评估方案》主要内容包括：

a. 演练信息：目的和目标、情景描述，应急行动与应对措施简介；

b. 评估内容：各种准备、组织与实施、效果；

c. 评估标准：各环节应达到的目标评判标准；

d. 评估程序：主要步骤及任务分工；

e. 附件：所需要用到的相关表格。

单位在进行桌面演练评估时可参考表 4-7；实战演练评估包括实战演练准备情况评估和实战演练实施情况评估，评估项目及内容可分别参考表 4-8 和表 4-9。

表 4-6 某公司全厂停电事故专项应急演练脚本(节选)

序号	环节	人物	场景	台词、对白	解说	画面	字幕	片长	备注
第一阶段:演练启动阶段									
1	宣布启动应急救援演练	电仪中心副经理	现场(应急指挥中心)	我宣布,×××公司2021年全厂停电事故专项应急演练现在开始		宣布演练开始			
第二阶段:检查处置阶段									
2	事故发生并上报班长	两名值班员 值班班长 地调 电调 电仪中心副经理 主管工程师	1#66 kV变电所控制室	当班班长:"后台报警,检查后台报警报文。" 值班员:"66 kV Ⅱ段母线、10 kV各段母线电压为0,气化2#线开关在合位,2#主变一次、二次开关都在合位。" 当班班长:"A、B你俩去66 kV GIS室检查设备有无故障,开关是否跳闸。" A:"收到。" 当班班长:"电调吗?我是1#66 kV变电所值班班长,1#66 kV变电所全所失电,故障原因正在查找。" 当班调度:"尽快检查恢复送电。" 当班班长:"收到。" 当班班长:"副经理,1#66 kV变电所全所停电,气化2#线开关在合位,故障原因正在查找。" 副经理:"检查66 kV GIS和主变电所,汇报电力调度,通知寝室及维保人员去现场配合送电,我立即赶赴现场。" 当班班长:"收到。" 当班班长:"C,1#66 kV变电所全所停电,气化2#线开关在合位,故障原因正在查找。" C:"知道了,加强各变电所检查,及时和地调联系" 当班班长:"收到。" ……	雷雨天气,值班人员正在进行正常的班组工作,变电所突然全所失电,后台报警。当班班长立即向地调、电调度室、电仪中心副经理、主管工程师报告,同时安排班组人员进行检查	值班班长与值班员坐在值班台前			

表 4-7　桌面演练评估表

评估项目	评估内容	是否符合要求	存在问题
1. 演练策划与准备	1.1　目标明确且具有针对性，符合本单位实际		
	1.2　演练目标简单、合理、具体、可量化和可实现		
	1.3　设计的演练情景符合参演人员需要，且有利于促进实现演练目标和提高参与人员应急能力		
	1.4　演练情景内容包括了情景概要、事件后果、背景信息、演化过程等要素，要素较为全面		
	1.5　演练情景中的各事件之间的演化衔接关系设置科学、合理，各事件有确定的发生与持续时间		
	1.6　确定了各参演单位和角色在各场景中的期望行动以及期望行动之间的衔接关系		
	1.7　确定所需注入的信息及其注入形式		
	1.8　制定了演练工作方案，明确了参演人员的角色和分工		
	1.9　演练活动保障人员数量和工作能力满足桌面演练需要		
	1.10　演练现场布置、各种器材、设备等硬件条件满足桌面演练需要		
2. 演练实施	2.1　演练背景、进程以及参演人员角色分工等解说清晰正确		
	2.2　根据事态发展，分级响应迅速、准确		
	2.3　模拟指挥人员能够表现出较强指挥协调能力，演练过程中各项协调工作全局有效掌控		
	2.4　按照模拟真实发生的事件表述应急处置方法和内容		
	2.5　通过多媒体文件、沙盘、信息条等多种形式向参演人员展示应急演练场景，满足演练要求		
	2.6　参演人员能够准确接收并正确理解演练注入的信息		
	2.7　参演人员根据演练提供的信息和情况能够做出正确的判断和决策		
	2.8　参演人员能够主动搜集和分析演练中需要的各种信息		
	2.9　参演人员制定的救援方案科学可行，符合给出实际事故情况处置要求		
	2.10　参演人员应急过程中的决策程序科学，内容有预见性、科学可行		
	2.11　参演人员能够依据给出的演练情景快速确定事故的严重程度及等级		
	2.12　参演人员能够根据事故级别，确定启动的应急响应级别，并能够熟悉应急动员的方法和程序		
	2.13　参演人员能够熟悉事故信息的接报程序、方法和内容		
	2.14　参演人员熟悉各自应急职责，并能够较好配合其他小组或人员开展工作		

表 4-7(续)

评估项目	评估内容	是否符合要求	存在问题
2. 演练实施	2.15　参与演练各小组负责人能够根据各位成员意见提出本小组的统一决策意见		
	2.16　参演人员对决策意见的表达思路清晰、内容全面		
	2.17　参演人员做出的各项决策、行动符合角色身份要求		
	2.18　参演人员能够与本应急小组人员共享相关应急信息		
	2.19　应急演练能够全身心地参与到整个演练活动中		
	2.20　演练的各项预定目标都得以顺利实现		

评价时间：　　　　　　　　　　　　评价结果：

表 4-8　实战演练准备情况评估表

评估项目	评估内容	是否符合要求	存在问题
1. 演练策划与设计	1.1　目标明确且具有针对性，符合本单位实际		
	1.2　演练目标简明、合理、具体、可量化和可实现		
	1.3　演练目标应明确“由谁在什么条件下完成什么任务，依据什么标准，取得什么效果”		
	1.4　演练目标设置是从提高参演人员的应急能力角度考虑		
	1.5　设计的演练情景符合演练单位实际情况，且有利于促进实现演练目标和提高参演人员应急能力		
	1.6　考虑到演练现场及可能对周边社会秩序造成的影响		
	1.7　演练情景内容包括了情景概要、事件后果、背景信息、演化过程等要素，要素较为全面		
	1.8　演练情景中的各事件之间的演化衔接关系科学、合理，各事件有确定的发生与持续时间		
	1.9　确定了各参演单位和角色在各场景中的期望行动以及期望行动之间的衔接关系		
	1.10　确定所需注入的信息及其注入形式		
2. 演练文件编制	2.1　制定了演练工作方案、安全及各类保障方案、宣传方案		
	2.2　根据演练需要编制了演练脚本或演练观摩手册		
	2.3　各单项文件中要素齐全、内容合理，符合演练规范要求		
	2.4　文字通顺、语言精练、通俗易懂		
	2.5　内容格式规范，各项附件项目齐全、编排顺序合理		
	2.6　演练工作方案经过评审或报批		
	2.7　演练保障方案印发到演练的各保障部门		
	2.8　演练宣传方案考虑到演练前、中、后各环节宣传需要		
	2.9　编制的观摩手册中各项要素齐全，并有安全告知		

表 4-8(续)

评估项目	评估内容	是否符合要求	存在问题
3. 演练保障	3.1　人员的分工明确,职责清晰,数量满足演练要求		
	3.2　演练经费充足,保障充分		
	3.3　器材使用管理科学、规范,满足演练需要		
	3.4　场地选择符合演练策划情景设置要求,现场条件满足演练要求		
	3.5　演练活动安全保障条件准备到位并满足要求		
	3.6　充分考虑演练实施中可能面临的各种风险,制定必要的应急预案或采取有效控制措施		
	3.7　参演人员能够确保自身安全		
	3.8　采用多种通信保障措施,有备份通信手段		
	3.9　对各项演练保障条件进行了检查确认		

评价时间：　　　　　　　　　　　　评价结果：

表 4-9　实战演练实施情况评估表

评估项目	评估内容	是否符合要求	存在问题
1. 预警与信息报告	1.1　演练单位能够根据监测监控系统数据变化状况、事故险情紧急程度和发展势态或有关部门提供的预警信息进行预警		
	1.2　演练单位有明确的预警条件、方式和方法		
	1.3　对有关部门提供的信息、现场人员发现险情或隐患进行及时预警		
	1.4　预警方式、方法和预警结果在演练中表现有效		
	1.5　演练单位内部信息通报系统能够及时投入使用,能够及时向有关部门和人员报告事故信息		
	1.6　演练中事故信息报告程序规范,符合应急预案要求		
	1.7　在规定时间内能够完成向上级主管部门和地方人民政府报告事故信息程序,并持续更新		
	1.8　能够快速向本单位以外的有关部门或单位、周边群众通报事故信息		
2. 紧急动员	2.1　演练单位能够依据应急预案快速确定事故的严重程度及等级		
	2.2　演练单位能够根据事故级别,启动相应的应急响应,采用有效的工作程序,警告、通知和动员相应范围内人员		
	2.3　演练单位能够通过总指挥或总指挥授权人员及时启动应急响应		
	2.4　演练单位应急响应迅速,动员效果较好		
	2.5　演练单位能够适应事先不通知突袭抽查式的应急演练		
	2.6　非工作时间以及至少有一名单位主要领导不在应急岗位的情况下能够完成本单位的紧急动员		

表 4-9(续)

评估项目	评估内容	是否符合要求	存在问题
3. 事故监测与研判	3.1　演练单位在接到事故报告后，能够及时开展事故早期评估，获取事件的准确信息		
	3.2　演练单位及相关单位能够持续跟踪、监测事故全过程		
	3.3　事故监测人员能够科学评估其潜在危害性		
	3.4　能够及时报告事态评估信息		
4. 指挥和协调	4.1　现场指挥部能够及时成立，并确保其安全高效运转		
	4.2　指挥人员能够指挥和控制其职责范围内所有的参与单位及部门、救援队伍和救援人员的应急响应行动		
	4.3　应急指挥人员表现出较强指挥协调能力，能够对救援工作全局有效掌控		
	4.4　指挥部各成员能够在较短或规定时间内到位，分工明确并各负其责		
	4.5　现场指挥部能够及时提出有针对性的事故应急处置措施或制定切实可行的现场处置方案并报总指挥部批准		
	4.6　指挥部重要岗位有后备人选，并能够根据演练活动的进行合理轮换		
	4.7　现场指挥部制定的救援方案科学可行，调集了足够的应急救援资源和装备(包括专业救援人员和相关装备)		
	4.8　现场指挥部与当地政府或本单位指挥中心信息畅通，并实现信息持续更新和共享		
	4.9　应急指挥决策程序科学，内容有预见性、科学可行		
	4.10　指挥部能够对事故现场有效传达指令，进行有效管控		
	4.11　应急指挥中心能够及时启用，各项功能正常、满足使用		
5. 事故处置	5.1　参演人员能够按照处置方案规定或在指定的时间内迅速达到现场开展救援		
	5.2　参演人员能够对事故先期状况做出正确判断，采取的先期处置措施科学、合理，处置结果有效		
	5.3　现场参演人员职责清晰、分工合理		
	5.4　应急处置程序正确、规范，处置措施执行到位		
	5.5　参演人员之间有效联络，沟通顺畅有效，并能够有序配合，协同救援		
	5.6　事故现场处置过程中，参演人员能够对现场实施持续安全监测或监控		
	5.7　事故处置过程中采取了措施防止次生或衍生事故发生		
	5.8　针对事故现场采取必要的安全措施，确保救援人员安全		

表 4-9(续)

评估项目	评估内容	是否符合要求	存在问题
6. 应急资源管理	6.1 根据事态评估结果,能够识别和确定应急行动所需的各类资源,同时根据需要联系资源供应方		
	6.2 参演人员能够快速、科学使用外部提供的应急资源并投入应急救援行动		
	6.3 应急设施、设备、器材等数量和性能能够满足现场应急需要		
	6.4 应急资源的管理和使用规范有序,不存在浪费情况		
7. 应急通信	7.1 通信网络系统正常运转,通信能力能够满足应急响应的需求		
	7.2 应急队伍能够建立多途径的通信系统,确保通信畅通		
	7.3 有专职人员负责通信设备的管理		
	7.4 应急通信效果良好,演练各方通信信息顺畅		
8. 信息公开	8.1 明确事故信息发布部门、发布原则,事故信息能够由现场指挥部及时准确向新闻媒体通报		
	8.2 指定了专门负责公共关系的人员,主动协调媒体关系		
	8.3 能够主动就事故情况在内部进行告知,并及时通知相关方(股东/家属/周边居民等)		
	8.4 能够对事件舆情持续监测和研判,并对涉及的公共信息妥善处置		
9. 人员保护	9.1 演练单位能够综合考虑各种因素并协调有关方面确保各方人员安全		
	9.2 应急救援人员配备适当的个体防护装备,或采取了必要的自我安全防护措施		
	9.3 有受到或可能受到事故波及或影响的人员的安全保护方案		
	9.4 针对事件影响范围内的特殊人群,能够采取适当方式发出警告并采取安全防护措施		
10. 警戒与管制	10.1 关键应急场所的人员进出通道受到有效管制		
	10.2 合理设置了交通管制点,划定管制区域		
	10.3 各种警戒与管制标志、标识设置明显,警戒措施完善		
	10.4 有效控制出入口,清除道路上的障碍物,保证道路畅通		
11. 医疗救护	11.1 应急响应人员对受伤害人员采取有效先期急救,急救药品、器材配备有效		
	11.2 及时与场外医疗救护资源建立联系并求得支援,确保伤员及时得到救治		
	11.3 现场医疗人员能够对伤员伤情做出正确诊断,并按照既定的医疗程序对伤员进行处置		
	11.4 现场急救车辆能够及时准确地将伤员送往医院,并带齐伤员有关资料		

表 4-9(续)

评估项目	评估内容	是否符合要求	存在问题
12. 现场控制及恢复	12.1　针对事故可能造成的人员安全健康与环境、设备与设施方面的潜在危害,以及为降低事故影响而制定的技术对策和措施有效		
	12.2　事故现场产生的污染物或有毒有害物质能够及时、有效处置,并确保没有造成二次污染或危害		
	12.3　能够有效安置疏散人员,清点人数,划定安全区域并提供基本生活等后勤保障		
	12.4　现场保障条件满足事故处置、控制和恢复的基本需要		
13. 其他	13.1　演练情景设计合理,满足演练要求		
	13.2　演练达到了预期目标		
	13.3　参演的组成机构或人员职责能够与应急预案相符合		
	13.4　参演人员能够按时就位、正确并熟练使用应急器材		
	13.5　参演人员能够以认真态度融入整体演练活动中,并及时、有效地完成演练中应承担的角色工作内容		
	13.6　应急响应的解除程序符合实际并与应急预案中规定的内容相一致		
	13.7　应急预案得到了充分验证和检验,并发现了不足之处		
	13.8　参演人员的能力也得到了充分检验和锻炼		

评价时间:　　　　　　　　　　　　　评价结果:

④ 演练保障方案

《演练保障方案》的主要内容包括应急演练可能发生的意外情况、应急处置措施及责任部门、应急演练意外情况中止条件与程序。当现场发生实际灾害、演练过程中有人员受伤需要救治或预案本身出现重大纰漏,威胁到企业安全时应中止应急演练,并立即采取救援措施。

⑤ 演练观摩手册

根据演练规模和观摩需要,可编制《演练观摩手册》。《演练观摩手册》的内容通常包括应急演练时间、地点、情景描述、主要环节及演练内容、安全注意事项等。

⑥ 演练宣传方案

《演练宣传方案》中应明确宣传目标、宣传方式、传播途径、主要任务及分工、技术支持等内容。

(3) 工作保障

根据演练工作需要,做好演练的组织与实施需要相关保障条件。主要有人员保障、经费保障、物资和器材保障、场地保障、安全保障、通信保障和其他保障。

① 人员保障

按照演练方案和有关要求,确定演练总指挥、策划导调、宣传、保障、评估、参演人员参加演练活动,必要时设置替补人员。

应急预案演练参与人员主要包括演练人员、控制人员、模拟人员、评估人员、观摩人员，他们的职责如下：

演练人员主要来自各机构和应急组织，与应急救援直接相关的人员。演练人员的主要任务是根据模拟场景和紧急情况做出反应，执行具体应急任务，如抢救伤员或被困人员，保护财产安全或公众健康，获取或管理应急资源，与其他应急人员共同控制事态，尽可能按真实事件一样决策或响应，应熟悉应急响应体系和所承担的任务及行动程序。

控制人员是指根据演练情景，控制应急演练进展的人员。即演练的总指挥和各主要负责人。控制人员的职责是确保演练任务得到充分演练；确保演练活动既具有一定的工作量，又富有一定的挑战性；确保演练的进度；解答演练人员的疑问，解决演练过程中出现的问题；保障演练过程的安全。

模拟人员指演练过程中扮演、代替某些应急组织、社会团体、服务部门的人员（军队、受害群众、志愿者）或模拟紧急事件、事态发展的人员。模拟人员要熟悉各种模拟器材的使用方法，了解所模拟组织的职责、任务和能力，模拟组织或个人应采取的行动，积极与演练人员互动，增加真实性。

评估人员是指负责观察演练进展情况并给予记录的人员。评估人员应由地区行政官员、邻近地区的应急机构的主要人员、应急领域的专家担任。评估人员的主要职责是不直接参与演练，但了解整个演练方案；观察演练人员的应急行动，记录观察结果，评估结果的整理；在不干扰演练的前提下，协助控制人员保证演练按照预定的方案进行。

观摩人员是指来自相关机构旁观演练过程的人员。演练现场应划分专门的区域供观摩人员活动，并设专员维护现场秩序，保证所有观摩人员能清晰、安全地观看整个演练的开展流程。

在演练的准备过程中，演练组织单位和参与单位应合理安排工作，保证相关人员参与演练活动的时间。通过组织观摩学习和培训，提高演练人员素质和技能。

② 经费保障

根据演练工作需要，明确演练工作经费及承担单位。演练组织单位每年要根据应急演练规划编制应急演练经费预算，纳入该单位的年度财政（财务）预算，并按照演练需要及时拨付经费。对经费使用情况进行监督检查，确保演练经费专款专用、节约高效。

③ 物资和器材保障

明确各参演单位所准备的演练物资和器材等。主要包括信息材料、物资设备、通信器材、演练情景模型等。信息材料主要包括应急预案和演练方案的纸质文本、演示文档、图表、地图、软件等。物资设备主要包括各种应急抢险物资、特种装备、办公设备、录音摄像设备、信息显示设备等。通信器材主要包括固定电话、移动电话、对讲机、海事电话、传真机、计算机、无线局域网、视频通信器材和其他配套器材，尽可能使用已有通信器材。演练情景模型指搭建必要的模拟场景及装置设施。

④ 场地保障

根据演练方式和内容，选择合适的演练场地。桌面演练一般可选择会议室或应急指挥中心等；实战演练应选择与实际情况相似的地点，并根据需要设置指挥部、集结点、接待站、供应站、救护站、停车场等设施。演练场地应满足演练活动需要，应尽量避免影响企业和公众正常生产、生活。

⑤ 安全保障

根据演练工作需要，采取必要的安全防护措施，确保参演、观摩人员以及生产运行系统安全。大型或高风险演练活动要按规定制定专门应急预案，采取预防措施，并对关键部位和环节可能出现的突发事件进行针对性演练。根据需要为演练人员配备个体防护装备，购买商业保险。对可能影响公众生活、易于引起公众误解和恐慌的应急演练，应提前向社会发布公告，告示演练内容、时间、地点和组织单位，并做好应对方案，避免造成负面影响。演练现场要有必要的安保措施，必要时对演练现场进行封闭或管制，保证演练安全进行。演练出现意外情况时，演练总指挥与其他领导小组成员会商后可提前终止演练。

⑥ 通信保障

应急演练过程中应急指挥机构、总策划、控制人员、参演人员、模拟人员等之间要有及时可靠的信息传递渠道。根据演练工作需要，可采用多种公用或专用通信系统，保证演练通信信息通畅。

⑦ 其他保障

提供其他保障措施。

3. 演练实施

应急演练准备工作完成后，进入应急演练实施阶段，本阶段的基本要求是根据不同的演练类别提供不同的演练场地，采用多种方式营造真实可信的演练情景；演练控制人员应该控制演练过程，引导演练按计划顺序开展；使用签到单、参演人员活动单、记录表、评论表、录音、摄影、摄像等方式记录演练过程。应急演练的实施过程大体分为现场检查、演练动员、演练开始、演练执行、演练终止五个过程。

(1) 现场检查

演练前需确认演练所需的工具、设备、设施、技术资料以及参演人员到位。对应急演练安全设备、设施进行检查确认，确保安全保障方案可行，所有设备、设施完好，电力、通信系统正常。

(2) 演练动员

在应急演练正式开始前进行演练动员，确保所有演练参与人员了解演练现场规则、演练情景和演练计划中与各自工作相关的内容。必要时可分别召开控制人员情况介绍会、评估人员情况介绍会、演练人员情况介绍会，演练模拟人员和观摩人员一般参加控制人员情况介绍会。

(3) 演练开始

演练开始时，所有参演人员应按照演练方案文件的职责要求各就其位。对于桌面演练，通过演练主持人叙述演练情景，并辅之以演示材料，把演练人员带入虚构的事件场景，然后由演练主持人提出第一个问题，开始桌面演练。对于功能和综合演练，在所有参演人员各就其位后，通过事先设计好的方式将演练情景呈现给参演人员，由演练总指挥宣布演练正式开始，然后通过消息导入触发演练活动。演练总指挥可根据演练现场情况，决定是否继续或中止演练活动。

(4) 演练执行

演练开始后，原则上应严格按照演练方案执行演练的各项活动。演练实施的重点在于对演练过程的控制，主要由指挥和控制人员负责。应急演练的执行要点有：总指挥根据情况及时决策，要对演练全过程进行控制；现场指挥人员服从和传达上级指挥人员的指令，调动、指挥参演人员行动，及时报告现场情况，也适度允许演练人员“自由演示”，对现场演练进行控制；控制人员传递控制消息，引导演练进行，对现场演练进行控制；同时辅以演练解说、演练背景描述、进程讲解、案例介绍、环境渲染等，还需做好文字、图片和声像等演练记录，并且要注重演练的宣传报道。

(5) 演练终止

应急演练终止分为正常终止和非正常终止两种情况。正常终止是在完成各项演练内容后，参演人员进行人数清点，由演练总指挥宣布演练结束，并进行现场讲评。非正常终止是指发生突发事件并影响演练继续进行时，或者出现特殊意外情况，短时间内不能妥善处理或解决时，应急演练总指挥按照事先规定的程序和指令宣布本次演练终止或中断。

4. 演练评估总结

(1) 应急演练评估

应急演练评估是应急演练的重要环节，是对演练活动进行评判、对改进工作提出建议的过程。全面应急演练评估是通过观察和记录演练活动，在全面分析演练记录及相关资料的基础上，对比参演人员表现与演练目标要求，对演练活动及其组织过程进行反思和分析，做出客观评价，并编写演练评估报告的过程。所有应急演练活动都应进行演练评估。

演练评估的方式有参演者自我评估、演练组织者评估和评估组评估。根据应急演练的目的、形式、持续时间不同，演练评估可以采用一种方式，也可采用多种方式。

参演者自我评估主要是指参加演练的演练人员、模拟人员和观摩人员根据自身演练中的表现反馈对演练的意见和建议。评估人员可以通过发放参演者反馈表格或访谈的方式，对参演者提出一系列预先准备好的问题，如“演练场景是否真实”“演练与我现有经验水平的匹配是否恰当”“现场的指挥人员指挥是否得当”“通过本次演练，我在应对类似风险方面的能力有无提高”“演练各环节中需要改进和提升之处”等，帮助参演者表达对演练的意见和建议。评估人员对参演者的交谈内容进行整理汇总，以便做进一步的总结分析。

演练组织者评估是在对整个演练过程进行充分细致观察的基础上，进行总体评估，对参演者没有涉及的演练表现中的优缺点、应急演练过程中存在的问题等进行补充，提出改进的建议。评估时应注意：尽可能发动参演者进行自我评估；从不同专业角度进行点评，确保全面到位；对参演者的行为进行深入评估；注意把握评估现场的总体氛围；对于演练组织方面的问题进行自我评估。

评估组评估是评估组依据《演练评估手册》中制定的评估标准及方法，通过演练过程中的观察记录以及演练后的讨论总结，完成评估表格提出评估意见的过程。评估表格的部分内容需要评估人员在演练现场根据实际情况短时间内完成填写，也有部分内容需要在演练后进行统计分析。评估人员除了现场观察记录、反复观看录像外，还可通过与参演人员交流，向演练组织者索取演练文字材料等方式，进一步搜集与演练相关的信息，以便对演练效果做出全面正确的评估。

演练现场评估工作结束后，评估组针对收集的各种信息资料，依据评估标准和相关文件资料对演练活动全过程进行科学分析和客观评价，并撰写演练评估报告，评估报告应向所有参演人员公示。演练评估报告的主要内容一般包括：

① 演练基本情况：演练的组织及承办单位，演练形式，演练模拟的事故名称、发生的时间和地点，事故过程的情景描述，主要应急行动等。

② 演练评估过程：演练评估工作的组织实施过程和主要工作安排。

③ 演练情况分析：依据演练评估表格的评估结果，从演练的准备及组织实施情况、参演人员表现等方面具体分析好的做法和存在的问题以及演练目标的实现、演练成本效益分析等。

④ 改进的意见和建议：对演练评估中发现的问题提出整改的意见和建议。

⑤ 评估结论：对演练组织实施情况的综合评价，并给出优（无差错地完成了所有应急演练内容）、良（达到了预期的演练目标，差错较少）、中（存在明显缺陷，但没有影响实现预期的演练目标）、差（出现了重大错误，演练预期目标受到严重影响，演练被迫中止，造成应急行动延误或资源浪费）等评估结论。

为便于对演练过程中发现的问题进行整改落实，可根据问题的严重程度将演练中发现的问题分为不足项、整改项和改进项。

① 不足项：可能导致在紧急事件发生时，不能确保应急组织或应急救援体系有能力采取合理应对措施，保护公众的安全与健康。不足项应在规定的时间内予以纠正。

② 整改项：单独不可能在应急救援中对公众的安全与健康造成不良影响的应急准备缺陷。整改项应在下次演练前予以纠正。两种情况下，整改项可列为不足项：一是某个应急组织中存在两个以上整改项，共同作用可影响保护公众安全与健康能力的；二是某个应急组织在多次演练过程中，反复出现前次演练发现的整改项问题的。

③ 改进项：指应急准备过程中应予解决的问题。一般不会对现场人员生命安全健康构成直接威胁，因此不要求强制整改。

（2）应急演练总结

演练结束后，由演练组织单位根据演练记录、演练评估报告、应急预案、现场总结等材料，对演练进行全面总结，并形成演练书面总结报告。报告可对应急演练准备、策划等工作进行简要总结分析。参与单位也可对本单位的演练情况进行总结。演练总结报告的内容主要包括：

① 演练基本概要。

② 演练发现的问题，取得的经验和教训。

③ 应急管理工作建议。

（3）演练资料归档与备案

应急演练活动结束后，演练组织单位应将应急演练工作方案、应急演练书面评估报告、应急演练总结报告等文字资料，以及记录演练实施过程的相关图片、视频、音频等资料归档保存。

对主管部门要求备案的应急演练资料，演练组织部门（单位）应将相关资料报主管部门备案。

5．持续改进

（1）应急预案的修订

根据演练评估报告中对应急预案的改进建议，由应急预案编制部门按程序对预案进行修订完善。

(2) 应急管理工作改进

应急演练结束后，组织应急演练的部门(单位)应根据应急演练评估报告、总结报告提出的问题和建议对应急管理工作(包括应急演练工作)进行持续改进。

演练组织单位应督促相关部门和人员，根据评估报告中提出的问题和不足，制订整改计划，明确整改目标，制定整改措施，落实整改资金，并跟踪督促整改落实，直到问题解决为止。同时，总结分析存在问题和不足的原因。

第三节　应急预案评估实务

依据《生产经营单位生产安全事故应急预案评估指南》(AQ/T 9011—2019)，应急预案评估是对应急预案内容的适用性所开展的分析过程。AQ/T 9011—2019 给出了应急预案评估的基本要求、工作程序和评估内容。

一、应急预案评估的基本要求

应急预案评估的目的是发现应急预案存在的问题和不足，对是否需要修订做出结论，并提出修订建议。

应急预案评估主要依据有：相关法律法规、标准及规范性文件；单位风险评估结果；单位应急组织机构设置情况；应急演练评估报告；应急处置评估报告；应急资源调查及评估结果；其他相关材料。

二、应急预案评估的工作程序

应急预案评估工作主要包括成立评估组、资料收集分析、评估实施、评估报告编写等四个步骤。

1. 成立评估组

结合本单位部门职能和分工，成立以单位相关负责人为组长，单位相关部门人员参加的应急预案评估组，明确工作职责和任务分工，制定工作方案。评估组成员人数一般为单数，必要时可以增加。

单位可以邀请相关专业机构或者有关专家、有实际经验的人员参加应急预案评估，必要时可以委托安全生产技术服务机构实施。

2. 资料收集分析

评估组应确定需评估的应急预案，依据法律法规、标准、规范性文件等收集相关资料，明确以下情况：

① 法律、法规、规章、标准及上位预案中的有关规定重大变化情况；

② 应急指挥机构及其职责调整情况；

③ 面临的事故风险重大变化情况；

④ 重要应急资源重大变化情况；

⑤ 预案中的其他重要信息变化情况；

⑥ 应急演练和事故应急处置中发现的问题；

⑦ 其他情况。

3. 评估实施

采用资料分析、现场审核、推演论证、人员访谈等方式方法，对应急预案进行综合分析评估。应急预案评估表可参考表4-10。

表4-10　应急预案评估表

评估要素	评估内容	评估方法	评估结果
1. 应急预案的编制依据	1.1 梳理《突发事件应对法》《中华人民共和国安全生产法》等法律中的有关新规定和要求，对照评估应急预案中的不符合项	资料分析	
	1.2 梳理行政法规、地方政府法规中的有关新规定和要求，对照评估应急预案中的不符合项	资料分析	
	1.3 梳理国务院部门规章、地方政府规章中的有关新规定和要求，对照评估应急预案中的不符合项	资料分析	
	1.4 梳理国家标准、行业标准及地方标准中的有关新规定和要求，对照评估应急预案中的不符合项	资料分析	
2. 组织机构及职责	2.1 查阅生产经营单位机构设置、部门职能调整、总指挥、副总指挥等关键岗位职责划分等方面的文件资料，初步分析本单位应急预案中应急组织机构设置及职能确定情况	资料分析	
	2.2 抽样访谈，了解掌握生产经营单位本级，基层单位办公室，生产、安全及其他业务部门有关人员对本部门、本岗位的应急工作职责的意见和建议	人员访谈	
	2.3 依据资料分析和抽样访谈的情况，结合应急预案中应急组织机构及职责，召集有关职能部门代表，就重要职能进行推演论证，评估值班值守、调度指挥、应急协调、信息上报、舆论沟通、善后恢复等职责划分是否清晰，关键岗位职责是否明确，应急组织机构设置及职能分配与业务是否匹配	推演论证	
3. 主要事故风险	3.1 查阅生产经营单位风险评估报告，对照生产运行、工艺设备等有关文件资料，初步分析本单位面临的主要事故风险类型及风险等级划分情况	资料分析	
	3.2 根据资料分析情况，前往重点基层单位、重点场所、重点部位查看验证	现场审核	
	3.3 座谈研讨，就资料分析和现场查证的情况，与办公室、生产、安全等相关业务部门以及基层单位人员代表沟通交流，评估本单位事故风险辨识是否准确、类型是否合理、等级确定是否科学、防范和控制措施能否满足实际需要，并结合风险情况提出应急资源需求	人员访谈	

表 4-10(续)

评估要素	评估内容	评估方法	评估结果
4. 应急资源	4.1　查阅生产经营单位应急资源调查报告，对照应急资源清单、管理制度及有关文件资料，初步分析本单位及合作区域的应急资源状况	资料分析	
	4.2　根据资料分析情况，前往本单位及合作单位的物资储备库等重点单位、重点场所，查看验证应急资源的实际储备、管理、维护情况，推演验证应急资源运输的路程路线及时长	现场审核 推演论证	
	4.3　座谈研讨，就资料分析和现场查证的情况，结合风险评估得出的应急资源需求，与办公室、生产、安全等相关业务部门以及基层单位人员沟通交流，评估本单位及合作区域内现有的应急资源的数量、种类、功能、用途是否发生重大变化，外部应急资源的协调机制、响应时间能否满足实际需求	人员访谈	
5. 应急预案衔接	5.1　查阅上下级单位、有关政府部门及周边单位的相关应急预案，梳理分析在信息报告、响应分级、指挥权移交、警戒疏散等工作方面的衔接要求，对照评估应急预案中的不符合项	资料分析	
	5.2　座谈研讨，就资料分析的情况，与办公室、生产、安全等相关业务部门、基层单位、周边单位人员沟通交流，评估应急预案在内外部上下衔接中的问题	人员访谈	
6. 实施反馈	6.1　查阅生产经营单位应急演练评估报告、应急处置总结报告、监督检查、体系审核及投诉举报等方面的文件资料，初步梳理归纳应急预案存在的问题	资料分析	
	6.2　座谈研讨，就资料分析得出的情况，与办公室、生产、安全等相关业务部门、基层单位人员沟通交流，评估确认应急预案在预警预报、信息报告、响应处置等方面存在的问题	人员访谈	
7. 其他	7.1　查阅其他有可能影响应急预案适用性因素的文件资料，对照评估应急预案中的不符合项	资料分析	
	7.2　依据资料分析的情况，采取人员访谈、现场审核、推演论证等方式进一步评估确认有关问题	人员访谈 现场审核 推演论证	

(1) 资料分析

针对评估目的和评估内容，查阅有关的法律法规、标准规范、应急预案、风险评估等相关的文件资料，梳理有关规定、要求及证据材料，初步分析应急预案存在的问题。

(2) 现场审核

依据资料分析的情况，通过现场实地查看、设备操作检验等方式，准确掌握并验证风险评估、应急资源、工艺设备等各方面的问题情况。

（3）推演论证

根据需要，采取桌面推演、实战演练等形式，对机构设置、职责分工、响应机制、信息报告等方面的问题进行推演验证。

（4）人员访谈

采取抽样访谈或座谈研讨等方式，向有关人员收集信息、了解情况、考核能力、验证问题、沟通交流、听取建议，进一步论证有关问题情况。

4. 评估报告编写

应急预案评估结束后，评估组成员沟通交流各自评估情况，对照有关规定及相关标准，汇总评估中发现的问题，并形成一致的、公正客观的评估组意见，在此基础上组织撰写评估报告。

三、应急预案评估的内容

1. 应急预案管理要求

法律、法规、规章、标准及上位预案是否对应急预案做出新规定和要求，主要包括应急组织机构及其职责、应急预案体系、事故风险描述、预警及信息报告、应急响应、保障措施、应急预案管理等方面。

2. 应急组织机构与职责

单位组织体系是否发生变化；总指挥、副总指挥等关键岗位应急职责是否调整；重点部门应急职责与分工是否重新划分；应急组织机构或人员对应急职责是否存在疑义；应急机构设置与职责能否满足实际需要等。

3. 事故风险

单位事故风险分析是否全面客观；风险等级确定是否合理；是否有新增事故风险；事故风险防范和控制措施能否满足实际需要；依据事故风险评估提出的应急资源需求是否科学。

4. 应急资源

对于本单位应急资源和合作区域内可请求援助的应急资源调查是否全面，与事故风险评估得出的实际需求是否匹配；现有的应急资源的数量、种类、功能、用途是否发生重大变化。

5. 应急预案衔接

应急预案是否结合上位及其他相关应急预案，对信息报告、响应分级、指挥权移交、警戒疏散等内容做出合理规定。

6. 实施反馈

应急演练、事故应急处置、监督检查、体系审核、投诉举报等方面反馈应急预案是否存在问题，主要涉及组织机构、应急响应程序、先期处置及后期处置等方面。

7. 其他

其他可能对应急预案内容的适用性产生影响的因素。

四、应急预案评估报告

应急预案评估报告内容主要包括评估人员情况、预案评估组织、预案基本情况、预案评估内容、应急预案适用性分析、改进意见及建设、评估结论等，编制大纲可参考表 4-11。

表 4-11　应急预案评估报告参考模板

应急预案评估报告编制大纲
1　总则
1.1　评估对象
1.2　评估目的
1.3　评估依据
2　应急预案评估内容
2.1　应急预案管理要求
2.2　组织机构与职责
2.3　主要事故风险
2.4　应急资源
2.5　应急预案衔接
2.6　实施反馈
3　应急预案适用性分析
（对应急预案各个要素内容的适用性进行分析，指出存在的不符合项）
4　改进意见及建议
（提出相应的改进意见和建议）
5　评估结论

（1）评估人员情况

评估人员基本信息及分工情况，包括姓名、性别、专业、职务职称及签字。

（2）预案评估组织

预案评估工作的组织实施过程和主要工作安排。

（3）预案基本情况

应急预案编制单位、编制及实施时间、批准人。

（4）预案评估内容

评估应急预案管理要求、组织机构与职责、主要事故风险、应急资源、应急预案衔接及应急响应级别划分方面的变化情况，以及实施反馈中发现的问题。

（5）应急预案适用性分析

依据评估出的变化情况和问题，对应急预案各个要素内容的适用性进行分析，指出存在的不符合项。

（6）改进意见及建议

针对评估出的不符合项，提出相应的改进意见和建议。

（7）评估结论

对应急预案做出综合评价及修订结论。

第五章　安全生产应急管理与处置相关法律法规

本章主要介绍安全生产应急管理与处置相关法律法规，具体内容包括：我国省会及较大市以上相关法律法规汇总及解读；主要发达国家如英国、美国、日本、德国、法国相关法律法规汇总及解读；中外规定对比及经验借鉴；全面依法治国视角下石油天然气应急处置；相关经典案例分析。通过本章的学习，希望读者能从整体上掌握我国安全生产应急管理与处置法规的体系特点，认识现有规范的不足，学习部分发达国家优秀的立法经验，以期完善我国安全生产应急管理与处置相关制度。

第一节　我国省会及较大市以上应急管理相关法律法规汇总及解读

习近平总书记在党的十九大报告中指出："有效维护国家安全，就要健全国家安全体系，加强国家安全法治保障，提高防范和抵御安全风险能力。"可见，在构建具有中国特色的现代应急管理体制的过程中，法律扮演着至关重要的角色。新时期，为满足频繁发生的各类突发事件应急管理需求，我国制定了一系列规范文件，并初步形成了覆盖各个行业的应急管理规范体系。据不完全统计，目前我国与安全生产应急管理相关的法律、法规共计 80 余部，已基本建立起以《中华人民共和国宪法》为依据、以《突发事件应对法》为核心、以相关单项法律法规为配套的安全生产应急管理法规体系。

一、我国安全生产应急管理法律及行政法规汇总

作为国家的根本大法，《中华人民共和国宪法》确立了应急管理法制的基本原则。如将"国家尊重和保障人权"写入宪法，对公民的权利和义务进行了列举，为应急管理权利保障确立了宪法依据。《突发事件应对法》是应急管理的综合性法律，覆盖了包括事故灾难在内的各类突发事件，为各类突发事件应急管理工作确立了具体法律依据。例如：确立了突发事件的预防与应急准备、监测与预警、应急处置与救援、事后恢复与重建等应对规则，形成了一个集预防与应急于一体的突发事件应对工作体系。尽管针对各类突发事件的应急管理工作提供了大而全的法律规范，但是对于生产领域的事故灾难而言，《突发事件应对法》只是做了原则性的规定，操作性不强。为增强综合性法律的适用性，全国人大常委会、国务院根据不同安全事故种类分别出台了相应法律法规。如全国人大常委会通过了包括《中华人民共和国安全生产法》《中华人民共和国矿产资源法》《中华人民共和国道路交通安全法》《中华人民共和国特种设备安全法》《中华人民共和国建筑法》《中华人民共和国港口法》等专项性法律，涉及矿产资源、交通、特种设备、建筑等各个行业领域。国务院颁布了 30 余部安全生产领域的

应急管理行政法规，作为相关应急法律的实施细则，其中包含综合性应急法规和专项性法规。综合性应急法规如《生产安全事故应急条例》，专项性法规如《安全生产事故报告和调查处理条例》《核电厂核事故应急管理条例》《煤矿安全生产条例》《危险化学品安全管理条例》《中华人民共和国道路交通安全法实施条例》《建设工程安全生产管理条例》《铁路交通事故应急救援和调查处理条例》等，相关法律法规为原则性的法律规范配套具体实施细则，增加了可操作性。

二、我国地方性安全生产应急管理法规

地方性安全事故应急管理法规是执行国家有关应急管理的法规精神以及根据本行政区域的实际需要制定的规范性文件，即地方人民代表大会及其常务委员会根据本地潜在事故灾难的风险性质与种类，结合本地应急资源的实际情况，制定相应的地方性法规，对突发性事故应急准备、应急响应、应急恢复等各阶段的制度和措施提出针对性的规定与要求。现行地方性法规从强化应急管理工作的角度出发，着眼于安全生产现实问题和发展要求，补充完善了相关法律制度规定。具体而言，我国地方性法规一是按照“立法解决问题”的原则，结合地区实际，对《突发事件应对法》比较原则的规定予以细化，增强其操作性、实效性，如进一步落实生产经营单位主体责任、强化政府安全监管职责和加强基层执法力量、强化安全生产责任追究等；二是提炼地区成功的安全生产管理成果并吸纳到地方立法中使之制度化；三是按照立法决策和改革决策相适应的要求，将安全生产领域应急管理最新的改革精神和相关要求融入制度措施中。

目前，我国各省(自治区、直辖市)都基本上制定了安全生产应急管理地方性法规，全国现行有效的安全生产应急管理地方性法规约有 4 000 部。

三、我国现行安全生产应急管理法律法规解读

当前我国已初步建成了一个从中央到地方的突发事件应急管理法律体系，为各级政府有序开展应急管理工作提供了法律依据和制度保障。我国应急管理法律体系的主要特征可以概括为以下 4 个方面。

1. 以人为本

保护公民健康、生命是我国应急管理的根本目的和本质特征。新时期，我国将“以人为本、安全发展”的科学理念庄严地写入法律，比如《中华人民共和国安全生产法》第一条和第三条开宗明义提出，“安全生产工作应当以人为本”“加强安全生产工作，防止和减少生产安全事故，保障人民群众生命和财产安全，促进经济社会持续健康发展”。以人为本是现代政府的基本价值观，它要求政府在应急管理中必须尊重人的生命价值，通过政府权威、政策和行为确保公众生命安全。

2. 政府主导

《突发事件应对法》第十九条第一款规定“县级以上人民政府是突发事件应对管理工作的行政领导机关。”我国实行由政府统一领导、行业监管部门分工负责、综合监管部门指导协调、基层政府及派出机关协助履职的生产安全事故应急工作体制。在安全生产领域，各级政府在应急管理过程中充分发挥了自身的主导作用。在政府的统一组织、协调下，抢救生命、

抢险排险、维护秩序、恢复生产、灾后重建，每一项工作得以循序渐进。

3. 军队介入

《突发事件应对法》第二十四条规定“中国人民解放军、中国人民武装警察部队和民兵组织依照本法和其他有关法律、行政法规、军事法规的规定以及国务院、中央军事委员会的命令，参加突发事件的应急救援和处置工作。”军队高度严整的组织结构，使得军队成为应急救灾不可或缺的力量。在历次重大应急救援行动中，我国军队以迅速、顽强、坚韧、尽职尽责的优良作风，充分发挥了组织优势和专业优势，形成了我国应急救援行动的又一大特色。

4. 预防与应急并重

《突发事件应对法》第五条规定，突发事件应对工作实行预防为主、预防与应急相结合的原则。该法不仅体现出关口前移、防患于未然的立法特色思路，还体现出预防在应对突发事件时的绝对地位。预防和应急处置相结合，实际上是常态和非常态下工作理念、工作规则、工作机制的结合。常态下把预防和减少突发事件的发生放在首位，防患于未然；而在非常态下，立即采取措施，控制事态发展，减少人员伤亡和财产损失，防止发生次生、衍生突发事件。制度上强调预防与应急并重的重要性，有利于统一思想，解决日常安全防范工作中敷衍了事、无所作为的问题。

中华人民共和国成立 70 多年来，我国应急管理法律体系在实践中得到不断发展。随着我国经济社会的快速发展，我国已经进入了事故易发阶段，已有的安全生产应急管理制度，在实施过程中，也暴露出不少缺陷和短板。如重大事故应急救援的法律法规体系不健全，地方安全生产应急救援基础仍然薄弱，社会力量参与救援不足，事后救济不健全等一系列问题。因此，亟待加强立法，进一步健全完善我国安全生产应急管理法律法规体系，促进我国安全生产形势持续稳定好转。

第二节 主要发达国家相关法律法规汇总及解读

目前，全球已经逐渐进入“风险社会”发展时期，世界各国对应急管理都非常重视。本节分析和研究了英国、美国、日本、法国、德国等发达国家在应急准备、救援处置、体系建设、法治保障等方面的成功经验，对深化我国应急管理法律体系建设具有重要意义。

一、发达国家应急管理法律法规汇总

1. 英国

英国是西方最早实现工业化的国家，在长期的工业活动中，人们逐渐认识到应急管理在保障安全生产工作中的重要性，并在实践中不断修正与完善应急管理法规体系。根据效力等级的高低不同，英国形成了四级的规范文件。第一层级是《国民紧急状态法》，该法对早期的专门性应急法规文件进行整合，重新构建了以该法案为中心的紧急状态法律体系。第二层级是补充法案，如《民事紧急事务法执行规章草案》《中央政府应对紧急状态安排：操作框架(CONOPS)》《重大事故危险控制条例》《管道安全条例》《辐射(应急准备与公共信息)规章》等。这些规范明确了中央与地方政府战略层的具体权责界定，对突发事件的跨部门协作制度做出了具体规定。第三层级是各种应急管理的指南、标准。这是英国应急管理法规体

系的重要组成部分，是将原则、规范进行细化的操作性文件。这些文件既包括一些官方的强制性、非强制性规程，也包括大量半官方、民间机构出版的推荐性标准，如应急领域操作规程、规划方法、演练指南、培训资料等，影响比较大的如《国家业务连续性管理标准(BS25999)》。第四层级是各类规划文件以及经验教训总结性材料。经验教训总结性材料由官方发布或认可，包括“好实践报告”、应急事件事后评估以及各类来自学术机构的独立研究成果。值得注意的是，英国十分重视对应急处置经验教训的总结。英国官方认为应急实践中的经验教训总结材料可以作为提高应急管理能力的必要基础建设，积累有价值的实践经验，并有助于应急法规的完善。

2. 美国

经过长期的发展，美国建立了较全面的安全生产应急管理法律体系。早在1947年美国就制定了《国家安全法》，它是美国第一个与应对突发事件有关的法律。该法案将民防应战时期的一系列具体民防应急措施制度化，为美国建立国家安全应急管理体制奠定了法律基础。1950年，美国出台《联邦灾害救援法》，标志着联邦开始以立法的形式来抵御各种灾害，但该法仅规定联邦政府在重大灾害时给予受灾州有限的援助。1974年，美国国会通过迄今最重要的框架性法律《灾害救助和紧急援助法》，主要制定了联邦、州、地方政府事故应急的统一标准和规范。同时，一些涉及生产领域的专项救灾法也纷纷出台，如《联邦火灾预防控制法》《全国石油和危险物资意外计划》《联邦放射性紧急事件反应计划》等。1986年，美国国会通过了《美国超级基金法案》的修正案，该修正案是事故应急管理的最高法律依据。该法也称为《应急计划和社区知情权法》，该法规定了联邦、州和地方政府以及企业在危险物质紧急事故应急计划编制和社区知情权方面的要求。1992年，美国联邦政府出台了《美国联邦应急救援法案》，这是一部具有综合性和权威性的美国应急救援法案，规定了各种灾害事故应急救援的基本原则、救助范围和形式，明确了美国政府与州、地方政府的应急救援权限，政府各部门、军队、社会组织、美国公民等在灾害中的职责和义务，同时对应急救援的资金和物质保障做出了明确规定。同时期，美国联邦紧急事务管理局、商务部、国防部等27个部门和美国红十字会共同签署了《联邦紧急反应计划》，综合了各联邦机构预防、应对突发紧急事件的措施，为各州和地方政府应对恐怖袭击、灾难事故和其他突发事件提供指导。2004年《国家应急计划》出台，作为国家层面的重大突发事件应急行动计划，它强调在重大突发事件发生的事前、事发、事中和事后，要全方位调集和整合联邦政府资源、知识和能力，实现联邦、州、地方各级政府、非政府组织、私营部门、公民力量的整合和行动的协调统一，以保证最大限度地向美国面临的各种威胁宣战。美国救灾体制拥有比较健全、完善的法规制度体系，严格地界定了联邦、州、地方各级政府，甚至相关民间组织及私营部门的职责，并构建了比较严密的协调机制、程序和步骤。

3. 日本

由于城市化程度高和人口密集等因素的影响，日本成为一个防灾意识很强的国家。目前，日本制定的灾害应急方面法律有30多部，其中最重要的当属1947年制定的《灾害救助法》和1961年制定的《灾害对策基本法》。《灾害救助法》建立了以单项灾种管理为主的应急管理体制。《灾害对策基本法》作为日本基本应急管理法，明确了内阁、都道府县和市町村三级政府和社会组织及国民在参与应急救援中的责任与义务，推进综合性、计划性的防灾行政。在发展中，日本逐渐认识到在应对特殊领域灾害事故时能力不足的问题，为弥补灾害危机管理过程中的各种制度性缺陷，日本全面修订了《灾害对策基本法》，放宽应急对策机关设置和人员配置限制，强化应急对策机关的临时处置能力，扩大地方自治团体行政机关、自卫队、警察署等机构的相应灾害危机管理权力，借此提高政府应对紧急事态的灵活性。此后，日本又陆续出台了《矿山安全法》《核灾害应对特别措施法》《生产事故预防组织法》《大灾难灾民权利保护法》《密集城市街区减灾促进法》《灾民生活重建援助法》等系列灾害危机管理相关的法律制度。一系列法律法规的颁布实施，使日本依法应对各种灾害的水平得到显著提高。

4. 德国

目前德国在安全生产应急管理方面的法律法规已经十分完备。德国的应急管理法规由宏观的国家综合性立法和微观的专项单行法及各州立法组成。国家综合性立法如《德意志联邦共和国基本法》(以下简称《基本法》)，规定了联邦政府负责在战争状态下保护公民人身和财产安全，州政府负责在和平时期向公民提供各类事故救助。这一规定明确了德国事故救助的基本格局和责任划分。根据《基本法》，德国先后制定了一系列单行法，如 1997 年修订颁布的《公民保护法》，是德国政府应对各类突发事件的一部重要法律。该法指导国家各部门在出现对公民生命财产造成威胁的公共危机事件时，所应该采取的相关措施，为公民提供各种保护和保障。其中，有关报告制度、公开透明度、公民知情权和接受舆论监督、接受联邦议员与州议员的质询建议等规定，为紧急状态下公民各项权益的保护提供了有力保障。此外，德国有关事故应急救援的单行法律还包括《紧急状态重建法》《联邦矿山法》《工伤保险法》《交通保障法》《铁路保障法》《公民保护新战略》等。德国各州都有完备的有关公民保护和灾难救助的法律，如《黑森州救护法》《黑森州公共秩序和安全法》《巴伐利亚州灾难防护法》等。德国十分注重专业化应急救援队伍的建设。为了促进专业化应急救援志愿者队伍建设，德国制定了比较完备的法律体系，主要包括《民事保护和灾难救援法》《奖励社会志愿者法》《德国联邦技术救援志愿者法》等。这些法律不仅有利于调整政府与志愿者在应急救援中的权利与义务关系，也有利于依法建立装备精良、训练有素、专业化、庞大的应急救援志愿者队伍。严密的立法体系，为德国应急管理提供强有力的法律保障。

5. 法国

自 19 世纪初法国巴黎消防局的成立，法国应急管理建设已有 200 多年历史。发展至今，形成了以《国民安全现代化法》为核心，以《工业环境法》《关于划分影响环境与保护的设施》《关于重大事故向民众进行警告》等相关法规为补充的安全事故应急管理法制体系。2001 年 9 月 21 日，法国图卢兹 AZF 化工厂发生硝酸铵爆炸事故，爆炸事故导致 31 人死亡，约 2 500 人受伤，事故化工厂及周围区域遭受毁灭性影响。事故发生后，法国开始注重对大型工业事故的防范。现今，法国已建成一套完整的应对突发重大工业事故的法律体系。具体而言，法国于 2013 年颁布《国防与国家安全白皮书》，为国家应对重大工业事故的风险收集、预测、保护、预防和行动等方面提供明确指南。2015 年，法国将欧盟《塞维索指令Ⅲ》(又称《关于工业活动中重大事故危害的指令Ⅲ》)融入了本国法律条款。该指令主要为防止发生危险化学品重大事故，降低事故危害，保障人身、财产和环境安全，同时完善了危险化学品管理、风险评价、安全报告、公众知情权及土地规划等内容。对法国重大工业事故预防起到了重要作用。此外，针对每一个高风险工业企业，法国规定各省需要分别制订特别干预计划。该计划在企业危险报告基础上进行制定，主要是为应对企业事故波及周边区域的情况，内容包括厂外应急方案、民事安全规定及外部应急救援措施等三个方面。法律还要求高风险工业企业必须制定内部执行方案。内部执行方案是企业通过危险评估后，为限制事故对企业内部影响而制定的响应方案，内容包括企业内部应对不同事故的处理方式、受影响区域示意图、应急救援方式、应急标识和外部消防救援队等需要注意的事项。

二、主要发达国家应急管理法律法规解读

通过对英国、美国、日本、德国、法国的应急管理法制进行研究，可以看到主要发达国家的应急管理法制建设主要呈现出如下特点和新的发展趋势。

1. 中央地方权责清晰

虽然各国应急管理组织形式不同，但从各国应急管理法规发展历程来看，各国政府十分重视中央与地方权责划分。例如，2013 年美国出台的《国家应急响应框架》，明确了处置不同突发事件时的牵头和协助部门及其职责。当地方政府的应急能力和资源不足时，州一级政府向地方政府提供支持。州一级政府的应急能力和资源不足时，由联邦政府提供支持。日本实行地方自治，各级政府之间不是上下级行政隶属关系，而是一种指导协作关系。中央(或部委)对各大区域派驻机构，但只对其在地方的项目进行管理，不与这些地方政府行政机关产生上下级关系，地方危机处置机构能够独立行使行政职能。英国颁布《国民紧急状态法》，界定了“应急事务”的范畴，明确中央与地方、上下级部门之间在风险评估、制订计划、组织处置以及恢复重建中的职责，规范了从中央到地方所有应急管理机构的角色与责任。可见，各国为中央与地方权责做了清晰的界定，主要明确了以地方自治为主，中央监督管理为辅的突发事件应对机制。

2. 事故救援工作高效

突发的重大灾害事故不仅直接造成人员伤亡和财产损失，而且容易诱发各种社会经济矛盾。工业企业灾难事故的频发给人类敲响了警钟。在欧洲，英国、法国、德国等国家陆续颁布了关于重大危险源控制的规程，指导本国化工项目实践工作。日本也是自然灾害和事故灾难多发国家之一。由此，日本通过不断完善《灾害对策基本法》及相关法律，确保了重大灾害面前的社会秩序稳定。美国通过《斯坦福法案》以确保在发生重大紧急灾难时，能够实现及时有效的紧急救助。各国通过立法措施来预防大型工业事故发生，将化工生产过程及产品对人类和环境造成的风险降至最低。

3. 基础设施建设完备

主要发达国家为地方建立了完备的应急组织机构和运作流程，以及相配套的法规政策、物资储备，使得各级政府能够有效应对各种突发事件。以美国为例，为了充分保障地方应急救援条件，各州及地方政府建立了较为完善的区域协调互助机制。州之间或地方政府之间通过签订法律认可的应急互助协议，实现区域应急管理协作，确保一个地方在应对灾害时可以获取充分的救助资源，保障公众安全和快速恢复受灾周围的基础设施；一些国家通过经济处罚措施强化企业社会责任意识，进而提高地方安全基础能力。例如，法国政府采取了相应的经济调控措施，对事故单位课以经济处罚，督促企业加强职工培训，增加安全投入，改善工

作条件，提高安全基础能力；还有些国家从优化地方性法规角度着手，不断深化地方对应急管理的认识。如日本《灾害对策基本法》规定：各级政府、有关政府部门和公共机构必须每年对突发事件应对计划进行研究，及时修改完善。

4. 社会力量广泛参与

在危机管理领域，政府在掌控资源、专业人才、组织体系等方面虽有优势，但不可避免地存在局限性，因此不管是在危机预警、危机准备阶段，还是在危机发生后的灾难救助阶段，都应积极吸纳和发挥民间力量的作用，提高危机处理效率。在美国，政府与红十字会等非政府组织以及其他私人组织的合作直接纳入联邦应急计划。在日本，局部地区突发公共安全事件，公民的“自救”“互救”往往是最为有效的。在法国，承担救助任务最重要的一支力量就是消防队伍。据 2013 年统计，法国参与灭火的消防员近 25 万名，其中志愿消防员占 79%，庞大的民间救助力量，已经成为法国政府应急力量的重要补充。

5. 灾后保障制度健全

灾后救济工作已经成为工业发达国家危机处理的一个相当重要的组成部分。国家财政对灾害的事后补偿总是有限的，发达国家在推动保险进行灾害补偿上出台了一系列制度和措施，并在巨灾应对中收到了很好的效果。在全球有关灾害损失补偿的统计中，来自保险公司的赔款要占到整个灾害损失的 36%以上，发达国家这一指标甚至高达 80%以上。以法国为例，法国是世界上较早针对技术灾害建立保险机制的国家之一。从 1982 年起，在公民灾害的赔偿中引入保险机制，由保险公司对受害人进行赔偿。为引导企业加强安全基础管理，法国实行政府支持的保险、税费政策。即政府与企业分摊工伤、资产损失等保险费用，根据事故情况等确定分摊比例；允许企业向保险机构借钱抓事故预防，5 年内企业事故明显下降的，政府代为偿贷；对未发生工伤事故的企业酌情给予税费优惠。然而，法国应急管理中也存在不容忽视的财政负担问题。也有专家指出，法国民事防护方面的财政开支过大，可以看成是西欧福利社会的问题之一，长期下去也难以为继。

第三节　中外安全生产应急管理法律法规对比及经验借鉴

西方发达国家在应急管理实践中积累了很多成功经验，构建了比较完善的应急管理体系。通过对中外事故管理和应急管理的法规进行比较，分析中外在安全生产应急管理法规体系的差异，从而为完善我国安全生产应急管理法规体系提供一定的借鉴和参考。

一、明确我国中央与地方权责关系

我国实行统一领导、综合协调、分类管理、分级负责、属地管理为主的应急管理体制。就中央与地方政府应急管理权限而言，中央政府是全国性突发事件处置中的领导者，地方政府是本级区域内突发事件处置中的领导者，当上级政府介入应急管理时，下级政府应该服从上级政府的安排。实践中，中央政府与地方政府之间的管理权界限模糊，中央集权与地方自治的结合上，并没有找到一个合理的平衡点。相比之下，美国和日本的应急管理制度建设经验具有借鉴意义。美国的特点是中央协调，地方负责，第一原则是首先利用各州的资源，地方政府承担首要责任，美国《国家应急计划》的一个基本前提是首要应急处理应在最低管辖权层面上进行，第一道防线由州、地方政府及州际协议互助提供，应急机构包括警察、消防、公共健康和医疗、紧急事件管理等；日本的特点是中央负责政策制定，地方负责具体行动。根据《地方自治法》规定，日本的地方政府作为应急管理的操作主体，可根据本身需要制定相应的条例和实施细则。同时规定国家不能干涉地方行政，只能在法定范围内就事权和财权与地方政府进行分工。两国相同的特点是赋予地方政府极高的应急"自治"权，如此有利于发挥各级政府的主动性，防止行政不作为与依赖现象的发生。反观我国，应该理顺中央与地方在应对突发安全事件中的关系，理顺应急指挥和实施部门的关系，理顺高层决策和属地管理的关系，坚持中央统筹，强化地方政府应急职能。具体来说，中央既要负责宏观政策制定和统一规划，履行协调和监督职责，同时也需要积极发挥地方各级政府应急管理的主动性。

二、建立重大事故应急管理法律体系

近年来，我国应急管理法律法规建设取得了显著进步，但是针对重大事故的应急管理法律法规体系还有待完善。这也在一定程度上影响了我国重大事故应急救援各项工作的有效开展。已有的《突发事件应对法》《中华人民共和国安全生产法》《生产安全事故应急条例》也只是对于一般性突发事件做出了原则性规定，并未针对重大突发事件做出具体规定。缺乏制度规范，有关人民政府及其相关部门根据突发事件可能造成的社会危害的性质、程度和范围采取相关应对措施，极易造成决策机关主观臆断，贻误后续的响应、救援与恢复工作；同时，缺乏重大事故应急法律制度，使得政府、企业、个人对于重大突发事件衍生性、跨界性与弥散性危害认识不足，不利于应急救援工作的开展。相比之下，美国和法国在对重大事故应急救援的经验值得我们借鉴。依据《斯坦福法案》《联邦响应计划》的有关规定，美国对国内突发事件实行分级负责制度，各州、市政府设立相对应的减灾管理机构，履行地方区域内的减灾工作。发生重大事件后，先由当地政府负责应对，当地方政府自救能力不足时，则由国土安全部依据《联邦响应计划》实施应急救援行动，调动联邦的资源，支援地方政府。法国亦注重对大型工业事故的防范，为重大工业事故应急救援构建了一套从中央到地方的垂直法律体系，为国家应对重大工业事故的风险分级、预测、保护、预防和行动等方面提供明确指南，有效确保发生重大灾害时救援救灾资源得以充分利用，及时反映第一线的需求，灵活地调度分派救灾资源。于我国而言，应着力建设重大事故应急救援的法规体系。首先，加强重大风险防控能力建设。强化重点领域风险隐患排查，建立重大风险隐患数据库，并实施动态管理，强化重大风险源实时监控。其次，推进重大突发事件风险管理标准化建设。如对突发事件的分级作进一步的界定，应以事故伤亡人数、造成或者可能造成的经济损失以及事故是否发生在人口密集区等因素综合来确定事故的危害等级，在确定事故等级过程要显现更多的灵活性和更大的"张力"。最后，深化重大事故的属地管辖原则，由各级政府设立相对应的减灾管理机构，履行地方区域内的减灾工作。同时，加强对各级政府应急救援能力评估，以确保各级政府都具备足够的应急响应、救援、恢复能力。

三、夯实地方应急管理基础

地方政府作为地方应急管理的中心力量，在应急管理过程中发挥着举足轻重的作用。

实践中，地区间不平衡不充分的发展，造成地区间的应急能力、救援水平参差不齐，一些经济落后地区的应急管理水平与群众的期望、需求存在较大差距。具体问题表现在：其一，应急管理基础设施落后。如部分地区应急设备、物资以及专业人才方面的储备严重不足。尤其是县一级地方政府在物资储备与专业技术能力方面捉襟见肘。其二，存在重发展轻安全的思想。从企业角度看，生产经营单位安全意识不强，尤其在部分行业经济下行压力较大的当下，在追逐经济利益时容易以牺牲安全为代价；从监管部门看，部分地区安全监管责任落实不到位，有关监管部门对国家部署的重点工作不落实，助长了生产经营单位重发展轻安全的行为。其三，地方性法规落后。有些省会的条例是根据 2002 年的《中华人民共和国安全生产法》制定的，随着地方经济社会的进一步发展，安全生产领域许多新特点和问题已经逐步凸显，原条例有的内容已经不能适应当前安全生产工作需求，亟须制定新的法规。正如习近平总书记所指出，我国社会的主要矛盾是人民日益增长的美好生活需要和不平衡不充分的发展之间的矛盾。着力解决好地区应急管理水平发展不平衡不充分的问题，要加强落后地区基层应急管理基础。具体而言，首先应加大对落后地方应急管理专项资金的投入。分区域、分行业规划应急物资、应急设备储备种类和数量，建立健全多种储备方式，实现政府储备、社会储备和生产能力储备的有机结合；加大对技术人才的投入，积极组建地方安全生产专家库和应急管理技术人员库，为安全生产应急管理提供强大的智囊团；在保证地方专项资金时，可以借鉴美国的做法，计算地方上缴财政收入比例时先扣除应急资金的预留，同时加强专项资金及地方应急管理预算的检查，杜绝资金空转或挪用。其次，强化地区安全生产“红线”意识，警惕“重发展轻安全”倾向抬头，同时加强地方政府和生产经营单位日常的情景训练和应急演习。最后，地区应不断深化对应急管理体系的认识，根据突发事件形势适时进行更新和完善，不断提高地方性法规的准确性、科学性、指导性和操作性。地方政府是应急管理工作的重要根基，处于应急管理工作的最前沿，是应对突发事件的第一道防线。因此，固本强基是保证应急管理工作顺利开展的第一要务。

四、健全社会力量应急参与规范

充分发挥社会力量的作用，是缓解应急力量不足的有效途径。我国在社会力量参与救援的相关规定内容过于原则化，可操作性不强。相关立法文件对于如何充分发挥公民、法人或者其他组织作用的规定，只是一些原则性的口号，以《突发事件应对法》为例，第五十二条规定“国家鼓励公民、法人和其他组织为突发事件应对工作提供物资、资金、技术支持和捐赠”；第七十九条规定：“突发事件发生地的个人应当依法服从人民政府、居民委员会、村民委员会或者所属单位的指挥和安排，配合人民政府采取的应急处置措施，积极参加应急救援工作，协助维护社会秩序”，但对于公民、法人和其他组织配合或者参与救援的具体协调机制、支持措施、操作规程、主体地位、权益保障等均未明确。如此将不利于充分调动社会力量参与救援的积极性，为生产灾害应急救援补充必要队伍。近些年来，我国在社会力量救援队伍建设方面进行了一些探索。以广东省为例，《广东省社会力量参与救灾促进条例》对社会力量参与救灾的激励措施、操作规程、法律责任、权益保障等内容做了规定，然而，由于位阶较低、缺乏立法保障，难以起到切实的规范作用。可见，地方性法规难以改变我国社会力量参与应急救援立法不足的现状。相比之下，一些西方发达国家通过立法形式确立本国的社会力量参与应急救援制度。如《德国联邦民事保护和灾难救助法》明确了民间社会力量参与应急管理的法律地位和权益保障。德国还制定了一系列措施提高志愿者的积极性，例如规定适龄青年须服 8 个月以上的兵役，但如果参加 6 年的志愿者服务即可免除兵役。突发事件中志愿者服务时间每 3 个月不允许超过 10 个工作日等。日本明确志愿组织进入灾区的对接机制，如《灾害对策基本法》规定志愿紧急配备制度对灾区如何接纳各种志愿组织，以及相应的工作职责，有效防止灾后志愿者在灾区盲目行动。在美国，更是将政府与红十字会等非政府组织的合作直接纳入联邦应急计划，并规定通过税收减免鼓励社会力量参与救援和捐赠，如联邦政府对非政府组织慈善捐款豁免所得税。总之，社会力量广泛参与应急救援已成为世界性潮流和应急法制现状。反观我国，尽管我国人力资源丰富，特别是现有的基层民兵、预备役部队、警务人员、医生、企事业消防队伍、志愿者队伍等都是可以依靠的重要力量，但却未得到有效整合。我国应充分借鉴德国、日本、美国对社会力量参与应急救援的管理经验，加快完善我国社会力量参与应急救援立法工作，在国家层面出台有关社会力量参与应急救援支持和管理的办法及实施细则，加强对社会力量应急队伍的规范、引导和管理，努力提高应急队伍的社会化程度，逐步探索建立适合我国国情的社会应急救援队伍组建和管理模式。

五、完善灾后保障制度

突发事件的应对工作包括事前安全预防、事中响应救援、事后恢复与救济三个部分。目前，我国安全事故应急管理体系贯彻预防为主、预防与应急相结合原则，这在一定程度上有利于减少安全事故的发生和减轻安全事故造成的影响。然而，构建完善协调的应急规范体系也应当权衡灾后的恢复与救助的重要性。应当看到，灾后重建与救济需要投入大量资金，尤其是造成人员伤亡和财产损害严重的重大突发事件。以“8·12”天津滨海新区爆炸事故为例，该事故造成 165 人遇难、8 人失踪，798 人受伤，304 幢建筑物、12 428 辆商品汽车、7 533个集装箱受损，已核定的直接经济损失为 68.66 亿元。不仅如此，安全生产事故还对环境造成影响，如法国图卢兹 AZF 化工厂硝酸铵爆炸事故造成约 9 t 含氨溶液流入加伦河后导致河水污染，许多水生动物死亡。长期以来，我国应急管理、损害救济更多是采用“以政府为主体、以财政为支撑”的举国体制，这样一来，政府应急管理成本不仅包括前期的预防成本、必要的应急资金，还包括灾后赔偿金，由应急处置政府支付灾后人身、财产、环境破坏赔偿金，无形中加重了地方财政压力。不健全的灾后保障制度，使地方应急管理发展受到掣肘。风险社会中的损害救济难以通过单一性手段来实现，为减轻政府财政压力、规避企业破产风险、对受害人实施充分救济，必须搭建多元化的救济网络。首先，责任保险应成为多元化的救济网络核心组成部分。在美国“9·11”事件的赔偿中，保险公司共支付了约 420 亿美元赔款，远远超过美国联邦政府的 200 亿美元赔偿，责任保险赔偿金成为纽约市设施重建的重要资金来源。可见，通过购买责任保险，能够有效分担应急事件的政府赔偿成本。其次，应设立应急管理公益性基金，鼓励公民、法人和其他组织通过开展捐赠等活动，积极参与突发事件的应对处置工作。在基金的救济途径上，我国可借鉴美国超级基金先行垫付的救济的方式，即在难以查明具体责任人时，可用基金先垫付于受害人，再由有关部门向相关责任人追偿。最后，囿于我国经济发展水平、财政保障能力的地区差异，政府救济应该作为一种后置辅助性手段参与灾后救济，先由地方财政兜底，在超出地方政府恢复重建能力范畴时，可申请上级政府提供支持。

第四节　石油天然气事故应急处置相关法律法规

石油天然气是一种典型的高风险性能源，具有易燃易爆、有毒有害等特性，极易在任何一个工作环节发生安全事故。因此，规范石油天然气突发事件应对措施，对保护人民生命财产安全，维护国家安全、公共安全、环境安全和社会秩序而言，就显得尤为重要。本节以石油天然气事故应急处置为例，分析石油天然气应急处置立法现状，发现现有问题，并提出相应的解决方案。

一、石油天然气应急处置立法现状

我国目前尚无针对石油天然气应急处理设置的专门性法律规范，油气事故应急处置依据国家颁布的基本规范执行。与石油天然气应急处置相关的法律主要有《突发事件应对法》《中华人民共和国安全生产法》《中华人民共和国环境保护法》《中华人民共和国消防法》《中华人民共和国石油天然气管道保护法》《中华人民共和国特种设备安全法》《中华人民共和国矿产资源法》等。从已颁布或修订的法规可以看出，严格规范石油天然气应急处置的各项程序是国家近年来的立法趋势。如新《中华人民共和国安全生产法》最突出的变化是全面强化了生产经营单位的安全生产主体责任，同时大幅提高了对安全生产违法行为的责任追究力度。在政府执法更加严格，违法成本更加高昂的形势下，油气企业必须制定有效的措施，积极落实主体责任，在确保安全的前提下，谋求持续、高效发展。此外，为油气应急事故处理规范提供实施细则，国务院还制定了一系列行政法规，诸如《生产安全事故应急条例》《中华人民共和国矿山安全法实施条例》《城镇燃气管理条例》《危险化学品安全管理条例》《中华人民共和国海洋石油勘探开发环境保护管理条例实施办法》等，这些法律法规为油气应急管理提供了有效法律依据和法治保障。与此同时，我国油气企业按照党和国家对应急管理工作的总体部署，为将自身特色与国家“一案三制”的指导方针相结合，制定了一系列应对突发事件制度标准，形成与现行法相配套的应急管理制度体系。如中国石油天然气集团有限公司制定了《突发事件总体预案》《安全生产保证基金管理办法》《重大危险源管理办法》《突发事件信息报送管理办法》《安全生产管理规定》《危险化学品安全监督管理办法》等制度标准来应突发事件。由此可知，在全面依法治国背景下，油气企业向着应急管理工作规范化、制度化、标准化方向继续大步前进。

二、石油天然气应急处置存在的问题

相关基本规范对于应对油气企业突发事故，促进石油工业的健康发展，发挥了积极作用，但也存在一定局限性。具体表现在以下几个方面。

1. 应急处置规范来源分散

一方面，应急管理规范具有分散性，正如 2007 年我国第一部综合性应急法律《突发事件

应对法》的施行，标志着我国应急管理逐步进入制度化、程序化、规范化的轨道。然而，制定的法律并非是包罗万象的，随着社会的不断发展，《突发事件应对法》所确认的制度、原则难以适应形势的变化，在实践中不得不通过制定相关单行法来回应时代的要求。由于应急管理规范地分散在多个法律文件中，给油气企业适用法律带来一定的烦琐性，不利于应急处置效率的提高。此外，油气企业应急管理有着自身的特殊要求，如石油天然气与其他矿产资源相比，具有上中下游的整体性、有较强的专业性、替代刚性强等特征，是十分特殊的战略资源。不仅如此，与其他安全事故相比，油气企业发生安全事故所造成的危害极大和影响甚广。分散适用多部应急法规，使得油气资源的特殊性在法律上没有得到充分体现。另外，有关油气应急处置的规范效力层级低，也不利于整合应急资源。考虑到油气资源的特殊性、事故的多发性，我国部委纷纷发布规章以保障油气行业的应急管理能力。例如，2014 年国家发展和改革委员会发布《天然气基础设施建设与运营管理办法》，为天然气基础设施建设与运营管理提供应急保障；又如为防止和减少海洋石油生产安全事故和职业危害，保障从业人员生命和财产安全，原国家安全生产监督管理总局于 2013 年对《海洋石油安全生产规定》及《海洋石油安全管理细则》进行了修正。尽管这些规范为油气企业应急管理提供了可操作的、有针对性的具体应急规范，然而，由于部门规章的效力层级低，使其未能受到充分的重视，缺乏权威性，最终使其难以发挥应有的规范作用。

2. 规范内部之间不协调

具体表现在：第一，应急规范之间联系不紧密。《突发事件应对法》涉及所有类型突发事件，但它只是起到一个兜底、总括的作用。作为原则性的法律规定，需要和其他特别单行法相结合来构成配套的应急规范。然而，各个应急法律之间的联系性并不强，现有的单行法律、法规之间也很难找到较强的关联性，甚至有些应急法规的链接上出现了冲突。这就使得统一的应急配套规范难以形成。第二，规范之间出现了重叠。各个应急规范是在特定的历史时期形成，解决的是某个时期突出的安全问题，没有在统一的社会基础上构建应急法规，因此容易出现重复规定的情形。如《突发事件应对法》第二十六条规定了县级以上地方各级人民政府应当制定应急预案的义务，这就与《中华人民共和国安全生产法》第八十条及《中华人民共和国消防法》第四十三条的规定发生重合；又如《突发事件应对法》第九十五至一百零一条都规定了有关地方人民政府、负有安全生产监督管理职责的部门违反义务应该承担的责任，与《中华人民共和国安全生产法》第九十、九十一条和《中华人民共和国消防法》第七十一、七十二条的规定发生重合。应急规范的重叠，不仅给油气企业适用法律带来困难，而且极易造成立法、司法资源的浪费。第三，具体规范缺失。我国应急管理规范未对政府、企业具体的权限和职责予以明确规定。主体责任落实不到位，这就使得突发事件发生后，难以形成和执行有效的应急措施。于政府执法机构而言，未明确具体的权限和职责，易出现执法不严的情况。如《应急管理部办公厅关于开展陆上石油天然气开采安全生产专项执法行动的通报》(应急厅函〔2020〕27 号)(以下简称"《通报》")中指出"专项执法检查中有 17 个地区查出涉及 5 项内容的违法行为，多是采取限期整改的处罚措施，而未给予行政罚款，存在执法不严、执法宽松软的问题"。于生产企业而言，由于安全生产责任制落实不到位，必将带来企业各类人员安全意识的淡薄。如《通报》指出"检查中发现黑龙江安达市庆新油田有限责任公司、中石化华北油气分公司采气一厂存在新建项目‘未批先建’问题；中石油大港油田第二采油厂存在主要负责人安全生产责任制未按要求修订问题；吉林戈壁能源公司存在安全生产责任制内容未覆盖全部生产岗位、未严格落实责任制考核制度等问题。”

3. 应急信息共享缺失

信息在石油天然气应急处置中扮演着极其重要的角色，无论是灾害的事前预防预警，还是事中处置及事后的恢复工作，全面、及时、准确的信息获得对所有应急主体而言都是不可或缺的。但在我国，法律没有对相关主体的信息共享责任加以明确规定，事故企业往往没有及时向有关部门报告，谎报、缓报、瞒报的现象层出不穷。《危险化学品重大危险源监督管理暂行规定》第十九条规定“危险化学品单位应当将重大危险源可能发生的事故后果和应急措施等信息，以适当方式告知可能受影响的单位、区域及人员”，但没有纳入监管部门监管要求，可操作性差。此外，信息系统建设不力，缺乏信息技术指挥平台也是导致应急信息不能及时共享的重大因素之一。青岛“11·22”中石化东黄输油管道泄漏爆炸特别重大事故共造成62人遇难、136人受伤，直接经济损失7.5亿元。从事故处理情况看，正是由于事故方一直都没能给予他方应有的沟通或警示，未按要求及时全面报告泄漏原油物性、泄漏油量、可能发生的危害等信息，缺乏有效的共享信息，导致事故风险研判失误，应急响应不力，最终酿成悲剧。

4. 环境保护落实不到位

2005年中石油吉林石化公司双苯厂发生爆炸事故，在处置的过程中，消防用水未经处理直接排放流入松花江，造成重大环境污染事件，国家为处理此次环境污染事件累计投资近80亿元，所付出的代价远远大于重新建立一家新工厂。2011年美国康菲公司与中海油合作开发的蓬莱19-3油田于发生溢油事故，造成840 km^2海域受污染，影响范围涉及辽宁、河北、山东、天津等。由此可见，石油天然气安全事故的发生，不仅会给国家国有资产造成严重损失，还会给事故发生地区的生态环境造成难以修复的后果。目前我国油气环境保护方面的法律主要有《中华人民共和国环境保护法》《中华人民共和国环境影响评价法》《中华人民共和国海洋环境保护法》《中华人民共和国石油天然气管道保护法》等相关法律。实践中，由于环境责任落实不到位、实施细则缺乏详细的规定、相关部门监管不力等因素极大影响我国油气灾害应急管理的效率。

三、合理建议

1. 构建统一的石油天然气应急处置制度

为解决油气应急处置法规分散、规章效力层级低等问题，我国应制定《石油天然气应急处置法》，进一步建立起反应灵敏、指挥统一、责任明确的具体应对机制。具体而言，《石油天然气应急处置法》应以《突发事件应对法》为基础，根据《突发事件应对法》的法律精神和具体规定重新考察各类应急部门法律、法规、规范性文件，改变我国突发事件应急法制中各部门各自为政、相互之间缺乏协调统一的现状，克服同层次的各应急规范、不同层次的应急规范彼此矛盾冲突的弊端，并且结合我国现行法律制度的特点，弥补相关应急领域的立法空白，做到“有法可依”。应该形成以自身产业链为主体的法律体系，应将石油天然气勘探、开采、加工、贸易、运输、储备、销售等各环节的应急处置纳入调整范围内，除此之外，还应包含应急响应、应急指挥与协调、事故信息报送与处理、应急监测与重建、法律责任等内容。

2. 明确主体责任制度

首先，落实油气企业应急处置的权限和职责。油气企业主要负责人是本单位应急管理的第一责任人，负责企业内部的应急管理决策和指挥，并及时上报有关部门。同时应组织制定领导班子成员和各部门应急保障责任清单，并承担监管职责，尤其是围绕细化危险化学品重大危险源、油气管道高后果区等重大风险点管控责任，要加快构建主体明确、运行高效的责任体系，确保重大风险管控责任清晰，对照清单落实检查管控措施。企业分管的负责人及安全管理部门要落实“一岗双责”，积极配合实施具体应急措施。其次，落实政府机构应急处置的权限和职责。为改变目前应急管理体制中应急资源混乱不清、机构众多、领导机构不清的局面，有必要考虑成立各级应急指挥中心作为应对突发事件的领导机构，负责本行政区域内应急管理的决策和指挥。各级指挥中心由县级以上地方政府最高行政长官和各个职能部门组成。按油气事故等级进行分类，以确定具体应对的牵头部门和协助部门，明确牵头部门和各个协作部门的职责。对一些职能重叠的部门进行整合，明确界定各部门在油气事故应急过程中的职责。以此整合各种应急资源，落实政府机构应急处置的权限和职责，理顺领导机制和协调机制。最后，以法律的形式授予其职权，使之成为专职化、实权化、常态化并能够调度专业救援队伍和应急资源的日常应急事务管理机构。对工作不落实、存在重大违法行为和发生事故的，要实施约谈和追责，并公开曝光，对企业及其有关责任人员要依法依规纳入安全生产领域失信联合惩戒“黑名单”管理。

3. 重视信息化建设

油气事故通常具有突发性、破坏性、不确定性等特点，直接威胁人民群众的生命财产安全，造成社会秩序的混乱，因此这就决定了在油气事故发生后，油气事故必须得到及时、迅速的处置。建立信息共享平台，不仅有利于应急处理机构和单位实时了解突发事件的起因、经过以及后果，选择应对方案，制定应对措施，还有利于监管与执法的信息化、标准化与规范化建设。用信息化手段提升应急救援的自动化和现代化水平，完善石油天然气应急管理体制机制，需要制度建设与技术研发齐头并进。一方面，应建立油气灾害信息管理制度。具体来说：一是规定油气灾害信息收集主体和义务；二是明确油气灾害信息报告主体、方式、时限和程序；三是界定油气灾害信息处理机构的权限和义务；四是明确油气灾害信息发布的主体、方式、对象和内容。另一方面，油气企业要积极研发和应用先进的应急救援技术装备，大力推进安全管理的可视化、信息化和智能化等应急救援技术应用，建立完善监测监控和智能处置系统，在油气管道高后果区、关键部位、高风险作业区安装视频监控，在重要部位、操作站场等位置安装泄漏、火灾爆炸检测设备，提高火灾爆炸报警信息的及时性和准确性。应急管理部门要支持企业智慧油田建设，通过“机械化换人、自动化减人”提升安全生产应急管理水平。

4. 加强对生态环境的保护

油气事故的应急处置离不开对生态环境的保护，在生态环境的保护上，除遵守《中华人民共和国环境保护法》等相关法律外，还应在《石油天然气应急处置法》中对石油业实际情况加以具体规定。首先，油气企业应当切实落实生态环境保护主体责任。其次，应当强化生态环境保护措施，如制定环保应急方案开展应急监测。具体而言，对于油气事故中排放的污染物不仅应符合《海洋石油勘探开发污染物排放浓度限值》等排放标准要求，还应当遵循减量化、资源化、无害化原则，重点关注污染物产生类型、主要污染因子及潜在环境影响，分别提出减量化的源头控制措施、资源化的利用路径、无害化的处理要求，促进污染物妥善处置和合理利用。最后，生态环境主管部门依法加强监督检查，推动油气企业落实生态环境保护措施。

第五节 典型案例分析

本节选取了三个具有代表性的安全生产事故案例进行分析，包括对事故基本情况及应急处置情况的介绍、事故原因分析、事故防范措施建议。

案例1：青岛“11·22”中石化东黄输油管道泄漏爆炸特别重大事故

1. 事故基本情况

2013年11月22日，位于山东省青岛经济技术开发区的中国石油化工股份有限公司管道储运分公司东黄输油管道发生原油泄漏事故。为处理泄漏的管道，现场采用液压破碎锤进行打孔破碎作业，作业期间发生爆炸，爆炸造成周边多处建筑物不同程度损坏，还造成附近海域（胶州湾）局部污染。本次爆炸造成共62人死亡、136人受伤，直接经济损失高达75 172万元。

2. 事故发生经过及应急处置情况

“11·22”事故发生经过及应急处置情况如表5-1所列。

表5-1 “11·22”事故发生经过及应急处置情况

事故发生经过（11月22日）	应急处理情况
2时12分	潍坊输油处调度中心通过数据采集与监控系统，判断东黄输油管道出现泄漏事故
2时25分	东黄输油管道紧急停泵停输
2时31分	开发区公安分局110指挥中心接警，黄岛派出所出警
2时35分	潍坊输油处调度中心通知青岛站关闭洋河阀室截断阀
2时50分	潍坊输油处调度中心向处运销科报告东黄输油管道发生泄漏
2时57分	通知处抢维修中心安排人员赴现场抢修
3时10分	110指挥中心向开发区总值班室报告现场情况
3时20分左右	截断阀关闭
3时40分左右	青岛站人员到达泄漏事故现场。组织人员清理路面泄漏原油，并请求潍坊输油处调用抢险救灾物资
4时左右	青岛站组织开挖泄漏点、抢修管道，安排人员拉运物资清理海上溢油
4时10分至5时左右	开发区应急办、安全监管局、环保分局、市政局及开发区安全监管局石化区分局、黄岛街道办事处有关人员先后到达原油泄漏事故现场，开展海上溢油清理
4时47分	运销科向潍坊输油处处长报告泄漏事故现场情况

表 5-1(续)

事发经过(11 月 22 日)	应急处理情况
5 时 07 分	运销科向中石化管道分公司调度中心报告原油泄漏事故总体情况
5 时 30 分左右	潍坊输油处处长安排副处长赴现场指挥原油泄漏处置和入海原油围控
6 时左右	潍坊输油处、黄岛油库等现场人员开展海上溢油清理
7 时左右	潍坊输油处组织泄漏现场抢修,使用挖掘机实施开挖作业
7 时 49 分	开发区应急办副主任将泄漏事故现场及处置情况报告青岛市政府总值班室
8 时 18 分至 27 分	青岛市政府总值班室电话调度青岛市环保局、青岛海事局、青岛市安全监管局,要求进一步核实信息
8 时 20 分左右	找到管道泄漏点,并向中石化管道分公司报告
8 时 34 分至 40 分	青岛市政府总值班室将泄漏事故基本情况通过短信报告市政府秘书长、副秘书长、应急办副主任
8 时 53 分	青岛市政府副秘书长将泄漏事故基本情况短信转发市经济和信息化委员会副主任,并电话通知其立即赶赴事故现场
9 时 01 分至 06 分	青岛市政府副秘书长、市政府总值班室将泄漏事故基本情况分别通过短信报告市长及 4 位副市长
9 时 15 分	中石化管道分公司通知现场人员按照预案成立现场指挥部,做好抢修工作
9 时 30 分左右	潍坊输油处副处长报告中石化管道分公司,潍坊输油处无法独立完成管道抢修工作,请求中石化管道分公司抢维修中心支援
9 时 55 分	青岛市经济和信息化委员会副主任等到达泄漏事故现场
10 时 21 分	向市政府副秘书长报告海面污染情况
10 时 25 分	为处理泄漏的管道,现场决定打开暗渠盖板。现场动用挖掘机,采用液压破碎锤进行打孔破碎作业,作业时发生爆炸。排水暗渠和海上泄漏原油燃烧,现场人员向中石化管道分公司报告事故现场发生爆炸燃烧
10 时 27 分	向市政府副秘书长报告事故现场发生爆炸燃烧。青岛市委、市政府主要领导同志立即赶赴现场,成立应急指挥部,组织抢险救援。后成立了以省政府主要领导同志为总指挥的现场指挥部,下设 8 个工作组,开展人员搜救、抢险救援、医疗救治及善后处理等工作。当地驻军也投入力量积极参与抢险救援

注:来源于《山东省青岛市“11・22”中石化东黄输油管道泄漏爆炸特别重大事故调查报告》。

3. 事故原因分析

(1) 事故企业和相关部门应急处置不力

原油泄漏事故发生后,事故企业对输油管道与排水暗渠交汇处存在的重大隐患没有进行彻底的排查以及青岛市和开发区管委会相关部门对事故风险研判失误,是造成本次爆炸事故的直接原因。原油泄漏到爆炸 8 个多小时,期间从企业不作为到政府的有关部门对事故风险研判失误,没有及时采取封路警戒的措施,也没有及时通知疏散周边的群众,这些都充分体现事故企业和相关部门应急处置不力。

(2) 事故企业安全生产主体责任落实不到位

中石化集团公司及中国石油化工股份有限公司、中国石油化工股份公司管道储运分公司潍坊输油处和青岛站对管道保护和安全生产职责划分不清、责任不明，管道保护工作不力、隐患排查治理不彻底，存在死角、盲区，未能及时消除重大安全隐患，事发后应急救援不力，现场处置措施不当。

(3) 政府及相关部门履职不到位

青岛市人民政府及开发区管委会贯彻落实国家安全生产法律法规不力；督促指导青岛市、开发区两级管道保护工作主管部门和安全监管部门履行管道保护职责和安全生产监管职责不到位；黄岛街道办事处对青岛丽东化工有限公司长期在厂区内排水暗渠上违章搭建临时工棚问题失察，导致事故伤亡扩大；事发地段规划建设非常混乱，油气管道与周边建筑物距离太近，设计部门、市政部门负有不可推卸的责任。

4. 事故防范措施建议

(1) 切实落实企业主体责任，深入开展隐患排查治理

中石化集团公司及各油气管道运营企业要认真履行安全生产主体责任，加大人力、物力投入，加强油气管道日常巡护，保证设备设施完好，确保安全稳定运行。要建立健全隐患排查治理制度，落实企业主要负责人的隐患排查治理第一责任，实行谁检查、谁签字、谁负责，做到不打折扣、不留死角、不走过场。

(2) 加大政府监督管理力度，保障油气管道安全运行

各级人民政府要加强本行政区域油气管道保护工作的领导，督促、检查有关部门依法履行油气管道保护职责，组织排查油气管道的重大外部安全隐患。市政管理部门在市政设施建设中，对可能影响油气管道保护的，要与油气管道企业沟通会商，制定并落实油气管道保护的科学合理的具体措施。油气管道保护工作主管部门要加大监管力度，对打孔盗油、违章施工作业等危害油气管道安全的行为要依法严肃处理；安全监管部门要配备专业人员，加强监管力量，对瞒报、谎报、迟报生产安全事故的，要按有关规定从严从重查处。

(3) 完善油气管道应急管理，全面提高应急处置水平

要加强应急队伍建设，提高人员专业素质，配套完善安全检测及管道泄漏封堵、油品回收等应急装备；对于原油泄漏要提高应急响应级别，在事故处置中要对现场油气浓度进行检测，对危害和风险进行辨识和评估，做到准确研判，杜绝盲目处置，防止油气爆炸。地方各级人民政府要紧密结合实际，制定包括油气管道在内的各类生产安全事故专项应急预案，建立政府与企业沟通协调机制，开展应急预案联合演练，提高应急响应能力；要根据事故现场情况及救援需要及时划定警戒区域，疏散周边人员，维持现场秩序，确保救援工作安全有序。

(4) 加快安全保障技术研究，健全完善安全标准规范

要组织力量加快开展油气管道普查工作，摸清底数，建立管道信息系统和事故数据库，深入研究油气管道可能发生事故的成因机理，尽快解决油气管道规划、设计、建设、运行面临的安全技术和管理难题。要开展油气管道长周期运行、泄漏监测报警、泄漏处置和应急技术研究，提高油气管道安全保障能力。

案例 2:天津港“8·12”瑞海公司危险品仓库特别重大火灾爆炸事故

1. 事故基本情况

2015 年 8 月 12 日,位于天津市滨海新区天津港的瑞海国际物流有限公司(以下简称瑞海公司)由于仓库内的硝化棉积热自燃,导致堆放于运抵区的硝酸铵等危险化学品发生爆炸事故。事故共造成 165 人遇难,8 人失踪,798 人受伤住院治疗;304 幢建筑物、12 428 辆商品汽车、7 533 个集装箱受损。经核定直接经济损失 68.66 亿元。此外,事故造成至少有 129 种化学物质发生爆炸燃烧或泄漏扩散,对局部区域的大气环境、水环境和土壤环境造成了不同程度的污染。

2. 事故发生经过及应急处置情况

“8·12”事故发生经过及应急处置情况如表 5-2 所列。

表 5-2 “8·12”事故发生经过及应急处置情况

事故发生经过		应急处置情况
8 月 12 日	22 时 51 分	瑞海公司危险品仓库运抵区最先起火
	22 时 52 分	天津市公安局 110 指挥中心和公安消防总队 119 指挥中心接到瑞海公司报警
	22 时 56 分	天津港公安局消防四大队首先到达现场指挥灭火。后因现场火势猛烈、辐射热太高,撤出运抵区,在外围利用车载炮射水控制火势蔓延,同时向天津港公安局消防支队请求增援
	23 时 08 分	天津市开发区公安消防支队八大街中队到场,指挥员立即开展火情侦查,并组织在瑞海公司东门外侧建立供水线路,利用车载炮对集装箱进行泡沫覆盖保护
	23 时 13 分	天津市开发区公安消防支队特勤中队、三大街中队等增援力量陆续到场,分别在跃进路、吉运二道建立供水线路,在运抵区外围利用车载炮对集装箱堆垛进行射水冷却和泡沫覆盖保护。同时,组织疏散瑞海公司和相邻企业在场工作人员以及附近群众 100 余人
	23 时 34 分 06 秒	发生第一次爆炸
	23 时 34 分 37 秒	发生第二次更剧烈的爆炸
	23 时 40 分	天津市公安消防总队全勤指挥部遂行出动,再次调集 9 个消防中队 35 辆消防车赶赴增援
8 月 13 日	1 时	事故调查组宣布成立了总指挥部,指挥部下设 5 个工作组,分别是事故现场处置组、伤员救治组、保障维稳群众工作组、信息发布组和事故原因的调查组,全方位开展救援以及善后处理各项工作
	1 时 50 分	环保部门开始在事故中心区外距爆炸中心 3～5 km 范围内开展大气环境监测
	3 时 40 分	接天津军区请求支援,以北京卫戍区某防化团三营为主体的国家级陆上核生化应急救援队 200 余名官兵,抵达天津滨海新区后,就进入瑞海公司危险品仓库爆炸现场展开救援
	3 时 53 分	北京消防调派 2 架无人机,8 名官兵赶赴现场,并利用无人机绘制出 360°全景图,为现场指挥部决策提供有力依据

表 5-2(续)

事故发生经过		应急处置情况
8月13日	5时	国务委员、时任公安部部长郭声琨来津，代表党中央、国务院听取事故情况汇报并指挥救援工作；同时，时任国家安监总局局长来津指挥救援工作
	7时	天津市血液中心未开门，就有30多名市民在排队等候献血，与此同时，滨海新区不少酒店纷纷伸出援手，在第一时间，自发为受影响者提供免费休息场地和简餐
	8时	中航工业旗下中国飞龙通航公司托管执飞的AC311直升机对现场航拍勘测，实时传输爆炸现场情况并详细勘测各隐患起火点，在主要干道拥堵、现场混乱、地面无法全方位掌握实时信息的情况下，直升机航拍对指挥部科学安排救助活动起到至关重要作用
	11时	天津市公安消防总队已先后调派143辆消防车，1 000余名消防人员到场救援
8月14日	16时40分	现场明火被扑灭

注：来源于《天津港"8·12"瑞海公司危险品仓库特别重大火灾爆炸事故调查报告》。

3. 事故原因分析

(1) 事故企业严重违法经营

瑞海公司无视安全生产主体责任，违法违规经营和储存危险货物，特别是违规大量储存硝酸铵等易爆危险品，是造成此次特别重大火灾爆炸事故发生的直接原因。具体而言，严重违反天津市城市总体规划和滨海新区控制性详细规划，未批先建、边建边经营危险货物堆场；无证违法经营，即在未获得行政许可的情况下，违法从事港口危险货物仓储经营业务；多种危险货物严重超量储存，事发时硝酸钾存储量1 342.8 t，超设计最大存储量53.7倍；硫化钠存储量484 t，超设计最大存储量19.4倍；氰化钠存储量680.5 t，超设计最大储存量42.5倍。此外，事故企业安全管理混乱，安全教育培训流于形式，员工冒险蛮干，也是导致本次惨剧发生的重要原因。

(2) 有关地方政府安全发展意识不强

天津市及滨海新区政府贯彻国家安全生产法律法规和有关决策部署不到位，对安全生产工作重视不足、摆位不够，对安全生产领导责任落实不力、抓得不实，存在着"重发展、轻安全"的问题，这些致使有关政府部门在瑞海公司经营问题上一再违法违规审批、监管失职，放纵事故单位违法违规经营。

(3) 危险化学品安全监管体制不顺、机制不完善

目前，危险化学品生产、储存、使用、经营、运输和进出口等环节涉及部门多，地区之间、部门之间的相关行政审批、资质管理、行政处罚等未形成完整的监管"链条"。同时，全国缺乏统一的危险化学品信息管理平台，部门之间没有做到互联互通，信息不能共享，不能实时掌握危险化学品的去向和情况，难以实现对危险化学品全时段、全流程、全覆盖的安全监管。

(4) 危险化学品安全管理法律法规标准不健全

国家缺乏统一的危险化学品安全管理、环境风险防控的专门法律；《危险化学品安全管理条例》对危险化学品流通、使用等环节要求不明确、不具体，特别是针对物流企业危险化学品安全管理的规定空白点较多；现行有关法规对危险化学品安全管理违法行为处罚偏轻，单

位和个人违法成本很低,不足以起到惩戒和震慑作用。与欧美发达国家和部分发展中国家相比,我国危险化学品缺乏完备的准入、安全管理、风险评价制度。危险货物大多涉及危险化学品,危险化学品安全管理涉及监管环节多、部门多、法规标准多,各管理部门立法出发点不同,对危险化学品安全要求不一致,造成当前危险化学品安全监管乏力以及企业安全管理要求模糊不清、标准不一、无所适从的现状。

(5) 危险化学品事故应急处置能力不足

瑞海公司没有开展风险评估和危险源辨识评估工作,应急预案流于形式,应急处置力量、装备严重缺乏,不具备初起火灾的扑救能力。天津港公安局消防支队没有针对不同性质的危险化学品准备相应的预案、灭火救援装备和物资,消防队员缺乏专业训练演练,危险化学品事故处置能力不强;天津市政府在应急处置中的信息发布工作一度安排不周、应对不妥。

4. 事故防范措施建议

(1) 推动生产经营单位切实落实安全生产主体责任

充分运用市场机制,建立完善生产经营单位强制保险和“黑名单”制度,将企业的违法违规信息与项目核准、用地审批、证券融资、银行贷款挂钩,促进企业提高安全生产的自觉性,建立“安全自查、隐患自除、责任自负”的企业自我管理机制,并通过调整税收、保险费用、信用等级等经济措施,引导经营单位自觉加大安全投入,加强安全措施,淘汰落后的生产工艺、设备,培养高素质高技能的产业工人队伍。严格落实属地政府和行业主管部门的安全监管责任,深化企业安全生产标准化创建活动,推动企业建立完善风险管控、隐患排查机制,实行重大危险源信息向社会公布制度,并自觉接受社会舆论监督。

(2) 着力提高危险化学品安全监管法治化水平

针对当前危险化学品生产经营活动快速发展及其对公共安全带来的诸多重大问题,要将相关立法、修法工作置于优先地位,切实增强相关法律法规的权威性、统一性、系统性、有效性。建议立法机关在已有相关条例的基础上,抓紧制定、修订危险化学品管理、安全生产应急管理、民用爆炸物品安全管理、危险货物安全管理等相关法律、行政法规;以法律的形式明确硝化棉等危险化学品的物流、包装、运输等安全管理要求,建立易燃易爆、剧毒危险化学品专营制度,限定生产规模,严禁个人经营硝酸铵、氰化钠等易爆、剧毒物。国务院及相关部门抓紧制定配套规章标准,进一步完善国家强制性标准的制定程序和原则,提高标准的科学性、合理性、适用性和统一性。同时,进一步加强法律法规和国家强制性标准执行的监督检查和宣传培训工作,确保法律法规、标准的有效执行。

(3) 建立健全危险化学品安全监管体制机制

建议国务院明确一个部门及系统承担对危险化学品安全工作的综合监管职能,并进一步明确、细化其他相关部门的职责,消除监管盲区。强化现行危险化学品安全生产监管部际联席会议制度,增补海关总署为成员单位,建立更有力的统筹协调机制,推动落实部门监管职责。全面加强涉及危险化学品的危险货物安全管理,强化口岸港政、海事、海关、商检等检验机构的联合监督、统一查验机制,综合保障外贸进出口危险货物的安全、便捷、高效运行。

(4) 建立全国统一的危险化学品监管信息平台

利用大数据、物联网等信息技术手段,对危险化学品生产、经营、运输、储存、使用、废弃处置进行全过程、全链条的信息化管理，实现危险化学品来源可循、去向可溯、状态可控，实现企业、监管部门、消防部门及专业应急救援队伍之间信息共享。升级改造面向全国的化学品安全公共咨询服务电话，为社会公众、各单位和各级政府提供化学品安全咨询以及应急处置技术支持服务。

（5）加强生产安全事故应急处置能力建设

合理布局、大力加强生产安全事故应急救援力量建设，推动高危行业企业建立专兼职应急救援队伍，整合共享全国应急救援资源，提高应急协调指挥的信息化水平。危险化学品集中区的地方政府，可依托消防部门组建专业队伍，加强特殊装备器材的研发与配备，强化应急处置技战术训练演练，满足复杂危险化学品事故应急处置需要。要切实汲取天津港“8·12”事故的教训，对应急处置危险化学品事故的预案开展一次检查清理，该修订的修订，该细化的细化，该补充的补充，进一步明确处置、指挥的程序、战术以及舆论引导、善后维稳等工作要求，切实提高应急处置能力，最大限度减少应急处置中的人员伤亡。采取多种形式和渠道，向群众大力普及危险化学品应急处置知识和技能，提高自救互救能力。

案例3：江苏响水“3·21”天嘉宜化工有限公司特别重大爆炸事故

1. 事故基本情况

2019年3月21日14时48分，位于江苏省盐城市响水县生态化工园区的天嘉宜化工有限公司（以下简称“天嘉宜公司”）由于长期违法贮存的硝化废料持续积热升温导致自燃，进而引发爆炸事故。事故造成78人死亡、76人重伤，640人住院治疗，直接经济损失高达198 635.07万元。

2. 事故发生经过及应急处置情况

“3·21”事故发生经过及应急处置情况如表5-3所列。

表5-3　“3·21”事故发生经过及应急处置情况

事故发生经过		应急处置情况
3月21日	14时45分35秒	天嘉宜公司旧固废库房顶中部冒出淡白烟
	14时45分56秒	烟气从旧固废库南门内由东向西向外扩散，并逐渐蔓延扩大
	14时46分57秒	新固废库内作业人员发现火情，手提两个灭火器从仓库北门向南门跑去试图灭火
	14时47分03秒	旧固废库房顶南侧冒出较浓的黑烟，火势变大
	14时48分44秒	发生爆炸
	14时52分	盐城市消防救援支队响水县大队接到报警，江苏省消防救援总队指挥中心立即调派南京、泰州、盐城、连云港、淮安、宿迁、南通、常州、扬州、镇江消防救援支队、培训基地共35个中队、86辆消防车、389名指战员赶赴现场处置
	14时53分	调动盐城市、响水县两级生态环保部门协助应急处置
	14时55分	应急管理部接报后立即启动应急响应
	14时59分	响水中队、滨海中队赶赴现场
	15时50分	现场火势得到初步控制；环保部门开展应急监测工作

表 5-3(续)

事故发生经过		应急处置情况
3月21日	19时	江苏省消防救援总队已调派176辆消防车、928名消防员到场处置,后续仍有增援力量赶赴现场
3月22日	凌晨	应急管理部工作组到达盐城,赴指挥中心了解指导救援处置
	5时许	天嘉宜公司的储罐和其他企业等8处明火被全部扑灭,未发生次生事故

注:来源于《江苏响水天嘉宜化工有限公司"3·21"特别重大爆炸事故调查报告》。

3. 事故原因分析

(1) 事故企业违法违规经营

天嘉宜公司无视国家环境保护和安全生产法律法规,长期违法违规贮存、处置硝化废料,企业管理混乱,是事故发生的主要原因。如在未取得规划许可、施工许可的情况下,擅自在厂区内开工建设包括固废库在内的6批工程。将大量的硝化废料长期存放于不具备贮存条件的煤棚、固废库等场所,违法贮存硝化废料。刻意瞒报硝化废料,旧固废库内硝化废料堆垛前摆放"硝化半成品"牌子、在硝化废料吨袋上贴"硝化粗品"标签的方式刻意隐瞒欺骗。

(2) 中介机构弄虚作假

环境影响评价机构、安全评价机构以及设计、施工、监理、设施检测维保等机构为未达到合格标准的企业出具虚假失实文件,致使出具的评价、论证报告、验收监测报告与事实严重不符,导致事故企业硝化废料重大风险和事故隐患未能及时暴露,干扰误导了有关部门的监管工作,是事故发生的重要原因。如盐城市环境监测中心站于2015年、2017年两次为天嘉宜公司出具的建设项目竣工环境保护验收监测报告,均未对现场固废库的危险废物进行查验,未对硝化工段的工艺进行全流程核查,没有发现硝化工段废水处理工艺流程的重大变更,造成出具验收监测报告与事实严重不符。

(3) 江苏省各级政府有关部门监管责任履行不到位

应急管理部门履行安全生产综合监管职责不到位,生态环境部门未认真履行危险废物监管职责,工信、市场监管、规划、住建和消防等部门也不同程度存在违规行为。如响水县应急管理局日常监管执法不严不实,对安全评价机构违规问题失察;盐城市应急管理局履行本级政府安委会办公室和本行政区域内安全生产综合监督管理职责不到位,指导、协调、督促相关部门和响水县全面摸排安全风险隐患不力,没有及时督促推动生态环境部门解决固废库长期大量贮存危险废物问题;江苏省应急管理厅对盐城市、响水县安全监管部门开展危险化学品监管执法、重大安全风险辨识管控、构建安全风险隐患预防机制工作指导监督不力。

4. 事故防范措施建议

(1) 强化企业主体责任落实

各地区要提高危险化学品企业准入门槛,严格主要负责人资质和能力考核,切实落实法定代表人、实际控制人的安全生产第一责任人的责任,企业主要负责人必须在岗履责,明确专业管理技术团队能力和安全环保业绩要求,达不到标准的坚决不准办厂办企。加强风险辨识,严格落实隐患排查治理制度和安全环保"三同时"制度。大力推进安全生产标准化建设,依靠科技进步提升企业本质安全水平。加大事前追责力度,对于故意隐瞒重大安全环保隐患等严重违法行为，依法追究刑事责任。

(2) 加强对中介机构的监管

提高环境影响评价机构、安全评价机构以及设计、施工、监理、设施检测维保等机构的准入门槛；加强对中介机构的工作考核，如对从事环境影响评价业务的中介机构从环境影响评价文件质量、服务质量等方面进行诚信考核，从教育、制度、监督、惩处四个层面建立规范性的长效管理机制，并通过积极引导，促进环境影响评价中介市场健康发展；严格环境影响评价和安全评价等中介机构监管，强化中介机构诚信建设，严厉惩处违法违规行为。

(3) 加快修订相关法律法规和标准

建议相关部门推进制定化学品安全法，修订相关法规，提高处罚标准，强化法治措施。修订《安全生产违法行为行政处罚办法》，严格执行执法公示制度、执法全过程记录制度和重大执法决定法制审核制度。制定化工园区建设标准、认定条件和管理办法。整合化工、石化安全生产标准，建立健全危险化学品安全生产标准体系。加快制定废弃危险化学品等危险废物贮存安全技术和环境保护标准、化工过程安全管理导则和精细化工反应安全风险评估等技术规范，强制实施。各地区要加强地方立法立标工作，健全危险化学品安全法规标准体系，依法严格查处违法违规行为。

(4) 提升行政机关安全监管能力

清晰界定并严格落实有关部门危险化学品安全监管职责。各级应急管理部门要通过指导协调、监督检查、巡查考核等方式，推动有关部门严格落实危险化学品各环节安全生产监管责任。加强专业监管力量建设，健全省、市、县三级安全生产执法体系，在危险化学品重点县建立危险化学品安全专职执法队伍；开发区、工业园区等功能区设置或派驻安全生产和环保执法队伍。通过公务员聘任制方式选聘专业人才，提高具有安全生产相关专业学历和实践经验的执法人员比例。明确并严格限定高危事项审批权限，防止监管执法放松失控。建议整合有效资源，改革完善国家危险化学品安全生产监督管理体制。

(5) 强化国家危险化学品安全研究支撑

提高科技与信息化水平，强化危险化学品安全研究支撑，加强危险化学品安全相关国家级科技创新平台建设，开展基础性、前瞻性研究。研究建立危险化学品全生命周期信息监管系统，综合利用电子标签、大数据、人工智能等高新技术，对生产、贮存、运输、使用、经营、废弃处置等各环节进行全过程信息化管理和监控，实现危险化学品来源可循、去向可溯、状态可控，做到企业、监管部门、执法部门及应急救援部门之间互联互通。

(6) 强化国家综合性救援队伍建设

我国社会救援力量具有资源丰富、贴近一线、组织灵活的优势，他们发展速度快、参与热情高、活动范围广、服务领域宽等，在灾害事故应急救援中发挥着重要作用。社会救援力量是我国应急体系的重要组成部分，因而要加强引导、强化服务，积极支持和规范队伍建设发展，推动社会救援力量发挥更大作用。政府应对社会救援力量的支持引导力度，将社会救援力量纳入政府应急救援体系，作为有益补充。在开展应急救援过程中，主动为其做好衔接沟通工作，给予救援队员身份认可和必要权限，承认社会救援人员的法律主体地位。

通过对以上三个具有代表性的安全生产事故案例进行分析，可以看出我国安全生产事故多是由于事故企业违法违规经营、安全生产主体责任落实不到位；中介机构弄虚作假，出具虚假报告;政府及相关部门履职不到位,监管不严等原因所致。在事故发生后,危险化学品安全管理法律法规、标准不健全,相关事故企业和相关部门应急处置不力,社会救援力量未得到充分发挥是造成损失扩大的重要因素。

为此,需要我们不断坚决贯彻落实习近平总书记关于安全生产一系列重要指示精神,坚持底线思维和红线意识,牢固树立新发展理念,深刻吸取青岛“11·22”中石化东黄输油管道泄漏爆炸特别重大事故、天津滨海新区“8·12”特别重大火灾爆炸事故、江苏响水“3·21”天嘉宜化工有限公司特别重大爆炸事故的沉痛教训,举一反三。具体而言,切实防范化解安全生产风险,需要广泛凝聚政府、企业及社会的力量。首先,政府机关应不断深入开展隐患排查治理,强化危险废物监管,提升危险化学品安全监管能力,加快制定、修订相关法律法规和标准;其次,企业应该严格落实企业主体责任,推动化工行业转型升级,加快安全保障技术研究;最后,提高政府和企业的应急管理水平并注重发挥社会综合性救援队伍力量,为政府应急救援体系提供有益补充。以此达到有效防范遏制安全生产事故发生的目的,切实维护人民群众生命财产安全。

第六章 应急管理动态与现代应急管理理论

本章作为全书的理论基础部分，围绕应急管理实践发展演变的时间脉络和逻辑线路，通过历程回顾、现状描述、前沿介绍等内容，致力于使读者全面了解应急管理从自发走向自觉，熟悉现代应急管理的发生背景、变化规律和发展趋势；从结构-过程两个维度，综合把握现代应急管理的工作体系、组织架构、实施环节、运作流程，从而理解现代应急管理的主要举措、核心目标、价值诉求和基本原理；初步掌握现代应急管理学科的前沿领域，了解当前国内外学者的最新成果、热门议题和研究进展，并在中西应急管理模式的对勘中，深化对应急管理的中国方案和中国经验的认知，进一步明确我国应急管理优化提升的路径和方向。

第一节 应急管理的实践与理论发展历程

与传统时代应对灾害和处置突发事件的方式方法相比，应急管理无论是在学科基础、知识体系，还是实践形态方面，都属于现代社会的专业领域和管理技术范畴。本节以现代应急管理起步较早、经验丰富、实践典型的美国和日本为例，同时也结合我国本土经验，以点带面地勾勒和呈现相关实践从萌芽到成熟的发展历程，并在理论层面揭示了应急管理变迁的一般规律和演化趋势。

一、应急管理实践的发展历程

自然世界和社会世界构成了人类生活其中的两大环境系统，无论是自然的变化莫测还是社会的无限复杂，抑或二者的复合叠加，都使人类面临着高度的风险压力。这些风险既包括源于不可抗力的自然灾害，也包括人为的事故与灾难。风险作为危机事件的潜伏状态，其在暴发与释放的过程中转化为突发、紧急事务的显性形态。对这类事件的管控与应对属于应急管理的范畴。可见，应急管理是与人类社会发展相伴生的技术领域，尽管其学科体系和术语体系的建立相对较晚，但其实践形态则经历了漫长的演化历程。无论是西方“大洪水”“诺亚方舟”的神话传说，还是中国“大禹治水”的历史典故，都带有明显的应急管理的早期痕迹，而随着社会结构的日趋复杂，不仅突发事件的发生频率明显提升，人类加以应对的物质技术、管理技术和理念也在不断升级，直到近代，应急管理逐步具有了完备、成熟、体系化的制度样式与组织结构。

从时间上看，西方社会是现代应急管理学科的发源地，也因此较早地开始了制度化的应急管理实践；从空间上看，发达国家作为现代化的先行者，在应急管理领域具有较为丰富的实践经验和先进理念。其中美国、日本等国家因地理环境和社会问题复杂多样，灾害、灾难频发仍具有比较典型的借鉴意义。

1. 美国应急管理的发展历程

在自然环境方面，美国国土面积辽阔，集中了较为完整的地貌类型；地理区位、地形走势独特。由此形成了地震、暴雪、森林火灾、飓风等灾害多发的风险格局。在社会环境方面，美国作为移民国家和民族大“熔炉”，不同族群、宗教、阶层矛盾不断积压，再加上过于宽松的枪支管控政策，使其面临极其严峻的应急形势。整体上看，美国的应急管理在时代背景的塑造下，以理念、法律、机构、机制的变迁等为主线，依次经历了六个阶段(表 6-1)：

表 6-1　美国应急管理的发展历程

阶段	应急管理模式	主管部门	法律依托	主要内容
19 世纪初至 20 世纪初	专项管理模式	美国国会以法案的形式授权联邦政府	国会制定了 1803 年法案等 120 多件法案	飓风、地震、洪水等自然灾害
20 世纪 30—40 年代	战时民防导向的管理模式	国家应急管理委员会、国家应急管理办公室		人民防空
20 世纪 50—60 年代	核战中心导向的管理模式	国家应急管理委员会、国家应急管理办公室	《1950 年民防法》	应对核战争威胁
20 世纪 70—80 年代	综合管理模式	联邦应急管理署	《斯塔福德灾难与紧急援助法》	实现了应急管理全过程的标准化和法治化
20 世纪 90 年代	持续性发展模式	联邦应急管理署、减灾司	《联邦响应计划》	进一步细化了灾害应对的行政操作规范
21 世纪以来	国土安全事务导向	紧急事态管理局	《国土安全法》《国家事故管理系统》《国家响应计划》《国家应急框架》	重心转向反恐领域

(1) 19 世纪初至 20 世纪初的专项管理模式

1803 年，美国国会通过法案，授权联邦政府对遭受火灾的新罕布什尔州提供财政援助，这是美国最早的应急管理规范化举措，也由此开启了一种以专项法案为形式的专案处理的应急管理模式。此后，美国国会先后通过了 120 多件类似法案，对遭受飓风、地震、洪水等灾害的地区进行援助。

(2) 20 世纪 30—40 年代战时民防导向的管理模式

这一时期美国先后成立了国家应急管理委员会和国家应急管理办公室。受战时环境影响，应急管理以人民防空为主要内容和核心任务。

(3) 20 世纪 50—60 年代核战中心导向的管理模式

这一时期美国的应急管理理念深受“冷战”思维的主导，管理重心是应对核战争的威胁，主要内容延续了自第二次世界大战以来的民防体系建设，在制度化成果上则体现为《1950年民防法》的制定。

(4) 20世纪70—80年代的综合管理模式

这一时期美国的应急管理理念、体系等出现了重大调整、转型与发展。国会于1974年通过了新的《灾难救济法》，该法令推动联邦政府的应急管理思维由被动反应转化为主动预防。与法律体系的健全和完善以及管理理念的演进相适应，工作体系也随之进行了动态调整和结构性改革。1979年，卡特总统发布"12127号"行政命令，整合职能分散、交叉的相关机构和资源，建立职责统一的联邦应急管理署，以破除职责分割、部门壁垒、权责不明的行政梗阻，提高应急管理的专业化和执行效能，这也标志着应急管理制度平台在美国正式建立。1988年出台的《斯塔福德灾难与紧急援助法》进一步明确了美国应急管理的工作重心已由战争环境下的民防转化为全面管控各类突发事件的应急管理综合体系建设，实现了应急管理全过程的标准化和法治化。

(5) 20世纪90年代的持续性发展模式

1992年，美国联邦政府制定《联邦响应计划》，在相关法律体系的框架下进一步细化了灾害应对的行政操作规范，详细规定了联邦层级的政府及其部门在应急管理中的职能范围和责任归属。同时，联邦应急管理署也经历了改革与重组，将减灾作为中心工作并成立了减灾司，在理念上则提出了"持续性发展"新思维。

(6) 21世纪以来应急管理的国土安全事务导向

长期以来，美国应急管理体系建构的重点是应对自然灾害与战争威胁，例如一系列减灾与援助法案的出台，作为主管部门的紧急事态管理局成立之初，其工作重心也是放在应对各种自然灾害上，而"9·11"事件的发生则促使其将注意力转移到反恐领域。2002年美国国会通过了《国土安全法》，2003年则成立了规格更高、职能范围更广的国土安全部，由应急管理署、海关、移民规划署等22个相关职能部门合并而来。其后，在美国总统的推动下，国土安全部先后于2004年发布《国家事故管理系统》和《国家响应计划》。前者为各级政府提供了一套应急管理的统一标准和实施规范，以克服彼此之间行动模式的差异化和不兼容性；后者则明确了各级政府及社会、市场力量在应急管理中的角色、功能，以提升各主体之间在职能、资源等方面的协调、联动能力。2008年，美国国土安全部根据美国政府在灾害应对方面的缺陷和短板，在完善《国家响应计划》的基础上，制定了《国家应急框架》，进一步提升整合力。

总体来看，美国应急管理经过200多年的发展，在理念上发生了从专项处置到综合应对的演进，在制度上经历了从职责分散到权能整合的变迁，在机制上进行了从政府主体到多元合作的调整。依托于成体系的法案及其配套方案和专门的主管部门，美国的应急管理的制度化、法治化、规范化、专业化程度不断深化，取得了较为良好的管理绩效。

2. 日本应急管理的发展历程

日本作为岛国，其国土面积狭小，纵深较小，地貌多样而复杂，这种特殊的地理特征使其深受地震、台风、海啸等自然灾害的威胁与侵袭，也使其长期处于资源匮乏的困境之中。严峻的生存环境也深刻塑造了日本的国民性格和思维模式。强烈的不安全感和居安思危的高度风险防范意识是其典型特点，从而推动了日本官方和民间应急处置体系和处置能力的快速发展。具体而言,日本的应急管理发展历程分为前规范期和规范化两个阶段。

首先,在历史上,日本面临的紧急事态主要是自然灾害及其衍生的粮荒、饥荒等灾难事件,因此其应急管理的功能雏形呈现为防灾、抗灾。1880 年颁布的《备荒储备法》可被视为日本灾害应对规范化机制的源头,其后,日本先后制定了一系列相关法律文件,如 1896 年的《河川法》、1897 年的《砂防法》和《森林法》、1899 年的《灾害准备金》、1908 年的《水灾预防组合法》等,以此为依托,日本在全面现代化的转型进程中,也将灾害应对纳入专业化、理性化实施的发展规划,但尚未形成系统性的现代应急管理体制和模式。

其次,第二次世界大战后,日本重新进入现代化发展的正常轨道,应急管理也逐步实现了专业化、规范化的体系建设。20 世纪 40 年代,日本制定了专门的《灾害救助法》,形成了针对单项灾种的专项处置模式。20 世纪 60 年代初,日本实现了减灾防灾的理念转型,开始建设全面应对的综合管理体制:一是通过制定《灾害对策基本法》,取消了地震、台风等灾害的类别划分,使之成为集中的管控对象。二是在过程层面弥合预防、救援、善后等减灾救灾各环节之间的断裂,将整体主义思维贯穿其中。三是打破部门壁垒、领域壁垒,以中央政府为主体,将地方政府、社会和市场力量以及民众等吸纳进应急管理体系,发挥协同优势。20 世纪 90 年代,阪神大地震的发生暴露出既有体制机制在重大危机应对能力上的缺陷,促使日本政府进一步拓展应急管理的功能范围,将工作重点从灾害防治转向全域性危机管理,在制度层面则新设了“内阁危机管理总监”这一专门职位。

目前,日本已经建立了较为完善和成熟的应急管理体系,它以法律为制度框架,以应急预案为操作规范,以“属地化”为基本原则,以分级管理为实现路径,形成中央统一领导与地方自治组织相结合的应急管理格局。在中央层面,其应急管理的核心机构包括首相、内阁官房、中央防灾委员会,工作机制是安全保障会议和中央防灾工作会议。其中,首相是领导核心,内阁官房是首相的辅佐机构和危机管理的最高指挥机关,中央防灾委员会是主管部门,两大会议则分别负责安全和灾害两大危机类型的管理和处置工作。在地方层面,各级政府和公共机关、公共事业是应急管理的行政主体。在应急管理的执行层面,应急预案作为行动指引,去中心化的预案编制模式使得应急管理的地方主体能够充分结合本地实际,根据致灾因素、灾害程度和属性等以及管理机构的职能安排、设置情况,管理资源的分布态势等,编制有针对性、可操作性强的应急预案,提升管理有效性。

3. 中国应急管理的发展历程

应急管理作为现代学科门类,其理论基础和话语体系是现代社会的产物,但功能环境的时空相似性则使得历史上的一些防灾减灾举措和相关体制机制被视为应急管理的历史雏形和早期样态。作为历史悠久的大河文明,古代王朝治理的主要内容就是应对主要河流的决堤与泛滥造成的严重水患,以及旱涝灾害对农业生产和民众生活的巨大破坏。历代王朝均设立了体系较为齐全的防灾减灾和灾害赈济机构和机制。但囿于传统技术手段的落后性和政府能力的低下,自然灾害没能得到有效控制,经常会造成巨大的人员伤亡和财产损失。

近现代以来,我国应急管理大致经历了单灾种应对为主、综合应急管理、国家应急管理体系三个阶段,这也是政府部门不断加强应急管理体系和应急管理能力建设的过程,政府部门担起了应急管理的主导作用,应急管理逐渐走向了“全过程、大应急”。

(1) 单灾种应对为主时期(1949—2002 年)

在中华人民共和国成立以前，抗灾基本上由人民群众自发参与和组织，政府主要任务是建设和兴修大型的水利基础设施，会提供大量灾后应急救助。中华人民共和国成立以后，随着国家政治制度的完善，政府逐步建立了完善的经济保障体系和社会保障体系，政府、企业、公众纷纷加入了应对突发事件的应急救援行列，大多集中于事后应对处置任务。因此，此阶段是应急管理的萌芽时期，一些高危医疗保险行业和社会保险企业已经初步制定了应急管理方案，少数特定部门已经具备了各种应急管理和救援的力量。各种应急救援力量和资源都在各自岗位上发挥特定的应急管理作用，职能分工相对分散，并没有充分注重各种应急救援管理体系的建设，因而萌芽时期应急管理体系几乎没有充分发挥作用。

这个时期我国应急管理体系的主要特征是分散化和临时化。一方面，在应急管理机构设置方面，一般是针对不同类型的突发事件成立不同的应对机构，这些机构分属不同的管理部门，在管理体制方面呈现出分散化的特点。另一方面，对于重特大突发事件、巨灾时，通常会由相关行政机构成立临时指挥部、领导小组或者启动议事协调机构，从不同部门之间临时借调干部，待事件过后各自回归原单位。这个时期应急管理方式最大的特点之一就是“头痛医头，脚痛医脚”，停留在一般的自然灾害应对认识和行动上。

在应急管理研究方面，自 20 世纪 70 年代中后期以来，随着我国地震、水旱灾害的发生，学术界在自然灾害、区域综合灾害、减灾对策、灾害补偿保险等应急管理方面都已经取得了重要的研究成果，但对自然灾害应急管理一般规律的综合性研究相对不足。对中国期刊网社会科学文献总库中关于应急管理的研究文章进行检索，多数成果是以专项部门应对为主的灾害管理为研究对象的。

(2) 综合应急管理时期(2003—2011 年)

2003 年我国发生“非典”事件，在与 SARS 病毒抗争的过程中暴露了当时我国政府应急管理领域存在的诸多问题和弊病，这次事件极大地推动了我国政府应急管理的理论及其实践的发展，结合当时出现的事前准备不够充分，信息交流渠道不够畅通，应急的管理体制、机制、法制不够健全等一系列问题，各级政府和社会公众高度注重应急管理工作的提高和完善，国家下决心进一步加强和深入推进政府应急管理工作。

在抗击“非典”的表彰大会上，党中央、国务院第一次会议明确提出，政府除了加强常态突发事件应急的管理外，对于非常态应急事件的管理也要格外重视。同年 11 月，国务院办公厅成立了负责常态应急预案和管理工作的领导小组，重点推动了各类突发事件的应急预案的编制工作和常态应急预案管理体制、机制、法制的建设。鉴于理论和应急实践的迫切需要，使得 2003 年成为当代中国全面深入加强突发事件应急预案和管理热点问题研究的一个起步之年。

2004 年 3 月，国务院办公厅在河南郑州主持召开“部分省(市)及大城市制定完善应急预案工作座谈会”，确定当年各级人民政府应急预案工作的重要目标和内容之一，是紧紧围绕“一案三制”原则开展应急预案管理体系建设，制定应对突发事件的应急管理预案，建立健全政府应对各类突发事件的应急管理体制、机制和法制，提高各级人民政府有关部门处置各类突发事件的能力。4 月和 5 月，国务院办公厅分别制定和印发了《国务院有关部门和单位制定和修订突发公共事件应急预案框架指南》和《省(区、市)人民政府突发公共事件总体应急预案框架指南》。

2005 年 4 月，国务院下发《国家突发公共事件总体预案》；5 月，中央军委召开军队处置突发事件应急指挥机制会议，并正式颁布了《军队参加抢险救灾条例》；7 月，国务院在北京召开第一次全国应急管理工作会议，标志着我国应急管理工作进入了一个新的历史阶段。此次会议明确了进一步加强我国应急管理工作必须遵循的基本原则，包括健全应急管理体制、明确部门责任、全民共同参与。这次会议明确要求各地成立了应急救灾综合管理机构；12 月，国务院办公厅成立了以组织和履行值守应急、信息收集汇总和抢险救灾综合管理协调为主要职责的国务院应急管理办公室。

2006 年 3 月，第十届全国人民代表大会第四次会议通过了《中华人民共和国国民经济和社会发展第十一个五年规划纲要》，该总体纲要在全文中首次将公共安全建设列为专节；同年 5 月，国务院常务会议原则上通过了《中华人民共和国突发事件应对法（草案）》，并于 12 月成立国务院应急管理专家组。

2007 年 5 月，国务院在浙江诸暨召开全国基层应急管理工作座谈会，提出要建立“横向到边、纵向到底”的应急预案体系，将应急管理工作纳入干部政绩考核体系，并要求建立基层应急管理组织体系、工作体制。

2008 年对于中国应急管理来说无疑是一个特殊的年份。南方特大雪灾、拉萨“3・14”事件和汶川特大地震，对我国应急管理体制提出了严峻的挑战。党和政府以及学界从不同的角度深入分析总结我国应急管理的研究发展成就和经验，查找了存在的问题，这使我国应急管理体系建设再一次被高度重视。

这个时期，我国应急管理体系的主要特征是由单一灾种管理向综合应急管理转变，逐渐建成并完善了以“一案三制”为核心的应急管理体系，即制定、修订应急预案，建立健全应急管理体制、机制和法制，基本建立了“统一领导、综合协调、分类管理、分级负责、属地管理为主”的应急管理体制，明确了政府应急管理办事机构的综合协调职能，逐渐形成了以政府办公厅为运转枢纽、各类突发事件全覆盖的应急管理体制。

(3) 国家应急管理体系建设时期（2012 年以来）

从 2012 年党的十八大开始，以习近平同志为核心的党中央提出了一系列治国理政的新理念、新思想和新战略，形成了习近平新时代中国特色社会主义思想，为我国应急管理开启了新篇章。2014 年，习近平总书记提出总体国家安全观的思想，强调要统筹外部安全和内部安全、国土安全和国民安全、传统安全和非传统安全、自身安全和共同安全。在总体国家安全观的统辖下，包括应急管理在内的整个社会治理都被归入国家安全的范畴，其目标就是“维护国家安全，确保人民安居乐业、社会安定有序”“确保国家长治久安、人民安居乐业”。根据总体国家安全观，2015 年颁布实施《中华人民共和国国家安全法》，具体提及政治安全、国土安全、军事安全、经济安全、文化安全、社会安全、科技安全、信息安全、生态安全、资源安全、核安全 11 类安全。

2018 年 3 月，我国成立了应急管理部。应急管理部将分散在公安部、农业部、水利部、民政部、国土资源部、国家安全生产监督管理总局、地震局、林业局、国务院办公厅、国家减灾委、抗震救灾指挥部、防汛抗旱指挥部以及森林防火指挥部等部门的应急管理职能和资源进行整合优化，防范化解重特大安全风险，健全公共安全体系。从所承担的职能来看，应急管理部主要体现的是对自然灾害和事故灾难的全过程管理，而不是全灾种管理（不涉及突发事件中的公共卫生事件和社会安全事件)。

应急管理部的成立,有效推动形成统一指挥、专常兼备、反应灵敏、上下联动、平战结合的中国特色应急管理体制;同时也标志着我国开始围绕四大类突发事件应对,成立一个或多个强有力的核心部门进行牵头、多方协调配合的全面整合应急资源的应急管理体制。一是应急管理的工作重点由传统的信息和舆情管理扩展到预案、装备和队伍管理;二是应急管理的工作重心由传统的重处置环节延伸到包括预防准备、监测预警以及恢复重建的全过程;三是应急管理工作由非常态转向常态,即建立了常态下的应急管理体制机制。

二、应急管理变迁的理论概述

实践是理论的先导,理论是对实践的抽象与提炼。20 世纪以来,随着实践素材和经验的不断丰富,处置思维和模式的动态调整,传统的防灾减灾举措、公共安全管理等逐渐转化为现代应急管理。学术界也及时予以跟进,不仅对应急管理实践进行理论归纳和总结,也通过学理创新回应应急管理的发展需求。在二者的互动中,应急管理理论也呈现出条理清晰的变迁轨迹,这不仅是应急管理实践的理论投射,也蕴含着理论自身的发展规律和演进逻辑。与传统零散的、不成熟的灾害应对思想相比,起步于 20 世纪 90 年代的现代应急管理理论更加系统化、专业化,也更加接近现代学科门类的标准。与实践进展和理念调整相适应,现代应急管理变迁的理论呈现包括以下几个方面:

1. 管理对象层面

实现了由单一灾种向综合灾种转化,并一步将自然灾害、事故灾难、公共卫生和社会安全等突发事件全面纳入管理范畴。首先,分类管理是应急管理的起点和基础,这要求在辨识突发事件发生、发展的演化规律的基础上,对突发事件的类别、等级及其应对阶段进行划分,针对突发事件应对过程中的信息管理、资源保障、演练培训等关键要素进行分析并制定相应的规划与方案等。与此相应的是,应急管理模式逐步由专项处置向综合管理转变。针对不同灾种的具体特征进行专门应对是管理现代化的重要体现,它标志着应急管理系统中的结构与功能的持续分化,有效提升了应急管理的专业化、科学化和制度化。但随着社会复杂性的提升,不同灾种往往相互交织,溢出某一专项领域,成为影响范围更大的综合灾害,这就要求必须突破应急管理的领域分界,实现综合管理。而自然灾害、事故灾难、公共卫生、社会安全等突发事件所触发的应急管理过程和机制等具有相似性,在这种情况下,应推行更高层次的全面管理。

2. 管理主体层面

实现了由中央政府相关部门主管向更高规格的综合机构统筹协调的转化,由中央政府统管向中央与地方协同共治、分级管理的转化,由政府负责向政府与社会、市场和民众等多元主体有机合作转化。在专项管理模式下,突发事件的分类处置权责归属于相应的管理部门,如国家地震局、海洋局、公安部、林业局、水利局等,各部门各司其职,相互之间不具有制度化的联络与协调机制。在综合管理阶段,由于许多灾害和突发事件的影响范围和危害后果已经超出了单一部门的能力和资源限度,就必须实现应急管理相关部门之间的协同与合作,早期的协同平台体现为在保持各部门专业化业务管理的基础上,通过设置更高层级的议事协调机构实施部门联动。随着应急管理压力的进一步增大,中央统管的模式也出现了能力短板，更高水平、多层次、宽领域的制度化合作平台逐渐形成，实现了中央与地方的分级管理，市场、社会和民众也被动员起来，成为国家应急管理体系的有机组成部分。

3. 管理手段层面

实现了由经验主义向制度化、规范化、法治化的转型，由部门主义向整体主义的转化。前应急管理时期的防灾减灾和突发事件管理并没有明确的规章制度可以遵循，往往是以一事一议、专案专办的方式进行处理，缺乏条理性、连贯性，主要依靠的是历史经验和管理者的主观经验，具有较大的不稳定性和不确定性。而随着现代应急管理体系、理念的形成与发展，各国普遍建立了应急管理的法律体系和制度体系，以法律、法规、规章、应急预案等为指引，以专业化的管理部门为载体，打造应急管理的标准化流程和长效机制。同时，随着应急管理对象的逐步归类集中，应急管理的手段也日益转向整体主义。专项管理所依托的制度体系和法律体系带有明显的部门主义色彩，往往是某一应急管理部门的特殊管理办法，适用范围有限，而综合管理、全面管理模式的施行则建立起规格更高、通用性更强的法律体系，以作为各专门法律的权威基础。通过全面整合全社会的应急力量与应急资源，制订统一的战略、统一的政策和统一的应急管理计划，实施统一的组织安排和资源支持等，打破以往分散的应急管理模式，从规划、组织、机制、平台、资源到管理，构成对各种突发事件处置的纵向一体化应急体系，从而提升了国家各层级应急管理行动的一致性和整体性。

4. 管理理念层面

实现了空间上由地域本位向国家本位再向全球主义的演进，时序上从事后应对向灾前预防的转变，目标上则由单纯减灾向可持续发展的变化。应急管理理念的创新在整个应急管理战略格局中具有先导性作用，先进的理念不仅可以推动管理体制机制的优化、升级，也可以强化应急管理运作效能，管控突发事件的影响范围，将危害降到最低。传统的应急管理模式在很大程度上是由人们的秩序想象所塑造的。随着社会的发展，地域本位逐步过渡到国家本位，而全球化的高速发展日益将世界连成一个整体，因此，应急管理的视角也从单纯应对一个区域的突发事件向更多领域、更大区域拓展，由一个国家减灾向全球减灾和区域减灾转变，更加强调区域一体化和全球合作，将风险管理和应急管理纳入全球治理的议题中。同时，随着技术的进步，人们提前预知风险和灾害的能力也日益提升，这促使现代应急管理更加强调科技赋能的重要性，并将关注焦点由减轻灾害向减轻灾害风险、加强风险管理转变，试图将危机控制在萌芽期。在应急管理的目标上，传统的以止损为中心的应急管理是即事主义的，即其管理过程集中指向减灾、救灾，这种较为局限的目标体系并不符合受灾民众的现实需求，以人为本的发展理念在应急管理中的运用就是推进管理目标由单纯减灾向减灾与可持续发展相结合转变，在恢复重建工作的基础上着力改善民众的发展能力。

三、应急管理的趋势与展望

与瞬息万变的环境系统相适应，应急管理作为一项实践工程，其本身也处于不断发展、完善与调适的过程中。通过对国内外应急管理的发展历程进行梳理，可以发现其中的演进存在一定的规律性，对这一线索的有效把握有助于对应急管理的未来发展走向进行预测。就其本质而言，对既有问题、不足的识别、反思和对策构成了应急管理发展的内驱力，而国际交流与合作以及先进技术等的应用构成了应急管理发展的外动力。在两大因素的互动中，可以预期,国内外应急管理的未来发展将出现以下进展。

1. 全面构建综合性应急管理模式

随着经济社会的发展,人类对自然界的改造和开发在程度、范围上不断扩展和深化,这使得自然对人类社会生活的介入和影响达到了前所未有的强度,也使得:一是各种突发事件出现聚合和交叉的趋势,单一型突发事件逐渐向复合型突发事件演化;二是社会复杂性、流动性的增强使得不同领域、不同地域的联系日益紧密,风险、危机、突发事件等扩散的概率也大大提升。应急管理对象的变化直接推动了应急管理模式的相应调整,综合性应急管理模式逐步成型和升级。它表现为:一是建立全灾种的控制方法,将不同突发事件的专业处置模式加以整合,形成统一的,具有通用性的应急管理规范、方法和操作模式。二是建立全过程的系统管理,将彼此割裂的事前准备、事中应对、事后恢复等应急管理环节有效整合为连贯的全生命周期处置流程,尤其是提升应急管理效率和效益。三是建立跨区域、跨部门和跨领域的协作机制,一方面灾害等突发事件造成的危害会溢出某一地域空间,也会超出某一专业部门与行业的应对能力和权限范围,需要更高水平的协同合作体制机制才能有效应对,另一方面,在传统的专项应急管理模式中,各执行机构和部门缺乏有效沟通与协调的制度化渠道,既存在相互之间的职责不清与权限交叉等问题,也在业务领域内各自为政。因此,在面对复杂多变的突发状况时,分散化的管理主体难以全面掌握事态及信息,也难以迅速集中物资、人力等相关资源投入到应急管理过程中去,从而导致应对与处置的滞后性,加剧了突发事件的危害,弱化了应急管理效能。为了打造体系化的应对方案,目前国内外普遍开始探索构建综合性应急管理模式,其主要目标在于通过建立跨地区、跨部门、跨行业的信息沟通、资源共享与统筹协调等长效机制,实现应急管理在时间与空间层面的全网联动,从而消除信息空白、管理空白,提升应急反应速度。在实施路径上,则以建立多元主体的协同治理为核心,尤其是突破传统的以政府和军队等国家机器为主体的应急管理体系,激发和推动社会、市场、民众等主体的主动性和主体意识,将后者纳入应急管理场域,形成由政府、企事业单位、非政府组织、志愿者、公民等共同构成的治理网络,并明确不同主体在应急管理中的职能和责任归属。同时,加强国际交流与合作,实现先进应急管理技术、工具和理念的国际传播。从而一方面在全社会营造一种共建共享共治的思维方式和文化氛围,另一方面则在应急管理实践中,发挥多元主体的专业优势,形成全社会共同参与的新型应急管理工作格局。

2. 积极推进工作重心前移与下沉

传统的应急管理模式受制于技术短板,其工作重心在于事后的被动应对以及降低灾害和突发事件的危害范围和程度,因此往往在面对突发事件时缺乏足够的应对能力。随着技术进步和理念更新,现代应急管理的焦点逐渐转移至事前防范,即实现工作重心的前移。由于突发事件尤其是非常规突发事件的根源在于各种各样的潜在风险,因此实现有效应急管理的前提是从风险管理着手。目前,应急管理的重心前移主要是对监测与预警环节的强调,但事实上,这在本质上仍然是一种被动应对的管控模式,即在潜在风险将要演化为显性突发事件的情况下尽量捕捉其发生的前兆,以便采取应对措施。可见,应急管理未来发展趋势在管理流程中体现在工作重心的前移,不但体现为从事中处置转向事前准备,也体现为在事前准备中,从对突发事件的监测与预警进一步转向风险管理。通过全面地分析和评估各种风险因素并加以管控,消除风险源或致灾因子,将突发事件消除在萌芽状态,从而降低突发事件的发生概率乃至从根本上避免突发事件的发生。此外,应急管理的未来发展趋势还体现在管理重心的下沉,即将关注和行动重点推进至应急管理的第一线。在目前的应急管理工作体系和权责分布格局中,决策权和指挥权在上的集权模式较为普遍,这样便于发挥顶层推进的权威优势,自上而下调配人力、物力资源,协调不同部门、不同层级机构的统一行动。但其弊端也同样明显,即权力过度集中于上级直至领导个人,会导致:一是科层制的结构形态使得上级相对于下级处于信息不对称的不利位置,既面临信息匮乏引发的有限理性决策,也因执行链条的阻碍而存在执行梗阻和执行偏差;二是下级部门、基层单位和第一现场处置力量虽然拥有信息优势,但属于被动接受指令的执行者,既缺乏主动行动的激励机制,又缺乏支撑其行动的权能、资源。由此使得上下级均陷入管理困境。因此,应急管理未来的发展应突出一线处置权,通过制度化分权在上下级之间科学合理地确定职责分工,厘清上下级之间、部门之间、领导指挥与现场处置之间的权责边界,从而激发地方积极创新,勇于承担风险,提高应急管理的反应速度和应对能力。

3. 坚持推进应急管理标准化建设

作为应急管理对象的灾害和突发事件种类繁多、特性各异,这也使得早期的应急管理选择了专项处置的便利方式。但悖论在于,过于强调应急管理对象之间的差异性,一方面保障了应急管理主体和手段的专业性,另一方面也导致了治理主体的政出多门,治理资源的碎片化分布。因此,国内外的应急管理模式普遍在统一性与特殊性之间寻求平衡,但标准化建设的整体趋势仍在不断推进。应急管理的标准化体现为:一是操作方案的标准化,实现应急管理流程的明晰和规范化。具体而言,就是在明确一般性工作程序的三大步骤,即:事前准备中的风险管理及其后的监测、预警和制定预案、组织培训和演练等;事中的快速响应、及时处置和危机管控等;事后的恢复和重建,以及对应急管理处置工作的评估、总结等。在这三大步骤的框架下,为执行主体的自主创新和自主裁量容留相应的制度和法理空间。二是执行过程的规范化。目前应急管理对象的连锁性、叠加性和次生性不断增强,这对应急管理体系的统筹协作能力提出了更高的要求,而不同部门的自主行动则过于强调灵活性和特殊性,虽然在特殊情况下能够产生较快的反应速度,但其中也蕴含着偶然性和不确定性,当决策本身存在问题时,可能直接导致整个应急管理流程的整体性失败。因此为避免这种灾难性后果,较为稳妥的方式就是实现应急管理的程式化、规范化和制度化,最大可能地降低不确定性风险。应急管理的标准化建设不仅为各治理主体提供了一套通用的操作指南,使之都能协调一致和快速高效地应对各种突发事件,另一方面也搭建了制度化的多元主体协作框架,使之明确各种场景下的各自职能,从而相互配合,统一行动。而实现应急管理标准化的主要路径就是法治建设,即制定紧急状态法、行业安全法律法规、突发事件应对预案等一系列法律法规,落实依法行政、依法决策、依法管理,并通过对实践的不断总结,促进法律、法规和规章制度的完善与优化。

4. 不断重视信息发布与舆情引导

在现代社会,信息是一种重要资源类型、权力类型,而网络时代信息的去中心化存在形式则在某种程度上造成了舆论权力的分散化。网络媒体为人们构建了一个平等交互式的交流平台,成为信息传播的渠道,但也成为不可控的风险策源地。因此,在应急管理的未来发展中,围绕信息展开的相关工作实际上具有双重意涵:一是将之视为应急管理对象,预防网络空间生成的突发事件，及其发酵而衍生的网络舆情，防止网络危机由网络空间向现实世界的扩散，以及从意见、情绪和态度向行动的转化。二是将之作为应急管理的重要工具，通过信息发布及时通报和传达应急管理工作的相关信息，为民众避难或参与应急管理过程提供渠道；通过舆情引导营造团结合作的整体氛围，教育民众培养正确的危机防范意识，弱化民间的非理性情绪，从而维护社会稳定。

第二节　现代应急管理的过程与机制审视

为了应对持续增长的社会复杂性所诱致的突发事件，现代应急管理通过全过程与全要素的功能升级加以应对。整体而言，目前应急管理在时序维度形成了事前预防、事中应对和善后工作三个阶段；在结构维度则构建起了政府体系内部的联动机制以及政府与社会组织、企业等外部主体之间的协同机制，从而最大限度地实现了应急管理环节的无缝衔接，形成了突发事件多元共治的合力。

一、现代应急管理的运行过程

现代应急管理相较于传统的灾害防治、危机处置等，更加符合现代社会对突发事件进行综合管理的现实需求。作为一种现代科学，其专业性集中体现为应急管理全过程的标准化和规范化。在漫长的实践探索中，人们处置自然灾害、突发事件等的工作方式逐渐从被动应对转向主动干预，从而拓展和健全了灾害管控的过程环节，使其从自发性的行动举措发展成为有学科自觉的现代应急管理。在此基础上，进一步推动工作重心从事中处置和善后前移至事前预防和准备，以此将现代应急管理打造成过程全面、布局合理的科学体系。整体来看，目前主流的应急管理理论与国内外应急管理实务普遍将应急管理过程划分为三个彼此衔接的环节：一是事前预防，包括对风险因子的管控，对突发事件发生可能的预测、预警以及应对突发事件的准备工作；二是事中应对，包括对应急预警的快速响应，动态处置与及时救援；三是善后工作，包括对受损地区和财产的恢复、重建，以及在此基础进一步开展的人员心理疏导、经济社会可持续发展模式的设计与推进等。

1. 事前预防：预测、预警与准备

从时间序列上看，预防作为突发事件发生之前的风险和危机管控机制，是应急管理过程的第一个环节。随着现代应急管理的发展与成熟，其对应急管理对象的属性、特征的认知与把握也在不断全面和深化，与之相适应，应急管理的整体布局呈现出重心前移的基本态势，从而使得事前预防的重要性日益凸显。突发事件本身的突然性、偶然性和不确定性源于自然与社会环境的高度复杂性与流变性，而传统的被动式管理模式则将关注焦点集中于事发后的应对效能，其核心在于通过体制机制的健全与优化以破除刚性制度的内生缺陷，提升反应的及时性和处置的有效性。然而，这种应急管理的目标和逻辑在于控制受灾范围与程度，却无法在根本上消除灾害损失。事实上，最有效的应急管理不在于危机形成和暴发后的干预，而在于排除可能导致危机的风险因子。事前预防则是遵循上述双重应对思路而形成的复合型应急管理机制，其基本原理在于立足突发事件的发生发展规律，设计科学管理方案，一方面依托技术手段以降低突发事件的发生概率，从源头上削弱其生成的环境条件，将危机

遏制在萌芽状态；另一方面则在事前加强制度建设和预案演练，增强抵御灾害的能力。由此使得应急管理实现了从被动反应向综合应对、从结果导向到原因导向的转变，不仅有利于减少财产损失，也能节约应急管理的各种资源和成本。可见，事前预防既是应急管理的重要一环，也是其他环节的前提与基础，在应急管理系统中发挥着关键作用。

（1）预测与预警

灾害与突发事件的预测工作构成了预防机制的第一步，其主要任务是在突发事件发生前对相关风险因素进行有效的监测，为后续的预警和处置机制等奠定可靠的信息基础。通常而言，预测工作主要包括三个核心环节：一是对风险因子和危险源进行有效识别和筛查；二是对确认的风险因子和危险源进行实时、全面、准确、动态的监视和测量，以获取其演化和扩散的数据和信息；三是在信息分析的基础上进行风险评估，确定风险的大小和变化趋势，精准判断其升级为突发事件的概率以及变化轨迹、发生方位、呈现形式等，从而防患于未然，提高应对突发事件的能力和水平。因此，突发事件预测工作的本质要求和核心任务在于获取最为真实准确的相关信息，而要实现这一目标，就要设计和建构一套科学的信息搜集、管理和运营模式，其关键在于：第一，根据历史经验，即突发事件周期性发生的内在规律性，在同一地域中的突发事件的若干征兆与其发生概率之间建立有效的逻辑关联；第二，根据日常经验，总结和归纳突发事件的发生规律，从而抽象出更具一般性的风险预判标准，在不同时空场域中的突发事件征兆与其发生概率之间建立有效的逻辑关联；第三，培育信息搜集的系统性思维，即超越应急管理的狭窄学科范畴，将经济、社会、政治、文化等多重结构性要素纳入观察和追踪视野，从而建构出精准的信息节点图式，一方面提升在信息海洋中提取有用信息的能力，另一方面提升将零散信息拼合为有效信息的能力；第四，建设信息采集的长效机制，即针对突发事件的偶然性、突然性与不确定性，确保信息搜集过程的持续性、稳定性和动态性，提升信息搜集的频率和数量；第五，不断更新和优化信息监测、搜集和分析的技术手段，以采集工具的准确性保障所获信息的精准性；第六，打造一支专业化的人才队伍，使其在长期的实务操作中得到训练和成长，从而不断提升其搜集信息、分析信息、评估信息的能力。

预警是基于预测环节的信息分析而进一步展开的预防措施，从应急管理的整体流程上看，预警包括两种类型，一是对风险变化的预警，二是对突发事件本身的预警，二者的有机对接使其成为横跨突发事件发生节点的持续性工作，但就其功能而言，仍属于防止发生与防止扩散的预防范畴。具体而言，预警是指根据风险监测，确认突发事件的可能性突然增大或者已经发现突发事件的征兆和迹象，在主体突发事件尚未发生或者尚未完全扩散的情况下所采取的以预警信息发布为主要内容的应急管理机制，其目的在于将有关风险或危机的信息及时告知应急管理主体和社会公众，使其获得采取防范和应对措施的准备时间，以减少突发事件可能造成的危害。可见，预警机制的关键在于对预测结果的及时反应。这要求：其一，设计风险因素和突发事件的分类分级标准，并据此对捕捉到的相应征兆进行分析判断；其二，在此基础上明确触发预警的风险临界点，确保在侦获风险信号的情况下迅速进入预警状态；其三，要做到信息共享，依托多种渠道发布预警信息，以提高信息管理和传递的科学性和效率；其四，创新使用公众容易接受的预警形式，提高目标群体的接受度；其五，围绕预警信号的接收与回应效率对公众进行相关教育和培训，使其能够根据预警信息，采取适当响应行动；其六，要定期通过预案演练等途径评估预测-预警的联结和联动效能，并根据评估结果有针对性地予以改进、调整。

由此可见，突发事件的预测与预警工作紧密相连、不可分割，其中预测环节侧重于风险信息的搜集、分析与研判，而预警环节侧重于风险信息的有效传播。二者的有机组合构成了突发事件预防的信息维度：精准预测是及时预警的前提和基础，而预警则是把预测的重要信息定向投送给目标群体，是预测结果转化为防灾、减灾和救灾实效的重要中介。

（2）准备

由预测与预警所构成的风险管理机制有利于在源头处遏制甚至消除安全隐患，将其危害程度和影响范围最小化。但是面对高度复杂的风险环境，预测与预警并非万全之策，任何微小的监管缝隙都可能导致突发事件的发生。因此，作为预防的另一种支撑措施，事前准备工作的二次防护作用具有底线保障的意义。所谓事前准备，就是坚持全风险应对的基本原则，在明确或潜在的突发事件发生前做好各项防范准备工作，并将其纳入日常化、制度化、规范化、体系化建设的轨道，实现以不变应万变的实施效果。这种以不变应万变的关键在于打造常规化的基础性制度设施，它包括如下方面：一是确立和完善应急管理的规范体系，如相关的法律法规、政策文件和应急预案等，明确应急管理的基本流程、操作方式和行动准则，提升应急管理的标准化程度；二是建设一支高质量的应急管理队伍和救援队伍，发掘应急管理的人力资源；三是构建突发事件应急保障体系，重点加强资金管理、物资储备与调度、避难场所规划与建设、通信系统建设等方面的准备工作。在三者的关系上，应急预案是一种总领性的指导方案，统领着其他部分的建设与发展。后者则构成了应急预案的具体内容指向，因此，可以说应急预案的编制集中体现了应急准备的内在逻辑与行动取向，是应急准备工作的核心内容。

具体而言，应急预案是针对自然灾害、安全事故等突发事件，预先制订相应工作计划和行动方案，以确保突发事件发生后应急管理体系能够及时、有序、高效地展开响应和救援行动，降低灾难损失。因此，应急预案的编制与施行及其随着管理对象、环境等的变化而进行的动态调适，有利于增强对突发事件的应急处理能力。而应急预案的科学编制，其重点不仅在于预案内容的合理选择，而且要通过特定的分类方法明确界定主体责任，依据预案类型和预案级别构造上下衔接、有效协同的应急预案层级体系。

在内容上，标准化的应急预案应涉及：第一，对灾害、事故等突发事件的预测、监控、识别、分析，对其变化趋势与演进方向的预判和评估；第二，厘清各应急管理主体之间的权责划分，实现应急救援行动的统一指挥与有效协同；第三，关于应急管理所需的人力、设备、设施、物资、资金等保障性资源的规定，如来源渠道、使用方式、分配格局、过程监督与绩效评估等；第四，为应急管理主体和灾害影响人群提供紧急情况下保护生命和财产安全的操作化措施；第五，对突发事件善后工作的相关规定，如生态恢复、灾后重建、心理疏导等；第六，应急管理主题下的培训和演习规定；第七，对应急预案本身的编制与管理工作等。

在形式上，由不同层级的预案所组成的应急预案体系，必须内在贯通、有效衔接，在清除管理空白的同时，实现联动优势，这要求：第一，作为应急管理的政府主体和预案编制的基本主体，政府体系应制定统筹协调的预案体系，以指导应急管理实务，例如国务院相关部门可制定国家层面的突发事件总体应急预案，县级以上地方各级人民政府相关部门可在法律法规等规范性文件和上一级应急预案的制度框架下，结合本地实际，制定有针对性的地域突发事件应急预案。第二,在应急预案的权责安排上,各级政府应履行监督和执法职能,对本行政区域内容易引发自然灾害、事故灾难、公共卫生事件和社会安全事件的危险源、危险区域进行排查、登记、风险评估,定期进行检查和监控,并责令有关单位采取安全防范措施。各企事业单位作为直接责任主体,应根据应急预案指导,建立健全安全管理制度,定期检查本单位各项安全防范措施落实情况,及时消除安全隐患;按照规定及时向所在地政府相关部门报备潜在风险和安全防范措施的具体情况。第三,预案编制主体要根据实际需要和形势变化,动态调整和修订应急预案,从而提升其适应性和兼容性,灵活应对复杂多变的风险因子、风险环境和突发事件,为实践中的应急响应与决策提供行动指南。

2. 事中应对:响应、处置与救援

相对于信息处理在事前预防环节的中心地位,事中应对环节的精义则在于行动效能,即对预警信号的快速反应,以及处置和救援过程的效率与质量。在应急管理主体格局的结构限定下,事中应对机制在本质上可以被还原为政府主导下的政策过程,因此行动效能提升的关键在于排除梗阻因素,理顺应急管理决策执行过程,实现突发事件处置的程式化、标准化和规范化,并通过应急处置的全过程发力与全方位覆盖,控制突发事件的破坏程度与影响范围。

(1) 生命周期视角下的事中应对

在时间与功能序列上,事中应对是紧随预警机制而开启的应急管理进程,它包括以下几个紧密相连、层层递进的环节。

① 应急响应。应急响应是指在突发事件暴发之初,应急管理主体根据应急预案的具体规定,激活和启动应急管理综合系统,将应急管理体系由准备状态全面转入战时状态的工作环节。在这一阶段,应急管理部门对来自信息搜集、处理和警情发布单位的预警信号进行评估并应派员立即赶往事件现场,核实、观察突发事件的情况和发展态势,以明确突发事件的时间、地点、性质、规模及人员伤亡或财产损失情况等基本信息。在此基础上,应急管理主体及时确定突发事件的类型和级别,从而展开对应性的系统动员;同时,以就近原则将相关处置力量和救援资源定向投放受灾区域,进行先期处置,防止事态恶化。先期处置应遵循"先避险、后抢险"的原则,及时疏散突发事件影响范围内的群众,为后续正式的抢险救援工作打好基础。

② 启动应急预案。先期处置作为应急响应环节的一种临时举措,其力度和效果都是有限的,因此必须及时将之转入正式应急处置的轨道,以发挥全要素、全系统应急救援的合力。而实现应急处置转轨的关键环节在于适时启动应急预案。即在突发事件的级别和类型被确定后,通过启动相应级别的应急预案,使其后的应急管理工作有章可循,自动适配由管理主体、救援队伍、救援物资等组成的应急处置系统,从而提升应急管理过程的标准化和确定性。

③ 指挥、协调与调度。应急预案的启动为正式应急管理工作的展开提供了行动指南,在其整体布局中,首先需要确定管理主体,为救援工作的深入推进提供领导核心和权威基础。具体而言,这要求拥有特定层级的政府部门立即行使应急管理职能,发挥指挥和统筹协调作用,对突发事件的处置和救援工作进行统一部署和安排,其中的工作重点在于调集应急救援队伍和应急救援物资,派出应急协调人员和专家赶赴事件现场,并成立现场应急指挥部。作为应急管理的神经中枢,现场指挥部应由国家职能部门、属地政府、行业专家等联合组成,实现权威优势与专业优势的有机结合。同时,现场指挥部也应根据突发事件的基本态

势，科学、高效地制定应急救援方案并赋予其相应的配套资源，提高落实效率。

④ 应急救援。应急救援是直接应对突发事件的关键环节，其实施效果关乎应急管理的成败。应急管理的主要内容包括两个层面，一是有效应对和管控突发事件引起的灾难，二是对已经造成的人员伤害和财产损失展开救援。这要求进行广泛的动员和协同，以应急管理部门为牵头单位，将地方政府、公安部门、军队系统、医疗卫生部门、环保部门等纳入应急管理的过程中来，各司其职、密切协作，共同完成封锁现场、管制和疏导交通、维护秩序，救治和转运伤员，控制和清除危险源等。

⑤ 信息沟通。应急管理各环节的有效衔接不仅需要长期的方案演练和人员训练，也需要充分的信息支撑，及时、共时性的信息平台搭建和传播渠道构建有利于实现信息实时共享，为决策的动态调整和不同主体之间的有效合作提供技术保障。因此，应急管理主体的任务之一是建设应急管理的信息网络，依托现场指挥部和各部门以及专门的新闻发言人制度等，及时向上级和社会通报突发事件的变化情况和应急救援、灾难处置的相关信息，从而占领舆论阵地，做好舆情引导工作，杜绝谣言和流言带来的负面影响。

⑥ 应急处置的收尾工作。应急处置的收尾环节包括三个方面：第一，在应急救援的主体工作已完结而正式的善后工作尚未启动时，对灾害现场的初步的清理与恢复，例如环保部门需要对受突发事件影响地区的生态环境进行监测，防止次生灾害；卫生防疫部门要对疫情的发生风险进行监控，同时有关部门要进行人员安置与回迁，解除地域管制等。第二，当突发事件的威胁和危害得到控制或消除以及受灾地域的生产生活状态得到稳定，应急管理主体应采取撤销现场指挥部，终止应急预案等措施，并宣告应急救援工作正式结束。第三，是对突发事件的起因、影响，责任追究，应急管理的经验教训等问题进行核查、总结和评估，以针对实施过程中的缺陷，对应急管理体制机制和技术方法进行改进、提升和优化。

（2）分级分类应对的行动策略

生命周期的观察视角有利于全面、系统地理解突发事件应对的流程与线索，而对分级分类响应策略的重点把握则有助于以点带面，深度呈现应对过程中的重点和难点。所谓分级分类应对，就是以提高应急管理的实效为导向，对突发事件的类型和级别进行定位，并据此启动与之适配的应急响应措施加以应对。

① 分类应对。目前我国将突发事件分为四种类型，分别是自然灾害、事故灾难、公共卫生事件和社会安全事件。总体而言，前三类突发事件类型引起的应急管理模式较为接近，在本质上都是对“物”的治理，这与第四类突发事件所需的应急管理模式存在较为明显的差异，后者在本质上是对“人”的治理，二者之间的这种区别体现在工作重心、响应策略、方式方法等方面。同时，二者也因遵循应急管理的一般原理和内在规律而共享部分工作机制。这种同与异相统一的特点构成了突发事件应对的完整图式。就相同点而言，分类应对的两种路径都强调：第一，对突发事件影响范围内的危险区域进行有效封锁和隔离，以防止危险扩散，为应急管理工作的顺利展开创造空间条件。第二，采用强制手段维护社会秩序，为应急管理工作的实施创造稳定的环境。二者的侧重点和差异则在于：对自然灾害、事故灾难、公共卫生事件的应急响应的核心在于“救援”，即组织营救和救治受害人员，疏散、撤离并妥善安置受到威胁的人员以及采取其他救助和生活保障措施；而对社会安全事件的应急响应，其核心是止暴制乱，恢复秩序。

② 分级应对。分级应对的主要目标是提高应急管理资源的使用效率,确保管理对象的性质、程度与管理手段、资源投入之间的匹配度。目前我国根据性质、严重程度、可控性和影响范围等判定标准,将各类突发事件依次分为Ⅰ级(特别重大)、Ⅱ级(重大)、Ⅲ级(较大)和Ⅳ级(一般)四个等级。对应的应急管理模式也呈现出程度差异,对于危害性有限和一般的突发事件,既有的应急管理体系通常会在应急预案的指导下,由主管部门和专业部门采集和分析相关信息,并引入专家学者的智力支持,对突发事件的危害范围、程度和变化趋势等进行把握和预测,并将相关动态信息报送上级,以供科学决策;通报于社会公众,使其做好防范和应对工作,也据此对舆情进行引导,以稳定社会秩序。对于重大的突发事件,应急管理体系则会在一般性预防和处置机制的基础上,加大组织动员和资源投入力度,例如提升预案等级,将应急管理主体责任移交至更高层级政府,动用应急救援队伍,扩大物资规模,启用应急设施和避难场所,提高向社会发布的预警等级,转移、疏散或撤离易受突发事件危害的人员并予以妥善安置,转移重要财产等。

3. 善后工作:恢复、重建与发展

在时间序列上,善后工作是紧随着事中应对而展开的应急管理第三阶段。在这一阶段,突发事件本身已被有效处置,其影响也得到充分控制,应急救援的主体任务已宣告结束,这使得工作重心已由抢险救灾转向恢复、重建等善后发展议题。善后工作的主要目的在于消除突发事件造成的灾难后果,弥补人员伤害和财产损失,保障受灾民众的生产生活需要并为其发展能力提升创造条件。

(1) 恢复与重建

恢复与重建是应急管理善后阶段的两大核心工作,二者是相辅相成、一体两面的关系,其目标都指向消除突发事件的负面影响,使民众的生产生活转回正常状态,确立社会秩序。其中,恢复工作不仅需要清理和恢复受灾地区的生态环境,也要重点恢复生产能力和生活水平;重建工作则侧重于对突发事件破坏和摧毁的基础设施等进行重新建设。同时,为了消除突发事件的中长期影响,还要将恢复与重建纳入更为宏大的发展格局中加以审视,在功能上将其作为提升受灾区域可持续发展能力的前提和基础,在相关工作的开展过程中有意识地为长远规划预留空间,以实现短期恢复、重建与长期发展的有机衔接。因此,恢复重建不仅意味着补救,也意味着发展,需要以此为契机,一方面增强社会防灾减灾能力,整体推进应急管理体系和能力的优化升级,另一方面有效利用国家扶助政策和社会援助资源,促成地域经济社会发展,从而转“危”为“机”。

具体而言,恢复、重建的主要任务包括:

① 恢复生存环境,重建基础设施。人类的生存环境包括自然环境和社会环境,对自然环境的恢复包括:消除突发事件对生态系统的影响,即清理突发事件带来的垃圾、废物,控制污染源,降低疫情风险。对社会环境的恢复包括:修复、重建居民住房,促成灾民的回迁工作,为恢复正常生活奠定基础;修复、重建商业设施或工农业生产设施,为商业经营和产业运营奠定物质基础,从而释放生产要素,促进经济的恢复与增长;恢复、重建服务于生产生活的基础性公共设施,如自来水、电、气、通信、交通等。

② 恢复生活常态,满足民生需求。恢复与重建的第一要务是坚持以人民为中心的价值导向,恢复受灾区域的生活秩序,这要求不仅要为群众提供食品、药品、饮用水等基本的生活

物资,保障其生活质量;也要预防次生灾害和违法犯罪行为的发生,保障群众的生命和财产安全;还要将资源和注意力向老人、儿童、残疾人等弱势群体倾斜,实现兜底保障。

③ 恢复生产工作,实现经济增长。生产工作的恢复不仅依赖于相关基础设施的重建,也需要恢复与激发全生产要素,例如在宏观层面,由政府做好顶层设计和制度建构工作,通过制定经济政策、优化营商环境,调控宏观经济;在中观层面,政府部门应该帮助企业恢复、重建生产厂房和生产设备,尊重和保障企业的合法权益,为企业的商业决策和发展战略提供信息支撑,并对灾区企业实施税收减免政策,从而提高企业的营收效益;在微观层面,政府应为个体经营者提供小额贷款金融服务,而对于普通劳动力,则应加强个人职业技能培训体系建设,提高个体的就业安全和从业能力。

④ 进行心理疏导,恢复社会秩序的心理基础。突发事件的巨大破坏力和灾难性后果往往会给受灾群众造成严重的心理阴影,甚至造成极大的心理创伤,从而影响其生活态度和生活能力。在传统的灾害处置和应急管理工作中,对心理创伤的救治没有得到应有的重视,民生保障等物质层面的投入是善后工作的焦点,而随着以人为本的理念得到深度诠释,应急管理的思维也在不断调整与变迁,恢复、重建的过程更加注重为突发事件影响下的群众提供心理咨询和心理辅导服务,对严重者进行心理危机干预。

(2) 发展能力建设

恢复与重建是应急管理善后阶段的基础性工作,而随着应急管理理念的进步,应急管理不仅出现了重心前移的趋势,也出现了管理链条向后延伸的新变化,即更为注重在善后阶段基础性工作的前提下,通过在恢复与重建工作中预留发展空间,为提升发展能力、构建长效机制,开启区域经济社会全面发展的新局面创造契机。具体而言,应急管理善后阶段致力于推进受灾区域发展能力的主要举措包括:

① 充分利用国家优惠政策,促进区域经济发展能力。为了恢复与发展生产,重建灾后地区的社会秩序,国家一般会综合施策,组合使用多种优惠政策及其配套措施,对当地的经济社会事业进行支持。这使得当地有条件全面改善经济环境,优化产业结构。例如,国家的财政转移支付与税收减免政策,一方面为受灾群众的生活来源、医疗救助、设施重建等注入保障资金,使灾区在有效满足人民群众最基本生活需要的同时,也为其进一步提升生活质量,优化生存环境奠定了基础,实现"赋能"。另一方面也通过有重点、选择性地运用税收减免政策,为受灾区域的各类企业和经营者降低运营成本,从而通过有效的"减负",改善当地的经济发展环境,以刺激生产者积极性,拉动经济增长。同时,从经济发展的总体格局上看,国家的信贷优惠与产业发展投资政策向受灾地区的倾斜有利于保障中小企业的资金来源,为其稳定和提升生产规模和能力,扩展岗位需求提供支持;而人力资源的开发政策则着眼于劳动者一方,通过灾区劳动力培训,提高劳动者从业技能。双方的有机对接有效优化了就业市场的供需关系,在经济发展的同时也解决了民生问题。

② 统筹使用国家与社会的援助资金,撬动经济的高质量发展。随着突发事件应急处置工作的逐步完成,灾后恢复、重建工作成为政策过程的中心议题,而其关键则在于获得多渠道、可持续的资金来源。受灾地区获得的援助资金通常包括国家投入、社会投资与捐赠等多种形式,在具体类型上则涵盖财政、金融、保险以及国内外融资等多方资金,形成一种政府、市场以及其他利益相关者共同参与的资金投入格局。其中,来自政府的财

政投入是规模最大、最为稳定的资金来源，对当地的恢复、重建发挥着不可替代的作用；来自社会和市场领域的资金则有助于优化当地的产业结构与经济发展模式，对经济的可持续、高效发展，实现从“输血”到“造血”的经济发展功能，具有积极意义。随着对外开放政策的深入推进，各种域外资金也开始进入到灾后恢复、重建项目中来，为援助资金的多元化做出了重要贡献。

③ 有效依托对口援建的支持模式，实现区域间协同发展。为了进一步提高对受灾地区的支援与帮扶力度，我国采取的对口支援的常态化模式，其目的在于明确对口支援单位与帮扶对象的结对关系，强化支援单位的主体责任意识和人力、物力、财力等帮扶资源的定向投放效益。一方面，财政状况和经济发展水平较高的对口援建单位，能够以援建资金、援建项目等形式直接对受灾地区进行帮扶，不仅在财政方面给予其更多的融资渠道，也通过基建、产业项目等为当地营造更好的经济社会发展环境。另一方面，这种结对帮扶关系也为受灾地区加强与对口援建单位的跨区域合作提供了便利。受灾地区应准确定位区域发展的优势与劣势，既利用援建单位的相关优势填补本地区经济发展的短板，实现以长补短，结合本地的区位优势、产业优势打造互利共赢的双边合作项目体系，实现强强结合，从而把短期援建转化为经济发展的长效举措，带动本地区的可持续发展。

④ 立足抢险救援的经验教训，有针对性地强化社会的承灾能力。所谓“多难兴邦”，自然灾害、安全事故等突发事件在带来灾难性后果同时，也为应急管理体系提供了重要的效能检验机会。在善后阶段，通过系统性、全面性地总结应急管理全过程中的有益经验和薄弱环节，可以为进一步查缺补漏、进行体制机制和管理技术升级创造参照系，其着重点主要在于安全设备更新、防灾设施加固、应急救援队伍建设、应急管理流程重塑等，以此提高社会经济系统的承灾能力和应急管理系统的抗灾能力。

二、现代应急管理的部门联动

政府体系作为应急管理的核心主体，其行政效能是应急管理能力的主要来源。现代科层制政府体系是一种由不同层级政府和不同职能部门，即“条”“块”系统共同组成的机构形态，这使得政府体系呈现出纵横交织的组织特征。同时，科层链条的纵向延展也使其具有“委托-代理”困境、信息不对称、执行扭曲等内生性功能障碍，因此，要有效发挥政府在应急管理中的主导作用，必须对其进行结构-功能整合，即破除职能分割与执行梗阻，提升各层级之间的纵向执行能力与各部门之间的横向协同能力，发挥政府系统的联动优势。

1. 部门联动的双重向度

现代应急管理中的部门联动因科层制政府的组织特征而具有两个向度。

(1) 上下级政府或其职能部门之间的纵向联动

就本质而言，上下级政府及其职能部门之间存在的“命令-服从”或“指导-被指导”关系决定了二者的联动属于政策执行的范畴，即上级政府及其职能部门必须通过一定的激励措施提升下级政府对其决策的响应力和执行力。在实践中，这种将权威结构嵌入政策执行链条的联动机制通常包括：第一，上级政府将某项政策确定为“中心工作”，推动下级在工作聚焦的注意力分配中予以优先考虑；第二，上级政府通过构建领导小组或指挥部，为某一工作的专门实施提供组织保障；第三，领导小组和指挥部等也发挥了对所属部门进行统筹协调的重要功能，由于部门壁垒、部门利益和不同隶属关系等因素的存在，同级部门之间的合作关系较难达成，而上级政府通过议事协调机构将这种同级合作关系转化为上下级的权威等级关系，则在一定程度上克服和缓解了合作困局。上下级之间的纵向联动因权威的高位推动而具有较高的实践效能，契合了应急管理对速度和效率的迫切需求，因此在目前的应急管理中得到了最为广泛的应用。

（2）同级政府或同级职能部门之间的横向联动

横向联动指向同级政府或同级政府的职能部门之间的协同与合作关系，其目的在于通过政府主体的横向整合，形成业务攻坚的合力。以同级政府或职能部门在这种合作关系中的参与度为标准，横向联动包括协同与合作两种模式，其中协同模式中存在配合与主管两种差异化功能属性，而合作模式中的参与方则承担着相同的功能定位。具体而言，在协同模式中，部门之间的专业分工决定了某一部门是该工作事项的主管单位，在由其牵头所建构起的协同体系中，其他关联部门主要发挥配合作用，为主管部门提供必要的信息与资源支持。这种模式的优势在于明确了专项工作的主体责任，避免了职能交叉导致的推诿扯皮；其缺陷在于配合性的职能部门缺乏足够的参与激励，这种配合工作容易沦为敷衍塞责和形式主义。在合作模式中，同级政府或部门具有职能分工上的平等性，即不存在主管与配合的角色区别，需要通力合作以完成某一专项工作，各主体之间共享相关信息与资源，并同等地参与政策过程的各个环节。这种模式的优势在于集中了政府体系的有生力量，既消除了专业化行政各自为战的分散性，又优化了协同模式的松散性；而这种模式的弱点也是明显的，即在缺乏一个坚强领导核心的维系作用时，合作模式就失去了长效运作的动力以及内部凝聚力。因此，这种模式的有效性高度依赖于更高等级权威主体的推动，例如更高层级的领导和协调机构等以实现跨部门的整合。

2. 应急管理部门联动的实现路径

具体到应急管理的专门领域，目前各国在长期的实践探索中逐渐形成了四种不同的部门联动实现机制，包括专门型、主管型、合作型和枢纽型（表 6-2）。

表 6-2　应急管理部门联动实现路径的模式比较

应急管理部门联动的实现路径	组织依托	运行特征	功能优势	内在困难
专门型	作为实体机构的专业型应急管理协调部门	该部门具有集中统一的职能权限	实现了专业分工与集中领导的有机结合；明确了主体责任，防止职能交叉和职能分割；指挥系统的扁平化	部门本位、部门利益；降低其他职能部门的参与积极性；职能超载；协同困境
主管型	已有的政府部门	根据业务性质，由相关主管部门牵头成立较为松散的协作体系	降低了财政负担和运营成本，避免了机构膨胀；强化了部门之间的协同能力；提升了专业化，明确了主体责任；高度的灵活性	协同合作的制度化不足；主体责任难以明确

表 6-2(续)

应急管理部门联动的实现路径	组织依托	运行特征	功能优势	内在困难
合作型	不同业务领域的主管部门联合体	本质上是多个主管型联动机制的复合形态	最大化地发挥了不同部门的专门优势	协同困境存在于不同阶段、不同层级的合作中
枢纽型	并非专业职能部门的信息枢纽平台	通过控制和调节信息流动和分配,实现职能部门的业务整合	以较低的运营成本驱动了政府体系的有机联动	高标准的信息归类要求;部门协同缺乏有效保证

(1)专门型的部门联动实现机制

这种实现机制依托于一个专业性的应急管理协调部门,由其负责协调和整合政府体系的应急管理组织资源和其他相关资源,以实现应急管理的部门联动。这种专业性的应急管理部门作为实体机构,拥有独立的人事编制和财政预算,为其保持较高的行动能力提供了资源基础。上级政府将政府体系内的相关职能权力打包授予这一部门,使之成为综合处置突发事件的政府责任主体。在突发事件暴发后,由该部门统一接警、统一处警,协调相关单位开展应急救援工作。此外,政府也不再另设重大综合性突发事件的协调机构,而是直接将战时指挥部的角色属性赋予这一职能部门,并由上级领导参与现场指挥。这一机制的优势在于:首先,它实现了专业分工与集中领导的有机结合。一方面各业务部门专项负责各自职能范围内的突发事件,应参与应急管理流程的特定环节;另一方面则由该专门部门进行业务整合,以应对综合性的重大突发事件。其次,它进一步提升了应急管理的专业化,明确了主体责任,防止职能交叉和职能分割造成的绩效损耗,也优化了组织机构,实现了指挥系统的扁平化,从而大大增强了应急处置的反应速度和施策的精准性。同时,这一机制也存在一定的内在困难:首先,专门的应急管理部门作为政府的组成部分,同样会出现部门本位、部门利益等功能障碍,从而干扰政府行政合力的塑造与政策过程的顺畅运行。其次,这一部门的主体地位及其主体责任一方面将应急管理范畴内的所有事务纳入自身业务范畴,另一方面也会降低其他职能部门的参与积极性,使之缺少协同力量。二者的叠加会加重该部门的工作负荷。最后,在充分调整和理顺政府机构及其职能边界的情况下,应急管理部门和其他职能部门的业务领域难以避免重叠与交叉的问题,从而导致新一轮的协同困境。

(2)主管型的部门联动实现机制

这种部门联动的机制设置在功能层面类似于上文的专门型部门联动实现机制,其目的都是实现应急管理权力的集中化、主体的明确化、反应的快速化和施策的精准化。主管型部门联动机制的主要特征在于它并非新设专门的应急管理部门以承接相关事务,而是通过政府授权的方式,将相应的应急管理权限赋予已有的政府部门。这一政府部门必然是应急管理事务范畴内的专业职能部门,具有特定的经验和技术储备,相对于其他部门具有承接任务的比较优势。具体而言,在各地的应急管理实践中,根据业务性质,通常将突发事件综合处置交由公安、消防、卫生、质检、交通、水利等部门主管,并由其牵头成立较为松散的协作体系。其中，主管部门负责制定相关预案、规章制度和操作方案，并明确所需其他部门提供的协助事项；而其他部门则应主管部门的要求，在人员和资源上予以配合。这种联动机制的优势在于：首先，这种机制最大化地利用了现有的组织资源和编制，降低了另设机构的财政负担和运营成本，避免了机构膨胀的弊端；其次，既有部门在长期的业务工作中建立起了较为默契的沟通渠道和协同方式，能够为应急管理的部门联动提供成熟的关系网络和信任基础，降低了开展工作的隐性成本；再次，这一机制同样发挥了职能部门的专业特长并明确了相应工作的主体责任，提升了应急处置的工作效率；最后，这一机制具有高度的灵活性，主管部门并非是固化的特定单位，而是根据突发事件的具体属性和类型，确定业务主体，从而有利于通过科学合理的角色组合最大化发挥应急处置的专业性。同时，这种模式的缺陷也较为明显：首先，它同样无法妥善解决部门之间的协同障碍，相对于专门型部门联动实现机制的等级权威，主管部门与其他部门的平级关系使之协同动议缺乏权威保障，或者依赖于部门之间的非正式关系网络，或者依赖于上级部门的统筹协调，机制的内生动力严重不足；其次，突发事件越来越具有全域性和综合性特征，也使得越来越难以为其定性从而明确主管部门的归属，这在一定程度上也带来了推诿扯皮。

(3) 合作型的部门联动实现机制

这种部门联动机制在本质上是多个主管型部门联动实现机制的复合形态，其目的则在于应对规模更大、险情更加复杂的重大突发事件。如前文所言，在主管型部门联动实现机制中，面对特定的突发事件类型，相应的主管部门在该专项工作中发挥主导作用，而其他部门则进行配合。但随着突发事件复杂性、复合性的逐渐提升，各专业领域的职能部门都出现了危机处置的能力短板，这要求不同部门必须形成更为紧密的合作体系，以强化应急管理系统的综合性和全面性。因此，在实践中，政府部门日益形成了主管型基础上的合作型部门联动实现机制，即将不同的业务领域整合起来，形成综合性的应急处置系统，而功能整合在结构层面的具体呈现，就是不同业务领域的主管部门被联结起来，成为由平等主体组成的应急管理共同体。在这种合作体系的运行中，不同部门发挥自身的业务专长，实现有机协作、优势互补，这也使得联动机制本身存在多个不同类型、不同层次的指挥系统和执行系统，分布在应急管理流程的不同时空阶段。就空间层面而言，较低层级的职能部门因其临近发生地而具有信息和反应优势；就时间序列而言，事前、事中和善后阶段都存在不同的应急管理主体，其中事前阶段起主导作用的是具有预测和监控设备的职能部门，事中阶段的应急处置主体是救援部门，而善后阶段的工作主体则是民政和建设部门等。这些不同层级、不同序列的职能部门根据预案规定或相关法律体系和操作指南而分工合作、联合指挥、联合行动。在信息化迅速发展的背景下，合作型的部门联动实现机制的实现程度和实施效能因技术加持而得以显著提升，网络化电子协作与协同一体化指挥平台等，能够实现不同层级、不同部门之间的信息共享与实时联络，消除了时空距离带来的信息损耗和扭曲，紧密了相互联系，为政府体系的整体化奠定了技术基础。这种联动机制的优势在于最大化地发挥了不同部门的专业优势，并将其贯穿于应急管理的全过程。而其缺陷则在于将协同困境复制到了不同阶段、不同层级的合作中，即使技术问题抵消了一部分障碍因素，而源于科层制内生功能梗阻的相关因素则仍在产生影响。

(4) 枢纽型的部门联动实现机制

与其他几种联动实现机制不同，枢纽型部门联动实现机制的关键在于信息的统一接收、及时中转与精准投放。因此，其中的核心任务是打造出有效的信息枢纽平台。这种信息枢纽平台并非专业的职能部门，也因此不享有相应的处置权限，其主要定位是作为应急管理不同阶段、不同政府部门之间的信息传递媒介而存在。当出现风险征兆或突发事件发生时，警情会传递到该信息枢纽平台，由其中受过专业知识培训的管理人员进行分类，根据其业务属性将其转发至相应的职能部门，并将职能部门的处置结果反馈至报警人。可见，枢纽型的部门联动实现机制是通过控制和调节信息流动和分配，实现职能部门的业务整合。其优势在于以较低的运营成本驱动了政府体系的有机联动，而其缺陷则一方面在于对信息归类的准确度提出了较高的要求，也因此可能导致信息的错误分类与错误投放，从而消耗处置时间，另一方面也未在职能部门之间建立起直接的、实质性的协同机制，其有效性难以保证。

三、现代应急管理的社会协同

党的十九届四中全会指出，中国特色社会主义制度的优势是国家治理能力的重要来源与保障。而应急管理能力作为国家治理能力的关键组成部分，其强化与提升取决于构造"共建共治共享"的主体格局，即在坚持党委领导的前提下，实现政府负责、社会协同、公众参与的有机结合，从而发挥政府、市场、社会等多元主体的联动优势，形成应急管理的合力。

如前文所言，在我国的应急管理模式及实践场域中，政府是应急管理的核心主体和主导力量，这一重要地位决定了政府的行政效能在应急管理能力的整体塑造中发挥着根本性的作用。而政府的行政效能一方面取决于上文所言的部门联动与部门整合效果，另一方面则源于对科层制结构缺陷与功能障碍的有效缓解和化解。科层制的内生性缺陷包括横向的职能分割、职能交叉，纵向的信息不对称、执行偏差以及整体性的路径依赖、制度刚性等，事实上，这些问题是科层制本身的反功能，难以通过政府的自我调适予以彻底消除，这就使得寻求政府外部的解决方案具有必要性和迫切性，多元主体的协同共治模式应运而生。

不同于西方国家社会治理的多中心化或去中心化倾向，我国社会组织、市场机制等发育的低成熟度使得应急管理中的多元主体协同共治呈现为行政主导下的社会动员。在这种治理格局中，政府主要负责资源的征集与调配，救援队伍的训练与组织，管理与救援体系的建构与运营等。社会组织、企业等社会或市场主体以及公众个体则发挥其自身的领域优势，在物资与资金筹措、技术设备与人力安排以及专业咨询等方面为应急管理的开展提供后勤保障。这种打破政府、企业与社会组织的边界，有利于将专业性与灵活性、权威性与协同性有机统一起来，发挥应急管理的系统化合力。具体而言，应急管理的社会协同包括以下几个方面。

1. 按照平战结合、专常兼备的理念做好社会力量的培育与扶持工作，构建全覆盖的应急管理协同体系

在我国的社会治理场景中，社会力量不仅涵盖了工会、共青团、妇联等人民团体，还包括各种企事业单位、"两新"组织以及公众个体等社会行动者。为了有效发挥社会力量在突发事件处置中的重要作用，必须在日常的经济社会发展过程中予以引导和支持，例如，通过健全和创新相关的体制机制，从而保障和提升工会、共青团、妇联等人民团体在动员群众、宣传教育、社会监督等方面的现实能力；加强对红十字会、慈善机构等的监管和培训，强化其应急

管理的专项服务能力；建立政府与各类市场与社会主体的沟通平台与联系渠道，一方面支持其健康发展，另一方面强化与其在应急管理等专项工作中的制度化合作方式，确保在突发事件发生时能够将其快速动员起来；加强对社会公众安全知识的宣传与培训，强化其风险防范意识和自救互救能力。

2. 推进社会力量参与渠道、参与形式与功能定位的制度化，实现多元主体的优势互补与有机联动

在目前的应急管理处置中，社会主体通常以资金、物资、人力提供者与应急管理教育的接受者身份参与到这一过程中来，而其在技术开发、理论研究、知识普及、灾后建设等方面的积极作用尚未得到充分释放，因此应急管理效能的新的发展空间就在于通过科学、民主的激励与吸纳机制将社会主体的行业专长转化为应急管理能力的要素。同时，应急管理社会协同机制的有效运作还应综合把握和界定社会主体的基本特征，并将其合理配置到应急管理流程的各个环节中，实现各司其职、各尽其用，例如人民团体因其政治属性而具备较强的宣传与动员能力，因此其功能主要契合于应急管理的事前准备与事中应对阶段的核心需求；社会组织因其所具有的专业属性，而契合于风险监控、预案编制等事前环节以及应急救援的事中环节；企业等市场主体在资金、物资筹措方面的优势地位使其在应急管理全过程，尤其是灾后重建阶段具有不可替代的重要作用；公众个体作为非组织化的社会力量，通常是应急管理的保护对象，然而其广布性、分散性、流动性和规模性不仅有助于及时发现警情，也有利于作为应急管理的人力资源。

3. 着重发挥军队的支援和保障力量，构建军地协作的长效机制

军队是维护国家安全，确保社会稳定，保障社会主义发展的支柱力量，人民军队的本质属性也决定了其具有保护人民生命财产安全的根本使命，2005 年国务院和中央军委联合颁布的《军队参加抢险救灾条例》中就明确规定："军队是抢险救灾的突击力量，执行国家赋予的抢险救灾任务是军队的重要使命"。因此在我国的应急管理体系中，人民军队是救援力量的重要组成部分，其构成包括：中国人民解放军、武警部队、预备役和民兵等。随着经济社会的发展和区域联系的加强，突发事件的影响范围和呈现形态也在不断变化，如自然灾害、环境灾难、生产安全问题、公共卫生问题、恐怖主义等，这些重大安全问题超出了普通行政力量的能力限度，而军队的战备水平、训练水平、组织能力、反应能力等则契合了国家应对重大安全问题的现实需要，这也使其在我国突发事件处置过程中发挥着不可替代的作用。军队的应急管理效能的充分实现依赖于军地联动的质量与水平，而这需要打造长效化、制度化的军民共建机制：一方面要加强军地协同的常态化演练，提升二者的合作默契；另一方面也要注重军地的情感纽带建设，维护军政军民团结。

第三节 应急管理的理论前沿与比较研究

随着现代社会对风险管控和突发事件治理需求的不断提升，应急管理事务得以深入推进，在这种情况下，一方面为了及时跟进丰富的实践经验，另一方面也为了引领和指导实践的开展，应急管理的学术研究呈现出蓬勃的发展态势。具体而言，应急管理研究与治理理论的交汇，构成了当前应急管理的学术前沿；应急管理模式的国际比较，尤其是中西比较成为

应急管理研究的重要分支和热门主题。

一、应急管理理论的前沿分析

治理理念的深度践行与治理技术的大规模运用是中西方社会发展进程中最为显著的两大现象，因此目前中西学界关于应急管理的研究也围绕这两个方面而展开，主要形成了以下研究热点。

1. 应急管理的整体性治理

在整体性治理理念的指引下，西方国家开展了一系列改革实践，以打造“无缝隙政府”。其主要目标在于通过强化不同层级、不同职能序列之间的沟通与合作，克服治理结构和治理资源的碎片化状态，实现结构与功能的有效整合，从而以一体化政府破解科层制的内生功能障碍，消除治理空白。整体性治理在应急管理领域的实践运用首先体现在建立综合性的应急管理部门，将散布于政府体系各处的应急管理相关职能和资源等集中起来，实现权能与责任的有机统一；其次体现在政府及其职能部门之间建立的制度化协作机制，实现应急管理的跨域合作；再次体现在应急管理过程的严密衔接，防止不同环节之间的脱节，最大限度地实现应急管理的整体效能。

2. 应急管理中的合作治理

整体性治理主要指向政府内部的协同应对，政府与其他社会主体的合作则被纳入合作治理的范畴。这一合作机制的必要性在于单一主体的内生缺陷，例如政府失灵、市场失灵以及社会服务不足等，因此，合作治理的基本出发点在于发挥不同治理机制的专长，并使之相互补充，以多元主体的联动优势抑制单一主体的负功能，例如科层制的制度刚性、制度惯性、执行梗阻等，市场机制中的垄断、负外部性、不完全信息以及公共产品匮乏等，社会机制中广泛存在的旁观者效应、公地悲剧、搭便车效应、邻避效应等。合作治理的关键在于构建适配于多元主体合作共治的组织与制度载体。去中心化的合作治理有别于传统的行政一元化治理模式，无法为后者依托的等级式科层制有效承载，在实践中，合作治理逐渐形成了一种扁平化的网络治理结构。在应急管理领域，合作治理的运用主要体现在激发社会、市场和公众的主体意识，使之深度参与到应急管理中来，形成全灾种、全过程与全主体的应急管理联动体系。

3. 应急管理中的技术赋权

现代信息技术的迅速发展更深刻地改变了社会治理的思维方式与实践形态，这种因技术升级而产生的赋权效应体现在大数据在应急管理领域的大规模应用。通过构建一体化的信息和数据共享平台，政府内部的职能部门之间、政府外部的多元主体之间的联系渠道和合作形式有了制度化和实体化的基础载体，有力支撑了整体性治理和合作治理的深入发展和全面扩展。信息技术的引入，不仅实现了应急管理的结构增能，也实现了应急管理的过程赋权，无论是事前的风险评估、监测预测还是预警和信息发布，都需要信息技术进行数据处理和传输；事中阶段的应急救援也需要信息的及时传递以建立救援指挥部与救援现场之间，不同协同力量之间的实时联络，提升应急救援能力；善后阶段则需要对突发事件进行信息储存，对救援过程进行经验总结，对民政工作进行信息调度。可见，信息技术的应用贯穿于应急管理的全过程，也保障和优化了应急管理的整体效能。

二、应急管理模式的中西比较

应急管理模式是作为应急管理主体依托于相应的体制、机制、法制和体系等制度结构所展开的管理方式和路径，其呈现形态与思维理路受到国家整体的权力组织形式、制度文化、国家与社会关系的深刻塑造，这也决定了应急管理模式的中西分野。西方国家作为现代应急管理的开创者和制度化先行者，经过长期的实践探索和理念转型，逐渐发展出了强政府与强社会的合作共治模式，突出了社会自组织力量在突发事件应对中的主体作用；而中国的后发优势则使其一方面充分吸收和借鉴了西方应急管理的先进成果和有益经验，另一方面依托我国的社会主义制度“集中力量办大事”的总体优势，以党和政府为核心主体，以社会和市场的多元主体为协同力量，构建出一核多元的“共建共治共享”的应急管理主体格局和联动体系，实现了权威性与协作性的有机统一。

1. 西方“多中心主义”的应急管理模式

在西方国家的政治文化传统中，政府、市场与社会是有着明确边界，且具有相对自主性的资源配置机制，其中政府扮演着“守夜人”角色，为市场运作和社会自治提供基础服务。而随着经济社会的发展，政府的职能范围和权能强度也日益增加，逐渐形成“强政府-强社会”的国家形态，这一特征也直接体现于西方国家的应急管理模式中。政府、社会与市场对应急管理过程的高度参与显示出一种“多中心”的结构-功能模式，即政府以政权为支撑，在组织动员、统筹规划、专业技术等方面发挥作用；市场发挥资源配置上的效率优势，为应急管理过程提供资源保障；社会则发挥自组织优势，释放社会组织和民众的救援力量。这种多中心模式在公共部门和私人部门之间建立起良性互动与紧密合作关系，一方面有利于矫治各主体内生缺陷造成的政府失灵、市场失灵等，以提升其运作效能；另一方面也实现了不同主体之间的优势互补，不仅分散了应急管理的成本负担，缩减了政府的财政支出，也均衡了主体责任，稀释了社会风险因素。相对于中国的应急管理模式，西方国家的市场和社会机制在应急管理中的主体作用尤为显著。

(1) 社会自组织力量高度活跃

西方国家有着悠久的社会自治传统，这使其形成了社会自我管理、自我服务的一系列组织依托，在应急管理中最为重要的社会力量就是众多的志愿组织和志愿者群体。在西方国家中，德国具有发达的志愿者体系、健全的运行程序和成熟的服务经验，有数据显示，目前在德国的 8 000 万人口中，有 2 300 万名志愿者的服务年限超过 14 年。志愿者的准入门槛不高，培训流程也比较简单，符合相关条件的志愿者只需在业余时间接受注册领域的专业培训，就可获得志愿者身份。可供志愿者选择的业务领域也非常齐全，志愿服务岗位覆盖了几乎所有的公共服务领域。具体到应急管理领域，德国建立有公私搭配的志愿救援组织，五大私立志愿救援组织以及若干个国家管理下的专业志愿者群体为应急救援提供了规模庞大的组织力量。例如，消防领域有 130 万名志愿者和不到 3 万名专职人员；卫生防疫领域有 50 万名志愿者；联邦技术救援署有 8 万名专业志愿者，专职人员只有 800 名。深受各种自然灾害袭扰的日本等也具有非常强大的民间救援力量，与德国依赖于专业志愿者组织不同，日本高度重视对民众自救互救能力的培养，这体现在事前准备阶段的高度战备状态：除了全民普及的防灾减灾和应急救援知识，还配套有高强度的日常演练，使相关理念和技能成为日本国民的“标配”。

(2) 市场机制的突出作用

在西方国家的应急管理中，市场机制是救援资金和物资等的主要来源渠道，也因此发展出了众多富有成效的配套制度。例如德国的国家强制保险和各种社会保险在应急管理中发挥着重要的市场调控作用。2009年，科隆档案馆附近的地铁施工导致了档案馆倒塌，与之相连的居民楼受到严重损毁，成为需要拆除的危房。这一事件直接引起了受灾群众的临时安置与灾后重建等连锁问题，也由此产生了资金赔付问题。在现实解决方案中，受灾居民的临时安置由科隆市财政局出资，房屋重建则由承保公司按照合同出资。而保险公司在赔付后，也可以通过法律途径起诉档案馆倒塌事故中的责任主体，即地铁建筑公司。同时，地铁建筑公司在施工之前也购买了相应的工程事故保险，也可从承保方获得保险资金，如此则实现了安全风险的分摊与转移。这种全覆盖的连环保险起到了双重作用：首先，它实现了社会风险的多元承担，降低了单一主体面对沉重损失的经济压力；其次，通过保额赔付的经济压力倒逼安全意识的养成与强化，尤其是将安全风险、事故等级评定与保险费率相挂钩，对保险人加强生产安全产生了强激励。

2. 从政府中心主义到多元协同共治：中国应急管理模式的变迁

“强政府-弱社会”的基本国情使得我国应急管理模式呈现出政府中心主义的总体特征，即政府作为应急管理的核心主体，全面负责应急管理工作的统筹协调和具体实施，社会组织、企业和群众一方面是应急管理的保护对象，另一方面也在人力、物力、信息等方面为政府提供协助和支持。这种分工的基本布局源于政府与其他社会主体的能力差异。相较于社会组织与企业，政府在资金规模、组织体系、动员能力和治权依托等方面占据绝对优势，这使其能够集中力量，有效应对大规模的突发事件。而社会组织、市场机制等在改革开放后才开启了发展进程，在规范性、成熟度和组织力上都处于较低层次，尚无法独立承担起应急管理的主体责任。这种状况不仅塑造了政府中心主义的应急管理现有模式，也为应急管理的转型预留了社会和市场赋能的发展空间。近年来，随着经济社会的发展，我国的应急管理也逐渐突出了社会、市场等多元主体的协同意义，出现了从政府中心主义转向多元协同共治的演进趋势。

政府中心主义的应急管理，其效能在本质上就是政府体系的行政质量。如前文所言，政府的应急管理能力取决于纵向执行能力和横向协调能力，即条块的整合效果。为了破除应急管理过程中的行政梗阻，发挥部门的联动优势，我国采取了顶层设计与顶层推动的政策执行模式，将部门间的协作问题转化为上下级之间的权威等级关系，以调动下级执行的积极性。具体而言，就是强化领导权威，构建强有力的指挥协调中枢，如应急管理指挥部与领导小组等；通过机构改革，厘清职能部门的权能边界，避免职责交叉；探索跨领域与跨地域的政府合作机制，建立各主体的沟通、对话与协商的制度化平台，实现应急管理的全政府运作。

目前，我国“政府中心主义”的应急管理形成了“一案三制”的应急管理基本框架：一是强调了应急预案的核心指导作用。事前制定的应急预案明确了体系建设和日常演练的重要性，实际上为应急管理实践提供了操作手册，有效提升了突发事件应对过程的规范性和稳定性。二是与预案编制相似，通过建立健全应急管理的法律法规体系，实现实践的规范性与明确性，同时也以法律的形式界定了职能划分并赋予了应急管理主体以相应权力。三是建立健全应急管理的制度体系，其核心在于通过结构与功能的不断调试，实现应急管理功能的集中统一，避免机构冗余和职能交叉、职能分割。2018 年新一轮机构改革设立了应急管理部，整合相关部门的应急管理权限，是我国应急管理发展的里程碑事件，标志着应急管理理念的调整和制度建设的重大进步，由偏重“分类管理、分级负责、属地管理”走向“统一领导、综合协调”。四是完善应急管理的全域联动机制，强化社会、市场等多元主体的参与范围和力度，铸造应急管理的合力。

在坚持和完善现有的应急管理模式的同时，国家也在应急管理的思维和实践导向上逐步重视政府之外的多元主体的专门作用。党的十九大报告、党的十九届四中全会决议等文件均指出要完善党委领导、政府负责、民主协商、社会协同、公众参与、法治保障、科技支撑的社会治理体系，通过构造各司其职、均衡互补的协同性主体关系格局，形成统一指挥、功能齐全、反应灵敏和运转高效的应急管理模式。在其中，党委是领导核心，负责应急管理重大方针、政策、路线的战略决策；政府是应急管理政策的主要执行者与实施者；社会力量是应急管理过程的重要参与者和各种资源的供给方。

与应急管理的西方模式相比，中国特色的应急管理具有“集中力量办大事”“全国一盘棋”的整体优势，广泛、严密的国家与社会组织网络为应急管理系统的高效动员和相关资源的有效传输提供了组织载体，中国特色的党政结构为应急管理提供坚强的治权保障，以人民为中心的执政理念则为应急管理的目标设定与稳定运行提供了基本的工作方法与价值指引。因此，中国特色的应急管理相较于西方模式的最显著优势在于实现了有效性、秩序性和人民性的有机统一，在落实应急管理专业目标的同时，也维护了社会稳定，兼顾了民生保障。同时，我国的应急管理事业起步相对较晚，与西方模式相比也存在一定的不足之处与发展空间，具体而言，它过于依赖政府的作用，社会与市场的应急管理主体潜能尚未得到妥善开发，造成了应急管理的财政压力；多元社会主体的参与度明显不足，参与范围也比较狭窄，弱化了其主体责任感和参与热情，降低了社会和市场的协同作用；应急管理的政府强势地位与其他社会主体的边缘化倾向，也不利于对政府应急管理权力运作的监督与制约。

第七章 应急技术、应急装备与应急平台

本章就当前国内与国际灾难发生的防治应急发展进行讨论，着重对国内外应急技术、应急装备及应急平台的定义、组成、功用以及发展现状展开说明，使人们对于应急技术、应急装备与应急平台能够有基本的科学性认识，了解目前国内外应急技术、应急设备和应急平台的发展情况，并通过借鉴国外的先进发展经验进一步健全我国应急管理体制，进一步推动应急技术发展，改进应急装备，完善应急平台。

第一节 应急技术

近年来，我国经济高速发展，人民的生活水平得到迅速提高，与此同时，人们对于加强公共安全保障，完善应急管理体系的呼声也日益高涨。应急技术是应急管理体系的重要支撑，世界各国都大力推进应急技术的进步，以提高抗灾抢险的效率，保障人民的生命财产和社会公共安全。而我们党和国家一直以来尤为重视应急技术的发展，习近平总书记在中央政治局第十九次集体学习时强调推进我国应急管理体系和能力现代化要着力强化应急管理装备的技术支撑，优化整合各类科技资源，推进应急管理科技自主创新，依靠科技提高应急管理的科学化、专业化、智能化、精细化水平。要加强关键技术研发，提高突发事件响应和处置能力；要适应科技信息化发展大势，以信息化推进应急管理现代化，提高监测预警能力、监管执法能力、辅助指挥决策能力、救援实战能力和社会动员能力。

一、应急技术的概念与分类

1. 应急技术的概念

2003 年以前，我国对于应急管理的研究主要集中于灾害管理研究方面，应急技术的研究和应用也仅局限于单项灾害和灾害发生过程中。我国在 2003 年抗击“非典”的过程中，暴露出我国应急管理体制和应急技术的短板，党中央、国务院高度重视健全应急管理体制机制和推动应急技术的发展。我国先后经历了“非典”疫情、南方雨雪冰冻灾害、拉萨“3・14”事件、汶川特大地震和昆明火车站暴恐事件等一系列的突发事件后，特别是 2020 年在抗击 COVID-19 疫情的过程中，建立起了一套完善的应急管理体制，而应急技术伴随着我国应急管理体制机制的完善也得到了迅速发展。

应急技术是指根据应急事件的经验积累、科研理论以及社会科学原理发展而成的用于应急事件预测、救灾动员、应急救援以及灾后重建等的各种工艺操作方法、装备技术等。关于应急技术的含义需要把握两点：第一，应急技术不仅用于一般洪水、台风、地震等自然灾害，而且广泛应用于火灾救援、煤矿事故、重大疫情以及暴力恐怖事件等人为灾害和公共安全事件；第二，应急技术与应急管理的预防、准备、响应和恢复四个阶段相适应，贯穿应急管

理的全过程。

2. 应急技术的分类

目前，世界各国对于应急技术的分类尚未统一，学界对于应急技术的分类标准也未达成共识。学界对于应急技术的分类主要有以下几种：按照应急技术能否公开的标准，可将应急技术分为公开技术和秘密技术；按照应急技术的使用权标准，可将应急技术分为私有技术和公共技术；按照应急技术是否投放市场生产标准，可将应急技术分为实验室技术与工业化技术；此外，还有一种分类方法是依照突发事件的技术需求进行分类，比如自然灾害应急技术、人为灾害应急技术、人因事故应急技术、混杂事件应急技术等，具体如图 7-1 所示。当然也有部分学者是按照专业技术领域对应急技术进行分类。

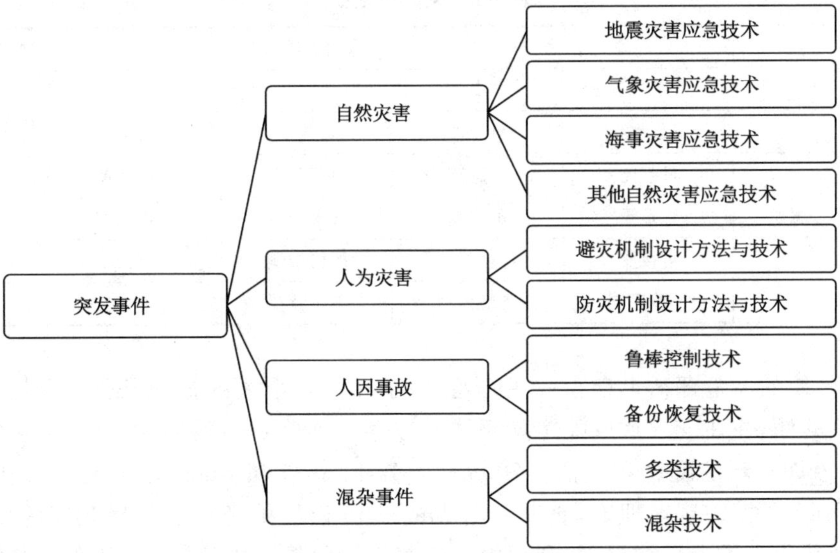

图 7-1　按突发事件需求标准应急技术分类

应急技术依托应急处理领域的具体需求而发展，在技术的应用中，功能需要逐渐引起各个国家的重视，学界目前对于应急技术功能分类的研究文献相对不足。在事故应急处理中，针对具体情况，切实合理地应用先进技术能够更快更高效地应对事故。因此，根据技术的功能应用范围，可将应急技术按功能划分为风险评估技术、应急信息采集技术、应急监测检测技术、应急通信技术、导航定位与遥感技术、应急物流技术、事故调查分析技术、数据处理分析技术和决策支持技术。同时，可以将突发事件的发生阶段分为：事前，预防与应急装备阶段；事发，预警与应急响应阶段；事中，处置与应急救援阶段；事后，评估与恢复重建阶段。不同的应急技术对应突发事件不同的处置阶段，数据处理分析技术等广泛应用于突发事件的各个阶段。

(1) 风险评估技术

风险评估是指按照科学的程序和方法，对潜在的危险进行分析与估计，并在条件许可的情况下，以既定的指数等级或者概率值做出的定量表示，为制定防护措施和安全管理提供科学依据的过程。风险评估的方法有很多，例如统计方法、层次分析法、数据库包络分析、神经网络和风险矩阵方法等。主要的风险评估方法有三类:定性、定量和半定量方法。风险矩阵方法是最为常见的一种半定量的风险评估方法。1995 年 4 月,美国空军电子系统中心采办工程小组对采办项目的寿命周期进行风险评估时,提出了风险矩阵方法,并被广泛运用于工程项目中。风险评估的一般步骤需要三步:第一步,需要对主体及需求进行评估,并进行系统性的分析,在分析的基础上,给出项目风险定义;第二步,需要开展风险识别和确定需要评估的风险事态,在这一步,我们需要采用特定的风险分析方法,从而能够准确地描述风险事态的概率和损失水平;第三步,我们需要参考决策者的风险态度,划分概率和损失等级,建立风险矩阵,并根据建立的风险矩阵对风险事态进行风险评价。风险评估矩阵如表 7-1 所列。

表 7-1 风险评估矩阵

概率等级	损失等级				
	1	2	3	4	5
1	可忽略	可忽略	可接受	可接受	合理控制
2	可忽略	可忽略	可接受	合理控制	严格控制
3	可接受	可接受	合理控制	严格控制	不可接受
4	可接受	合理控制	严格控制	不可接受	不可接受
5	合理控制	严格控制	不可接受	不可接受	不可接受

同时,传统的风险评估也存在一些问题,由于评估者个人的知识条件,评估工具选择不合理等诸多问题,往往会导致风险矩阵评估方法存在不确定性的问题。学界为了克服这一问题,提出了许多新的理念和方法。2008 年,Markowski 和 Mannan 在传统风险矩阵的构造过程中,引入了模糊逻辑理论,通过采用 Mamdani 模糊推理算法将风险矩阵中一直采用的定性准则转化为了定量结果,并利用中心法去模糊化得到风险值,根据风险值得到风险等级评价结果。风险评估矩阵被广泛应用于项目工程安全评估、公共卫生安全评估、公共交通运营风险评估等多个领域,成为应急管理中识别公共风险的重要工具。但同时,需要注意的一点是风险矩阵虽然原理比较简单,结果也比较直观,但它是一种半定量方法,缺乏坚实的数学基础,容易受到评估者和评估工具等的影响而出现不稳定性。

(2) 应急信息采集技术

突发事件具有临时性和不可预料性的特点,也正因如此应急信息的收集尤为重要,它贯穿着应急处置的各个环节,同时也是应急信息管理的基础。按照突发事件的类型,可以将突发事件分为自然灾害、事故灾害、公共卫生事件和社会安全事件等。在自然灾害信息采集方面,常见的应急信息采集技术有传感器技术、“3S”技术(遥感技术 RS、地理信息识别与获取技术 GIS 和全球定位系统 GPS)、物联网技术和射频识别技术等;在事故灾害信息采集方面,常见的应急技术有电磁、视频、红外检测器以及能见度仪等技术;在公共卫生事件的信息采集方面,除了按照突发公共卫生事件应急预案的要求,采取人工方式,逐级上报公共卫生事件信息以外,PDA(手持终端个人数字助理)技术也是一项重要的卫生事件信息采集技术;在社会事件方面,主要有话题检测与跟踪技术等。

现代应急信息采集技术与传统人工应急信息采集技术相比更加依赖现代信息技术的发

展和各类监测站、机构和终端。应急信息采集数字化、智能化和一体化是未来应急信息采集的发展方向，也是适应我国应急平台现代化和数字化的需求。虽然现代应急信息采集技术相比于传统人工应急信息采集技术效率高，但是仍然不能完全忽略人工应急信息采集的重要性。

（3）应急监测检测技术

在应急管理中，应急监测技术往往应用于突发事件的预警中，它通过对于表征突发事件的某些可供监测信号的感知，提前对突发事件做出预警，从而为预防和处置各类突发事件争取时间，将损失降到最低。地震监测技术就是最为重要的应急监测技术之一，2020 年 5 月 18 日 21 时 47 分，云南省昭通市巧家县发生 5.0 级地震，大陆地震预警网提前 10 s 向昭通市发出预警，提前 69 s 向昆明市发出预警，为防震减灾争取了宝贵时间。应急监测检测技术同时也可以为处置应急事件提供全方位的动态实时信息支持，并综合利用各种智能数据分析技术，对突发事件做出应急响应，从而实现高效率处置突发事件。通常监测需要运用传感器、安全定位系统、地理信息系统、视频技术、通信技术、网络以及其他监测技术。应急监测技术包括“3S”技术、通信技术、视频监控与无线射频识别(RFID)技术、雷达传感技术、数据库存储技术、人群监测技术和舆情监测技术等。应急检测技术则主要应用于水体污染、事故污染以及重大的公共卫生事件等突发事件的处置阶段。例如，2020 年 COVID-19 疫情中，针对新型冠状病毒的实验室基因测序有助于人们了解病毒的基因序列特征，以便评估病毒的致病性和传染性等；而病毒核酸检测技术则大大提高了排查疑似患者和确诊病例的效率。除了病毒检测之外，光谱与色谱技术等也属于应急检测技术，具体如图 7-2 所示。

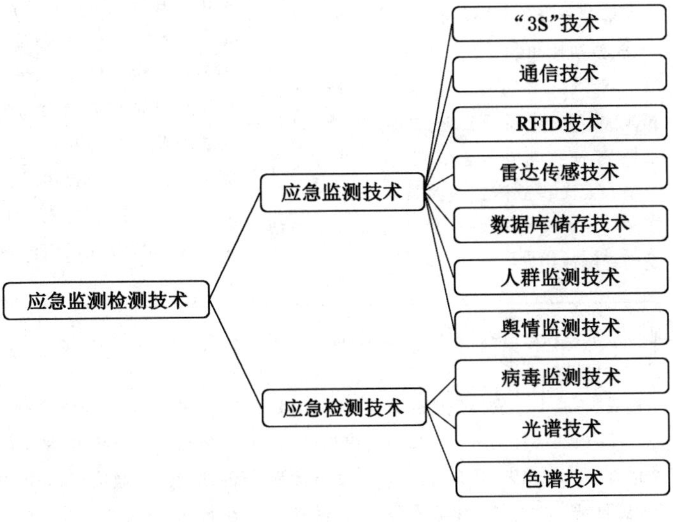

图 7-2　应急监测检测技术

（4）应急通信技术

应急通信与我们一般所熟知的通信技术是不同的，指的是出现突发的自然灾害、公共安全事件等突发事件的时候，常规的通信工具无法使用时，紧急启动的一系列通信联络技术。

应急通信技术具有临时性和灵活性的特点，是一种短暂性、快速效应的特殊通信机制，它可以综合利用各种资源，保障信息的传递，当然这也适应于处置突发事件的工作需要。常见的应急通信技术包括公共通用通信网络技术、数字集群技术、无线传感器网络技术、微波探测技术、视频会议和视频监控技术、卫星通信等多个技术领域。在突发事件案例中，应急通信保障措施具体如表 7-2 所列。

表 7-2 突发事件中通信网络损坏情况与应急通信保障措施

突发事件	通信网络损坏情况	应急通信保障措施
2001 年 9 月 11 日 “9·11”恐怖袭击事件	“9·11”恐怖袭击事件造成移动电话拨打数量暴增，华盛顿地区增加了 125%，而纽约地区则增加了 400%，甚至个别运营商暴增了 1 000%。同时，由于世贸双塔倒塌，造成无线电运营商 AT&T、Nextel、Sprint、Verizon 等的 5 个无线基站被损毁，160 个基站停止工作；美国位于曼哈顿地区的政府机构、紧急事务管理局、法院、FBI 总部通信中断，公共电信网全面瘫痪，甚至五角大楼的通信也处于半瘫痪状态；美国互联网上电子商务网站的平均响应时间从平时的 2.5 s 延至7 s，在线公司报文积压了 12 亿份	无线电通信运营商在 24 h 之内，紧急搭建了 17 个临时性的基站，恢复了纽约地区停止运行的 75 个基站，并新增 1 个基站，为五角大楼提供额外通信服务；有线通信运营商 AT&T 公司紧急启用了实时网络选路系统，并采用了“呼叫中断技术”，恢复通信网络；Verizon 公司则为曼哈顿地区提供了约 4 000 部免费本地投币电话，为华尔街增加了 24 条高速数据链路（10 Gbit/s）和数千条电话线
2005 年 8 月 25 日 卡特里娜飓风	卡特里娜飓风重创墨西哥湾沿岸地区的重要通信基础设施，导致约 1.1 万根电线杆倒断，密西西比州约 5 万根电线杆倒断，2.6 万段电缆和 2.2 万条线路陷入瘫痪，使得 300 万电话用户受到影响或通信中断，破坏了1 477 座移动电话通信塔，并造成 911 呼叫中心大面积故障。墨西哥湾沿岸地区的 50%的地方电台和 44%的地方电视台通信受到影响或中断	美国联邦应急管理署部署 2 支机动应急支持分遣队，分遣队主要任务是提供移动通信，其中主要包括提供卫星通信、电话以及数据通信线路。美国联邦通信委员会对卫星通信系统部署程序进行临时特殊授权，全国跨机构消防中心，累计为受灾区域提供了 38 个卫星通信系统和 3 200 部终端，组建起了以卫星通信系统为主体的全方位救灾通信体系
2008 年 5 月 12 日 “5·12”汶川大地震	地震造成四川、甘肃、陕西三省累计 14 544 个移动通信基站受损，15 565 个固定无线接入基站受损，35 911 皮长公里的通信线路受损，195 321 根通信杆倒断，3 981 个通信局受损，造成直接经济损失 67.94 亿元。移动累计受灾电信局所 3 897 个，移动通信、小灵通基站累计损毁 28 714 个，光电缆损毁 28 765 皮长公里。中国铁通四川、陕西两省分公司有 24 460 个固话用户和 6 724 个宽带用户通信服务中断	工信部紧急空降小型卫星地面站（IDR、VSAT，IDR 和 VSAT 是中速率的卫星通信和小口径的地面卫星通信）和手持卫星电话，派出突击队步行抢修和布放光缆。调动应急通信车 133 台、卫星移动电话 1 879 部、发电油机 8 037 台，以及其他应急通信装备 1 396 台(套)

表 7-2(续)

突发事件	通信网络损坏情况	应急通信保障措施
2008 年 1 月 南方特大雪灾	中国电信 2.28 万个模板区和接入网点受损，3.8 万皮长公里的线路受损，22.8 万根通信杆路受损，10 万余个基站受损；1 270.57万户小灵通或固定电话中断或者受到影响；中国移动 2.8 万个基站停电，受灾区域出现大面积的电力和传输系统中断；贵州省全省 6 000 多个移动基站通信中断或通信受到影响，累计影响到 377 万手机用户的通信。中国联通基站退服总数达 37 144 站次，受影响用户 807 余万户	工信部的统一部署下，通信行业累计调动应急通信车和应急通信抢修车辆 44 万台次，有 113 万人次的抢修人员紧急投入抢修工作，动用应急通信设备 41 万台。中国电信、移动、联通和网通纷纷成立应急工作组，中国电信紧急赶制 10 万张 IP 电话卡；中国移动紧急抽调分公司的应急油机对贵州省进行支援，累计派出 40 余辆车和 100 多人的应急抢险突击队；中国联通在雪灾发生期间，累计完成应急发电 2 699 次，出动应急通信车 98 台次，其他抢修车辆1 575 台次
2011 年 3 月 11 日 日本“3·11”大地震	日本电信公司 1 500 家基站被破坏；NTT 移动通信约 5 120 个移动站点毁坏；灾区 47.54 万条光缆中断；岩首县和宫城线 87.95 万条电话线中断	日本政府紧急建立了 JAXA 和 NICT 两个 WINDS 应急通信系统，日本通信行业的各运营商，紧急启动了防灾机制，组织紧急抢修受灾的通信网络，并派出了卫星通信车和移动基站，覆盖重点公共设施。日本各通信运营商累计向日本政府提供了约 858 台蜂窝移动电话以及 603 台卫星电话。同时，各运营商都启动了“3·11”灾难应急消息业务，免费借出手机等方式，保障应急救援部门和普通民众的通信

(5) 导航定位与遥感技术

导航定位技术和遥感技术是目前最主要的两种获取空间信息的技术手段。而在处置突发事件的过程中，往往需要两种技术的相互配合。导航定位遥感技术主要以全球定位系统技术(global position system，GPS)、地理信息识别与获取技术(geography information system，GIS)和遥感技术(remote sensing，RS)等空间信息技术为主要内容，也就是我们所熟知的“3S”技术。同时，导航定位与遥感技术以计算机技术为主要技术支撑，用以采集、测量、分析、存储、管理、显示、传播和应用与地理空间分布有关的数据的一门综合的、集成的信息科学。GIS 是解决空间问题的工具、方法和技术，具有空间数据获取、存储、显示、编辑、处理、分析、输出和应用等功能，它能够很好地为处置突发事件提供辅助数据支持；RS 主要是利用远离地面的遥感器对地球表面的电磁波信息进行探测，并进行信息的传输、处理和判读分析，RS 拥有获取和监测大范围信息的功能，能够为 GIS 的空间决策提供支撑；GPS 是当前精度最高的、覆盖全球的导航系统，当前有四大全球性的导航定位系统，除了美国的 GPS 卫星导航系统，还有欧洲伽利略卫星导航系统、俄罗斯格洛纳斯(GLONASS)卫星导航系统以及我国自主研发的北斗卫星导航系统(BDS)。当然还有两个区域性的导航定位系统：印度区域导航卫星系统(IRNSS)和日本准天顶卫星系统(QZSS)。

我国的北斗卫星导航系统于 20 世纪后期启动研发，2000 年北斗一号系统建成并投入使用，向中国提供服务；2003 年发射第 3 颗地球静止轨道卫星，进一步增强系统性能；2012 年，北斗二号系统建成投入使用，向亚太地区提供服务；2020 年 7 月 31 日，北斗三号系统建成并开通，向全球提供服务。北斗卫星导航系统由空间段、地面段和用户段三个部分组成：空间段由若干地球静止轨道卫星、倾斜地球同步轨道卫星和中圆地球轨道卫星组成；地面段包括主控站、时间同步/注入站和监测站等若干地面站，以及星间链路运行管理设施；用户段包括北斗及兼容其他卫星导航系统的芯片、模块、天线等基础产品，以及终端设备、应用系统与应用服务等。我国的北斗卫星导航系统可以提供五种服务：基本导航服务、短报文通信服务、星基增强服务、国际搜救服务和精密单点定位服务。除了为世界广大用户提供各项服务外，在我国救灾减灾领域也发挥了重要作用。例如北斗国家防灾减灾系统，它是利用北斗卫星导航系统的定位、导航、授时、短报文等功能，可不依赖传统通信网络进行灾情传输，实现位置共享。该系统拥有灾情信息采集、现场人员搜救、应急指挥物资调度、信息发布、业务保障等功能，提升了国家综合防灾减灾能力。

"3S"技术拥有不同的适用领域，但是"3S"技术的融合和互补发展为处置各类突发事件提供了强有力的支持，特别是用于灾害监测与预报领域。首先，"3S"技术可以为处置突发事件提供数据支持，为应急管理部门提供大量的基础数据支持，包括高精度的地图和地面的真实景观影像。在我国的 2008 年汶川地震、2010 年玉树大地震以及其他突发事件的处置中，"3S"技术都发挥了巨大作用。其次，"3S"技术兼具分析和评价功能，通过地面真实景观影像，获知地面的建筑、道路、电力通信等各种基础设施受灾情况，为分析灾情和制定下一步的应急处置预案提供支持。最后，"3S"技术可以对突发事件进行风险跟踪及模拟预测，确定应急风险防控路线和重点防控区域。

(6) 应急物流技术

应急物流技术与我们所熟知的一般物流技术是有所区别的，它是指当出现严重的自然灾害、重大公共安全事件以及突发性的公共卫生事件等重大或紧急的突发事件时，为了保障应急救援和处置突发事件所需的人力、物力和资金而进行的特殊物流活动。应急物流系统同一般物流具有相同的构成要素，包括流体、载体、流向、流程、流量等要素。应急物流系统可以分为军事应急物流和非军事应急物流。

从定义中很容易看出，应急物流技术的重要特征有：第一，应急物流具有突发性或非常规性的特点。应急物流的启动往往是由于突发的严重自然灾害、重大公共安全事件或突发性的公共卫生事件，与我们日常生活中稳定的物流活动是完全不同的。第二，应急物流具有需求随机性的特点。因为应急物流是伴随着突发事件而启动的，突发事件不同，所需的人力、物力需求往往也是不同的，这种随机性也要求相关部门应当做好应急物资的储备和应急物流的演练，以便能够在突发事件发生时，根据事件的特点和要求快速响应，保障人力、物力、财力的供应。第三，应急物流具有紧迫性的特点。应急物流需要保障应急救援的人力、物力和资金需求，往往是无比紧迫的，例如地震灾害中，灾区紧缺的食品、药品、饮用水等日常生活用品的需求往往无比紧迫。第四，应急物流具有作业量不均衡的特点。应急物流需要较短时间内输送大量的应急保障资源，运输量往往在较短时间内可以达到日常运输量的几十倍甚至百倍，会出现明显的短期峰值，而这种短期峰值对物流系统的弹性和物流人员都是巨大的考验。第五，应急物流具有弱经济性的特点。应急物流不同于一般物流，往往追求的是社会效益而非经济效益，在历次的重大突发事件的应急物流保障中，往往利润并不高，但却具有不可代替的社会价值。第六，应急物流具有多主体参与性的特点。突发事件通常是由政府应急管理部门协调处置，应急物流往往有政府部门的参与或者在某些特殊突发事件中，由政府主导，多主体参与。

（7）事故调查分析技术

事故调查分析技术指的是事故发生之后，为了确定事故的起因和责任划分，从而防止类似事故再度发生的技术手段。事故调查分析一般需要包含调查取证、原因分析、责任归属划分以及预防建议等要素，分为事故现场调查和证据收集、物证分析和识别、事故原因和过程分析、事故认定和事故报告阶段。该程序涉及许多调查方法和分析技术。事故调查的一般程序如图 7-3 所示。

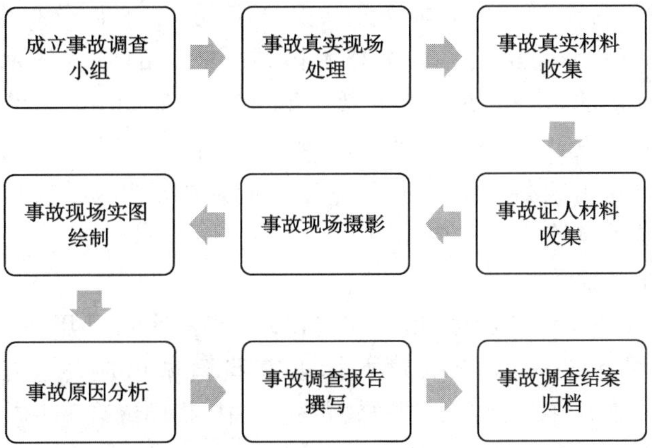

图 7-3　事故调查程序

事故调查的基础理论是事故致因理论。经典的事故致因理论主要有三种，分别是能量观点的因果连锁论、人与轨迹交叉理论和事故因果连锁论。事故调查广泛应用于突发事件的事后调查中，例如，发生在 2005 年 8 月 14 日的太阳神航空空难，号称“幽灵航班”，飞机抵达雅典上空后，一直盘旋，军机侦查发现所有乘客都陷入昏睡之中，最终因燃油耗尽而坠落，造成 121 名乘客和机组人员罹难。事故发生之后，空难事故调查员正是利用了事故因果连锁论，揭开了太阳神“幽灵航班”的空难之谜：由于自动加压系统测试时，忘记把加压掣从手动模式变回自动模式，从而导致飞机爬升阶段，机舱缺氧，乘客和机组人员在飞机坠落前陷入昏迷。除了上述三个经典的事故致因理论外，还有五种比较常用的分析方法，分别是事故树分析、事件树分析、变更分析、失效模式和影响分析。

（8）其他应急技术

除了以上提到的几种常见应急技术外，还有两种应急技术：数据处理分析技术和决策支持技术。这两种技术在处置突发事件时，往往是配合使用的，决策支持技术依赖数据处理分析技术的支撑。数据处理分析技术主要有七种常见技术：数据库、数据仓库、联机分析处理、数据挖掘、可视化技术、案例推理技术和规则推理技术等。目前学者研究出的很多类型的决策方法结合相关的技术手段可以集成决策支持技术，比如分类分级决策、不确定决策、多目标决策、模糊决策、损失评价等。

二、应急技术的发展与应用

应急技术的发展已经有多年历史，在应急处理的实践中，各个领域的技术也在不断革新。近年来，重大自然灾害、重大安全生产事故和恐怖袭击事件屡见不鲜，为减少人员伤亡和财产损失，世界各国高度重视应急技术的发展。我国在一系列的重大自然灾害、公共卫生事件处理中逐步建立起领先世界的应急管理体制机制。

应急技术作为应急管理平台的重要支撑，是应急管理的重要基础，党和政府始终高度重视应急技术的发展。2006 年我国颁布的《国家中长期科学和技术发展规划纲要(2006—2020 年)》中明确指出加强对突发公共事件快速反应和应急处置的技术支持。以信息、智能化技术应用为先导，发展国家公共安全多功能、一体化应急保障技术，形成科学预测、有效防控与高效应急的公共安全技术体系。我国的应急技术是伴随着历次突发事件的处置而发展起来的，由被动的灾害救援到主动预防，但我国的应急技术的总体发展还是落后于世界主要发达国家。本小节主要向读者介绍国内外先进的应急技术及其在抢险救灾过程中的应用案例，通过对这些先进应急技术和案例的分析，为我国应急技术的整体快速发展提供借鉴。

1. 国内应急技术的发展

我国应急技术的起步较发达国家相对晚些，2001 年南宁市利用多种应急技术建立起第一个城市应急联动系统，这一系统的建立标志着我国城市应急救援体系建设的成功。2003 年，我国暴发了“非典”疫情，在处置疫情的过程中，我国综合利用“3S”技术等各种应急技术，整合各类信息资源，建立起了应急应用系统。这一系统由五大功能系统组成，分别是应急值守、数据管理、资源管理、模型分析和数据更新。利用这一系统可以实现应用数据抓取、信息处理、模型分析等功能。同时，应急应用系统利用对象关系技术进行数据管理，充分发挥 RDBMS 的数据管理的优势。利用 SQL 语言技术进行非空间和空间的控制，利用互联网通信技术实现信息共享。

2020 年，湖北省武汉市在抗击 COVID-19 疫情时就大量运用应急技术。首先，在医院的建设方面，中信设计院运用 BIM(building information modeling)平台对部分病房的土建及水电管线进行设计。BIM 平台搭建了一个信息共享和交流平台，使得建筑设计和施工流程在初期保持了同步进行，10 d 左右建成火神山医院和雷神山医院，为集中收治危重病人提供强有力的保障。其次，大数据技术的应用，由于 COVID-19 疫情暴发期与春运相连，许多疑似病人由于未进行检测而流出武汉，百度地图慧眼迁徙大数据系统通过数据定向、分析等途径确定了 500 万人员流出的方向。同时，大数据技术还运用于微观用户的运动轨迹，对于已确定感染人群来说，基于移动终端的轨迹，可以通过汇集的大数据来勾画关系图谱，进一步追踪接触者以进行隔离管理；另外，红外感应技术的应用为监测人口密度较大的机场、火车站等场所的人群体温情况，提供了重要保障。借助摄像头以及红外热图像技术，工作人员可以同时监测大范围人群的体温，实现精准的单点和多点高温自动追踪报警以及全天候监控。由于红外热图像技术检测是非接触性检测，这不仅降低了工作人员被感染的概率，也提高了检测的效率。

与此同时，智能移动机器人在抗击 COVID-19 疫情的过程中也发挥了重大作用。阿里巴巴达摩院推出了“智能疫情机器人”，借助语音识别、语义理解和自然语音合成等人工智能技术，机器人能够准确理解人类语言，并从智能知识库获取信息，反馈给通话人。其他的智能机器人，例如钛米消毒机器人，能够重点针对患者、医护、医废的高频活动区域进行沿路高水平消毒，以及针对患者和医护人员的所处区域进行多点终末消毒；京东物流智能配送机器人和诺亚物流机器人等实现了无接触物流配送。还有无人机技术的应用也在抗击 COVID-19 疫情的过程中发挥了重要的作用，比如成像无人机，它搭载红外摄像头，可以实现全天 24 h 在地面、建筑物或水中检测热源，并及时将热成像图传输到笔记本电脑、手机、平板电脑或大屏幕显示器上；同时，无人机还可以搭载喇叭和麦克风远程交流，操作人员可直接利用无人机对人员进行“喊话”，纠正其不规范行为，避免了面对面接触，减少了病毒传播。

我国应急技术在民用航空应急处置中也发挥了重要作用。2018 年 5 月 14 日，由重庆飞往拉萨的四川航空股份有限公司（以下简称川航）3U8633 客机在青藏高原上空海拔 8 400 m 的高空，遭遇右前风挡玻璃破损，客舱释压。在空中管制中心（ACC）、塔台（TWR）和机场运行指挥中心（AOC）等各方力量的配合下，成功处置此次民航突发事件，川航 3U8633 客机安全备降成都双流机场，除机上两名机组人员受伤以外，其他乘客和机组人员安然无恙，创造世界民航史的奇迹。首先，我们需要了解保证民航飞行安全的这三大机构，空中管制中心（ACC）主要通过气象系统、情报系统、飞行系统、雷达系统等多业务系统的数据监控，监测飞机起飞、飞行和落地以及飞行过程；塔台（TWR）则负责管制地面以及地面滑行区域，统筹飞机的起飞和降落，其管制办公室一般设置在视野开阔的塔台顶端，虽然目前绝大多数机场都安装有盲降系统，但是塔台的指挥，尤其是面临恶劣天气的时候，尤为重要；机场运行指挥中心（AOC）是整个机场的核心，负责机场运行的组织监控、指挥协调和应急救援等重要工作。而在处置川航 3U8633 客机应急事件中，空中管制中心（ACC）、塔台（TWR）和机场运行指挥中心（AOC）这三大机构的协作和协调起到了决定性作用。

MediaComm 美凯可视化坐席协作管理系统解决方案，广泛应用于广播电视、移动通信、军事与公共安全、轨道交通、电力能源、政府和金融等领域的指挥调度中心、数据监控中心等，特别是在空管领域扮演着重要角色。首先，MediaComm 美凯可视化坐席协作管理系统利用光纤 KVM 技术，实现了实时指挥调度功能。这一系统使用的是纯光纤的安全架构，抗雷击性能更强，能够满足空管领域严苛的自然环境，并且它还可以实现同时接入并管控航班信息显示系统、航空气象信息综合服务系统、机场管理运营支持系统等大量系统信号，为指挥长与普通坐席人员提供准确的空中交通实况。其次，MediaComm 美凯可视化坐席协作管理系统采用了人机分离、一人多机和分组分权限技术，实现了所有主机设备下沉至塔台的一楼机房，统一管理。MediaComm 美凯可视化坐席协作管理系统可以同时满足空中管制中心（ACC）、塔台（TWR）和机场运行指挥中心（AOC）这三大机构协调和统一指令安排的需要。目前，这一系统已经广泛应用于新疆空管局、中南空管局、云南空管局等多家空管单位。

我国是世界重要的产煤大国，煤矿安全生产始终是党中央和国务院高度重视的工业领域。随着科技进步，我国在通信技术上陆续有了新突破。最新研发的 KTW2 型矿用救灾无线电通信装置的通信服务覆盖区域广，有效改善了井下信号传输障碍、信号质量差等问题，达到了井上指挥人员、井下指挥人员、救护队长和队员之间相互通话的要求。我国在灾难通信系统方面利用前沿的计算机技术和通信技术研发出 KJT95 型矿井救灾通信系统和 WLX-1 型岩体无缆应急通信设备，在新技术的支撑下，这些设备的功能方面、结构方面、系统灵活性和稳定性等各个方面均得到了很好的改善，该系列技术产品扩大了井下救援任务实施中的应用救灾应急通信和调度指挥的通信范围。

孙继平等从 2016 年起对我国煤矿安全生产技术进行了系统的立项研究，以期攻破煤矿应急救援中的核心技术。他们的研究主要围绕六大关键核心技术进行，分别是煤矿重特大灾害感知技术、智能应急预案与救援辅助决策技术、矿井灾害应急通信技术与人员精准定位技术、煤矿重大灾害紧急逃生与引导技术、煤矿灾变环境信息侦测和存储技术、煤矿重大灾害抢险救灾技术。

（1）煤矿重特大灾害感知技术

这一技术主要应用于和煤矿相关的一系列突发灾害的感知，比如煤矿生产常见的透水、瓦斯煤尘爆炸等突发情况，以起到灾害预防的作用。

（2）智能应急预案与救援辅助决策技术

该技术主要是将互联网大数据技术与应急预案的编制相结合，同时作为一种辅助救灾技术，为救灾决策提供支持。

（3）矿井灾害应急通信技术与人员精准定位技术

该技术是煤矿救援技术最为核心的技术，也是目前我国的技术短板，特别是对矿道中被困人员的搜寻工作一直被认为是煤矿应急救援的关键技术。这一技术利用无线通信技术和卫星定位技术来保证矿井抗灾变应急通信畅通、精确定位遇险人员，从而为营救被困人员提供重要的引导和支持。

（4）煤矿重大灾害紧急逃生与引导技术

这一技术与突发灾害矿井应急通信、人员精准定位技术具有相似点，利用卫星定位技术、大数据技术等，在火灾、瓦斯煤尘爆炸等灾后，进行智能控制，合理引导人群的快速疏散。

（5）煤矿灾变环境信息侦测和存储技术

包括灾变环境侦测飞行机器人技术、灾变环境气体遥感技术等。这一技术主要为监测煤矿灾后环境的实时变化，为处置煤矿突发事件和应急决策提供支持。

（6）煤矿重大灾害抢险救灾技术

煤矿灾害中的应急救援技术对救援工作的有效实施帮助甚大，因此，研发快捷智能的救援技术很有必要。事故应急救援技术结构图如图 7-4 所示。

随着计算机的快速发展，我国基于国内互联网技术优势开发出基于浏览器的数字地图，成为抢险救援预案编制技术的重要部分。该技术可实现在数字电子地图屏幕上编制生成抢险救援方案图层并利用网络通信快速收发，以合理实现网络抢险救灾任务的调度与分配，弥补了之前网络数字地图制作的空缺，为建立更高层次的网络化抢险救灾调度指挥系统提供了重要的技术支撑。与此同时，我国科研队伍基于 Internet/Intranet 互联网网络技术、万维网地理信息系统（Web GIS）技术、远程分布式数字图形测控技术、光纤通信技术，开发出用于不同省市、不同地区的统一化应急救援指挥调节系统。在救援指挥系统的屏幕上可根据数字地图实时监测、查看、分析煤矿状况，实现灾害发展趋势快速分析以应对灾害形势。这些技术的突破发展为灾害事故抢险救援工作提供了很好的技术

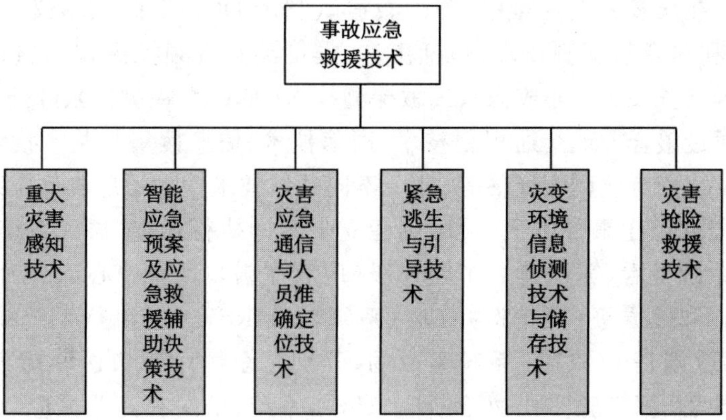

图 7-4 事故应急救援技术结构图

支撑，如我国在洪涝灾害较多的长江地区利用应急监控技术与启动系统技术，建立自然灾害应急启动机制，很好地调度了长江地区灾害应急工作。长江地区洪涝灾害应急监控与启动系统技术如图 7-5 所示。

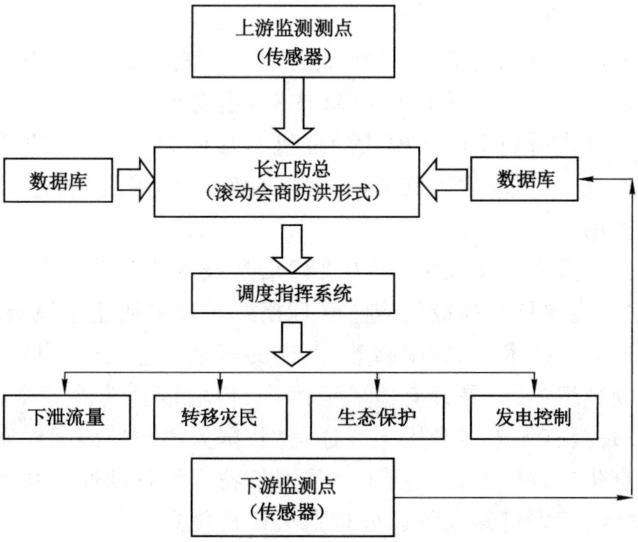

图 7-5 长江地区洪涝灾害应急监控与启动系统技术

2. 国外应急技术的发展

(1) 美国的应急管理技术

美国是世界上最早进行应急联动中心建设的国家，早在 20 世纪 60 年代，美国已经开始着手组建城市社会应急联动中心。时至今日，美国的应急联动中心(911 中心)已经遍布美国各大城市，911 中心不仅是简单的应急处置中心，它是多个灾害和突发事件处理机构联合组成的应急联动中心，可以调度警察、消防和急救部门的处置力量。

美国在应急技术方面做了很多年研究，经过不断试验验证与现场实施，逐渐建立了完备的法治化危机管理体系，该体系涵盖了危机应对计划、高效协调处置、全面网络覆盖和社会调度分配等多个方面。在众多突发灾难中，美国救援队利用 DKL 生命探测仪成功营救诸多遇难者，该生命探测仪利用音频探测技术（包括声波、震动波）、视频探测技术（包括光学、光纤、红外）、雷达探测技术（包括成像、非成像）、气敏探测技术（如 CO_2 检测仪）、红外探测技术、微波探测技术等。美国通过整合合理交通规划技术、通信技术、信息搜集与共享技术、公共营救方案智能抓取技术以及物资有效调配评估等 12 个不同领域技术建立了危机反应系统。

在应对突发公共卫生事件方面，美国则建立强大的执行系统，这一系统由纵向和横向系统组成。从纵向系统上看，美国建立了联邦级（疾病控制与预防中心，CDC）、州级（医院应急准备系统，HASA）和地方级（城市医疗应急系统，MMRS）三级执行系统；从横向系统上来看，美国的执行系统则是由 6 个子系统组成的，分别是全国大都市医学应急网络系统、全国公共卫生信息系统、全国实验室快速诊断应急网络系统、全国医药器械应急物品救援快速反应系统、全国健康教育网络系统、现场流行病调查机动队和网络系统。

2019 年 10 月 10 日，美国加州文图拉县纽伯里公园，圣莫尼卡山发生火灾，山火导致 3 人死亡，61 栋房屋被损毁，4 条高速公路被迫限行。美国应急联动中心立即启动灾害应对救援机制，防治山火过程中，利用先进的音频探测与视频探测技术成功救出数名受害民众，并出动直升机与无人机遏制大火蔓延，最终火灾局势得以控制。

(2) 日本信息技术发展

日本地处环太平洋火山地震带，是一个地震、火山和台风多发的国家，为了应对多发的自然灾害，日本经过多年发展，运用多种应急技术，建立起了一套综合性的应急管理体系。日本的综合性应急管理体系是全政府模式的危机管理体制和广域政府危机管理合作体系，这一体系充分发挥了政府、市场、“第三部门”各主体能动作用，在处置自然灾害等突发事件方面发挥了重要的作用。

日本在应对突发公共事件实践中，利用现代信息技术不仅建立起了完善的应急信息化基础设施，而且还逐步实现具有高效的应急管理模式。日本从建立健全基础设施部分入手，充分利用了现代信息通信技术，完成了高效、严谨的国家信息化应急信息体系建设。信息化建设由两部分技术领域组成：一是具有覆盖范围广、传输信息功能齐全、综合技术先进的防灾通信网络模块；二是具有无干涉专用无线通信网、国家消防部门无线网络以及防灾救灾互通互信网络。在信息化建设中主要运用了现代通信技术如移动通信技术、射频识别技术、临时无线基站、网络技术、救援机器人等以处理危机事件信息。

因日本多发地震和火山等地质灾害，日本综合利用应急通信技术、导航定位与遥感技术等多种应急技术，建立全国范围内的地震受灾早期评价系统，该系统于 2003 年完成部署，2004 年全面运行。这一系统具有两大功能：一是根据震级和地震数据，在 30 min 之内即可推算出地震的规模；二是该系统储存了大量 4 级以上地震的数据，一旦发生地震，该系统可以迅速推测灾难损害状况。据日媒报道，日本气象厅消息称，当地时间 2019 年 10 月 27 日 21 时 30 分过后，日本鹿儿岛县新岳火山口附近，发生大规模地震。地震受灾早期评价系统在 30 min 内自动算出受灾规模情况，指导当局有针对性地迅速展开救援预防措施，使人们提高了警惕并做出应急方案布置，有效避免了当地人员的损伤。

与此同时，地理信息识别与获取技术（GIS）很早就被广泛应用到日本的市政管理之中，而这一系统目前又被应用到城市综合减灾管理中，在日本的减灾防灾方面发挥了重要作用。

在城市灾害管理尤其是突发事件的处置中，信息对于决策者制定合理的处置方案以及普通民众的减灾防灾都是至关重要的，甚至起着决定性的作用。GIS是一种通用工具，它能够有效整合各领域的知识和数据，为制定防灾减灾提供强有力的支持，而日本恰恰看到了它对于灾害防治的重大意义，并将它应用于城市灾害管理系统中。首先，在抗震方面，GIS可以依据城市旧建筑物的密集度和道路宽窄度预测地震危险系数。这对于日本这样多地震的国家来说，是至关重要的，GIS计算出的地震危险系数为制定防震预案提供重要的支持和参照，而结合三维仿真技术则可以将防震预案进行视觉化，更加清晰可见，大大提高防震预案的可执行性。其次，在消防方面，GIS可以通过分析地下消防水井和其他消防设施的分布情况判断出便于迅速灭火的地区，通过解析道路网络支援城市消防；在灾害的预测方面，GIS建立了数据库，并可以根据数据分析的结果和标准做出预测，并根据预测结果制定相应处置方案。日本在地震发生时，天然气公司的供气自动停止系统就是GIS成功应用于城市管理的有效例证。同时，通过GIS数据与相关部门、企业的员工等组合，在灾害发生时即可掌握员工的安全情况，而且GIS还可以用于企业员工集会模拟。

(3) 印度的灾害管理模块信息化技术建设

自然灾害与安全事故频繁的印度在长期防灾救灾的实践中，建立了适合本国通信技术发展的信息系统，并在信息系统技术开发方面积累了丰富的经验。1984年12月3日，印度中央邦首府博帕尔市发生了一起震惊世界的工业化学事故，也就是“印度博帕尔事件”。这一事故是由于美国联合碳化物公司内部管理混乱，操作不规范，致使异氰酸甲酯的储槽压力上升，并从漏缝的保安阀中溢出，进而引发大规模的爆炸泄漏事件。当时由于印度应急技术落后，信息通信不畅，45 t毒气形成一股浓密的烟雾，以每小时5 000 m的速度袭击了博帕尔市区。印度博帕尔事件造成了严重的后果，累计造成了2.5万人直接致死，55万人间接致死，另外有20多万人永久残废，并导致周边患癌率大幅度上升，无数孕妇流产或产下死婴，受害面积40 km^2，数千头牲畜被毒死。

这一人间惨剧也使得印度政府痛定思痛，此后印度政府为了改善管理的能力和提高灾害预警防治水平，减少发生各种重大灾害所造成的损失，不断完善相应的法律法规和通信系统建设。为了有效控制灾害的发生和最大化减少灾害的损失，以信息技术为支撑开发出预警系统，并利用该系统可准确提供灾害预警信息。印度政府利用现代信息通信技术有效提高其社会防灾和抗灾的能力，并在实践中发挥着越来越重要的作用。

近年来，印度在灾害管理的具体实践中充分利用互联网技术、地理信息系统、卫星通信等现代信息技术，构建了覆盖全国的印度灾害资源网络（IDRN）、国家应急管理数据库、国家应急通信计划（NECP）、远程智能灾害管理系统等，取得了显著的成效。

(4) 澳大利亚的无线电通信技术

澳大利亚成功研发出一项无线电通信技术，该技术不仅能够使信息穿过数百米深的井下岩石还可以预先设置预选求助信息内容。矿工即使在受伤的情况下，也可以通过按动按钮来传递信息，从而确定矿工的位置并在紧急情况发生时为搜救人员提供救援指导信息。澳大利亚的镁思锑科技公司基于原有的地下Wi-Fi网络研发出impact矿用无线通信系统，建成有线光缆与无线网络相结合的煤矿通信系统。

三、我国应急技术的不足与展望

1. 我国应急技术的不足

虽然我国的应急产业和技术已经得到了一定程度的发展，但应急产业整体的自主创新能力仍然不强，没有形成产业核心技术竞争力，未来应急产业和技术还面临一些较为突出的问题。

(1) 应急产业少，技术分散

我国应急研发产业相对稀少，科技资源分散，科研整体力度不足、方向不明确，缺少统一性和整体性，应急科技的研发具有盲从性，资源浪费较为严重。近年来，我国虽然高度重视应急技术的发展并将应急技术发展纳入国家整体技术发展规划，但由于我国的工业基础与主要发达国家相比，较为薄弱，应急产业的起步较晚。同时学界和政府对于应急产业尚未形成统一概念，政策导向性不够准确，影响应急产业的发展。应急产业的稀少和发展落后，严重制约了应急技术的发展。

(2) 缺乏整体性，平台匹配度低

我国应急技术的发展和产品的研发整体系统性表现欠佳，不同领域的应急技术的合作和交流不足，致使核心应急技术、装备和应急平台之间不能实现对接、匹配。我国目前缺乏统一的技术和产品研发规划，目前应急技术和应急装备落后于应急平台建设，导致应急平台的诸多功能难以实现，特别是大型、关键性应急装备，难以适应应急需要，直接影响了应急处置效果。目前，虽然国家对应急技术和应急装备开发和支持力度逐年增加，但应急技术、应急装备和应急平台尚未统一纳入应急管理体系中，各自独立发展，缺乏统一规划。

(3) 涉及领域单一，研发力量不足

现有应急产业市场分散，诸多应急领域技术未开发，现有的企业规模较小，企业的技术研发力量薄弱、能力不足和空间受限。目前，我国应急技术的开发和研究主要涉及与地震、台风、洪水等自然灾害以及公共卫生安全相关的领域，对于航空应急救援和矿山井下关键救援等领域尚在起步。由于这些领域的关键技术研发投入资本大，研发周期长，成果应用范围窄，我国应急技术相关企业整体发展不足，研发能力弱，无力从事技术研发，一些领域尚处在未开发状态。

(4) 缺乏实验设备检测，核心技术不足

核心应急装备技术的研发力度不够，迫切需要建立基于应急仿真环境的统一应急装备研究、测试、检测和标准化实验体系。我国的应急技术研究实验室配置不足，缺乏专业性的研究设备和满足条件的虚拟仿真实验室。同时，我国应急技术的自主创新力不足，核心设备高度依赖进口，缺乏核心竞争力，在国际应急技术市场上处于劣势地位，例如，应急通信、信息通信安全、医疗检测、生化、核辐射防护等设备和装备生产领域均严重依赖进口。对于部分应急技术，西方发达国家拥有绝对的技术优势，把持国际市场，故意哄抬价格，而且部分核心技术仍然对我国严格保密。

(5) 缺乏科研合作机构，新技术转化力度薄弱

我国未建立有效的科研合作机构，应急技术的发展与创新成果未能全部实现产业化和市场化，科研单位的研究成果不能有效转化进入市场流通。目前，我国应急技术的开发和研

究力量主要以政府主导的科研院所为主,企业的技术研发能力薄弱。由于受现实的科研成果管理政策等因素的影响,应急技术的市场转化周期长,转化力度不足。同时,应急技术相关企业与科研院所的合作沟通不畅,尚未形成产学研一体化的转化机制,导致实验室新技术难以走出实验室,严重制约应急新技术的市场转化。

2. 我国应急技术的展望

为了有效解决应急科技发展面临的问题,提升应急产业自主创新的能力和动力,推动应急技术的持续发展,国家需要从多个方面加强对应急科技发展的规划、引导和支持。具体建议如下:

(1) 整合应急产业,扩大产业规模

制定明确的应急产业技术路线和确定应急产业技术发展方向,结合实际应急领域的需要,提高应急技术研发的适用性。国家应当进一步提高政策导向性,精准发力,大力扶持应急技术相关企业发展,扩大应急产业行业规模,提高市场竞争力。国家相关部门应当出台整体产业发展规划,仿照当前高新产业园区的模式,建立应急产业示范园区,完善相关配套措施,吸引应急产业入驻。同时,可以针对某些生产紧缺应急产品的企业提供资金补贴、贷款支持和税收减免,重点扶持此类企业,推动企业做大做强。另外,通过科学规划,推动应急产品上下游企业集聚生产,扩大整体的生产规模和产业规模。

(2) 建立统一标准,提高匹配度

有效整合各方科技资源,深化不同领域的应急科技交流与合作,逐步实现应急技术在不同领域的普遍性和适用性,完善应急产品的系列化、完整化和标准化体系建设。同时,应当进一步将应急技术、应急装备、应急平台开发和研究统筹于应急管理体系之下,增强应急技术、应急装备与应急平台建设的适用性,进一步完善应急平台功能。另外,国家应制定统一的市场标准,对现有企业不同的生产和技术标准予以规范化,并制定严格的市场监管标准,保证产品的质量。最后,根据应急平台建设需要和应急装备的配备需求,重点支持紧缺产品相关应急技术的发展,补齐应急平台和应急装备功能短板,增强整体协调度。

(3) 扩大应用领域,提高研发力度

政府应加强对企业的引导作用和对企业发展的扶持力度,提高企业的研发水平,激励企业成为应急技术创新的主体,增强企业整体的创新活力。同时,政府应对从事相关技术研发企业提供补贴和税收减免,增强其自主研发能力,对于部分冷门领域的技术研发,应当设置专项资金支持,大力扶持企业发展。另外,对于投资量巨大和研发周期较长的,尤其是企业无法独立承担技术研发的关键技术,应当由国家主管部门设立专项项目研究资金,委托专业科研院所或与企业合作开展,加强高校院所、企业等多主体创新联系和协同攻关。最后,注重知识产权的保护,对于拥有自主知识产权、注册专利的应急技术和相关产品,应当严格保护自主知识产权,严厉打击假冒伪劣产品,维护应急技术市场的公平。

(4) 推进试验基础,完善技术效能

第一,推进应急仿真模拟培训演练及试验检测基地建设,建立促成模拟与试验一体化系统,提升应急科技支撑能力;第二,增加研发实验室的设备配置,尤其是急缺设备的先进设备配置,提高实验室的研发能力;对于国外封锁的技术和设备,短期内应当积极寻找替代产品和其他进口来源,长期内应当加强技术研发,破除国外的技术垄断,吸引科研专业人才,提升整体的技术水平和研发能力；第三，加强各方面合作，整合分散的应急应用技术，建立跨领域的应急技术研发合作，打破传统应急技术布局，实现核心应急技术的多方面发展。

(5) 加强企业与科研院所联系，深化产学研合作

建立科研机构与企业的合作平台，设立应急产业技术创新基金和成果产业化基金，提升技术孵化能力；引导和扶持企业对应急技术自主创新及成果的产业化和市场化建设，鼓励引导科研单位与企业合作，加强产学研的衔接，提高科技成果转化率；制定科技成果转化政策，加强应急企业和相关科研院所在技术共享、人才培养、成果转化等各方面的长期合作机制；坚持以市场为导向的原则，形成“市场—技术”的发展模式，发挥市场对应急技术研发方向、路线选择的导向作用，推进应急科技创新供给侧结构性改革。

综上所述，应急技术的发展水平是世界每一个国家科技发展水平的缩影，体现了国家应急处置的硬实力，也是衡量一个国家应急处置能力的重要标尺。世界各国都针对本国的国情特点，制定本国的应急技术发展规划，建立适应本国实际需要的应急技术发展体系。我国应急技术虽然起步晚，受到欧美等发达国家的技术封锁，但我国应急技术在各领域还是获得了巨大的发展，实现多项关键领域的技术突破，甚至在一些领域已经赶超发达国家。但是，我国应急技术的发展仍然存在诸多不足之处，仍需克服艰难险阻，实现关键技术的革新。未来，我国将面临更加复杂的国内外环境和诸多不可预知的突发事件，扎实推进应急技术的长久发展和实现关键领域的技术突破，关乎亿万人民的生命和财产安全，将是我国应急能力提升的重要着力点和应急管理工作的重中之重。

第二节　应急装备

应急装备是构成应急救援力量的关键要素，关系救援队伍的救援能力强弱。“工欲善其事，必先利其器”，应急装备是我国应急救援硬实力的重要体现。习近平总书记曾经多次强调，充分发挥我国应急管理体系特色和优势，积极推进我国应急管理体系和能力现代化，要强化应急管理装备技术支撑，优化整合各类科技资源，推进应急管理科技自主创新，依靠科技提高应急管理的科学化、专业化、智能化、精细化水平。应急装备的先进性和科学性以及应急装备体系配置的标准性对于突发事件处置的成败至关重要。2018 年应急管理部成立以来，我国就进入了“大应急管理时代”，应急救援队伍建设和应急装备的科学标准配备成为新的工作着力点。世界各国都大力通过技术创新提高应急装备的专业性和先进性，并制定严格的配备标准，以提高处置突发事件的效率，最大限度地减少人员伤亡和财产损失。

一、应急装备的功用与种类

1. 应急装备

应急装备是构成应急救援队伍战斗力的基本构成要素之一，在处置突发事件的过程中具有重要的作用，应急装备的先进与否对于救援人员伤亡和突发事件的处置效果都具有重要的影响。世界各国在大力推进应急技术研发创新的同时，也高度重视应急救援队伍的装备配备问题，科学配备装备将大幅度提高应急救援队伍的救援能力。目前，学界关于应急装备的定义尚未统一，王天普等认为应急装备是指用于应急管理与应急救援的工具、器材、服

装、技术力量等，如消防车、监测仪、防化服、隔热服、应急救援专用数据库、GPS技术、GIS技术等各种各样的物资装备与技术装备；黄东方认为应急装备是指用于应对处理自然灾害、公共事件、突发危机的应急管理与应急救援的工具、器材、服装、技术力量等资源设备，如消防车、监测检测仪、安全防化服、隔热服、应急救援专用数据库、GPS系统、GIS系统等物资装备与技术装备。从学界现有的定义来看，应急装备主要包括两大类，一类是我们熟知的譬如消防车、救护车等的物资装备，而另一类则是譬如GPS系统、GIS系统的技术装备。由此，本书定义应急装备为运用于突发事件的预警、处置和事后评估过程中的所有物资装备和技术装备。应急装备体现了一个国家应急救援力量的强弱，是国家应急力量的一个重要衡量标准。在2020年抗击COVID-19疫情的过程中，我国在较短时间内，实现N95口罩、护目镜、防护服的生产和一线医护人员的配备，向世界展示了我国强大的应急力量。

2. 应急装备分类

应急装备种类繁多，使用方法多种多样，功能也并不统一，目前尚无统一的分类方法，学界目前常见的分类方法主要有三种：按照应急装备的适用性分类、按照应急装备的具体功能分类和按照应急装备的使用状态分类。

(1) 按照适用性分类

因应急装备的适用性各不相同，有的应急装备的适用范围特别广，在日常生活中具有广泛的适用性，但有的应急设备的适用领域非常窄，专业性特别强。根据应急装备的适用性，可以将应急装备分为两类，一类是一般性的通用应急装备，另一类则是特殊的专业性应急装备。

① 一般性的通用应急装备，主要包括消防装备、通信装备和个体防护装备等应急装备。消防装备主要包括个人消防装备（呼吸保护类个人装备、躯体防护类个人装备、随身佩戴类个人装备）、消防灭火装备（专业灭火装备、常规灭火器材）、特种消防装备[消防车、消防船(艇)、消防摩托车]和抢险救援装备（破拆装备、救生装备、堵漏装备、输转洗消装备、排烟照明装备、警戒装备）；通信装备则是指日常比较常见的固定电话、移动电话和对讲机等装备；个体防护设备主要有头部防护装备、坠落防护装备、眼睛防护装备、手部防护装备、足部防护装备、防护服、听力防护装备和呼吸防护装备。

② 特殊专业性应急装备。主要是一些适用于特定突发或灾害应急救援的设备，按照其分属的行业领域不同，可以大致分为危险品泄漏控制装备（防化服、防毒面罩等）、消防人员专用灭火设备（云梯、避火服等）、医疗抢险专用设备（救护车、除颤仪、氧气瓶等）、水上救生设备（救生圈、救生艇等）、电力抢险设备（绝缘靴、万用表等）、大型钻机、应急救援专用防爆机车、大型灭火装备、环境监测设备（水质分析仪、大气分析仪等）、气象监测设备（气象气球、风向标、风力计等）、专用通信设备（移动卫星通信电话等）和专用信息传送设备（传真机等）。

(2) 按照具体功能分类

学界最常见的划分方法就是按照具体功能来对应急装备进行分类，这种分类方法与上文对应急技术的分类方法是一致的。现实功能的需要是最贴近应急救援实际的，人们对于应急装备的印象也往往是按照具体功能来划分的。

按照这一分类标准，可以将应急装备划分为八个大类：预测预警装备、个体防护装备、通信与信息装备、灭火抢险装备、医疗救护装备、交通运输装备、工程救援装备、应急技术装备。八个大类中，又可以划分成若干小类，具体如表7-3所列。

表 7-3 按功能需要划分应急装备种类

功能种类划分	种类细分	示例
预测预警装备	监测装备	水质分析仪、风力计等
	报警装备	警铃、烟雾报警器等
	联动控制装备	防排烟风机、防火阀、自动挡烟垂壁等
	安全标志	禁止标志、警告标志、指令标志、提示标志和补充标志等
个体防护装备	头部防护装备	安全帽、头盔等
	眼面部防护装备	护目镜、防微波眼镜、防尘眼镜等
	耳部防护装备	耳塞、耳罩和防噪声帽等
	呼吸器官防护装备	过滤式防毒面罩、氧气呼吸器、自救器等
	防护服	阻燃防护服、防酸工作服等
	手部防护装备	电工绝缘手套、耐温防火手套等
	脚部防护装备	耐高温鞋、防刺穿鞋等
	坠落防护装备	作业安全带、悬挂安全带和攀登安全带等
通信与信息装备	防爆通信装备	防爆安全电话、防爆安全头盔等
	卫星通信装备	移动卫星电话等
	信息传输处理装备	传真机等
灭火抢险装备	个人消防装备	正压式消防氧气呼吸器、消防员呼救器等
	消防灭火装备	防护头罩、危化救援服等
	特种消防装备	消防车、消防船、消防摩托车等
	抢险救援装备	开门器、液压剪切器等
医疗救护装备	多功能急救箱	止血绷带、酒精棉等
	伤员转运装备	救护车、铲式担架等
	现场急救装备	除颤仪、氧气瓶等
交通运输装备	运输车辆	危化品运输车、材料运输车等
	装卸设备	防爆油桶卸料车、手推电升叉车、堆高机、液压升降台等
工程救援装备	地下金属管线探测设备	管线探测仪等
	起重设备	起重机、绞车、升降机等
	其他设备	推土机、挖掘机、探照灯等
应急技术装备	GPS 系统技术	GPS 定位器取证设备等
	GIS 系统技术	地图测绘设备等
	BDS 系统技术	北斗指挥机、北斗车载机、北斗手持机等
	无火花堵漏技术	无火花金属堵漏套管等

(3) 按照使用状态分类

应急装备按照使用状态进行分类，可分为日常和战时两大类。日常应急装备是指一般情况下保持常态化运行的，服务于我们日常生产、工作、学习和生活的常规装备。战时应急装备主要是指突发事件发生时，使用的各类应急设备。

① 日常应急装备。日常应急装备涉及的领域非常广，与我们的生产、生活和工作也是联系最为密切的，例如通信装备和监测装备等。在各应急指挥中心往往都配备有通信装备、视频监控和各类实时动态监测仪表，交通管制中心配置路况视频监控等，这些都是为了预防突发事件的发生而常态化运行的。除了通信装备和监测装备之外，还有其他装备也可以归属为日常应急装备。例如，气象台使用以监测天气的大气监测仪，用来监测水质的水质监测仪等。

② 战时应急装备。战时应急装备是与日常应急装备相对应的，指的是在处置突发事件中使用的各类应急救援装备。例如，发生火灾时，需要使用消防车、灭火器等；遇到突发的人员伤亡时，往往需要医疗急救，需要使用如救护车、氧气瓶和铲式担架等医疗救援装备。同时，一些突发事件中，可能造成多种后果，既有人员伤亡又有财产损失，往往需要多种应急救援队伍的相互配合，自然也需要使用多种应急装备。

还有一点值得注意的是，日常应急装备和战时应急装备并不是完全区分开来的，当突发事件发生时，日常应急装备也有可能转化为战时应急装备，例如通信装备和视频监控装备主要运用于日常的监测和预警工作，但突发事件发生时，往往需要通信装备和视频监控装备提供实时动态信息，日常应急装备也就转化为战时应急装备。

(4) 其他分类

目前还有部分学者将应急装备分为三个大类，分别是搜索、营救、通信三大类。首先，搜救装备是以计算机网络技术为支撑，以各种数字化仪器设施为平台的用于探索生命存在的各种装备。这类装备主要运用在地震、矿难等幸存人员的搜救方面，常见的搜索装备主要有声波探测仪、光学声波探测仪和红外线探测仪等；营救装备涵盖的范围比较广，是指所有用于突发事件中事故(灾害)现场清理和人员救助的各类应急装备，尤其是机械化营救装备的使用，减轻救援人员的劳动强度，提高了救援的工作效率。常见的机械化营救装备有救援队配备使用的起重机、电焊割机、掘进机、抽水机、冲锋舟等机械装备和器材；通信设备的用途最为广泛，几乎所有的突发事件都需要通信设备来保障信息的传递。

3. 应急装备体系与功能

现实中，突发事件往往是复杂的，需要多种救援力量和救援装备的相互配合。在处置突发事件特别是重大突发事件的过程中，需要综合使用预测预警装备、个体保护装备、通信与信息装备、灭火抢险装备、医疗救护装备、交通运输装备、工程救援装备、应急技术装备等。不同功能的应急装备构成了应急装备体系，现代化应急装备体系的建设也是世界各国应急救援能力提升的重要一环。应急装备体系主要有以下几大功能：

(1) 配合应急平台，高效处置突发事件

多种应急技术、法律法规和安全保障体系的有机结合构成了应急平台，多层级的应急平台组成了应急平台体系。应急平台在处置突发事件时，需要依靠各种应急技术，汇集有关突发事件的相关信息，形成应急处置预案，按照应急处置预案调度人员和物资，处置突发事件。而应急装备是保障应急救援人员人身安全和增强救援力量必不可少的因素，没有应急装备的武装，应急救援人员根本无法处置突发事件；同时，不少应急技术也运用到应急装备中，提高了应急装备的性能和战斗力。应急技术、应急平台和应急装备是相互联系和相互配合的，只有三者的配合，才能将应急平台的处置预案真正落实，高效处置各类突发事件。

(2) 保障人民生命安全，最大程度降低财产损失

应急装备的使用范围不仅仅是在处置突发事件的过程中，在日常的生产、工作和生活中，应急装备也时刻存在。日常应急装备起到关键的监测和预警的作用，例如应急中心24 h的实时监控，有效地保证了第一时间发现险情，处理险情；对大气状况的监测，可以提前预警台风、暴雨、洪水等自然灾害的发生，为做好抗灾准备工作，人员疏散和转移争取宝贵的时间；对板块断裂带的监测，虽然无法准确预测地震、火山爆发的时间，但往往能够给人们提早发出预警，最大限度地减少人员伤亡和财产损失。应急装备体系应用于各类突发事件的预警和处置工作中，是保障人民生命财产安全，最大限度地降低突发事件带来的人员伤亡和财产损失的重要保障。

(3) 增强救援队伍力量，维护社会稳定

应急装备的先进与否一定程度上决定了应急队伍力量的强弱，应急装备体系的先进与否也对整体的救灾抗灾力量产生重大影响。构建现代化的应急装备体系和标准化的配备，可以显著增强救援队伍处置突发事件的能力。标准化的现代应急准备体系在全国范围内的使用和推广也显著增强了我国总体的应急力量。同时，强大的救援力量对于维护我国社会的稳定也发挥着不可替代的作用。我国在处置"非典"疫情、"5·12"地震、南方雪灾、天津危险化学品爆炸事故、COVID-19 疫情等突发事件的过程中，充分显示了我国应急救援力量的强大。

二、应急装备及应急装备体系

美国、德国和日本是世界上应急技术较为领先的发达国家，拥有世界上较为领先的应急装备。同时，经过数十年的发展，美国、德国和日本等国已经形成了比较成熟和完备的应急装备的科技研发和支撑体系。这些国家无论是整体的应急科技水平还是在应急救援和处置技术、应急管理系统技术、应急装备制造技术和应急培训演练技术等方面都领先我国。目前因发达国家的应急装备比较先进，在国际市场上也占有相当大的份额，出口到世界各国。中国的许多应急装备也是来自国外进口，例如美国的搜救设备，溢油处置装备和工程救援装备，德国的消防装备和危化品处置装备，日本的工程救援装备，瑞典的破拆装备，俄罗斯的破冰除雪装备，荷兰的大功率供排水装备等。同时，美国和德国等欧美主要发达国家不仅拥有先进的应急装备，还制定出严格的应急装备技术标准、配置标准以及市场产品的认证标准。欧美等发达国家依托完善的应急管理体制、应急平台体系以及先进的应急技术已经形成了现代化的应急装备体系。

近年来，我国科技迅猛发展，应急装备企业也生产出不少领先世界的应急装备，下面简要介绍一下国内外几种最新应急装备。

1. 国外应急装备的发展

(1) 美国

美国霍尼韦尔国际公司研发的一款全自动便携式安全鉴别分类仪，它是一种医疗救护设备，类似我国的远程医疗系统。一般在比较偏远的地区，发生突发事件时，医护人员无法在短时间内赶到，从而延误受伤人员的治疗。而安全鉴别分类仪则采用无线上网、

全球移动通信系统、第三代移动通信技术、便携式卫星通信设备等多种通信技术，可以在一般常规通信设备无法使用的时候及时将受伤人员的情况传递给医护人员，在医护人员的指导下，非医护人员可以进行一定的抢救操作，为医疗救援的到来，赢得宝贵的时间，最大限度地挽救生命。美国卡内基梅隆大学研发的煤矿救援机器人 Groundhog 能够探索井下情况，绘制煤矿井下地形图。美国加州大学研究出世界首个苍蝇机器人，通过镶嵌在它脑袋上摄像机和传感器操作，能应对复杂地形，可攀爬楼梯，进行环境探测、搜寻遇难人员等危险任务。

美国高科技公司则研制了一款新型的雷达式生命探测仪——DKL 生命探测仪（图 7-6）。这种生命探测仪依靠捕捉人体心脏跳动发出的 30 Hz 以下超低频电波所产生的电场，利用对人体超低频电场的反射来搜索并锁定该电磁场。另外，DKL 生命探测仪的体积非常小，其质量仅有 1 kg，已经广泛应用于世界各国在处置地震、坍塌和矿难等突发事件的救援之中。

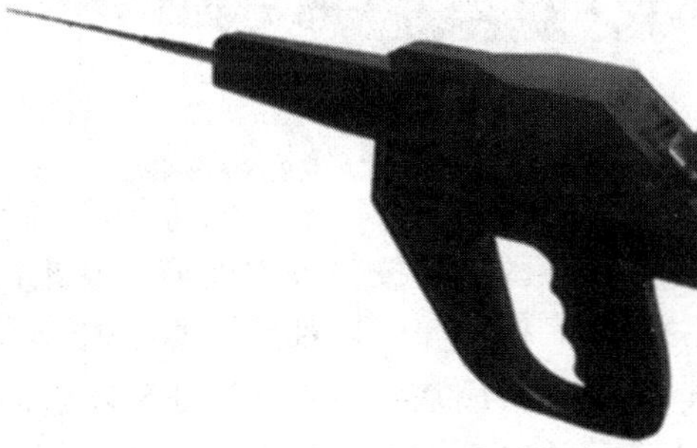

图 7-6　DKL 生命探测仪

美国最早于 1998 年开始应急装备标准建设，由美国司法部大规模杀伤性武器对策调查局与国防部事故后果管理整合办公室共同成立了装备标准化互操作性跨机构委员会，现更名为跨机构委员会。这一委员会并非联邦政府的组织机构而是一个由各级政府应急管理机构、科研院所和应急救援力量等多主体组成的自愿性的组织。该组织自 1999 年开始，每年都发布标准化装备目录。2007 年，美国联邦应急管理署下属的基金项目委员会开始颁布授权装备目录，后来二者颁布的标准化装备目录采取了统一的标准。美国的应急装备共分 21 个部分，213 项子类和 700 多项小类。

美国的应急装备体系的突出特点是系统和细致，几乎针对每一种突发事件都制定了相应的应急装备标准，涉及的种类也几乎覆盖了美国目前市场上已有的各类应急装备。美国的应急装备体系除了政府的主导性作用，也充分吸纳了科研院所和各种应急力量的参与，可以说是政府主导，多主体参与的典范。

（2）德国

BG4 闭路循环式正压氧气呼吸器是由德国德尔格公司生产的一种内部循环的呼吸器，一度是世界上最先进的氧气呼吸器。当使用者呼气时，气体经过呼气阀通过呼气软管进入清净罐。清净罐里面保存有清洁药物，药物会将呼出气体的二氧化碳吸收掉，处理后的气体会进入气囊。使用者吸气时，气体则会从气囊进入冷却罐中，与里面的氧气混合，被冷却的气体通过呼吸软管经吸气阀回到面罩。这种呼吸器可以保证使用人员在有毒的环境中生存4 h左右。同时，德国德尔格公司还研发出一种可在突发性毒性气体或缺氧情况下为人员提供保护的呼气器——Oxyboks K25 呼吸器，如图 7-7 所示。

图 7-7　Oxyboks K25 呼吸器

德国是欧盟的一个重要国家，德国在救援装备方面最为突出的一个典型特征就是严密的产品认证。对于应急装备的认证，德国和欧盟都有各自的标准。一般是需要先通过欧盟的认证才能通过德国的认证。一般的，最基础的安全认证是欧盟的 CE 认证，通过 CE 认证，表示产品不危及人类、动物和货品的安全方面的基本安全要求，CE 认证是一种强制性的认证，没有经过 CE 认证的产品不能够进入市场。就消防和安全产品而言，仅仅通过 CE 认证是不行的，德国还有另外两种认证：VdS 认证和 GS 认证。VdS 是德文 Vertrauen durch Sicherheit(confidence through safety and security)的缩写，它的全名是德国专业安全协会VdS，因其先进的测试设备和系统以及专业和严谨的测试程序而享誉世界。它认证的产品主要涉及两大类：消防产品和安全产品。消防产品主要包括喷水灭火系统、气体灭火系统、烟热排气系统、自动火灾探测报警系统、专用消防系统和灭火器等；安全产品则主要包括防盗报警系统、报警系统、门禁系统、物理安全设备、保险箱和保险库、附加安全设备和电气设备等。需要注意的是，VdS 仅仅认可 EA(European Co-operation for Accreditation)组织成员机构所颁发的体系证书。

另一种认证是 GS 认证，它是德语“Geprufte Sicherheit”(安全性能认证)的缩写，是比VdS 认证更为严苛的一种认证。它认证的依据是德国产品安全法(GPGS)，认证的标准则是执行欧盟统一标准 EN 或德国工业标准 DIN 进行检测。虽然它是一种自愿性的认证，但是拥有 GS 认证是产品安全最好的保证，往往在市场中能够获得最高的认同。GS 认证对产品和文件的认证要求非常严格，产品要通过欧洲安全标准的型式实验；产品结构要符合标准要求；说明书(德文、英文)要符合标准；按德国技术监督协会(TÜV)要求准备的结构图、电路图、零部件清单等英文文件，产品测试将按这些文件提供的参数进行。具体三种认证方式的对比如表 7-4 所列。

表 7-4 CE 认证、VdS 认证和 GS 认证对比

认证	认证产品	认证性质	强制性	认证要求
CE 认证	欧盟指令范围内所有产品等	安全认证	强制	欧盟基本要求
VdS 认证	消防产品和安全产品及系统等	安全认证	自愿	高于 CE 认证
GS 认证	工业机械和实验测量设备等	安全认证	自愿	高于 CE 认证

同时，德国同美国一样，也拥有严密的认证标准，由于德国是欧盟国家，需要执行欧盟的 EN 标准，德国还有一套独立的技术标准体系 DIN 标准。DIN 是德国标准化学会的简称，是目前德国最具代表性的公益性标准化民间机构，最初为德国工业标准（Deutsche Industrie-Norm；DI-Norm）的略称。目前，DIN 大概有 70 个标准委员会，几乎覆盖了所有的技术领域。DIN 受到德国联邦政府承认，并作为代表德国在欧洲和国际标准组织中的公认机构。由于 90％的 DIN 标准已作为了国际标准，所以 DIN 也带有很强的国际色彩。

（3）日本

Snakebot 搜救机器人是日本研究专家 Satoshi Tadokoro 发明的一款用于搜索受灾区域内部情形的一款机器人。这款机器人装置有大约长度为 8 m 的尼龙绳索，利用尼龙绳索可以作为动力装置对机器人进行驱动。由于 Snakebot 搜救机器人的体积非常小，能够自由进出很多狭小的空间，利用摄像机构成的“眼睛”，可以将受灾区域内部的情况传回控制终端，借助这双特殊的“眼睛”救援人员就可以了解到内部的受灾情况和被困人员的生存状况，以便制定合理的救灾方案。Snakebot 搜救机器人在正式投入日本的抗震救援之前，就已经在美国佛罗里达州的一停车场坍塌事故中成功帮助救援队实施营救工作。

另一款机器人 Quince 是由日本千叶工业大学所制造出来的，它是一款具有呼吸探测功能的机器人。同 Snakebot 搜救机器人一样，它的体积非常小，仅仅跟儿童的游乐车一般大小，可以自由进出各种地震和坍塌事故现场。呼吸探测机器人 Quince 由 4 对轮子、2 条履带和 6 个电动机组成，同时还配备有红外传感器和二氧化碳传感器。利用红外传感器和二氧化碳传感器，它可以探知地震或者坍塌废墟之下埋藏的幸存者，并探测到幸存者的呼吸和体温（图 7-8）。

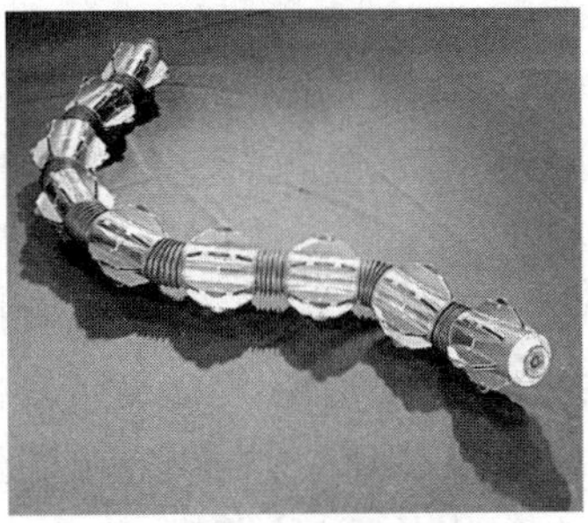
（a）Snakebot搜救机器人

（b）呼吸探测机器人Quince

图 7-8 日本搜索机器人与呼吸探测机器人

2. 我国应急装备及装备体系

(1) 我国最新应急装备

① 可移动式救生舱和升降救生舱

三一重装公司曾经参加过智利的矿难救援工作，其在智利的救援设备的基础上，研发了可移动式救生舱和升降救生舱。可移动式救生舱主要适用于瓦斯突出、冒顶、外因火灾等灾害发生，造成人员被困时。它可以为被困人员提供一个隔绝的安全环境，而且救生舱内还储存有食物和饮水等生活必需物资，可以维持 8 个人至少 168 h 的生存，在该领域一直处于领先地位。可移动式救生舱的舱体的设计能够耐受高压和高温，由于火灾或者爆炸时往往会产生冲击波和致命的高温，而救生舱的舱体可以耐受高温和高压，起到强有力的缓冲和保护作用。在舱外温度不低于 68 ℃的情况下，可确保舱内温度在 168 h 内低于 35 ℃。同时，救生舱内还安装有无电无险内循环系统，可以自行产生氧气并吸收有害气体。另外，舱内还配备有通信系统，便于与外界取得联系。

三一重装公司研发的另一种救生舱，SYLRC-550M 型升降救生舱（图 7-9）则可以快速垂直下降到井下 1 000 m 的深度，为井下遇险的矿工提供生命安全保障。升降救生舱还有一项领先世界的创举，具有断索保护机构，一旦舱体在钢索异常断裂后，瞬间实现防坠落保护。同时，救生舱内的呼气器也使用了航空领域的独特技术，供气切换非常便捷，逃生时可自行脱开。

图 7-9　SYLRC-550M 型升降救生舱

② ZLJ5250TCXZE3/4 型多功能除雪车

ZLJ5250TCXZE3/4 型多功能除雪车（图 7-10）是由中联重科公司推出的一款大功率的除雪车。它是由前置滚扫、前置推雪铲、侧置翼铲、下置刮冰铲和后置融雪剂撒布器等组成的，可以用于各种道路条件和各种冰雪情况的除冰雪。ZLJ5250TCXZE3/4 型多功能除雪车是根据我国基本国情设计的，它是以绿色除雪为主、机械除雪为辅，可以根据不同路面情况和冰雪覆盖厚度，灵活地选用不同的配置。它在技术方面实现了三大突破：速度突破、力量突破和与地面接触无损伤。首先，速度方面，ZLJ5250TCXZE3/4 型多功能除雪车的速度可以达到 40 km/h，远远超过了同类除雪车 20 km/h 以内的速度；其次，力量方面的突破，该车的功率大幅度提高，可以实现长时间连续稳定的作业，克服了长期以来，除雪车功率小、滚扫不能连续作业的问题；最后，该车的刮冰刀也有了新的突破，可以实现与路面进行柔性接触，且可以不损伤路面。

图 7-10 ZLJ5250TCXZE3/4 型多功能除雪车

③ LSJ-M 雷达生命探测仪

LSJ-M 雷达生命探测仪(图 7-11)是一款用于在地震、雪崩、建筑物坍塌等灾害救援,进行人员搜救的设备。LSJ-M 雷达生命探测仪在技术上实现了重大的突破,目前市场上已有的各种生命探测仪普遍无法穿透障碍物进行自由侦测,同时,一般生命探测仪都装置的是摄像系统,侦测的范围非常有限,并且因为其是通过摄像头传回的画面来判断人员的生存状况,只有遇险者进入摄像机镜头或传感器的视野后才能报警。而装置有音频侦测系统的生命探测仪,往往受到距离、幸存者被埋深度以及幸存者是否能够发出声音的限制,而无法准确定位幸存者的位置。

图 7-11 LSJ-M 雷达生命探测仪

LSJ-M 雷达生命探测仪则是利用人体运动在雷达信号上产生的时域多普勒回波来探测是否有幸存者以及幸存者的具体位置。它具有一个非常大的优势,超宽带电磁脉冲信号具有非常强的穿透力,可以快速探测到废墟下的幸存者,为救援人员提供帮助,节省搜索救援时间。LSJ-M 雷达生命探测仪具有穿透力强、抗干扰能力强、完善的实时升级功能、介质补偿功能、精确的定位功能、IP67 防护等级设计和本安防爆设计等优势。目前,LSJ-M 雷达生命探测仪已经用于中国人民警察大学、河南省消防救援总队、河北省消防救援总队等部门以及部分国家矿山应急救援队伍等。

(2) 我国应急装备体系

我国应急装备体系可以从纵向体系和横向体系两个方面进行介绍。首先,纵向体系是依据我国的应急管理体制和应急管理平台体系来划分的。我国的应急管理体制包含国家级、省级、市级、县级、乡镇级等层级。相应的应急救援队伍体系也包含有国家级应急救援队伍、省级应急救援队伍、市级应急救援队伍、县级应急救援队伍、企业和乡镇级专职应急救援队伍、志愿救援队伍等。我国的横向应急装备体系可以从配备、保障和标准三个方面进行介绍。

首先,关于应急装备的配备,国家级的应急救援队伍主要针对的是特别重大的突发事件,应当配备适应处置特别重大突发事件的装备,同时,注意与国际接轨;省、市、县级应急救援队伍应当根据本辖区的易发的典型灾害配备相关应急救援装备;企业与乡镇级专职应急救援队伍则需要根据企业实际需求配备相应装备,或结合乡镇道路、环境配备相应装备;志愿救援队伍则不作强制要求,可以根据政府的指导配置装备。

其次,关于物资保障,应当建立国家级、省级、市级、县级和乡镇级应急救援装备物资储备库;志愿者应急救援队伍则自主储备所需装备、物资,战时政府给予适当支持。

最后,应急装备的标准,国家级应急救援队伍应该严格按照国家标准配备,省级及以下的救援队伍,可以参照国家标准,结合地方的实际情况进行配备。具体的不同层级的应急救援队伍应当配备的装备和装备的储存保障以及装备配备的标准如图 7-12 所示。

我国应急装备体系的横向体系则是以突发事件的种类作为划分依据的,处置不同的突发事件需要不同的应急装备。不同的突发事件需要不同的应急救援队伍,大致可以分为以下几种:森林消防(森林防火、灭火)、城市消防(灭火、应急救援)、地震救援队(地震应急救援)、危险化学品救援队(危险化学品应急救援)、矿山救援队(矿山事故应急救援)、海上救捞队(海上事故救捞)、隧道坍塌救援队(隧道事故救援)和航空应急力量等。按照灾种划分,不同的救援队配置的装备也是不同的,这与上文应急装备的功能性划分是一致的。同时,我国的应急装备体系中除了现在已经配置的装备,还有很多急需装备需要配置,这也是我国应急装备体系目前欠缺的。除此以外,我国的应急装备并无统一配置标准,均由各救援队根据工作需要自行配置。

我国的应急装备体系纵向体系和横向体系相互交织,构成了严密的装备体系网,可以有效地保障我国不同种类和层级的应急救援队伍的装备配置和先进性。但是不可否认,我国的应急装备体系还存在着种种需要完善的问题,如没有设置统一的配置标准,也没有统一的产品认证标准,需要进一步借鉴美国和德国等欧美发达国家的先进经验,进一步完善我国的应急装备体系。

三、我国应急装备的不足与改进措施

1. 我国应急装备的不足

我国幅员辽阔、城乡差异大,各地区面临的灾害等突发事件种类繁多,且不同地区由于经济基础发展的差异,应急装备保障具有明显的差异性。2018 年应急管理部成立,我国的应急管理体制进入新的时代,逐步克服了之前力量分散,部门分割的局面,形成统一协调的新型应急管理体制。而应急装备作为应急救援的物质基础,是构成应急救援队伍战斗力的

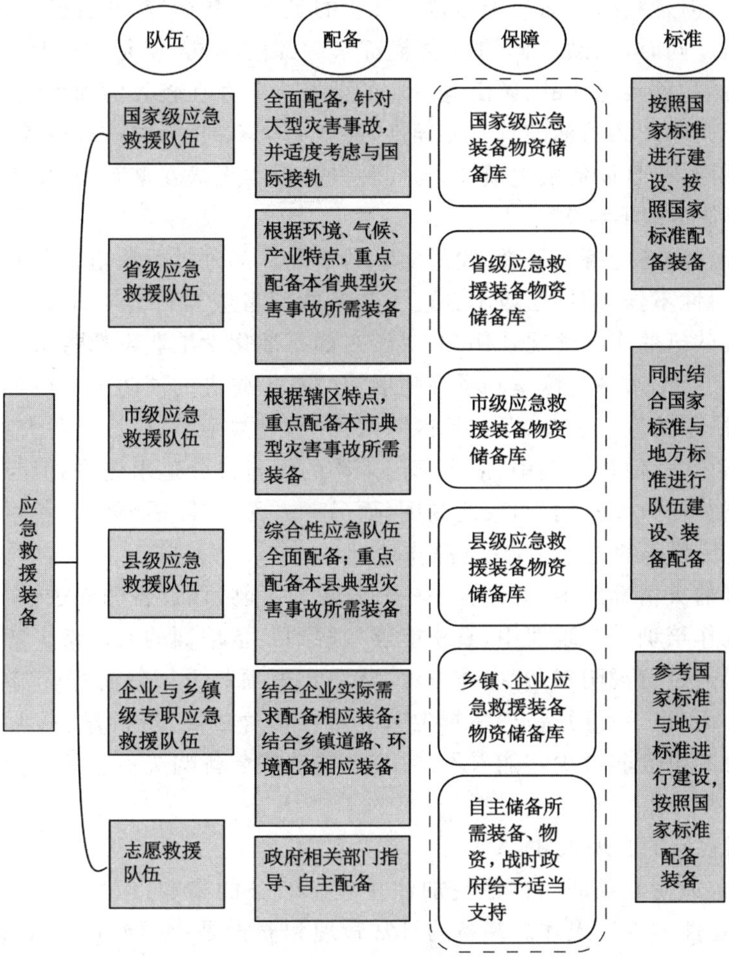

图 7-12　我国应急装备体系纵向示意图

关键因素。因此，完善目前的应急装备配备标准，建设现代化的应急装备体系才能最大限度地提升我国的应急救援力量，应对未来可能发生的各种突发事件。结合上文的分析，我国的应急装备和应急装备体系还存在着诸多有待完善之处。

(1) 技术装备落后，区域差异性大

首先，我国应急装备的关键核心技术大多来自欧美发达国家，部分的装备为欧美发达国家淘汰的落后产品，我国对关键技术缺乏专利和自主知识产权；其次，我国的技术装备标准多年没有进行更新，很多落后的技术装备标准依旧在实行；最后，由于我国区域发展的差异性较大，不同地区的应急装备具有明显的差异性和不均衡性，部分地区的应急装备严重配备不齐，且装备落后，没有补充最新设备。

(2) 缺乏装备标准及装备配备标准，不同灾种装备互通困难

装备标准是进行装备管理的技术基础，但是目前我国的现实情况是应急救援装备普遍缺乏标准。现实中，部分部门已经建立起标准化的体系，例如消防部门的消防车辆和防护装备已经建立起配备标准体系，但是绝大多数部门尚未建立起装备配备标准体系。我国应急

装备的种类繁多，但是我国目前尚未出台标准化的装备配备标准，并且已经出台的标准也有很多多年未更新。同时，虽然不同的应急装备采购部门不同，但是功能往往具有普遍适用性，例如消防、地震、危险化学品、矿山等行业的救援装备存在较大的通用性。但我国目前不同灾种部门对于同一产品的标准具有差异性，甚至完全不同，为同一种应急装备重复制定标准。由于标准不同，一旦设备发生损坏，与同种设备根本无法互享互通，也无法相互更换。

（3）装备配备结构不科学

当前普遍存在装备配备不科学，脱离实际的情况。部分救援队伍装备配备理念不正确、概念不清晰、针对性不强、结构层级不合理。装备的配备应当符合不同地区的经济基础、事故的类型和救援队伍的实际情况。例如，对于东部石油化学工业发达省份，应该配备适宜消防灭火装备，如大功率水罐泡沫车和举高喷射消防车等先进的消防灭火设备；东北地区气候寒冷，应该装备防寒的应急装备；西北地区降水稀少，气候干旱，应该配备大功率大容量水罐车等装备，保证供水。但是现实中，诸多部门采购的设备过分追求先进，但与实际工作脱节，重复采购的设备往往只能充门面，束之高阁，而另一方面，实际需要的设备紧缺。

（4）片面追求装备的先进性，缺乏操作培训

在我国不同的灾情部门中，普遍存在一种现象，片面强调设备的先进性，重视理论培训，但缺乏系统的操作培训。在现实中，真正能够接触到装备培训的人非常少，大部分基层的救援队伍人员都是通过背说明书、背操作方法、背注意事项的方式熟悉操作流程，并无实际操作训练。另一方面，由于片面追求“高精尖”，装备技术含量高，造价昂贵，大都束之高阁，基层救援人员接触的机会非常少，“能看不能用”。这造成装备购买资金的浪费，装备的效用也无法真正发挥。

（5）缺乏高素质的管理人才

当前，我国各灾情处置部门往往更加注重应急装备的采购，应急装备的硬实力不断提升，但是缺乏专业性的管理人才。装备的日常管理和养护是一项专业性和技术性较强的工作，但是现有的装备管理人员大多技术水平普遍偏低，且科学管理意识淡薄。同时，灾情处置部门也往往忽视为装备管理人员的管理技术培训，导致很多装备管理人员还处在过去简单机械的单一管理模式的阶段，并没有有效利用现代化的管理技术。加之，我国目前并未出台关于装备管理的统一标准，各单位大多自行制定标准，装备管理还未建立起严格的规范操作流程等。

2. 我国应急装备的改进措施

基于以上的分析，我们可以看出，我国应急装备和应急装备体系普遍存在的一些共性问题。2020 年我国经历了 COVID-19 疫情，未来我国可能会面临更加复杂的突发事件的处置，补齐我国在应急装备配备的短板，构建现代化的应急装备体系，才能全面提升我国的应急力量，为应对将来可能发生的各类突发事件做好准备。结合上文分析，提出以下几点改进措施：

（1）强化技术创新，增强自我研发能力

全面增强我国应急装备关键技术的自我创新能力，提高应急装备的科技含量，是提升我国应急装备整体硬实力和构建现代化应急装备体系的最根本的举措。我国应急装备的诸多核心技术受制于西方发达国家，缺乏自主的知识产权，应当大力推动科研院所的技术创新，

鼓励应急装备公司的自主研发，打破西方发达国家的技术垄断。大力推进我国应急装备的更新换代，淘汰落后装备，提升应急装备的先进性。同时，兼顾各地区发展不平衡和应急装备配置的实际差异，资金划拨等适当向欠发达地区倾斜，推动落后地区尽快完成应急装备的配置和更新换代。

（2）完善应急装备和应急装备配置标准

首先，应当完善应急装备的标准体系，建立起统一的装备技术标准，规范不同突发事件处置部门的应急装备技术，更新现有的不合理的和落后的装备技术标准。其次，对于市场的关键应急装备产品要建立市场准入规范、技术鉴定和国家技术认证，淘汰伪劣产品。同时，需要尽快建立健全相关的法律法规，规范灾种主管部门和救援队伍的应急装备配置标准，尽快建立起完善的配置标准体系，并设置监督机制，及时监督各部门和应急救援队伍的装备配置情况。最后，需要加强不同灾种装备体系互通，规范不同部门同种应急装备的名称和技术标准，取消重复定制的不合实际的标准。

（3）因地因灾制宜，科学配置应急装备

应当根据不同地区的气候条件、地理地质条件和灾情特点配置装备，因地制宜，因灾制宜，不片面追求应急装备的先进性。对于地震多发的四川、云南等省份则需要注重抗震救灾装备的配置，如生命探测器、破碎机、水泥切割机等的配置；东北地区气候严寒，则需要更加注重防寒保温装备；长江中下游地区夏季多发洪水和城市内涝，则应该着重加强救援筏、救生圈等装备的配置；西北地区常年降水稀少，气候干旱，则应该着重配置大功率、大容量水罐车等，保证突发事件的供水。

（4）注重应急装备的大众化和实践性

消除片面追求应急装备先进性的固化思维，注重应急装备的真实效用。制定严格的操作规范和使用流程，最大限度地保证应急救援基层人员真正能够接触到先进应急装备，装备简单、易学、可靠、实用。加强实践操作训练，实践操作与理论学习相结合，使应急救援人员在实践操作中掌握应急装备的使用方法，真正发挥先进应急装备的效用。同时，也要进一步推动应急知识的社会化普及，对于日常生活中普通民众自救时使用的应急装备，要为其普及常识性的使用方法。

（5）强化应急装备管理，培养专业化的人才

应当全面强化应急装备的科学管理，建立健全专业化的人才管理培养机制，加强装备管理人员的技术素养和科学意识。对应急装备进行分区、分层次的科学管理，引入现代化的装备管理手段，实现应急装备的智能化。形成长效的培养和考核机制，定期对装备管理人员进行考核，及时淘汰不合格的装备管理人员。

总而言之，应急装备和管理体系是我国建设“大应急管理体制”的重要构成要素，对应急救援工作的效率具有重大影响。应急装备配备标准的规范和标准化应急装备体系的构建也是最容易被忽略的关键环节，关乎一线救援人员的自身安全和受灾群众的生命财产安全，是应急管理工作不可缺少的部分。美国、德国和日本等发达国家高度重视应急装备和应急装备体系的建设，建立了严格的应急装备配备标准、产品的生产检验标准和完备的应急装备管理体系，值得我国借鉴其先进的经验。我国的应急装备和应急装备体系日趋专业化和标准化，但仍然存在着诸多短板，需要将其纳入国家应急管理体制建设和科技发展的大战略中着力发展。

第三节　应急平台

2018年，国务院在机构改革中，将原国家安全生产监督管理总局的职责、国务院办公厅的应急管理职责、公安部的消防管理职责、民政部的救灾职责等11个部门的13项职责进行整合，组建了应急管理部。应急管理部的组建，标志着我国已经基本形成中国特色的应急管理体系。应急管理部组建以来，已经与其他的32个部门和单位建立了会商研判和协同响应机制，与军委联合参谋部建立了军地应急救援联动机制，进一步完善了我国应急平台的联动机制。应急平台在突发事件的监测预警、应急响应、后期处置、应急保障和总结评估等都发挥着不可替代的作用。世界各国都通过加强技术研发，颁布法律法规等各种方式，提升本国应急平台在应对突发事件时的综合能力和协调性，着力健全和完善应急平台体系。我国也不例外，自中华人民共和国成立以来，我国就一直把应急平台的建设作为应急管理能力提升的重中之重，在完善应急管理体制的过程中，推进我国应急平台的建设和发展。

一、应急平台的概念与原理

1. 应急平台的概念

现代城市的发展不断遭受自然灾害和各种突发事件的冲击，为了应对和降低各种自然灾害和突发事件对城市发展的冲击，世界各国都逐渐建立起应急平台。应急平台通常包含六个基本职责，分别是灾害发展趋势的预测，预期后果的评估，出台干预政策，进行应急决策，评估应急救援的效果以及全天候和全方位的监测监控。应急平台是为满足现代应急救援管理的需求，能够快速应对日益复杂、多变的突发事件的一种新兴综合管理支撑手段，具有“平时”和“战时”两种机制。

应急平台具备日常管理、风险分析、监测监控、预测预警、动态决策、综合协调、应急联动与总结评估等多方面功能，可以归结为三大基本功能：第一，能够综合利用各种信息资源，实施实时监测，对突发事件进行预测和危险性评估并根据评估结果及时发出预警；第二，能够结合已有的数据库和分析系统，能动态生成优化的事故处置方案和资源调配方案；第三，也是应急平台的最基本功能，能够形成实施应急预案的交互式实战指南。应急平台依托强大的信息通信及管理技术，融合了突发事件应急保障技术系统，可实现应急场景监测监管、风险评估分析、应急的预警与决策处理、应急指挥统一协调等功能。应急平台是以公共安全技术为基础，以信息技术为支撑，结合软硬件应急技术的综合管理平台系统。应急平台具有统一指挥、功能齐全、协调响应、高效运行的应急特点，其主要目的是防范和应对突发事件，以快速响应并减少突发事件对公共社会造成的损失。

2. 应急平台的组成

应急平台是由多种系统和平台构成，一般主要包括应急指挥场所、移动应急平台、基础支撑系统、数据库系统、综合应用系统、信息接报发布系统、安全保障体系、法律与标准规范等部分组成，具体如图7-13所示。

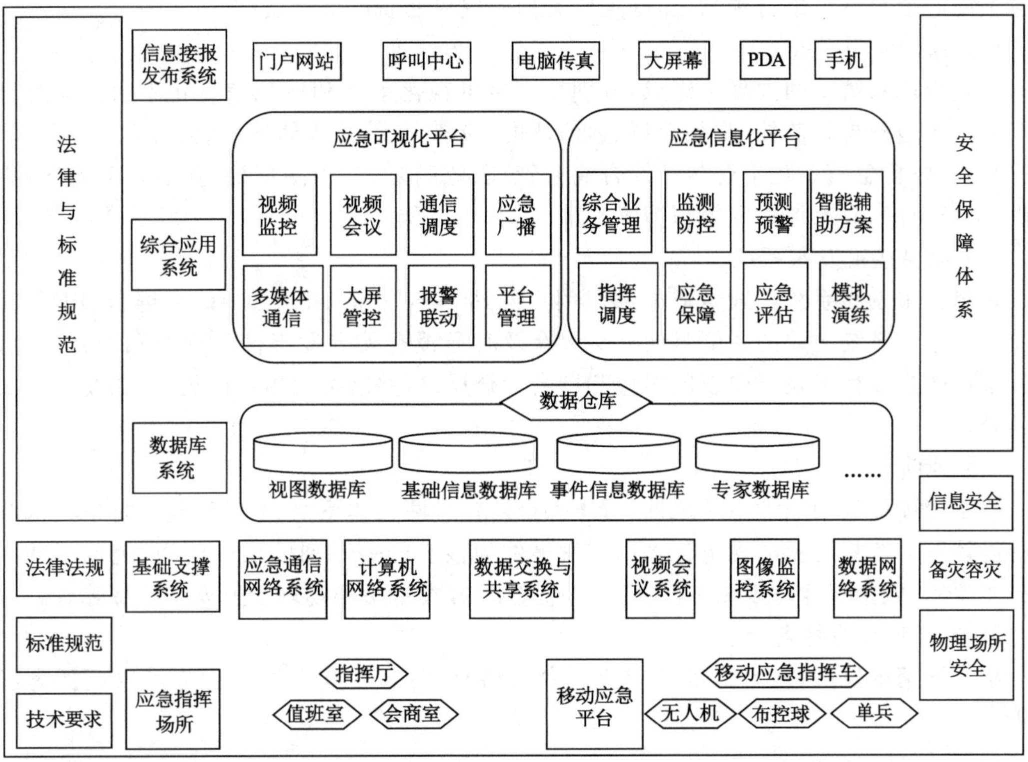

图 7-13　应急平台框架图

注:来源前瞻产业经济研究院撰写的《2020—2025 年中国应急产业市场前瞻与投资战略规划分析报告》。

(1) 应急指挥场所

一般在处置突发事件时,都会设置指挥厅、值班室和会商室,方便集中各职能部门的负责人员,进行统一的人员调度与指挥,并且利用会商室,可以就突发事件处置过程中的涉及跨部门合作的问题进行协商。

(2) 移动应急平台

常见的移动应急平台有移动应急指挥车、无人机、布控球以及单兵等。移动应急平台,可以保障通信的畅通,特别是当地震等严重自然灾害造成常规通信设备失灵时,移动应急平台能够保障应急通信和应急决策。

(3) 基础支撑系统

包括应急通信网络系统、计算机网络系统、数据网络系统、视频会议系统、图像监控系统、数据交换与共享系统等组成部分。应急平台的基础支撑系统是保证应急平台能够正常运转的基本系统,特别是当突发事件造成断电和断网时,还能够保证应急平台常规功能的实现。

(4) 数据库系统

包括视图数据库、基础信息数据库、事件信息数据库、应急预案数据库、基础地理信息数据库、自然人和法人信息数据库、应急资源数据库、专家数据库、法律法规和各专项数据库等系统。当突发事件发生时,借助应急平台可以快速调集各类数据资源,对突发事件的影响和处置措施的效果可以进行预估，为制定应急措施提供必备的数据支撑。

（5）综合应用系统

综合应用系统由两大平台组成，分别是应急可视化平台和应急信息化平台。应急可视化平台主要包括视频监控、视频会议、通信调度、应急广播、多媒体通信、大屏管控、报警联动和平台管理；应急信息化平台包括综合业务管理、监测防控、预测预警、智能辅助方案、指挥调度、应急保障、应急评估和模拟演练。

（6）信息接报发布系统

信息接报发布系统一般由职能部门门户网站、呼叫中心、电脑传真、大屏幕、PDA和手机组成。这一系统主要的功能是向社会大众及时通报有关突发事件的预警和处置信息，将突发事件的进展情况及时向新闻媒体和社会大众反馈，并就突发事件的处置，接受社会大众的监督。

（7）其他

除了上述提到的六大系统之外，应急平台还包含两大非系统部分：法规与标准规范和安全保障体系。法规与标准规范包含以突发事件为核心的一系列的法律法规、规范标准和各类技术要求；安全保障体系则涉及的是信息安全、容灾备份和物理场所安全的保障。

3. 应急平台的特点

根据国情的发展，各个国家的应急平台也略有不同，就其功能的优势可以概括为以下特点。

（1）综合性

首先，应急平台是以多种技术的综合为基础，它是譬如通信技术、信息技术、数据库技术等多种技术的集合，并基于各种技术软、硬件相结合的突发事件应急保障技术系统。其次，应急平台是由应急指挥场所、移动应急平台、基础支撑系统、数据库系统、综合应用系统、信息接报发布系统、安全支撑系统和标准规范等多个系统组成的。最后，从应急平台的基本内容和功能也能反映出综合性的特点：应急平台既能够对突发事件进行预警，又能够对突发事件的处置形成处置方案，集合各类资源处置突发事件，同时，应急平台也兼具实时监控和事后的评估作用。由此可见，应急平台贯穿应急管理的全过程，针对突发事件的预警、处置和事后评估均具有适用功能。因此，应急平台是一个集多种技术、多种系统和多种功能于一体的综合性平台。

（2）联动性

现实中，应急平台的运作并非简单的应急技术和软硬件系统支撑起来的简单数字化平台，而是关联多主体的综合性平台。应急平台需要多主体的参与，除了政府应急部门外，还需要企业、社会团体组织和广大民众的参与。同时，应急平台的功能实现依赖于指挥中心和救援人员、相关部门、社会公众之间信息畅通，联合行动，才能高效率地处置突发事件。应急平台在突发事件的处置中，发挥着核心作用，协调人、财、物等各种资源，使得参与突发事件处置的各主体能够保持行动上的一致性。

（3）实时性

应急平台不同于传统的应急指挥系统，它是一个综合性的信息平台，借助应急通信技术的支撑，应急平台可以实时汇总突发事件的各类信息，以便进行应急决策。这也克服了传统的文本预案操作、查询不便等不足之处。同时应急平台还可以根据信息分析结果，生成突发事件的处置方案，并且可以借助多项应急技术实现对突发事件现场的实时监测监控，及时追踪突发事件的发展进程，及时反馈信息，为优化和调整应急处置方案提供支撑。

(4) 多层级

世界各国的应急平台都无法独立发挥作用，往往由多层级的应急平台组成应急平台体系。由于突发事件带来的严重程度不同，参与处置的政府部门和救援队伍也不同。现实中，世界各国都往往形成了由国家级和地方级的应急平台组成的应急平台体系，甚至部分国家将基层政府或社区也纳入应急平台体系中。例如，美国的应急平台体系由联邦级、州政府级和市政府级应急平台组成，而我国的应急平台体系则由国家级（国务院）、省级（省、自治区、直辖市）、市级（市、地）和县级（市、区）政府应急平台组成。按照突发事件的严重程度和危害程度分级处置，可以有效提高应急平台的工作效率，最大程度上节约人力、物力，保障人民生命财产安全。

近年来，我国突发性灾害频发，社会人员伤亡严重，财产损失巨大。突发性灾害发生频率越来越高，影响规模和范围越来越广，民生经济遭受重大损失，进一步加快了我国应急平台体系建设。因此，应急平台建设对健全应急机制，有效应对突发事件，减少灾害损失具有重要意义。

二、应急平台的发展与应用

1. 国外应急平台的发展现状

应急平台作为一种综合管理平台，反映了各个国家应急处理的能力，为更好地应对国家重大突发事件的发生，应急平台的建设与发展备受关注。

西方发达国家较我国先行进行了应急平台的建设，其中尤以美国、英国、德国、日本、加拿大和澳大利亚等国的应急平台建设起步较早，也更加成熟。欧美等发达国家的应急平台建设普遍都是由中央政府层面和地方政府层面的多级应急平台组成，对突发事件进行分级处置，但不同国家的应急平台建设又各具特色，具体如表 7-5 所列。

表 7-5　主要发达国家应急平台概述

国家	应急平台概述
美国	美国国土安全运行中心（HSOC）和地方各级应急运行中心（EOC）为基本应用平台，形成了包含联邦级、州级和市级应急平台的应急平台体系；依靠设置在值班室里的多种高新技术集成的应急平台，行使风险评估、实时监控监测、预测预警、应急决策、综合协调、应急联动与总结评估等多种功能
英国	依托设置在政府管理体制之内的各级综合应急管理系统（IEMS），实现了各级政府和机构处置突发事件的协调和协作；中央政府层面设置有内阁紧急应变小组（COBR）、国民紧急事务秘书处（CCS）、国民紧急事务委员会（CCC）等常设和非常设的决策和监督机构；设立了区域性管理局（ROC），各局设立应急金色指挥机构（GOLD），负责处置辖区内的应急突发事件
德国	联邦内政部设立直属的联邦技术救援署（THW）和联邦民众保护与灾害救助局（BBK）；联邦民众保护与灾害救助局（BBK）内设两大核心支持系统，即德国紧急预防信息系统（deNIS-German Emergency Planning Information System）、共同报告和态势中心（Joint Reporting and Situation Center）；deNIS Ⅱ 在 deNIS Ⅰ 基础上将联邦政府和各州以及地方政府连接起来，协调联邦政府和各州以及地方政府的决策

表 7-5(续)

国家	应急平台概述
日本	形成了以总理府、省政府和地方政府为核心的,由各部、各专业领域和各层次力量组成的多角度、多领域、多层次的协作系统;应急平台最核心的设施是设置在灾害对策本部会议室内的灾害试听系统和应急对策显示系统;开发并使用了先进的地震速报预警技术、海啸监测预警技术,建立起地震监测系统、气象立体观测系统、应急联络卫星移动电话系统、防灾情报卫星发报系统和灾害信息搜集、传输情报共享系统等
加拿大	建立国家级、省级和地区应急平台,中央政府层面设置公共安全和应急准备部(PSEPC),省和各个地区都设置有紧急措施组织
澳大利亚	成立联邦层面、州地区层面和社区层面应急平台,联邦层面为澳大利亚应急管理中心(EMA),州和地区层面由六个州和两个地区组成,分别成立委员会机构,社区作为应急平台最小单位,不直接控制应急机构,但需要承担基本的应急服务职责;财政方面设置"自然灾害消除安排(NDRA)"框架,联邦需要在州和地区应对重大突发事件时,担负发放救援资金责任

对世界主要发达国家应急平台模式和建设经验的分析,有助于我国借鉴欧美等发达国家的先进建设经验,有利于我国下一步完善应急平台和应急管理体系。下面将详细介绍美国、英国、德国、日本、加拿大和澳大利亚等主要发达国家的应急平台的建设情况。

(1) 美国

美国是世界公认的应急技术最为发达的国家,也是世界较早启动应急平台研发和建设并且应急平台建设比较成熟和完备的国家之一。早在 1979 年,美国就在合并联邦原有的应急管理机构的基础上,成立了联邦应急管理署(Federal Emergency Management Agency, FEMA)。2001 年 9 月 11 日,美国世贸中心双子楼和五角大楼遭到恐怖分子劫持的民航飞机撞击,导致双子楼倒塌,也就是震惊世界的"9・11"事件。这次事件给了美国巨大的打击,美国开始认真地反思其管理体系中存在的漏洞和不足。其实,在"9・11"事件发生之前,美国已经在实施"e-FEMA"战略,在这次恐怖袭击事件之后,美国加快了其应急管理体系的建设。

"9・11"事件发生之后,美国着手组建了国土安全部(DHS),后美国国土安全部发布了"国家突发事件管理系统"(National Incident Management System, NIMS),它由 6 个子系统组成,分别是资源管理子系统、技术支持子系统、通信和信息管理子系统、应急预案子系统、指挥管理子系统、实时管理和维护子系统。同时,"国家突发事件管理系统"也在美国国土安全运行中心(HSOC)和地方各级应急运行中心(EOC)设置了应用平台,并且伴随着各级应急平台的建设,其设置的应急平台体系也臻于完善。后经 2005 年卡特里娜飓风灾害之后,美国又集合各应急机构的分散资源,建立起了总系统。

时至今日,美国已经建立起了一套完整的应急管理体系,它不仅包含了基础信息技术支持系统(联邦应急管理信息系统、网络应急管理系统、灾害损失评估系统在内的应急管理信息平台)和事故指挥平台管理体系,同时还建立起与应急平台体系相适应的法律法规、应对网络系统、协调配合机构以及规范的危机应对计划。美国应急平台体系是世界上最为先进的应急平台体系之一,它是建立在美国高新技术基础之上的,集各种功能于一体,具备风险评估、实时监控监测、预测预警、应急决策、综合协调、应急联动与总结评估等多种功能。美国的应急平台体系可以实现一体化、实时化和精确化地高效处置突发事件，是世界应急平台体系的典范。

① 联邦级应急平台

美国在国家级层面(联邦级)上的应急平台是国土安全运行中心。国土安全运行中心在国家安全平台体系中处于核心地位，它是一个专门应对突发事件的跨部门组织。它集中了不同部门的专业力量，可以广泛调度各部门资源，负责对突发事件的全天候监测以及在面临重大突发事件时，依靠其值班场所内综合集成的高科技应急平台(国土安全信息网络等)，与其他机构实现实时交流，交换信息，行使日常综合预测预警、形势通告、紧急处置等职能。同时，国土安全运行中心也集执法、信息情报汇总、信息综合分析、紧急应对等于一身，协调应急救灾，规范应急管理，保障联邦应急管理机构与其他机构以及地方应急管理机构信息通畅，资源和信息共享，进行综合决策和分析，高效率处置重大突发事件。

美国早期的应急平台存在严重的信息分散、沟通不畅等诸多问题。当时，相关信息分散在联邦的不同部门、各个州的部门以及各种各样的机构中，信息冗杂。各机构的信息只为本机构服务，缺乏一个统一的信息平台。无论是由各州、市向联邦传递应急信息的纵向渠道还是各机构之间信息共享的横向通道都严重受到阻碍，应急平台处置重大突发事件的效率极其低下。同时，由于各州不同法律制度的障碍，也进一步阻碍了信息的交换和综合集成。而联邦政府应急平台体系的出现解决了这一难题，它为高效率集成全国的国土安全信息提供了一个信息共享和协作的平台，大大提高了联邦政府处置重大突发事件的效率。

国土安全运行中心建立的进步之处主要体现在：首先，它集成了最新的前沿技术；其次，它成功打造了一个沟通联邦政府与各州以及其他机构的国土安全信息网络；再次，它还实现了安全保障功能，能够对潜在的安全隐患和威胁进行分析，并且依靠强大的地理空间信息支持，可以获取相关地点的卫星图像；最后，它还可以向社会公众、议会议员等发布国土安全咨询报告和通告等。

② 州政府应急平台

除了联邦政府设有完善的应急平台，美国的各个州也建立起了较为完备的应急平台体系。2007 年 11 月 12 日至 23 日，清华大学派遣考察团赴美考察美国应急平台建设情况。考察团详细考察了芝加哥应急管理与通信办公室、芝加哥消防局的州级和市级应急平台、市级移动应急平台以及伊利诺伊州应急指挥中心等美国具有代表性的州级和市级的应急平台。

伊利诺伊州应急指挥中心由新闻发布厅、媒体工作室、值班室、核电站监控室等多个部分组成，可以同时容纳多个部门在应急指挥中心处置突发事件或者进行突发事件的演练。目前伊利诺伊州应急指挥中心是伊利诺伊州最大的应急指挥平台，在应急指挥中心，汇集了来自全州各机构的信息和所有部门的决策，可以与联邦政府高效的沟通和共享信息，可以快速、准确地处置突发事件。

伊利诺伊州应急指挥中心的新闻发布厅主要供州长或者媒体发言人作新闻发布使用，同时，它还配套多座媒体工作室，以便在面临突发事件时，能够及时和高效地向社会公众发布统一的信息。该应急指挥中心还设有值班室，值班室的值班工作人员实时监控显示屏，一旦发现有突发事件发生，会立刻向应急指挥中心报告并且及时通知相关人员，可以快速地处置突发事件。在伊利诺伊州应急指挥中心内，还有供各代表们召开会议、商讨应急决策和调度资源进行应急救援的会商中心。伊利诺伊州应急指挥中心可以实现两个重要的功能：第一个是信息共享和调动协调功能，可以在较短时间内协调全州各个机构和各个部门，迅速汇集和分析信息；同时，它还可以实现跨部门的调动人员和物资。第二个就是评估和预测的功能，可以根据汇总的信息，对突发事件的规模、涉及人员、影响范围、持续时间、需要调动的人员和物资等各方面进行综合的分析，并根据分析结果预测突发事件未来的发展趋势，为制定合理的处置方案提供支持，及时有效地应对突发事件。

③ 市政府应急平台

美国的市级应急平台也较为完善，清华大学赴美应急考察团访问了芝加哥应急管理与通信办公室和芝加哥消防局，这是芝加哥应急平台的主要组成部分。芝加哥应急管理与通信办公室早在 1995 年就已经成立，成立之初，它仅是芝加哥的一个 911 派遣中心。“9·11”事件发生之后，美国国内开始反思其应急平台体系建设的问题。美国建立了包含联邦级、州级、市级应急中心的完善的应急平台体系。而芝加哥应急管理与通信办公室也在这期间从一个单纯的调动警员的调度中心升级成为市级的应急平台。目前，它已经成为芝加哥市处置各类突发事件的应急处置中心，例如它承担着处置交通事故、卫生事件、自然灾害、恐怖袭击等各类突发事件的职能。

芝加哥应急管理与通信办公室和联邦级、市级的应急指挥中心一样，拥有新闻发布厅、监控中心、协调处理中心、决策室、联合应急中心、911 中心等部门。其中，新闻发布厅主要供新闻发言人、市长、各部门代表召开新闻发布会，并且公布相关信息之用，在闲暇之时，新闻发布厅还可供培训演练和充当临时会场使用；监控中心安装有大量摄像头，可以保证24 h轮值，利用电子屏幕实施监控，同时，监控中心还可接警车、机场、楼宇、私人部门和移动平台视频图像，可以在短时间内汇集各部门信息，并且有专人负责分析和处理；协调处理中心是多部门协商之所，各部门的代表可以直接调动本部门的人员和物资，还可以通过多部门的协调，跨部门调动相关的应急资源，快速处置突发事件；决策室则是供各部门负责人进行决策商讨的场所，决策室内设置有电子沙盘和触摸式屏幕，同时，还配备有遥感影像和 GIS 地图等；联合应急中心则是供各职能部门主要负责人召开现场讨论会的地方，不同于决策室，一般只有涉及重大决策时，并且经过市长的批准才能启动，是应对重大突发事件时最核心的领导和决策机构。接警室的主要功能是接受报警和调度派遣，上岗人员都经过专业培训。芝加哥应急管理与通信办公室各部门都实行 24 h 轮班制，无论何时都可以通知到各部门的值班负责人员，随时准备处置各种突发事件。

芝加哥还拥有移动应急平台，该平台设置在芝加哥消防局内。移动应急平台主要是三种车辆：第一种是应急移动指挥车，它配备无线电通信系统，可以与应急指挥中心通过无线电联络，保持实时通信。应急移动指挥车上还拥有两个大的显示屏，可以显示 GIS 地图及查询信息和周围的视频。第二种车辆为危化品与辐射检测车，它随车配备了多种便携式的危化品检测仪和一般危化品处理装备，可以检测生物、化学、核辐射等。同时，它还配备有各种应急类书籍和通信设备，可以迅速查询使用以及联络应急指挥中心。第三种是消洗车，它主要用于实施防化、消毒作业，车内拥有两个通道，两个通道都设置了脱衣、消毒、冲洗、穿衣区域。

洛杉矶应急运行中心是美国规模较大的城市应急服务机构之一。洛杉矶应急运行中心类似美国国土安全运行中心和州级应急指挥中心，日常负责监测各类突发事件、自然灾害、恐怖袭击等，保证 24 h 轮流值班，一旦发现突发情况，及时向应急指挥中心反馈。同时，市级应急指挥中心也充当着信息汇总和综合分析平台的角色，突发事件发生后，汇集各类信息进行综合分析，并下达应急处置命令和接收反馈。

洛杉矶应急行动中心也设置在应急运行中心，为了方便处置突发事件过程中涉及的各部门的相互配合，应急行动中心为各部门都设置有固定的席位，并且具有相应的配套设备。当需要各部门协调处置突发事件或者进入紧急状态时，各部门的相关代表会在第一时间内集中到应急行动中心，进行联合办公，协调各方面的人力和物力资源，实现高效处置应急事件。同时，洛杉矶应急运行中心还设有 911 接警中心，911 接警中心保证 24 h 轮流值班，并配备有线电视网、互联网、有线电话、无线通信集群网等各种设备，可以高效接警和调度警力。在美国无论是发生火灾、医疗急救还是恐怖袭击等突发事件，都可以直接拨打报警电话“911”。在 911 接警中心内部电子屏上，实时显示洛杉矶各地区的消防资源分布情况，一旦面临突发事件时，处警人员可以根据实时动态监控图，了解事发地周边的消防资源分布情况，进行调度，以实现快速、有效的处置。

美国各州和市拥有完备且独立的应急平台，同时，各州以及地方政府之间，也建立了比较完善的协调互助机制。各州之间以及地方政府之间，都以法律的形式，签订了应急互助协议，确保当某一个州或者地方政府面临重大突发事件时，可以得到其他州或地方政府的紧急援助，实现区域应急管理协作，保障公共安全和在最短时间内恢复受灾周围的基础设施。例如，加利福尼亚州、俄勒冈州和华盛顿州已经签订了应急互助协议，建立了漏油事故联盟，一旦三个州中任何一个州发生漏油事故，其他州将提供救援资源。如此一来，美国不仅拥有完善的从联邦级到州级再到市级的纵向应急平台体系，还拥有了各州之间、各市之间横向的区域互助协调机制。这种纵横交错的应急平台和协调机制大大提高了信息共享的效率，也为快速处置突发事件提供了强有力的保障。

(2) 英国

英国应急平台体系的建设与美国略有不同，英国的应急平台是设置在政府管理体制之内的，最早可以追溯到 1971 年英国内政部设置的国土防卫与应急服务处。其后，为了适应英国现实应急管理的需要，这一机构在 2001 年变更为应急计划处。英国应急平台建设成熟的标志是 2004 年《非军事意外事件法案》的颁布，这一法案明确要求地方各级政府都要建立综合应急管理系统，实现各级政府和机构处置突发事件的协调和协作。它增强了英国应对大规模突发事件的能力，包括识别潜在的突发事件，评估其发生的可能性与后果，并根据评估的结果制定应急预案，评估、建设并部署相应的应急能力，检验应急策略预案和应急能力，提供必要的培训和教育等。

由于英国的应急平台是设置在政府管理体制内部的，政府的最高首脑(首相)同时也是英国应急管理的最高指挥官。另外，英国内阁也设置了配套的最高协调和决策机构，即内阁紧急应变小组(COBR)，但它并非是一个常设机构。根据突发事件的性质和严重程度来决定参加的官员人选，但内阁紧急应变小组一般不会启动，只有面临重大危机或者首相宣布进入紧急状态时，才会启动。它是以多部门紧急会议的组织形式出现，汇总突发事件的相关信息，快速做出应急决策，制定应急处置方案。

英国应急管理的常设机构是国民紧急事务秘书处(CCS)，主要负责协调各相关部门和机构，进行跨部门、跨机构的应急管理工作和紧急救援行动。它负责的工作主要包括三个方面：首先，负责应急管理的日常工作，包括应急管理体系的规划，处置突发事件所需物资的准备等工作。其次，它需要对突发事件进行风险等级和严重程度的评估，确保预防和控制灾难的规划和措施发挥效应；同时，在突发事件发生以后，汇总相关信息，向首相直接汇报，并决定是否启动内阁紧急应变小组。最后，它还负责对各部门和各机构的应急处置工作进行评估，根据评估结果提出改进意见，推动有关应急管理方面的立法进程，并组织应急管理人才的培训。除了内阁紧急应变小组和国民紧急事务秘书处以外，中央层面的应急管理机构还有国民紧急事务委员会(CCC)。它主要由各部大臣和其他官员组成，向国民紧急事务秘书处提供可供参考的意见，同时它还兼具监督作用，可以监督在处置突发事件时的应对是否合适。

在英国对突发事件的处置采取的是分级处置原则，一般性的突发事件由地方政府负责处置，重大的突发事件则需要中央政府负责处置。英国政府根据突发事件级别的不同，将应急处置机制划分成三个等级，分别是金、银、铜，不同级别的应急处置机制、组成人员和职责分工也不相同。英国曾在全国共设置了 46 个消防与应急救援控制中心，这些应急救援控制中心负责不同突发事件的处置。后来在原有的 46 个地方控制中心的基础上，成立了 9 个区域性管理局(ROC)。所有的区域性管理局由中央政府统一领导，并对内阁办公室负责。各局设立应急金色指挥机构(GOLD)，负责处置辖区内的应急突发事件，制定处置预案，并组织所辖区域应急管理宣传、教育、培训和演练。这 9 个区域性管理局拥有同样的建筑格局，配备相同的软硬件条件，所有的数据都可以备份和共享。还值得一提的是在英国除了中央政府和地方政府以外，应急管理涉及的部门还有警察部门、消防部门、医疗救护部门、健康与安全署、环保署、食品与环境研究署、政府洗消服务机构等。

(3) 德国

德国在联邦层面的应急平台是联邦内政部直属的两个机构，一个是联邦技术救援署(THW)，另一个是联邦民众保护与灾害救助局(BBK)。联邦技术救援署的建设起步较早，在 1950 年 8 月就已经成立了。它的主要职责是提供技术性较强的现场救援的战术指挥组织并且还根据消防、急救、警察等部门请求实施灾害救助，同时，它还可以代表联邦政府进行国际人道主义援救。联邦民众保护与灾害救助局成立于 2004 年 5 月，主要职责是民事保护，包括突发事件预防、关键基础设施、公民医疗保护、民事保护研究、应急管理培训、技术装备补充以及公民自我防护等事务，为民事保护提供信息、知识与服务平台。同时，它的内部还设置有指挥中枢，开发德国应急管理的两大支持系统，分别是德国紧急预防信息系统、共同报告和态势中心，这两大系统是德国应急平台最核心的支持系统。

德国有非常强的危机和应急救援意识，很早就开始在国家层面启动危机预防信息系统的建设。2001 年，德国发布了德国紧急预防信息系统，为联邦政府和地方政府响应突发事件和面向公众发布信息的平台。这个系统可以为政府和应急部门处置突发事件和应急救援提供信息支持服务。德国紧急预防信息系统分为两个阶段，一个是 deNIS Ⅰ，另一个是

deNISⅡ，deNISⅡ是在deNISⅠ基础上的改进版本。deNISⅡ将联邦政府和各州以及地方政府连接起来，提供了一个信息沟通共享的渠道，当自然灾害和突发事件来临时，可以协调联邦政府和各州以及地方政府的决策，保证决策者与应急救援队伍的通信联络，高效传达应急指挥命令。同时，deNISⅡ在deNISⅠ提供因特网地址链接基础上，进一步整合了相关数据，建立起统一的信息服务中心，并依托GIS技术，可以实现以图层的方式与用户进行交互。决策者可以在数据库中快速查阅相关资料，及时了解规避危险和预防灾难的方法，查阅人力和物资援助等信息，可以帮助决策者在较短时间内获取信息，降低了决策者的风险评估和资源管理工作的压力。另一个系统，共同报告和态势中心成立于2002年，这一中心是德国危机管理的核心系统，主要担负着就灾害等突发事件的处置，协调德国联邦政府的各部门、联邦政府与各州政府以及与其他国际组织的合作。

德国在州层面上的应急平台体系主要由16个州的内政部组成。同时，应急机构还包括州消防队、州警察局、州刑事调查局、技术救援协会、事故医院以及各种志愿者救援组织等。而在州以下的地方政府层面，则是由27个行政区政府和行政专区、300个县、110个非县管辖市承担应急管理责任，处理辖区内的突发事件。州政府只是重点负责对县市进行财政支持、资源协调和信息报告等支持性工作。

(4) 日本

日本是一个火山、地震以及海啸等各种自然灾难多发的国家，日本也是世界上应急平台建设最为成熟和先进的国家之一。日本的应急平台是一个以政府为核心，多主体参与的综合管理系统。其中，从中央到地方的各级政府是应急平台的核心，主要包括国家、都道府、市町村等行政主体；同时，日本政府还积极吸纳多个主体参与到应急平台的建设中，主要包括政府指定的中央和地方公共机关，全国性的公共事业（银行、红十字会、广播协会、电报电话公司等）及指定地方公共事业（运输、电力、煤气、宣传等）等各部门，各专业领域和层次的力量。所以，日本的应急平台体系是一个多角度、多领域和多层次的协作系统。日本的应急平台最核心的设施是其设置在灾害对策本部会议室内的两大系统，一个系统是灾害视听系统，另一个系统是应急对策显示系统。日本高度重视高新科技与应急平台建设的结合，开发并使用了先进的地震速报预警技术、海啸监测预警技术。目前日本的应急平台拥有诸多领先世界的应急系统，如地震监测系统、气象立体观测系统、应急联络卫星移动电话系统、防灾情报卫星发报系统和灾害信息搜集、传输情报共享系统等。

日本应急管理体制是世界应急管理体制建设的典范，日本在长期处置地震、海啸等自然灾害的过程中形成了一种基于全政府模式的危机管理体制和广域政府危机管理合作体制。这一体制既充分发挥了政府的核心领导作用，又充分调动了市场和“第三部门”的主体能动作用，实现了政府领导，多方参与的应急管理合作体系。同时，日本的应急平台利用高新技术做支撑，建立起了完善的综合性应急平台体系，在应对自然灾害和处置突发事件中，发挥了巨大作用。2011年3月11日，日本东北部太平洋海域发生了里氏9.0级地震，并引发海啸，但在地震横波到来前的几秒钟、海啸到来前的若干分钟，数百万民众收到了灾害预警信息，为自救逃生和避难提供了机会。

(5) 加拿大

加拿大最早的应急准备局成立于1988年，后升级成为加拿大公共安全和应急准备部

(PSEPC)。它是加拿大国家级的应急中心,它主要担负应对重大自然灾害、紧急的安全突发事件以及确保加拿大的国家安全等职责,它行使职责的基本原则是"集中化的指导与协调,分散化的执行与反应"。与其他国家一样,加拿大各省和各地区都设置有紧急措施组织,与公共安全和应急准备部的职能类似,省级和地区的紧急措施组织主要职责是处置辖区内的重大突发事件,同时还需要为急需支援的市镇或者社区提供帮助和支持。它采取的主要措施包括预防、准备、反应和恢复四个方面。根据加拿大政府的要求,当出现突发事件时,需要经由当地的官方部门先行处置如医院、消防部门、警察机关和市政当局等。如果当地官方部门无法处置突发事件,需要支援时,可以申请省级或者地区紧急事件管理组织的帮助和支持,如果事态再进一步恶化,或者超出省级紧急事件管理组织的资源能力,那么省级或者地方紧急事件管理组织可经关键基础设施保护与应急准备办公室(OCIPEP)向公共安全和应急准备部提出支援。而国家级应急指挥中心接到省或地方的请求之后,往往在非常短的时间内就可以实现资源和人员的调配。

(6) 澳大利亚

澳大利亚的应急平台主要是澳大利亚应急管理中心(EMA),它成立于 1993 年 1 月 1 日。澳大利亚应急管理中心不同于其他国家的机构设置,它是由国防部直属的,并且直接对联邦政府的国防部部长负责。同时,作为联邦层面的应急平台,它肩负着处置重大灾害和突发公共事件等一切重大的突发事件的职责,在国家应急平台体系中居于核心地位。

澳大利亚的应急平台体系由三个层面组成,分别是联邦层面、州地区层面以及社区层面。澳大利亚联邦层面的应急平台是澳大利亚应急管理中心,它除了负责处置重大突发事件和自然灾害外,还需要在州和地区发生灾害等突发事件时,提供必要的财政支持、物资援助和派出顾问。第二个层面则是州和地区层面,主要由 6 个州和 2 个地区组成,在州和地区分别成立了委员会机构,统筹警务、消防、救护、应急服务、健康福利机构。第三个层面则是社区层面,社区层面不同于联邦、州和地区层面,并不直接控制应急机构,但社区作为应急平台最小的单位,仍然需要承担基本的应急服务职责、协调救灾等。澳大利亚在财政方面还设置了"自然灾害消除安排(NDRA)"框架。在这一框架下,联邦政府有责任在州和地区应对重大突发事件时,发放救援资金,并且这笔资金的发放只能在突发事件发生之后,根据突发事件造成的实际影响进行发放,而不是预备金。同时,联邦政府的社会安全部也可以直接受理受灾民众补助申请,补助资金不必划拨州和地区,直接以国家救助的形式,直接向受灾民众发放援助金。

基于以上对美国、德国、英国、日本加拿大以及澳大利亚等国家应急平台体系的介绍和分析,我们不难看出,世界各国的应急平台体系大多由中央政府层面和地方层面组成的多级应急平台组成。这种应急平台体系可以实现实时监控、信息共享和分级处置,大大提高了处置突发事件的效率。同时,各个国家应急平台的建设都有高新技术的支撑,并配备有科研基地和基础条件、各类大型软件系统、教育培训系统等,为应急体系提供关键技术和培训手段。

2. 国内应急平台

(1) 我国应急平台发展历程

党的十九大报告指出:统筹发展和安全,增强忧患意识,做到居安思危,是我们党治国理政的一个重大原则。我国幅员辽阔，自然条件多样，各种自然灾害种类繁多。自中华人民共和国成立伊始，党中央和国务院就高度重视应急管理工作，伴随着我国经济和科技的飞速发展以及党政机构的不断改革，我国的应急管理体制经历了四个不同的发展阶段，也形成了不同的发展模式。

第一阶段，中华人民共和国成立至改革开放之前：单项应对模式，政府应急为主体的单一灾害管理体制。在第一阶段，我国为了应对洪涝、地震、干旱、工矿业事故等自然和人为灾害，各级政府的分管部门成立了专业性救灾防灾的处置机构，又在这些处置机构下设置了若干二级机构和救援队伍，形成了各部门相对独立的救灾防灾模式。这种模式下，各部门在处置突发事件时，是相对独立的，彼此之间的联系不多。

第二阶段，改革开放以后至2003年暴发"非典"疫情：多项应对整合模式，"由议事协调机构和临时机构牵头协调"的应急管理体制。在这一阶段，由于突发事件牵涉的往往不止一个分管负责部门，需要多部门的联合行动，过去的各部门各自为政的模式不适合现实的需要。当突发事件发生时，往往由议事协调机构或者通过成立一个临时性的机构，负责跨部门的工作协调。

第三阶段，"非典"疫情之后至应急管理部成立之前：综合协调应急管理模式，"国家安全委员会＋党政同责＋部门协调"体制。"非典"疫情之后，应急管理工作受到社会的广泛重视，应急管理体制也发生了巨大的转变。国务院成立了国务院应急管理办公室（国务院总值班室），履行值守应急、信息汇总和综合协调职能，发挥运转枢纽作用，应急平台的建设也随之起步。不仅中国国际减灾委员会更名为国家减灾委员会，而且国务院还编制了《国家突发公共事件总体应急预案》，成立了应对各种突发事件的指挥部。县级以上的各级政府也按照国务院的机构设置，设置了各类突发事件的应急处置机构。

第四阶段，应急管理部成立以后：综合应急管理模式，"核心部门牵头，各方协调配合"的新体制。2018年应急管理部合并了原国家安全生产监督管理总局的职责，国务院办公厅的应急管理职责，公安部的消防管理职责，民政部的救灾职责，国土资源部的地质灾害防治、水利部的水旱灾害防治、农业部的草原防火、国家林业局的森林防火相关职责，中国地震局的震灾应急救援职责以及国家防汛抗旱总指挥部、国家减灾委员会、国务院抗震救灾指挥部、国家森林防火指挥部的职责。同时，应急管理部将转制之后的公安消防部队、武警森林部队以及安全生产等应急救援队伍全部收归管理，我国自此也进入了"大应急时代"，形成了具有中国特色的应急管理体制。

在我国应急管理体制转换的过程中，我国的应急平台的建设也随之起步并臻于完善。早在2001年南宁市就率先开展了城市应急联动系统的建设。南宁市整合各部门的资源，采用统一的号码接受公共报告紧急事件和求助，并通过指挥调度系统支撑应急处置工作。我国现代意义上应急平台的建设始于2006年，国务院应急管理办公室启动了"国家应急平台体系建设项目"。2009年起，我国开始全面建设应急平台体系，打通国家、省、市、县、乡、社区的应急平台。2018年，国务院机构调整并组建了应急管理部，标志着我国进入大应急管理时代，同时也标志着我国逐渐建成具有中国特色的应急平台体系。由此，我们可以将我国应急平台的发展阶段划分为三个阶段，分别是早期起步阶段（2001—2006年）、日益发展阶段（2006—2018年）和走向成熟阶段（2018年至今）。

（2）我国应急平台发展现状

2003 年“非典”疫情和 2008 年“5·12”大地震以来，党中央和国务院高度重视应急平台的建设工作。党中央和国务院等先后出台了《国务院关于全面加强应急管理工作的意见》《国务院关于实施〈国家突发公共事件总体应急预案〉的决定》《国家中长期科学和技术发展规划纲要（2006—2020 年）》《国家应急平台体系技术要求（试行）》《国家突发公共事件总体应急预案》《“十一五”期间国家突发公共事件应急体系建设规划》《国家突发事件应急体系建设“十三五”规划》等系列文件，大力推动我国的应急平台建设。文件中对国家应急平台体系的结构与职责功能做了规划与引导，具体见图 7-14。

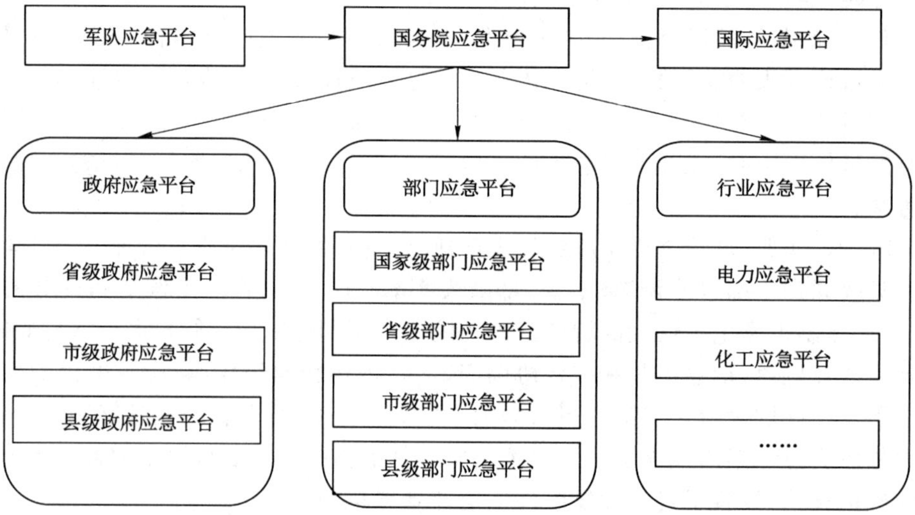

图 7-14　我国应急平台体系架构

我国应急平台具有鲜明的结构特点，国务院应急平台分别与军队应急平台、国际应急机构对接，国务院应急平台包含各级政府应急平台、各级部门应急平台和行业应急平台。其中国务院下设的政府应急平台又包括省级政府、市级政府和县级政府三级政府应急平台；部门应急平台包括国家级部门、省级部门、市级部门和县级部门应急平台。值得注意的是，我国没有县级以下的政府应急平台和部门应急平台，但基层应急平台（如大型企业、社区、乡镇等）以及依托城市辐射覆盖到城乡基层的面向公众紧急信息接报平台和面向公众的信息发布平台承担着部分应急管理和先期处置的功能。

国务院应急平台居于国家应急平台的最高位，其职责范围为接收管理重大应急信息、调度应急部门、综合协调等应急管理业务的需求，以及同时处置多起重特大突发事件的需要，与省级应急平台、国务院有关部门应急平台保持互联互通。国务院应急平台同时还可以汇集国务院相关部门、省级政府等上报的各类信息，并根据分析结果，向国务院相关部门、省级政府发出预警，对正在发生的突发事件的综合性风险分析其结果等。当发生重大突发事件时，依托应急平台，国务院及相关部门可以保持与地方的信息沟通，利用应急平台储存的大量数据和资料，以及汇总的信息进行仿真模拟；根据仿真模拟的结果，提出最优的应急方案，并利用应急平台的指挥功能，向地方传达指挥命令，调度人员和物资。同时，国务院应急平台还可以与其他应急平台开展协作，提高了处置突发事件的效率。

省级应急平台是我国应急平台体系中最为关键的节点，起到承上启下的作用，向上需要承接国务院应急平台，向下则要对接省级的相关应急机构和市级应急平台；市、县两级应急平台是我国应急平台体系的基础，起到最为关键的作用，需要承担监测监控、信息汇总、分析研判、现场处置等各项工作；基层应急平台除了需要承担各项应急处置工作还需要及时向基层群众实时发布；部门应急平台则需要承担本领域的各项应急工作，具体如表 7-6 所列。

表 7-6　我国各级应急平台概述

层级	概述
国务院应急平台	国务院应急平台居于国家应急平台的最高位，满足接收管理重大应急信息、调度应急部门、综合协调等应急管理业务的需求；负责处置重特大突发事件（Ⅰ级）；汇集国务院相关部门、省级政府等上报的各类信息，并与之保持互联沟通；可以行使指挥功能，向地方传达指挥命令，调度人员和物资；可以与军队应急平台和国际应急平台进行对接，实现信息共享和协作
省级应急平台	在应急平台体系中，发挥承上启下的作用，连接国务院应急平台和市级应急平台，满足省政府值守应急、信息汇总和综合协调等应急管理业务需要；负责重大突发事件（Ⅱ级）的处置工作；与国务院应急平台保持互联沟通，指导和协调市级应急平台的应急管理和突发事件处置工作
市级（县级）应急平台	在国家应急平台体系中，具有基础性的作用，发挥监控监测、信息报告、分析研判、现场处置、指挥调度和总结评估功能；负责较大突发事件（Ⅲ级）和一般突发事件（Ⅳ级）的处置工作；与省级（市级）应急平台保持互联沟通，及时向省级应急平台汇报突发事件和处置工作的相关信息；协调市级部门应急平台和县级（基层）应急平台的应急管理和突发事件的处置工作
基层应急平台	县级应急平台职能的进一步延伸，主要承担面向公众的紧急信息接报和信息发布职责，协助基层政府部门开展突发事件监测预警、信息报送、社会动员、应急宣传教育等工作；对突发事件进行先期处置，按照当地政府的决定、命令，进行宣传动员，组织群众开展自救和互救，协助维护社会秩序
部门应急平台	针对本部门或本领域突发事件信息的接报处理、专业预测预警、跟踪反馈和应急处置等应急管理需要；与同级或上级部门应急平台和政府应急平台互联互通，向同级或上级部门应急平台和政府应急平台提供业务数据和实时图像等信息，配合突发事件的处置工作

目前，我国已经基本建设完成省级应急平台，同时，也在进一步加快推进市、县级应急平台、基层应急平台的完善，已经基本建立起了以国务院应急平台为核心的，覆盖全国的综合性应急平台体系。这一综合性的应急平台体系的基本功能已经涵盖日常管理、风险分析、监测监控、预测预警、动态监测、综合协调、应急联动以及评估等方面。与此同时，因我国近年来面临的突发事件的性质愈发复杂，为了进一步提高政府应对重大突发事件的能力，我国也在加紧推动行业和部门应急平台的建设。行业和部门应急平台的建设绝不是对政府应急平台的重复建设，而是以更加专业的应急平台来弥补政府应急平台的不足，提高应对重大突发事件的科学性和专业性。

例如，水利部应急平台，这一平台通过国家防汛抗旱指挥系统建设，形成了雨水情的实时报送网络，建设了水文气象综合业务管理系统、WEB水情查询系统、水情会商系统、中国洪水预报系统、对外信息发布系统等，以及水利通信网、水利信息网、视频会议系统等；社会安全方面，公安部依托指挥中心建立部门应急平台，建设公安部指挥中心到省厅地市的宽带专网，实现了视频会议、有线指挥调度、图像监控、无线通信和卫星通信系统等，建立了包括人口信息库在内的八大基础信息数据库和包括出入境管理等应用系统。当前，我国已经建立起水利、国土、林业、气象、民政、地震等行业和部门应急平台，未来将进一步建成更多的行业和部门应急平台。这些平台的建设对实现水利气象的监测监控、国土资源监管、地震预测预警等，协同应急处理方案预设、资源调度管理、灾后恢复及评估等工作的统一调度发挥着重要的作用，并且与现有的政府应急平台相互配合，实现功能互补。

同时，我国公共卫生事件的应急平台建设也成了社会关注的焦点。我国在2003年遭受了“非典”疫情的冲击，而17年后的2020年遭受了COVID-19疫情的冲击。这场疫情给全国造成了严重的影响，虽然在党中央的统一领导下，国务院联防联控部署下，在较短时间内战胜了COVID-19疫情，但这也引发了全社会关于突发公共卫生事件应急处置的思考，重新审视我国现有公共卫生安全应急平台。

根据《中华人民共和国传染病防治法》《中华人民共和国食品卫生法》《中华人民共和国职业病防治法》《中华人民共和国国境卫生检疫法》《突发公共卫生事件应急条例》《国内交通卫生检疫条例》《国家突发公共事件总体应急预案》等法律法规的规定，我国目前突发公共卫生应急平台主要包含四级：国家层面、省级层面、市级层面和县（区）级层面应急平台。其中，国家层面的机构包括国务院或国家相关突发公共事件应急指挥机构、国家级突发公共事件医疗卫生救援机构、国务院卫生行政部门突发公共事件医疗卫生救援应急领导小组、国务院有关部门（应急管理部）；省级层面的机构主要包括省级人民政府或突发公共事件应急指挥机构、省级突发公共事件医疗卫生救援机构、省卫生厅、省人民政府有关部门（应急管理厅）；市级层面的机构主要包括市级人民政府或突发公共事件应急指挥机构、市级突发公共事件医疗卫生救援机构、市卫生厅、市人民政府有关部门（应急管理局）；县（区）级层面的机构主要包括县（区）级人民政府或突发公共事件应急指挥机构、县（区）级突发公共事件医疗卫生救援机构、县（区）卫生局、县（区）人民政府有关部门[县（区）应急管理局]。在这一应急平台框架中，应急指挥机构居于核心地位，例如本次抗击COVID-19疫情的过程中，各级政府成立了COVID-19疫情防控指挥部，上级指挥部领导下级指挥部，同样的其他机构也存在上级与下级的领导与被领导关系。同时，同级的公共卫生安全应急处置机构之间存在着相互配合关系，具体以山东省为例，如图7-15所示。

同时，为了适应我国公共卫生应急平台，我国将突发公共卫生事件按照导致人员伤亡和健康危害情况分为四级，分别是特别重大事件（Ⅰ级）、重大事件（Ⅱ级）、较大事件（Ⅲ级）和一般事件（Ⅳ级）四级。不同的事件等级对应着应急平台不同层级的应急反应，具体如表7-7所列。

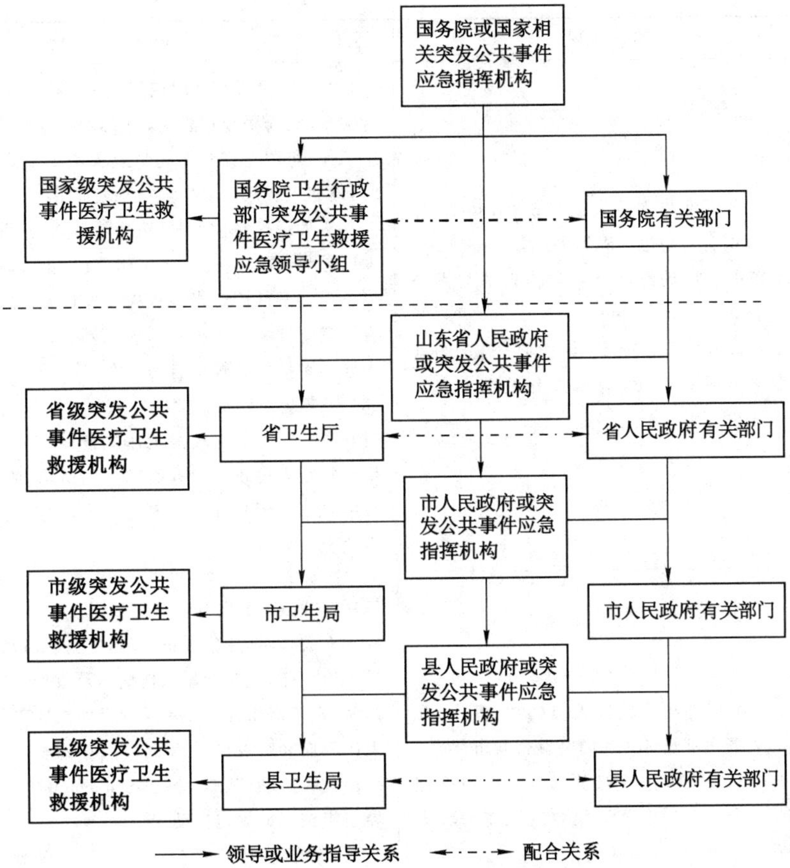

图 7-15　我国公共卫生安全应急平台框架体系(以山东省为例)

表 7-7　我国公共卫生事件分级、概述和响应行动

事件分级	事件概述	分级响应行动
特别重大事件(Ⅰ级)	(1) 一次事件出现特别重大人员伤亡,且危重人员多,或者核事故和突发放射事件、化学品泄漏事故导致大量人员伤亡,事件发生地省级人民政府或有关部门请求国家在医疗卫生救援工作上给予支持的突发公共事件。 (2) 跨省(区、市)的有特别严重人员伤亡的突发公共事件。 (3) 国务院及其有关部门确定的其他需要开展医疗卫生救援工作的特别重大突发公共事件	(1) 国务院卫生行政部门接到关于医疗卫生救援特别重大事件的有关指示、通报或报告后,应立即启动医疗卫生救援领导小组工作,组织专家对伤病员及救治情况进行综合评估,组织和协调医疗卫生救援机构开展现场医疗卫生救援,指导和协调落实医疗救治等措施,并根据需要及时派出专家和专业队伍支援地方,及时向国务院和国家相关突发公共事件应急指挥机构报告和反馈有关处理情况。凡属启动国家总体应急预案和专项应急预案的响应,医疗卫生救援领导小组按相关规定启动工作。 (2) 事件发生地的省(区、市)人民政府卫生行政部门在国务院卫生行政部门的指挥下,结合本行政区域的实际情况,组织、协调开展突发公共事件的医疗卫生救援

表 7-7(续)

事件分级	事件概述	分级响应行动
重大事件(Ⅱ级)	(1) 一次事件出现重大人员伤亡,其中,死亡和危重病例超过 5 例的突发公共事件。 (2) 跨市(地)的有严重人员伤亡的突发公共事件。 (3) 省级人民政府及其有关部门确定的其他需要开展医疗卫生救援工作的重大突发公共事件	(1) 省级卫生行政部门接到关于医疗卫生救援重大事件的有关指示、通报或报告后,应立即启动医疗卫生救援领导小组工作,组织专家对伤病员及救治情况进行综合评估。同时,迅速组织医疗卫生救援应急队伍和有关人员到达突发公共事件现场,组织开展医疗救治,并分析突发公共事件的发展趋势,提出应急处理工作建议,及时向本级人民政府和突发公共事件应急指挥机构报告有关处理情况。凡属启动省级应急预案和省级专项应急预案的响应,医疗卫生救援领导小组按相关规定启动工作。 (2) 国务院卫生行政部门对省级卫生行政部门负责的突发公共事件医疗卫生救援工作进行督导,根据需要和事件发生地省级人民政府和有关部门的请求,组织国家医疗卫生救援应急队伍和有关专家进行支援,并及时向有关省份通报情况
较大事件(Ⅲ级)	(1) 一次事件出现较大人员伤亡,其中,死亡和危重病例超过 3 例的突发公共事件。 (2) 市(地)级人民政府及其有关部门确定的其他需要开展医疗卫生救援工作的较大突发公共事件	(1) 市(地)级卫生行政部门接到关于医疗卫生救援较大事件的有关指示、通报或报告后,应立即启动医疗卫生救援领导小组工作,组织专家对伤病员及救治情况进行综合评估。同时,迅速组织开展现场医疗卫生救援工作,并及时向本级人民政府和突发公共事件应急指挥机构报告有关处理情况。凡属启动市(地)级应急预案的响应,医疗卫生救援领导小组按相关规定启动工作。 (2) 省级卫生行政部门接到医疗卫生救援较大事件报告后,要对事件发生地突发公共事件医疗卫生救援工作进行督导,必要时组织专家提供技术指导和支持,并适时向本省(区、市)有关地区发出通报
一般事件(Ⅳ级)	(1) 一次事件出现一定数量人员伤亡,其中,死亡和危重病例超过 1 例的突发公共事件。 (2) 县级人民政府及其有关部门确定的其他需要开展医疗卫生救援工作的一般突发公共事件	(1) 县级卫生行政部门接到关于医疗卫生救援一般事件的有关指示、通报或报告后,应立即启动医疗卫生救援领导小组工作,组织医疗卫生救援机构开展突发公共事件的现场处理工作,组织专家对伤病员及救治情况进行调查、确认和评估,同时向本级人民政府和突发公共事件应急指挥机构报告有关处理情况。凡属启动县级应急预案的响应,医疗卫生救援领导小组按相关规定启动工作。 (2) 市(地)级卫生行政部门在必要时应当快速组织专家对突发公共事件医疗卫生救援进行技术指导

注:资料来源《国家突发公共事件医疗卫生救援应急预案》。

除了国务院和各省(直辖市、自治区)建立起了完善的应急平台,我国的许多城市也形成了独具特色的应急平台。例如北京的模式,北京目前以 110 指挥中心为龙头,组织进行分类别的应急指挥。由政府牵头,借助有比较优势的应急部门,进行集中化的处理,并且还设置了不同形式的应急指挥小组,当出现重大的突发事件时,指挥小组可以进行资源的协调和调配;上海则建立起“国际模式”将原来的110指挥中心、119指挥中心和交巡警指挥中心三个指挥平台进行整合,成立了统一的应急联动中心,成为匪警、火警和交警的联合指挥平台,实现了公安、交警和消防三家联合办公。除此以外,上海市还有14家单位也成了应急联动中心的联动单位,联动单位任务明确,相互之间信息共享,响应统一指挥;南京市则建立了“统一指挥模式”形成“统一接警,统一处警”的应急联动工作体制和应急联动机制,并同时设置了社会应急联动中心机构,工作人员拥有单独编制。市民拨打的“110”“119”“120”“122”等报警电话,电话都会统一转到南京市城市应急联动中心,由应急联动中心工作人员,统一进行接警和调度,并及时按照工作预案,向联动单位发出指令,实现高效处置突发事件。

深圳市建立了“通信整合模式”,由政府牵头,整合各部门资源,将语音、集群通信和视频通信等整合到一起,依靠融合通信技术实现多部门的应急联动,为各部门的信息沟通和共享开辟了新的渠道,改变了单独依赖行政手段的传统方式,提高了各部门的工作效率;广州市拥有独特的“授权模式”,这种模式是以公安牵头、多级接警、多级处警,指挥平台覆盖几乎所有的指挥体系,主要警种集中办公。这种模式最大的优点在于,它的运行非常灵活,可以设定成国内任何一种模式运行,这使得它可以与其他联动单位几乎没有障碍地实现对接;扬州市则是建立了“网络模式”,兼顾统一协调指挥和分级处置的原则,采取统一接警和分别处警的办法。政府牵头建设统一的核心数据与交换指挥中心节点,而其他部门则根据本部分承担的任务分配情况,分别建立各自的分节点和业务指挥系统,指挥中心进行统一指挥、统一调度,各分节点和业务指挥系统接收指挥中心的命令,分级执行。这样既保证了统一指挥,节约了调度时间,又可根据实际情况,分别处置。

三、我国应急平台建设的不足与展望

1. 国内应急平台建设的不足

目前,在我国社会重大突发事件应急指挥平台体系的建设中,国家级应急平台框架体系已经形成,省级及以下平台的框架却没有实现统一。分析当前我国的应急平台体系可以发现,各个地区的应急平台体系之间缺少协同性,地方平台体系的主要支撑技术水平相差甚远,主要存在以下问题:

(1) 应急平台支撑技术创新不足,缺乏统一技术和系统标准

目前,我国应急平台建设涉及的诸多技术,技术进口依赖严重,特别是装备和储备调用物资技术和数据管理技术等关键支撑技术,缺乏自主知识产权。对于新兴技术的研发投入不足,整体的创新度不高,无法突破国外的技术壁垒,实现完全自主创新。同时,现有政府应急平台和部门应急平台建设的技术和系统缺乏统一标准。目前,只对国务院应急平台和省级应急平台以及相关的部门应急平台提出了技术和系统标准,省级以下的应急平台的技术和系统建设尚无规定的统一标准。市级、县级政府应急平台和部门应急平台自行组织建设的不同子系统构建方案差异很大,缺乏统一规划和技术标准,缺少应急平台的规范体系。

(2) 应急平台建设不均衡,具有明显的层级和地区差别

我国应急平台的建设具有明显不均衡性,自国务院2006年正式启动应急平台建设以

来，国家级和省级政府应急平台和部门应急平台建设相对完善，省级以下应急平台的建设不足，存在着诸如功能缺失等短板，尤其是县级应急平台的建设投入严重缺失。基础应急平台无法与县级应急平台实现对接，无法发挥基层应急平台的监测预警、信息报送、社会动员、应急宣传教育以及先期处置的功能，甚至存在县级应急平台管理混乱，主管部门不清等诸多乱象，无法保证在处置突发事件时能够正常运转。同时，我国应急平台的建设也存在着地区性的不均衡现象，东部沿海经济发达省份和城市的应急平台的建设相对完善，中西部经济欠发达地区的应急平台建设落后，存在技术落后和装备落后等问题。

(3) 应急管理体制、机制与法制对平台体系的基础性支撑作用不够

应急平台的建设不仅需要补足关键技术支撑和系统短板，更需要推动应急管理体制、机制与法律的改革和完善。目前，我国的应急管理体制、机制和法制建设整体落后于技术和系统建设，与应急平台的建设相互独立，未能与应急管理主体和应急响应程序很好对接，各自为政，缺乏统一性和配套协调性，未能与由体制决定的管理主体和由机制决定的响应程序很好对接，缺乏一个权威管理机构加以统筹。由此带来应急平台应用在应急指挥、协调与行动上的主体不明确、信息沟通机制效率低下等问题。地方政府在编制应急预案的过程中，基本照抄照搬国家或者上级政府的应急预案，不考虑各地区应急平台建设的实际情况，导致应急体制和机制与应急平台的建设脱节，无法保证应急平台在处置突发事件时的高效运转。

(4) 各级各类应急平台的信息共享机制缺乏，联动性不足

突发事件往往具有复杂性的特点，影响的地区和需要参加处置的应急力量也比较复杂。一方面，按照应急预案的要求，虽然国务院和地方各级应急平台拥有完善的信息报送和共享程序，但由于各级地方政府应急平台的建设情况不一，目前信息共享和沟通机制还存在诸多不完善之处，使得各级地方政府应急平台在处置突发事件时，部门之间、条块之间、上下级之间的链接出现断层，导致应急平台的联动性不足。另一方面，政府应急平台和部门应急平台与行业应急平台以及基层应急平台之间也缺乏良好的信息沟通共享机制，在面临突发事件时，无法及时共享信息，从而导致应急平台的效率低下。

(5) 应急平台的建设以政府为核心，缺乏社会多主体的参与

我国应急平台的建设主要依赖国务院和各级政府应急平台以及相应层级的部门应急平台，是以政府为主导的应急平台架构体系。而社区、企业和各类社会组织等往往无法参与到应急平台的建设中，也没有合理发挥其在突发事件处置中的积极作用。尤其是市级和县级应急平台的建设相对落后于国务院和省级应急平台建设的情况下，更应该吸收社会多主体参与应急平台的建设。

2. 国内应急平台建设的展望

就发达国家在应急体系方面的建设情况来看，诸多国家根据自身社会发展已经建立比较成熟的应急平台体系。上文详细介绍了美国、英国、德国、日本、加拿大和澳大利亚等国家的应急平台。美国从联邦到各州、县(市)都设置有应急运行中心(EOC)，形成了覆盖全国的应急平台体系；英国各地方政府建立了综合应急管理系统(IEMS)，集指挥、控制、协调、协作、通信等诸多功能于一体；日本则建立起早期灾害防治系统，形成了以政府为核心，多主体参与的多角度、多领域、多层次的协作系统。纵观世界各国的应急平台和应急平台体系，可

以总体概括为三种模式：以首长领导为中心，中央协调跟进，地方单位负责实施反馈；以国家领导人为核心，联席会议为平台，相应部门为主力军；首脑指挥，综合机构协调联络，中央会议制定对策，地方政府具体实施。借鉴世界各国应急平台建设的先进经验，综合我国应急平台建设目前存在的问题，提出以下改进建议。

(1) 加强关键技术的创新研发，制定统一的技术和系统标准

应急技术是应急平台的支撑，一定程度上应急技术的先进性决定了应急平台的先进性。应该审慎制定合理的技术发展规划，加大技术研发投入，着力加强科研院所的应急技术研发能力和鼓励相关企业的自主创新，提高科技成果转化率，构建新型的应急技术创新保障和支持体系。同时，应当制定统一的技术和系统标准，尤其是信息共享和数据库技术标准，保证各级应急平台之间的技术和系统标准可以实现无缝对接，实现信息和数据的共享和传递。

(2) 制定合理应急平台建设规划，适度向市、县级和经济欠发达地区倾斜

应急平台的建设需要统一的规划，立足我国应急平台建设的现实情况，制定合理的发展政策。从应急管理总体需求出发，打造一个统一规划，标准规范并与应急指挥业务系统相结合的应急平台。市级和县级应急平台是我国应急平台体系的基础，担负着大多数突发事件的处置工作，应当加快补齐我国应急平台体系的短板，进一步夯实基础，发展政策适度向市级和县级应急平台尤其是经济欠发达地区倾斜。另外，应当着重加强市级和县级应急平台支持技术和系统的发展，完善技术和系统支撑体系，使市级和县级应急平台的技术水平和系统配置能够快速提升。

(3) 加快推进应急管理体制和机制改革，夯实法制基础

应急管理体制和机制与应急平台的建设是密不可分的，对应急平台起着基础性的支撑作用。深化应急管理体制和机制的改革，理清各级政府和部门职能不明，管理混乱的乱象。要着力推进应急管理体制和机制与应急平台建设的相互配合和相互协调，最大限度地发挥体制机制改革的作用，激发活力，推动应急平台的建设和发展，地方政府应根据辖区的实际情况，编制应急预案，不可一味照搬照抄国务院和上级政府的应急预案。同时，也应当加强立法工作，夯实应急平台建设的法制基础，完善应急平台配套的法律支持体系。

(4) 完善信息共享机制，增强应急平台整体联动性

要在技术层面建立信息共享系统，基于国家民用基础通信设施建设，利用公用应急卫星通信系统技术，加强地区通信设施的建设工作，统筹使用应急体系所需卫星资源，提升卫星应急通信服务的应用能力。其次，整合现有的信息资源，建立起科学、高效的应急信息资源采集、处理、交换、共享、运营和服务机制。建立能够保证政府各级应急平台、部门应急平台以及社会各主体都能够共享和参与到建设各类应急信息资源的体制机制，提升各类应急平台的联动性，实现从上到下的统一指挥。

(5) 构建政府为核心，社会多主体参与的应急平台体系

社区、企业和各类社会组织以及公民都是积极的社会力量，可以在突发事件中发挥其积极作用。应急平台的建设不能仅仅依靠政府的力量，也应当吸纳社会各主体的力量，积极引导社会多主体参与应急平台的建设，构建以政府应急平台为核心的，社会多主体广泛参与的新型应急平台体系，最大限度地发挥政府和社会各界的积极作用，高效处

置突发事件。

总结起来，应急平台的功能贯穿于突发事件应对的各个环节和应急管理全过程，在应对各类突发事件中无疑发挥着监测、管理、分析、决策、处置、协调和总结等诸多的核心作用。美国、英国、德国、日本、加拿大和澳大利亚等发达国家都建立从国家到地方甚至覆盖基层的应急平台和应急平台体系，各具特色，与本国国情密切关联。我国的应急平台虽然发展时间较短，但发展迅速，在应对COVID-19疫情的过程中发挥了巨大的作用，成为世界抗击疫情的典范。但不可忽视的是，在这次对我国应急平台建设和应急管理能力的大考中，也暴露出诸多的不足之处，值得我们认真反思。我国应急平台的建设和完善将是一项长期工作，永远没有终点，突发事件的复杂性不可预知，只有建立更加科学化的应急平台和更加完善的应急平台体系，才能应对未来不可知的突发事件。

第八章　地方政府事故应急处置程序与职责

本章详细介绍了我国地方政府事故应急处置的程序以及各职能机构在这一过程中承担的职责。首先,介绍了地方政府事故应急处置的一般程序,包括编制应急预案环节,监测和预警环节,应急处置环节,后期处置环节,日常的宣传、培训和演习以及应急保障措施等。通过对各个环节的介绍,使读者能够对我国地方政府当前事故应急处置的一般程序有更加全面的了解。其次,介绍了地方政府和相关职能部门在事故应急处置中需要承担的主要职责,使读者对于市、县(区)两级政府以及相关职能部门的应急管理职能和承担的应急管理职责有更加清晰的认识,为理清当前地方政府及相关职能部门应急管理职能和职责不清的乱象,明晰地方政府及相关职能部门的应急管理职责提供借鉴。

同时,本章选用深圳市和武汉市作为地方政府的典型案例进行剖析,使得内容更加贴近我国地方政府事故应急处置方面的实际情况,避免单纯论述的枯燥无味。需要说明的是,武汉市是中部六省中唯一的副省级城市和中部地区的第一大城市,是中部地区的典型代表城市;深圳市是我国改革开放的前沿阵地,是我国四个一线城市之一,应急管理体制和机制较为发达,可以作为一线城市的典型代表。因此,本章将武汉市和深圳市作为典型案例剖析,探讨我国地方政府事故应急处置程序和机构职责。

第一节　地方政府事故应急处置程序

地方政府事故应急处置程序指的是当突发事件发生后,地方政府进行紧急应对和处置的工作程序。《国家突发公共事件总体应急预案》中对突发事件的类型进行了明确分类,即自然灾害、事故灾难、公共卫生事件、社会安全事件。我国实行“统一领导、综合协调、分类管理、分级负责、属地管理为主”的突发事件应急管理体制。统一领导指的是国务院是应急管理工作的最高行政领导和应急指挥机构,统一指挥应急工作。综合协调既包括府际关系的协调、对隶属关系的协调,以及对政府与其他应急主体如社会组织、事业单位、企业与公民个人等的协调,如中央政府、省级政府、市级政府、县级政府与乡镇一级政府的协调,应急管理部门与上级应急管理部门、所属政府部门之间的协调,在突发事件应对中政府部门与参与应急管理的社会组织、企业、事业单位和公民个人关系的协调等,还包括应急管理部门对其他参与应急管理工作的各个部门和机构进行协调,如应急管理部门同交通运输部门、教育部门以及经济部门等的协调关系。分类管理指的是不同类型的突发事件由不同的政府部门管理,其中自然灾害、事故灾难由应急管理部门负责,公共卫生事件由卫生行政部门负责,地方的社会安全事件由地方党政部门负责。在地方所有突发事件应对中,地方党政部门都是直接的领导机构和指挥机构。分级负责指的是不同级别突发事件的应对工作由不同层级的政府负责，除了影响全国、跨省级行政区域或者超省级政府处置能力的特别重大突发事件外，其他一般、较大、重大的突发事件分别按其级别由不同的地方政府领导。此外，不同类型的突发事件有不同的管理层级，其中消防救援、洪水救援、森林火灾救援等由国家、省、市、县四级管理，海事救援和化学事故救援等由国家和省两级管理，社会安全事件各级政府部门都有管理责任。属地管理指的是地方政府为突发事件应对的责任主体。

由于突发事件分级分类管理，所以针对不同类型的突发事件，地方政府事故的应急处置程序也不一样。其中，自然灾害和事故灾难由应急管理部门负责，我国地方政府事故应急处置的程序一般包括应急预案编制、监测预警、报告环节、组织指挥、应急响应、现场指挥、抢险救援、扩大响应、上报信息、新闻发布、现场恢复、应急结束、善后处理、追究责任、总结表彰以及日常应急演练和应急。

一、武汉市突发事件处置程序

武汉市是湖北省的省会城市，也是中部六省份唯一的副省级城市，是国务院批复的中部地区的中心城市。武汉位于江汉平原，长江中游，地处汉江和长江的交汇处，市内江河纵横、湖港交织，水域面积占全市总面积四分之一。正是由于武汉市地势平坦，处于汉江和长江的交汇处，夏季长江上游来水量大，流经江汉平原时，流速降低，往往会造成洪涝灾害，如1954年特大洪水和1998年特大洪水都对武汉市造成了重大影响。此外，2020年武汉市又遭受了COVID-19疫情的冲击。

武汉市的应急管理体制与大部分的城市基本一致，都遵循“统一领导、综合协调、分类管理、分级负责、属地管理为主”的基本原则。具体从武汉市的应急管理体制来看，市人民政府和区人民政府是领导全市突发事件应急管理工作的行政领导机关。

1. 应急预案编制

武汉市应急预案的编制同国务院和湖北省的应急预案的编制是类似的，预案体系由总体应急预案、专项应急预案、部门应急预案、区级应急预案、单位应急预案和大型活动应急预案组成。武汉市下设的各区的应急预案体系则由区总体应急预案、区专项应急预案、职能部门应急预案、街道办事处应急预案、单位应急预案、大型活动应急预案等组成。武汉市和下设各区的应急预案体系基本上同国务院和湖北省人民政府保持一致。其中，总体应急预案由武汉市（区）人民政府制定；专项预案由武汉市（区）人民政府及其职能部门制定；市（区）人民政府部门应急预案则由职能部门制定，并报市（区）应急管理局备案；街道办事处应急预案则由街道办事处负责制定，并报区应急管理局备案；单位应急预案则由各有关企事业单位、社会团体和其他组织依据国家法律法规和政府的总体（专项）应急预案制定；大型活动应急预案则由活动的主办单位制定，并报市（区）人民政府主管部门备案。

2. 监测和预警环节

各区人民政府负有最直接的信息报告责任，市和区人民政府都要建立信息监测系统，按照属地先期处置的原则，区人民政府、相关应急机构以及其他职能部门应当通过多种途径收集突发事件信息，并汇集、储存、分析有关突发事件信息，同级的应急机构和职能部门应当及时向同级人民政府汇报，区人民政府应当及时汇总和分析相关信息，必要时可以吸纳相关专家参与评估，对突发事件的严重程度，发展态势和可能波及的范围进行综合评估，并向市人民政府和主责部门汇报。根据突发事件的评估结果和国家规定，由市人民政府和主责部门发布预警信息。以武汉市应急管理局为例，一般级别的突发事件由设置在各主责部门的应急指挥中心经过研判后，报局带班领导、局分管领导、局主要领导启动四级应急响应；较大突发事故由应急指挥中心报局主要领导决定以后，启动三级应急响应；发生重大和特别重大的突发事故后，由应急指挥中心研判后报局主要领导，并报市分管领导，依照国家规定，由市人民政府报请省人民政府同意后启动二级和一级应急响应。

3. 应急处置环节

在应急处置环节，主要包括信息报告、先期处置、指挥协调、设立现场指挥部、处置措施、社会动员、信息发布和网络舆论引导等工作。信息报告，获知突发事件的公民、企业和其他组织等应当立即向区人民政府汇报，区人民政府和有关部门接到汇报后，应当按照应急预案，在规定时间内将突发事件发生的时间、地点、信息来源、基本情况、事件性质、危害程度、事件发展趋势、已采取的措施、责任主体等向市人民政府汇报；先期处置，在汇报的同时，区人民政府和相关的应急机构应当先期采取一定的控制措施，控制事态的进一步发展，组织相关救援力量赶赴现场；指挥协调，突发事件发生后，在先期处置的基础上，由有关责任主体按照“统一指挥、分级负责”的原则，组织指挥各项应急处置工作，一般、较大突发事件，由区人民政府负责指挥协调，重大、特别重大突发事件，由市人民政府负责指挥协调，其他参与现场处置的部门按照应急预案，按照市应急委或专项应急委的部署奔赴现场开展工作；重大、特别重大突发事件发生后，应当成立现场指挥部。重大突发事件现场指挥部由市专项应急委设立，市专项应急委主任、副主任坐镇现场指挥应急处置工作；特别重大突发事件现场指挥部由市应急委设立，市应急委主任、常务副主任坐镇现场指挥调度应急处置工作。

根据自然灾害、事故灾难、公共卫生事件或社会安全事件对应的应急预案，采取不同的处置措施，组织营救和救治受害人员，疏散、撤离并妥善安置受到威胁的人员以及采取其他救助措施；社会动员，突发事件的处置需要多方社会力量的参与，应急机构应该广泛动员事发地的公民、法人和其他组织，各方力量应该积极配合落实应急指挥机构采取的应急处置措施，积极参加应急救援工作，协助维护社会秩序。信息发布，突发事件发生后，负责统一指挥的应急指挥机构要及时向社会发布简要信息，随后发布初步核实情况、政府应对措施和公众防范措施等，并根据突发事件处置情况做好后续信息发布工作；网络舆论引导，市人民政府新闻办负责突发事件网络宣传引导工作，发布正面权威的消息，对虚假消息进行辟谣。

4. 应急结束

突发事件应急处置工作结束，或者相关威胁和危害得到控制、消除后，市人民政府停止有关措施，或者采取必要的措施预防突发事故衍生的次生事故，同时，现场应急指挥机构予以撤销。在应急结束之后，事发地的人民政府和相关职能部门，应当积极组织各方力量进行善后处理，开展灾后恢复和重建工作，同时，事发地的人民政府和市人民政府以及相关部门，应该积极开展调查和评估工作，包括事故或者事件发生的原因、过程和损失，事故或者事件的性质、影响、处置措施、经验教训、恢复重建计划、意见或者建议等。属于责任事件的，应当对负有责任的单位和个人提出处理意见，对在突发事件处置过程中表现良好的单位和个人进行表彰。

5．预案演练、宣传培训和检查考核

首先，预案演练。根据《武汉市突发事件总体应急预案》的要求，市人民政府应急办负责组织和指导相关职能部门制订落实应急预案工作要求的演练计划，并且组织多部门参与应对突发事件的综合性演练；相关主管职能部门则需要根据专项应急预案和部门应急预案的要求，制订演练计划并开展相关应急演练活动；市、区人民政府负责专业和非专业应急救援队伍的演练；各区人民政府及其有关部门、各街道办事处或乡镇人民政府，要依据区级应急预案定期组织开展综合性、专业性应急演练或群众性应急技能训练。其次，宣传培训。市人民政府有关主管职能部门与各区人民政府应当制定应对突发事件的宣传教育及培训规划，加强对应急指挥人员、应急管理人员和应急救援人员的应急处置知识和技能培训。机关、企事业单位、社会团体、社区居委会、村民委员会负责对本单位、本地区人员进行应急知识和技能方面的教育。各级公务员行政主管部门和行政学院应当将应急管理知识作为公务员教育培训的重要内容；各级教育行政主管部门和学校将应急知识技能的宣传教育纳入教学培养计划中。本市的各大新闻媒体、电信运营商、网络媒体应当根据实际需要，采取多种灵活方式向社会公众进行公益宣传。最后，检查考核。市人民政府应急办将定期检查和考核各区人民政府和相关主管职能部门落实应急预案的实际情况，将突发事件防范应对工作纳入政府工作目标考核和领导干部政绩考核内容。

6．应急保障

除以上提到的涉及突发事件处置各个环节的具体程序外，还需各职能部门提供必要的保障，主要包括人力保障、财力保障、物资保障、医疗卫生保障、交通运输保障、水电气保障、通信与信息保障等。

二、深圳市突发事件处置程序

深圳市处中国华南地区、广东省南部、珠江口东岸，东临大亚湾和大鹏湾，西濒珠江口和伶仃洋，南隔深圳河与香港相连，是粤港澳大湾区四大中心城市之一。深圳市同时也是广东省副省级市、计划单列市、超大城市，国务院批复确定的中国经济特区、全国性经济中心城市和国际化城市。深圳市的人口和经济高度密集，但深圳市地处北回归线以南，属于亚热带季风气候，夏季多台风、暴雨等自然灾害。2003 年，广东省暴发“非典”疫情，深圳市也受到疫情的严重冲击，17 年后，COVID-19 疫情来袭，引发了社会公众对于突发公共卫生事件的高度重视。深圳市经过多年发展，已经形成了分级管理、分级响应，条块结合、以块为主，基层先行、逐级抬升的突发事件处置模式和“两级政府、三级管理、四级网络”的管理组织体系。

深圳市处置突发事件的一般程序主要包括应急预案编制、预测和预警、应急响应、后期处置、应急保障和日常的宣传、培训和演习等环节。

1. 应急预案编制

应急预案的编制是突发事件先期处置的重要环节，地方政府突发事件的处置程序也一般通过应急预案的形式确定下来。深圳市应急预案的编制主要划分为市级和区级两种，其中市级应急预案除了依据国家法律、法规和地方性法规、规章以外，主要还依据国务院和广东省政府编制的总体应急预案。按照分级管理的原则，市级应急预案主要针对各类重大和特别重大突发事件，区级应急预案主要针对一般突发事件，协助处置较大、重大、特别重大突发事件，以及需要区人民政府协调处置的一般以下突发事件。市级和区级应急预案包含的基本内容相似，主要包含突发事件的分类、适用范围、组织机构职责、突发事件的处置程序以及其他附则内容。深圳市除了编制总体预案，同时还有针对不同突发事件的专项应急预案，如《深圳市森林火灾应急预案》《深圳市防汛预案》《深圳市防旱预案》《深圳市防台风预案》《深圳市危险化学品生产安全事故应急预案》《深圳市突发公共卫生事件应急预案》等各类专项应急预案。同样，深圳市下设各区也制定了相关的专项应急预案，以深圳市宝安区为例，《深圳市宝安区突发公共卫生事件应急预案》《深圳市宝安区地震应急预案》《深圳市宝安区生产安全事故应急预案》等都是针对不同类型的突发事件而制定的应急预案。同时，宝安区还制定了街道应急预案、基层应急行动方案、企事业单位应急预案和重大活动应急预案等。

2. 预测和预警

市、区专业应急机构或突发事件的主管单位，市、区应急指挥中心等需要日常保持对可能发生的突发事件的监测，收集在本行政区域内外和境外对本行政区域可能造成重大影响的有关突发事件信息；当突发事件一旦发生时，群众、企事业单位和社会团体等通过拨打“110”“119”“120”等特服电话以及政府部门、企业公布的服务专线电话向各专业应急机构报告突发事件的相关信息，各专业应急机构或者事件主管单位，需要通过预警系统，判断突发事件的风险系数和发展趋势，根据分析的最后结果向应急指挥中心报告和提出启动相应应急预案的建议并及时将预警信息告知社会公众。专业应急机构、应急指挥中心和下级政府按照应急预案，部署行动。在处置突发事件时，需要将处置过程中各种动态信息及时向有关主管单位和市委市政府报告。

特别强调一点，对于属于重大和特别重大的突发事件必须在事发 30 min 内报告事件主要情况，并在 2 h 内书面报告详细情况。空难、恐怖事件、群体性堵塞主要干道等特别重大突发事件要立即报告，常规静态信息可定期报告。

3. 应急响应

在这一环节，需要根据突发事件的等级进行不同等级的应急响应，一般情况下，一般和较大级别的突发事件由区专业应急机构办公室或事件主管单位、区应急指挥中心、事发地街道办等启动应急预案并组织力量对突发事件进行处置；重大级别突发事件则由市专业应急机构办公室或事件主管单位，提出应急预案建议，向市应急指挥中心报告，并由市应急指挥中心请示分管市领导，经分管市领导批准后，由市专业应急机构或事件主管单位启动相应级别的应急预案，并组织力量进行处置；特别重大级别的突发事件则需由专业应急机构办公室或事件主管单位提出应急预案建议，向市应急指挥中心报告，由市应急指挥中心请示市处置突发事件委员会主要负责人，经市处置突发事件委员会批准后，由市处置突发事件委员会（或市专业应急机构、事件主管单位）启动应急预案并组织力量对应急事件进行处置。总结起来，深圳市突发事件应急响应程序如下：

首先，区人民政府作为应急响应的第一责任单位，需要在15 min之内，启动先期处置机制，并在30 min以内，派遣相关公安、医护和救援队等相关人员赶赴现场，疏散群众，救护和抢险，进行基础性的处置工作。如果突发事件属于一般和较大级别，则由区级应急机构处置即可；如果突发事件属于重大级别以上的，则需要在30 min之内向市专业应急机构或事件主管单位和市应急指挥中心报告。

其次，如果突发事件属于重大或特别重大级别的突发事件，市专业应急机构或事件主管单位应当在30 min以内，对区专业应急机构报告的事件信息进行综合分析，并按照分级响应权限通知相关单位，并组织相关人员赶赴事发现场。最后，一旦重大和特别重大突发事件应急处置指挥系统启动后，那么专业应急机构或事件主管单位应根据专项应急预案，成立现场指挥部。现场指挥部则可以根据工作需要，启动不同的应急行动组。特别注意的一点是，如果突发事件发生在特区内时，应急行动组应当在30 min以内赶赴现场并开展处置工作；如果突发事件发生在特区外时，应急行动组应当在1 h以内赶赴现场并开展处置工作。

最后，当突发事件衍生出其他次生事件时，现有的专业应急机构或事件主管单位需要协调其他专业应急机构或事件主管单位时，需要向市处置突发事件委员会报告，由市处置突发事件委员会协调其他应急机构或单位参与突发事件的处置；市处置突发事件委员会除了可以协调本市相关应急机构和事件主管单位的参与，也可以根据现实的工作需要，联系驻深相关单位、深圳警备区、武警深圳指挥部、武警深圳市支队等单位的帮助和支持；当突发事件的严重程度已经超出深圳市的处置能力或者波及周边地区时，需要周边地区、广东省甚至国家支援时，市处置突发事件委员会应该按照应急预案，及时向广东省委、省政府，国务院和党中央汇报，并将指挥权上交，市处置突发事件委员会则需要配合省委、省政府，国务院和党中央的指挥，负责协调工作。当突发事件处置完毕之后，应当由对应的负责应急机构（市专业应急机构或事件主管单位、市处置突发事件委员会）做出研判，宣布结束。

4. 后期处置

后期处置包括善后处理和调查评估。突发事件处置结束以后，专业应急机构或事件主管单位、市应急指挥中心和相关的市、区人民政府的职能部门需要进行家园重建，生产和生活秩序恢复等一系列的事后重建和恢复工作；需要社会救助的情况下，善后处理组应当负责安置场所设置、救济物资的接收、使用和发放等政府救济工作，并且积极组织红十字会等爱心社会团体和慈善组织的工作；涉及保险理赔工作的，应当由保险公司按照保险合同进行理赔。在处置善后工作的同时，事故调查应急行动组对突发事件进行综合调查，并将调查结果上报市（区）处置突发事件委员会，并根据各单位和个人的工作表现给予表彰，对失职失察和处置不力的单位和个人追究责任。同时，各参与单位应该认真总结工作经验和教训，弥补工作不足，防患未然，具体的处置程序流程图如图8-1所示。

5. 应急保障

除了以上提到的市（区）处置突发事件委员会、专业应急机构和应急指挥中心等应急

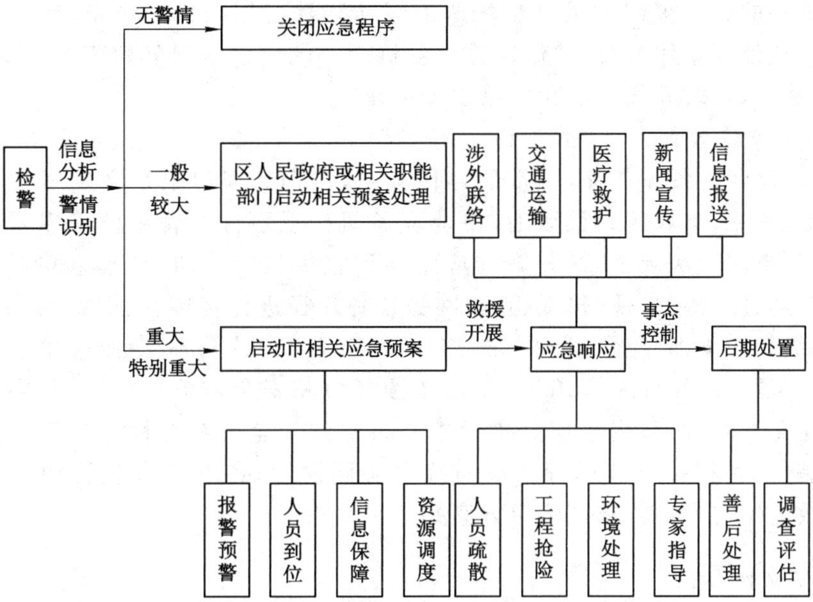

图 8-1 深圳市突发事件处置程序流程图

处置机构外，突发事件的处置还需要其他职能部门的配套保障措施，主要有技术储备和保障、通信与信息保障、工程抢险装备保障、应急队伍保障、交通运输保障、医疗卫生保障、治安保障、物资保障、经费保障、社会动员保障、紧急避难场所保障、劳动和社会保险保障、气象信息保障等。技术储备和保障由市应急指挥中心统筹人力物力和市各职能部门，搭建应急信息系统网络平台和应急指挥平台，市专业应急机构或事件主管单位以及区人民政府在市应急指挥中心的指导下，建立应急信息网络平台，并依托科研院所，建立专家咨询制度。通信与信息保障主要由市电信运营部门和市科技和信息部门负责。市电信部门需要保障在处置突发事件期间，市处置突发事件委员会、专业应急机构或事件主管单位和应急指挥部之间的通信畅通和音频、视频等的双向传输。市科技和信息部门则需要保障综合处理信息和决策急需的相关信息能够及时传送到信息技术支持系统中，为专业应急机构的决策提供信息保障。工程抢险装备保障则由市建设部门负责，对应急装备进行维护和调用。应急队伍保障需要以公安、消防和医护等救援队伍为主体进行先期处置，各职能部门应当组建专业应急救援队伍，并提高应急救援队伍的战斗力，充分发挥政府机关、企事业单位、志愿者团体等社会力量。交通运输保障则需要市交通运输部门、深圳海事部门和交警部门承担，保障处置突发事件时交通能够畅通无阻。医疗卫生保障由市卫生部门负责，需要制定医疗卫生设备、物资调度方案等。治安保障则由市公安部门负责，维持社会秩序和对重点地区、重点场所、重点人群、重要物资设备的保护。物资保障由市贸工部门负责，主要担负应急物资的生产和调配工作。经费保障由市、区财政部门承担，需要保障处置突发事件必要的经费支出，提前做好专业应对计划。社会动员保障由各专业应急机构或事件主管单位、区人民政府承担，需要提前制定突发事件社会动员工作方案。紧急避难场所保障由市规划部门承担，结合公园、广场等公共设施建设，规划足够的突发事件人员避难场所。劳动和社会保险保障由市、区劳动保障部门承担，建立快速处理集体劳资、社保纠纷应急机制。气象信息保障由市气象部门负责，在处置突发事件时，及时天气提示和气象预警工作。

6. 日常的宣传教育、培训和演习

除了上述提到的各环节外，日常的宣传教育、培训和演习也是突发事件处置程序中的重要环节。首先，市和区人民政府、专业应急机构或事件主管单位等需要面向社会公众定期开展应急法律法规、应急预案和应急知识宣传教育活动，将应急知识教育纳入教育体系中，并通过广播、电视、报纸、互联网等各种途径进行宣传教育活动。其次，培训主要针对的各级领导干部、应急管理干部、新闻发言人、基层干部、专业应急救援队伍和社会组织分别开展应急管理专题培训、专业救援能力和安全防护技能培训、应急志愿者培训。最后，应急演习方面，由市应急指挥中心负责制定全市综合性应急演习方案、计划，组织各专业队伍和相关单位进行合成演练和协同演习；各专业应急机构或事件主管单位、区人民政府制定专项或辖区演习方案并组织演练。

三、典型案例分析

1. 洪涝灾害

深圳市地处北回归以南，处于东亚季风区，属亚热带海洋性季风气候，多台风，暴雨和干旱等气象灾害。深圳市常年平均降雨量为 1 935.8 mm，且主要集中在 6 月和 8 月，深圳市历史上记载的最大日降雨量为 517.4 mm，为 2008 年“6・13”特大暴雨。2008 年 6 月 12 日至 6 月 13 日，深圳市遭遇特大暴雨袭击，最大降雨量出现在宝安区光明唐家村，累计降雨量超过了 502 mm，罗湖、福田降雨量平均在 200 mm 以上；龙岗北部降雨量普遍在 250 mm 以上；南山、盐田降雨量在 100 mm 以上，石岩、石岩水库、黄麻布水库累计降雨量超过了 400 mm。深圳市气象台于 2008 年 6 月 13 日 13 时 00 分，在全市陆地、东部海区和西部海区发布暴雨红色预警。深圳“6・13”特大暴雨造成 6 人死亡，全市共出现 1 000 处以上不同程度内涝或水浸，宝安区、光明新区、南山前海片区、蛇口片区出现大面积水浸。

同时，深圳“6・13”特大暴雨还波及铁路、公路和民航运输，导致深圳站发往广州站、东莞站、石龙站、樟木头站瘫痪，广深高速和莞深高速等高速公路路段关闭和瘫痪，多场离港航班和抵港航班取消或改降。同时，平均每年影响深圳市的台风有 4.2 次，最多年份为 9 次，最少年份为 1 次。台风多发期在 7—10 月，1949—2018 年间登陆深圳市风力 12 级以上的台风达 15 次。例如，2003 年 9 月的台风“杜鹃”，正面袭击了深圳市，造成深圳市 20 人死亡，20 人重伤，78 人轻伤，2 人失踪，同时造成深圳市大面积停电；2016 年台风“妮妲”先后在深圳市大鹏半岛、盐田区第一次和第二次登陆；2018 年台风“山竹”，虽然没有直接在深圳市登陆，但是也对深圳市造成了巨大的影响，造成全市 16 座水库超汛限水位泄洪，宝安区排涝河、龙岗河及其支流等多条河流出现河道水位急速上涨漫堤现象，宝安区、坪山区等地多处发生区域内涝积水，盐田区、大鹏新区出现 15 处海水倒灌，海堤、码头和临海建筑受损严重。由此，深圳市一直将防汛防旱防风作为应急工作的重中之重。

深圳市处置暴雨险情的一般程序为市气象局发布预警信号，各级人民政府和三防（防汛、防旱、防台风）指挥机构按照预警信号等级启动应急响应，各级三防指挥部和各成员单位按照应急预案开展应急处置工作。按照预计降水量从低到高，发布暴雨蓝色预警信号、暴雨黄色预警信号、暴雨橙色预警信号和暴雨红色预警信号，对应着不同级别的预警信号和主要河流的水位情况，相应启动关注级、Ⅳ级、Ⅲ级、Ⅱ级、Ⅰ级应急响应。其中，暴雨黄色预警信号发布时自动启动关注级应急响应，对应不同的应急响应级别，三防指挥部总指挥、常务副总指挥、副总指挥采取了解情况、做好指挥准备，到市三防指挥部带班，部署防御准备，组织处置险情灾情。各成员单位按照应急响应级别、应急预案和三防指挥部的指示命令及时采取行动。

应急响应启动后，需要将风情、雨情、水情、工情、险情、灾情等防汛信息实行归口处理，分级上报，各成员单位需要定时向市三防指挥部报告险情灾情、处置情况及市三防指挥部指令通知落实的总体情况。关注级应急响应启动后每 6 h 报送一次，Ⅳ级、Ⅲ级应急响应启动后每 3 h 报送一次，Ⅱ级、Ⅰ级应急响应启动后每 1 h 报送一次。当洪涝灾害得到有效控制，由决定启动应急响应的三防指挥部宣布应急响应结束。关注级应急响应在黄色暴雨预警信号解除后自动解除。最后，在洪涝灾害处置完毕之后，要进行善后处置，分别是救灾救济、灾后复产和防汛工作评估等。

救灾救济工作在市政府统一领导下，由市三防指挥部具体部署，向省三防总指挥部报告汛情与灾情并同各部门进行会商，洪涝发生地所在地方政府和其他职能部门做好灾区生活供给、卫生防疫、救灾物资供应、治安管理、学校复课、水毁修复、恢复生产和重建家园等善后工作；灾后复产工作主要围绕防汛抢险物资补充、水毁工程应急修复、物资和劳务的征用补偿、蓄滞洪区补偿、社会捐赠和救助管理、保险理赔等方面开展；防汛应急响应解除后，各级三防部门和三防成员单位应对防汛工作进行评估，对处置工作的经验和教训及时总结，形成专项评估报告，邀请专家评估应急工作的处置情况，对处置工作中表现良好的单位进行表彰，失职失察的单位和个人追究责任。另外，洪涝灾害的处置还需要有配套保障措施，主要有通信和信息保障、抢险队伍保障、供电与交通保障、治安与医疗保障、物资保障、技术保障和社会动员保障等。

2. 危险化学品事故

1993 年 8 月 5 日，深圳市清水河一危险化学品仓库发生了特别重大火灾爆炸事故。这次事故是由于 4 号仓库的过硫酸铵冒烟起火，造成仓库爆炸，引起大火，在短短的 1 h 后，又发生了第二次爆炸，造成了更大范围的破坏和火灾。此次事故累计造成 15 人死亡，200 人受伤，其中 25 人重伤，造成直接经济损失达 2.5 亿元。事后，经过专家组的调查，认定事故原因是因为清水河的干杂仓库被违规改作危险化学品仓库及仓库内危险化学品存入严重违规，干杂仓库 4 号仓内混存的氧化剂与还原剂接触是事故的直接原因。2015 年 6 月 13 日，深圳市发生较大爆燃事故，这次事故造成 3 人死亡，1 人受伤。根据调查结果显示，造成这次事故的直接原因是服装工艺辅料店经营者违规将异辛酸钴与过氧化甲乙酮混合，两种物质发生剧烈的氧化还原反应，数秒内温度急剧上升达到 120 ℃以上，释放出大量热量而引起爆炸燃烧。深圳市吸取了历次危险化学品事故的教训，建立了完善的危险化学品事故应急处置体系。

在预防方面，严格落实关于危险化学品生产、储存、使用、经营、运输和废弃危险化学品处置等各个环节的生产安全要求和应急工作机制，坚持预防为主、预防与应急相结合；在监测方面，做到“早识别、早预警、早发现、早报告、早处置”；在预警方面，根据危险化学品事故可能造成的危害程度、紧急程度和发展态势，可以将事故分为Ⅰ级、Ⅱ级、Ⅲ级和Ⅳ级，分别对应着红色预警、橙色预警、黄色预警和蓝色预警。

当发生危险化学品事故时，首先由事发单位进行先期处置，可以先行控制危险源，组织抢险人员进行先期处置，维持事故现场的秩序，并按照应急预案的要求，上报相关信息。如果事发单位的先期处置未能有效控制事故，则需要依据事故的性质、特点、危害程度分级响应。对于一般危险化学品事故，由事发地的区人民政府启动Ⅳ级应急响应，并按照同等级别的应急预案，直接开展处置工作，必要的时候，可以向市应急指挥部和相关职能部门请求支援；当事故属于较大危险化学品事故时，应当由市应急指挥部办公室进行综合研判，并报请市应急指挥部启动Ⅲ级应急响应，启动Ⅲ级应急响应之后，根据应急处置工作的实际需要，设置现场指挥部，通知各成员单位、救援队伍和应急工作组赶赴事故现场。当省、国家相关应急机构启动Ⅱ级、Ⅰ级应急响应时，应急指挥部需要按照省级和国家级层面的应急预案的工作要求，组织、协调本市各方面应急资源，配合省、国家相关应急机构做好救援处置工作。特别的，当危险化学品事故次生或者衍生出其他突发事件时，或者现有的处置工作无法控制住事态的进一步发展时，应向上级应急指挥部或市处置突发事件委员会报告，申请多个部门的协助；当事故将要波及周边城市或地区的，应以市政府的名义，协调周边城市启动应急联动机制。当事故造成的危害程度已经超过了本市的处置能力时，需要上级提供支持和增援的，需由市委、市政府报请省委、省政府或党中央、国务院协调相关资源和力量参与事故处置，具体如图 8-2 所示。

3. 金融突发事件

深圳是我国改革开放的最前沿阵地，一直作为我国吸引外资的重要窗口。1990 年 12 月国务院批准设立深圳证券交易所（简称“深交所”），截至 2019 年末，深圳共有境内上市公司 299 家，其中主板 80 家、中小板 120 家、创业板 93 家、科创板 6 家，境内上市公司总市值 7.05 万亿元。当前，国际贸易摩擦升级、地缘政治、主要经济体货币政策的正常化和 COVID-19 疫情的影响使得我国金融市场外部条件将面临更大的不确定性；国内经济结构的调整和升级，深入推进金融结构性去杠杆，金融风险暴露得更加充分，经济增长的不确定性增加，未来我国金融市场（包括股票市场、债券市场、期货市场、资金市场等）将面临更大的风险。因此，金融安全是我国经济安全的最重要的组成部分，关系到我国的经济命脉，深圳市是为数不多、拥有比较完善的金融突发事件的预防和处置体系的城市。

在预警和信息通报环节，市金融应急指挥办会同驻深金融监管部门建立科学和完善的预警指标体系，监控预警指标的动态变化，及时将相关信息向有关机构报告。市金融应急指挥办密切关注驻深金融监管部门发布各类信息和国内外突发金融事件，及时将相关信息向市政府汇报。在应急响应环节，当金融突发事件发生时，市金融应急指挥办在汇总、分析各单位上报信息的基础上，分析、研判突发事件的性质及严重程度，对金融突发事件划分级别。按照金融突发事件的严重程度，可以将金融突发事件划分为特别重大

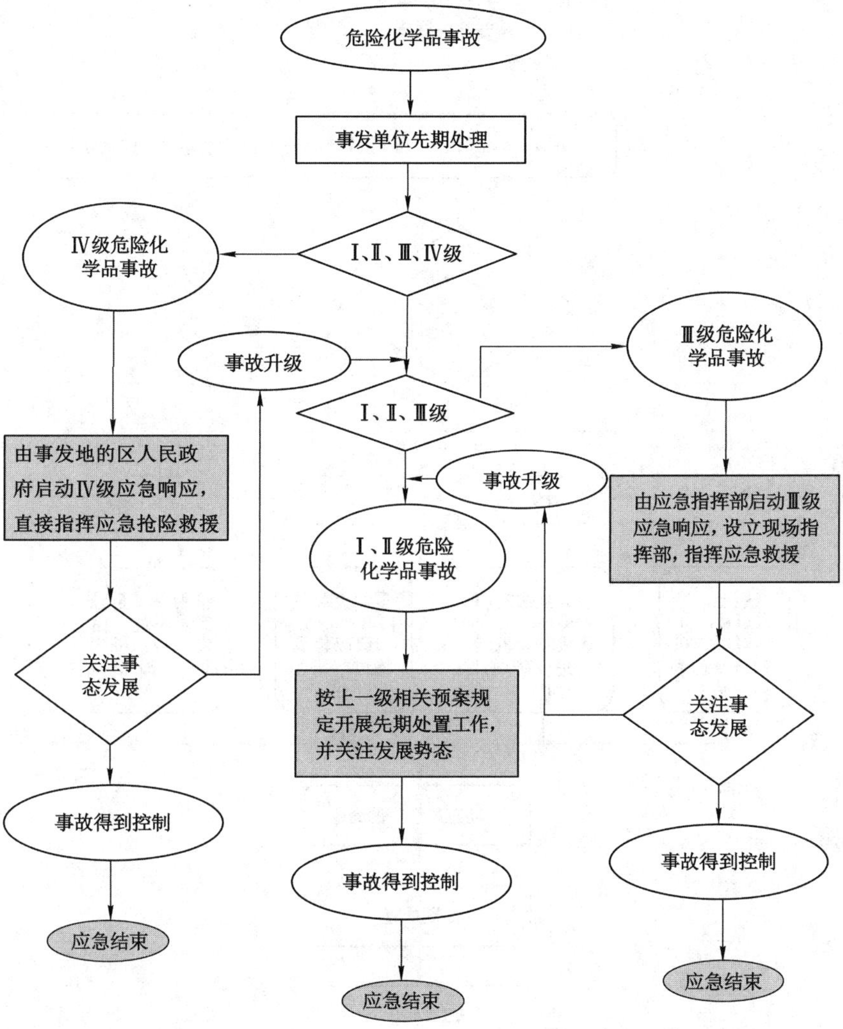

图 8-2　深圳市危险化学品事故处置程序图

金融突发事件、重大金融突发事件、较大金融突发事件和一般金融突发事件，分别对应Ⅰ级响应、Ⅱ级响应、Ⅲ级响应和Ⅳ级响应。一般金融突发事件和较大金融突发事件由区级应急机构按照应急预案，启动处置程序；重大金融突发事件和特别重大金融突发事件由市级应急机构按照应急预案，启动处置程序。按照不同的响应级别，市、区职能部门按照应急预案开展处置工作，主要工作有妥善保管、清理已关闭金融机构的账目，核实已关闭金融机构个人债权，落实兑付和补偿措施，调查事件原因，评估事件造成的直接损失和间接损失，追究相关人员的责任等。当金融突发事件得到有效处置或者经过评估，由市金融应急指挥办提出建议，可宣布应急终止。金融突发事件处置完毕后，各参与处置的有关单位要及时对应急处置工作进行总结，并书面报告市金融应急指挥办，具体处置程序如图 8-3 所示。

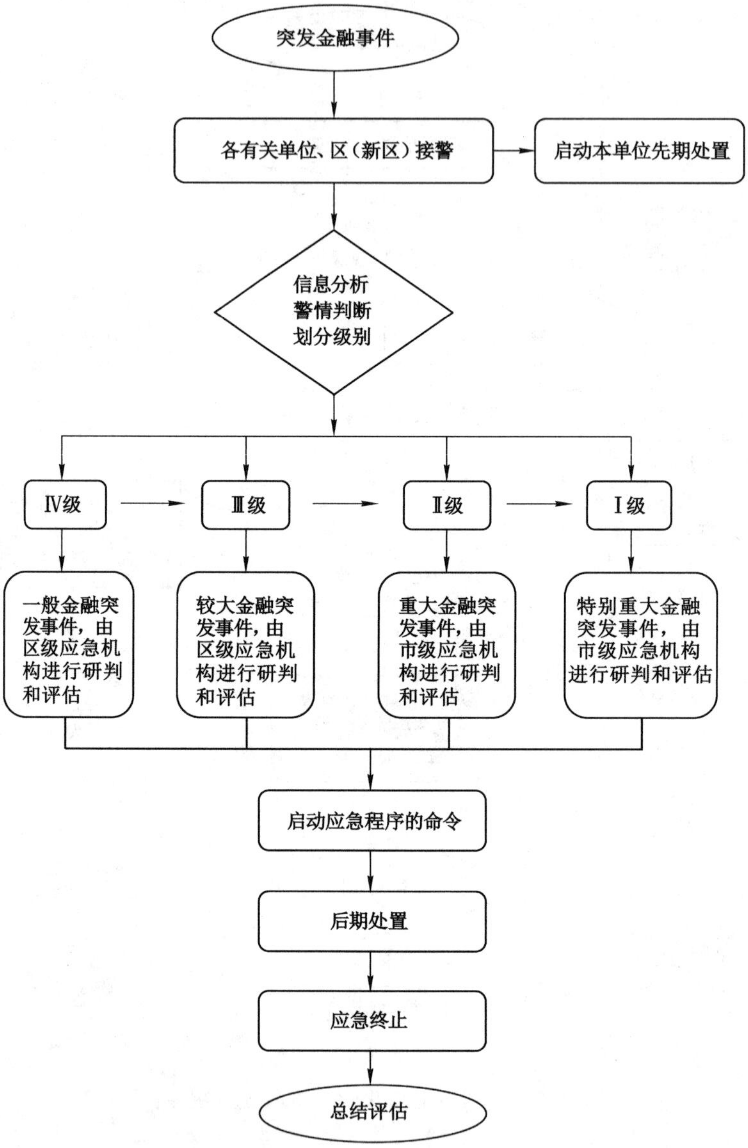

图 8-3　深圳市金融突发事件处置程序

4．深圳市突发公共卫生事件处置程序

2003 年广东省暴发“非典”疫情，包括深圳在内的各城市受到巨大的冲击。时隔 17 年后，2020 年 COVID-19 疫情在世界范围内暴发。截至 2020 年 6 月 30 日，全球 COVID-19 感染患者已经超过了 1 000 万人，死亡人数已经超过了 50 万人。在这次抗击 COVID-19 疫情的过程中，广东省新型冠状病毒感染的肺炎疫情防控工作领导小组决定于 2020 年 1 月 23 日启动广东省重大突发公共卫生事件一级响应，并要求各级人民政府、卫生行政部门、医疗机构、疾病预防控制机构、卫生监督机构、出入境检验检疫机构、非事件发生地区全力做好疫情防控工作，一级响应一直维持到 2 月 23 日，深圳市也在第一时间成立疫情防控指挥部。纵观人类发展历史，人类与疫情的斗争贯穿始终，鼠疫（黑死病）、天花、霍乱、流感、埃博拉出血热、中东呼吸综合征等在不同的历史时期和不同的国家都曾经大规模暴发，给人们的生命健康安全造成巨大的伤害。随着科学技术的发展、医疗技术的进步和医疗条件的提升，许多疫情被人类消灭或者暂时控制。但未来，我们仍然有可能面临难以预测的疫情，因此，建立健全突发公共卫生事件应急管理体系，预防未知重大突发公共卫生事件，保障人民的生命健康安全是应急管理工作的重中之重。深圳市突发公共卫生事件的一般处置程序包括监测、报告与预警、应急处置、信息发布、响应解除和保障措施等环节。

（1）监测、报告和预警

① 监测方面。市卫生健康主管部门会同其他职能部门建立针对突发公共卫生事件的监测平台，监测的重点单位应当包括医疗卫生机构、病原微生物实验室、学校等单位和口岸、机场、火车站、长途客运站、港口、零售药店和食品集中交易市场等重点公共场所。依托突发公共卫生事件监测平台，构建突发公共卫生事件的预警体系，提升公共卫生风险评估和早期预警能力。突发公共卫生事件监测平台应当与国家、广东省有关突发公共卫生事件监测信息系统对接。突发公共卫生事件监测平台的管理和维护应当由市疾病预防控制机构负责。特别要求，当发生或者可能发生传染病暴发、流行的；发生或者发现不明原因的肺炎或者群体性疾病的；传染病菌种、毒种丢失的；发生或者可能发生重大食品安全事故的；发生或者可能发生重大职业中毒事件的；发生或者可能发生重大放射事故的；其他疑似突发公共卫生事件可以被认定为重大情形。一旦发生重大情形的突发事件，预警体系中各监测单位和预警平台的工作管理人员应当 2 h 内在监测平台上上传相关信息，并按照应急预案规定，向上级人民政府及相关机构汇报情况。

② 报告方面。区疾病预防控制机构在接到辖区突发公共卫生事件监测信息或者隐患信息后，应当立即对信息予以核实，并及时组织流行病学调查等技术调查，对相关标本或者样品进行采样、检验、检测，并对事件原因、性质、影响范围、危害程度、发展趋势等进行技术分析和评估研判。一旦区疾病预防控制机构认定为突发公共卫生事件，应当立即将相关信息上传到市突发公共卫生事件监测平台，并按照应急预案的规定，向市疾病预防控制机构和区卫生健康部门汇报情况。如果突发事件涉及重大食品安全事故的，还应当同时报告市场监管部门。市疾病预防控制机构接到区疾病预防控制机构的汇报之后应该立即组织对所上报的信息进行调查和核实，调查核实工作要在规定时间内完成，一旦认定为突发公共卫生事件的，应当在 2 h 内向市卫生健康部门提交书面报告；其中属于重大食品安全事故的，还应当同时向市市场监管部门提交书面报告。特别紧急的情况下，可采用其他报告形式，后续再补充书面报告。市卫生健康部门接到市疾病预防控制机构的报告后，要按照应急预案，立即对突发公共卫生事件的性质、类型、分级等进行确证，并采取必要的应急处置措施，市市场监管部门也应当按照应急预案的规定，采取相应的紧急处置措施。

同时，被市卫生健康部门和市市场监管部门认定为较大级别的突发公共卫生事件的，应当组织有关专业机构和相关专家进行综合评估和确证，一旦专家组认定构成突发公共卫生事件的，应当立即向同级人民政府和上一级行政部门报告，并依照应急预案的规定，在 2 h 内提交相应的书面报告。

③ 预警方面。市人民政府接到市健康卫生部门、市市场监管部门的情况报告之后，应当根据报告的情况和突发事件的严重程度，可能带来的社会影响，在 24 h 内决定是否启动应急响应和何种级别的应急响应，并在启动应急响应之后，将相关信息及时向广东省人民政府报告，通过电视、广播和互联网等，向社会发出预警信息、应急响应等级以及相应的应急处置措施。

(2) 应急处置

① 属地管理。突发公共卫生事件应急处置同其他突发事件一样，遵循属地管理原则。在市人民政府做出启动突发公共卫生事件应急响应决定或者接到上级机关启动突发公共卫生事件应急响应命令后，应当按照分级处置的规定和应急预案，立即成立相应层级应急指挥机构。应急指挥机构的总指挥一般由市人民政府负责人担任，其他相关职能部门的负责人共同参与，统筹辖区内突发公共卫生事件应急处置工作，并接受上级人民政府、应急指挥机构的统一指挥、业务指导和工作督导。

② 分级处置。突发公共卫生事件实行分级处置，按照国务院对突发公共卫生事件的分类标准，将突发公共卫生事件划分为一般突发公共卫生事件、较大突发公共卫生事件、重大突发公共卫生事件、特大突发公共卫生事件，分别对应四级、三级、二级和一级应急响应。其中，四级应急响应由区人民政府按照应急预案的要求组织开展应急处置工作；三级应急响应则由市人民政府按照应急预案的要求组织开展应急处置工作；二级应急响应和一级应急响应则在上级人民政府的统一领导下，市人民政府开展相应的应急处置工作。

③ 先期处置。突发公共卫生事件的应急处置方式，实行的边调查、边报告、边处置的快速处置机制。尤其是重大传染病事件，在较短时间内控制传染源和进行流行病学调查对控制传染病具有重要的意义。当上级人民政府或者应急指挥机构尚未下达指令前，市、区人民政府或者应急指挥机构可以根据突发公共卫生事件应急处置需要，先行采取场所封闭、人员控制、出行限制等应急处置措施。市、区应急指挥机构可以根据突发公共卫生事件应急处置的需要，在医疗救治、卫生防疫、隔离观察、物资保障、交通运输、社区管理、市场管理、场所管理、生产经营、劳动保障和市容环境等方面，制定和发布相关工作规范，依法发布应急处置的决定、命令，并采取相关应急措施。

(3) 信息发布工作

市人民政府应当及时向社会公众发布突发公共安全事件的响应级别信息和相关的处置信息，应当构建以政府发布为主、有公信力和影响力的专家学者专业解读为补充的信息发布体系。如果突发公共卫生事件涉及或者可能涉及其他地区的，市卫生健康部门应当及时向可能涉及的省、市相关部门通报有关信息。市卫生健康部门在接到其他地区关于涉及或者可能涉及本市的突发公共卫生事件的通报后，应当立即报告市人民政府，并通知相关区人民政府及相关部门。

(4) 响应解除

突发公共卫生事件危险因素、隐患消除或者被有效控制后，应当适时解除应急响应。解除应急响应的程序与启动应急响应的程序相同，突发公共卫生事件一级和二级应急响应应当报请省级人民政府同意后，才能解除。

(5) 保障措施

突发公共卫生事件的处置还需要经费保障、疾控体系建设、人才保障、中医药协同、医疗保障、生活保障、信息支撑、科技应急攻关、国际交流合作、卫生监督、社会稳定等多方面的保障。

四、地方政府在突发事件处置程序中存在的问题及改进建议

1. 处置程序存在的问题

上文以武汉市和深圳市作为地方政府的典型代表，探讨了地方政府突发事件的处置程序。从现实情况来看，地方政府对突发事件的处置程序一般是以总体应急预案和针对不同突发事件的专项预案的形式确定下来的。虽然应急预案中对地方政府和相关职能部门处置突发事件有明确的程序，但在实际处置突发事件的过程中，仍然存在着诸多问题，下面将详细探讨。

(1) 应急预案部分内容脱离实际，执行力度不足且缺乏常态化的修订机制

经过多年的发展，当前我国已经形成了比较完善的应急预案管理体系。根据2006年国务院颁布的《国家突发公共事件总体应急预案》的要求，省级人民政府需要制定总体应急预案、专项应急预案和部门应急预案，而省级以下人民政府的应急预案的编制由省级人民政府领导制定。应急预案的编制是突发事件处置程序的先期环节，对于提高处置突发事件的整体效率具有至关重要的作用，而现实中，地方政府特别是市级和县级人民政府应急预案的编制往往出现照搬照抄国务院或上级人民政府的应急预案，部分应急预案的内容脱离辖区应急管理的实际情况，只能看不能用，在处置突发事件中，根本无法执行。此外，应急预案的执行环节也存在诸多问题，特别是县级人民政府制定的应急预案在突发事件处置中的执行力度不够，甚至沦为一纸空文，无法落到实处。最后，现实中地方政府应急预案的修订往往是被动修订，在辖区内发生重大突发事件后被动修订应急预案，存在侥幸心理，很难从其他地区发生的重大突发事件中吸取教训，缺乏修订应急预案的主动性，诸多专项应急预案早已不合时宜。

(2) 信息报告机制不完善，存在信息报告滞后甚至瞒报现象

地方政府处置突发事件的程序中，在监测预警环节和应急处置环节，信息报告都是重要的内容，对于后期的突发事件的处置具有重要影响，但实际中存在着诸多信息汇总和报告的障碍：首先，在监测预警环节，信息监测系统建设不完善甚至信息监测系统成为门面摆设，在突发事件信息汇总和分析方面根本无法发挥作用。同时，现实中，部分地方政府对于突发事件相关信息的汇总、分析和研判严重滞后，对后续突发事件的处置带来不利影响。其次，在应急处置这一环节，基层政府、社会组织、企业和社会公众与市、县(区)级人民政府之间的信息报告机制不健全，引发信息不对称。另外，还存在下级政府蓄意隐瞒突发事件的伤亡人数和严重程度。最后，信息的披露和官方发布机制不健全，未能及时发布相关信息，导致各类媒体和谣言误导社会公众，影响正常社会秩序。

(3) 应急物资保障体系不健全，共性问题多发

应急物资是应对突发事件的基础和保障，某种程度上关乎应急救援的成败。在本次COVID-19疫情的应对中，医用口罩、医用酒精、消毒液、防护服、护目镜等医疗耗材、设备及医药物资以及其他应急物资的保障存在严重的缺口，给疫情防控带来了巨大的挑战。

当前,我国各地普遍存在应急物资保障体系不健全的问题,应急物资生产、储备、调拨及紧急配送体系中存在环节缺失,特别是储备、调拨和紧急配送环节普遍存在短板问题。在抗击 COVID-19 疫情的过程中,武汉市封城抗疫,武汉市的应急物资保障遭受到了巨大压力和挑战。目前地方政府普遍缺乏应急物资的储备意识,存在储备库布局不甚合理、储备方式单一、品种不够丰富、管理手段比较落后、基层储备能力不足等共性问题。还有部分基层储备库"有库无物"的现象相对突出,地方发放的救灾物资中曾暴露出部分产品质量问题。

(4) 忽略公众宣传教育重要性和应急管理人员及救援人员的培训

加强对广大社会公众应急知识的宣传和普及以及应急管理人员和救援人员的技能培训,这对突发事件的处置具有重要意义。社会公众往往是突发事件的主要受害者,其掌握一定的避险、互救、自救、减灾、逃生技能对降低生命财产损失具有重要的作用。但现实中,各级地方政府、相关职能部门、专业应急机构以及新闻媒体往往忽略对公众宣传和教育的重要性,使得广大社会公众对基本的应急知识和应急技能缺乏常识性的了解。此外,目前针对各级政府、专业应急机构和相关职能部门的应急管理人员以及专业应急救援队伍的应急救援人员的培训,多是以学习培训班的形式进行,往往流于形式化,未能切实提高应急管理人员的管理素质和应急救援人员的救援技能。

(5) 缺乏日常应急演练,应急演练检查和督导机制不健全

一般情况下,根据地方政府总体应急预案、专项应急预案和部门应急预案的要求,市级和县级应急管理的日常机构应当组织相关部门和救援队伍,参与针对突发事件的应急演练并检查和指导相关的应急演练工作。但现实中地方政府、专项应急指挥部及相关职能部门忽略了应急演练的重要性,各职能部门和专业应急救援队伍应急演练次数不足,基层党政机关、群众和社会团体、企事业单位、社区工作站以及居民委员会的应急演练参与度不高,流于形式。另外,目前应急预案中缺乏常态化的应急演练检查和督导机制,相关考核也未纳入绩效考核机制中,导致地方政府、专项应急指挥部和各职能部门组织应急演练的积极性不高,庸政懒政怠政现象广泛存在,对应急救援队伍和各部门协调处置突发事件的应急能力产生诸多负面影响。

2. 处置程序改进的建议

随着我国应急管理体制的不断完善,地方政府在突发事件的处置程序上也需要更加规范化,相关的体制机制也应不断完善,下面给出一些可供借鉴的建议。

(1) 加强应急预案管理,因地因时制宜编制应急预案

针对目前我国地方政府在应急预案编制的过程中存在的脱离实际、执行性不足和修订滞后的问题,给出三点建议。第一,加强应急预案的管理,强调应急预案的实际可操作性。地方政府应急预案的编制应当立足辖区内突发事件的实际情况和应急救援能力的实际水平,制定适合本辖区应急管理人员和救援人员可以实际执行的应急预案,不盲目追求"假大空"而照搬国务院和上级人民政府的应急预案。第二,提升应急预案的整体地位。重视应急预案的编制并根据实际情况进行修订,对于年代久远、不合时宜的应急预案和突发事件的管理工作规定要及时进行修编。第三,将应急预案的管理纳入地方政府、专业应急机构和相关主管职能部门的工作绩效考核中并作为重要的考核指标。

(2) 完善突发事件信息报告机制，畅通应急信息公开渠道

通过完善应急预案和订立行政法规的形式，完善当前的突发事件信息报告机制，加强信息系统的建设，尤其要强化对突发事件相关信息的汇总和分析。建立和健全不同职能部门、专业应急机构与同级人民政府的信息沟通和共享机制，严格按照应急预案要求，根据突发事件的严重程度，在规定时间内上报上级人民政府和上级主管部门，对于刻意瞒报突发事件严重程度和人员伤亡的地方人民政府和相关职能部门的主要领导干部严肃问责。畅通信息公开的渠道，通过官方网站、电视、广播、报纸和手机短信等多种方式，落实“及时准确、公开透明、有序开放、有效管理、正确引导”的方针，积极主动地向社会公众公开权威信息。

(3) 健全应急物资保障和储备体系，积极倡导社会多主体参与

首先，要健全应急物资的保障和储备体系，要补齐应急物资的生产、储备、调拨及紧急配送等各个环节的漏洞和短板，强调分级负责、部门协作、社会参与，着力构建“中央—省—市—县—乡”纵向衔接、横向支撑的五级救灾物资储备体系。其次，要强化跨部门协作和应急联动机制，形成以中央储备为核心、省级储备为支撑、市县级储备为依托、乡镇和社区储备为补充的全国救灾物资储备体系。最后，要积极调动社会多主体力量的参与，应当完善以政府储备为主、社会储备为辅的救灾物资储备机制，逐步推广协议储备、依托企业代储、生产能力储备和家庭储备等多种方式，将政府物资储备与企业、商业以及家庭储备有机结合，将实物储备与能力储备有机结合，逐步构建多元、完整的救灾物资储备体系。

(4) 强化应急知识技能宣传教育，完善应急管理人员和救援人员的培训考核

重视应急知识和应急自救技能的普及和宣传，并且将其作为常态化的应急管理工作。以社区教育学习会和应急知识技能进大、中、小学等方式，普及应急知识和应急技能。应急专业机构和相关主管职能部门应当定期开展主题教育宣传活动，并且借助现代媒体，以更加浅显易懂的方式方法向社会公众普及应急知识和技能。针对应急管理人员和救援人员，应当建立严格培训学习与考核机制，对于考核不合格的管理人员和救援人员分情况及时清退和重新培训学习，着力提高应急管理人员队伍和救援人员队伍的整体素质。

(5) 建立应急演习演练常态化机制，强化对应急演练的检查督导

应急演练对于检验应急预案合理性和可行性，提高各级政府、专业应急机构和相关职能部门应对突发事件风险意识，以及应急救援队伍对突发事件的应急反应能力具有重要意义。首先，要建立应急演习演练的常态化机制，将应急演习演练作为应急管理工作最基本工作之一。各级人民政府、专业应急机构和相关职能部门应当积极组织针对各类突发事件的专项应急演练演习，要吸纳多部门和辖区社会公众的参与。其次，强化应急演练的检查和督导：一方面，上级人民政府、专业应急机构和主管职能部门要定期检查和督导下级人民政府、专业应急机构和主管职能部门应急演练开展情况；另一方面，将应急演习演练工作的考核情况纳入各级人民政府、专业应急机构和相关职能部门主要党政领导干部的工作绩效和晋升考核中，对于庸政懒政怠政的相关人员的晋升考核“一票否决”，严格落实应急预案关于应急演练的要求。

综上所述，本节以武汉市和深圳市作为典型案例进行剖析，分析了地方政府突发事件处置的一般程序，并且以洪涝灾害、危险化学品事故、金融安全事件和突发公共卫生事件作为

典型的突发事件案例进行解读，并详细介绍地方政府在处置突发事件的程序。同时，本节就我国地方政府在处置突发事件程序上存在的一些突出共性问题进行了总结，并给出了可供借鉴的改进意见。地方政府在处置突发事件中扮演着基础性的角色，规范和完善我国地方政府突发事件处置程序，对提升我国整体的应急管理能力、推动治理体系的现代化具有重要的战略意义。

第二节　地方政府事故应急处置职责

当前落实主体责任，推进机构改革仍然是我们需要长期坚持的一项工作。特别是我国自2018年组建应急管理部以来，我国已进入大应急时代，地方政府和相关应急管理部门的应急管理主体责任的落实，尤为重要。下面，我们将以武汉市和深圳市作为典型案例，分析和探讨地方政府相关机构应对突发事件需要承担的主要职责。

一、武汉市突发事件处置机构及职责

武汉市应急管理体系中包含处置突发事件的主要机构有：市和区人民政府、市突发事件应急委员会、市人民政府应急委员会办公室、专项指挥机构、主责部门、区级应急机构等。

首先，市人民政府和区人民政府是市级和区级突发事件应急管理工作的行政领导机关，担任着统筹全局的责任。其次，市人民政府设置有市突发事件应急委员会（简称“市应急委”），这一委员会一般由市人民政府市长、副市长和市有关领导同志，市人民政府秘书长、副秘书长，武汉警备区与武警武汉支队主要负责人，市人民政府有关部门主要负责人，各区人民政府区长组成；一般情况下，主任由市人民政府市长担任，常务副主任由常务副市长担任，副主任由人民政府的几位副市长和市有关领导同志担任，成员则由市应急委成员单位的主要负责人担任。市应急委的主要职责是贯彻执行国家和省有关突发事件应对工作的法律、法规、规章和政策；组织制定和修订市突发事件总体应急预案；负责领导、组织、协调、考核与监督全市突发事件防范应对工作；指挥处置特别重大突发事件。

同时，市应急委有常设的办公机构，即市人民政府应急委员会办公室（简称“市应急办”）。市应急办是市应急委的日常办事机构，主要担负履行值守应急、信息汇总和综合协调职责，发挥应急运转枢纽作用；负责办理有关应急管理的紧急、重要事项；承办市人民政府应急管理的专题会议；协调落实市应急委各项决定；指导全市突发事件应急管理体系建设；指导、协调、检查、督办全市突发事件监测预警、应急演练、宣传培训、队伍建设、信息发布、应急保障等工作。

为了适应突发事件应急处置工作的需要，按照突发事件的分类，市应急委下分防汛抗旱应急管理工作组、自然灾害应急管理工作组、公共卫生应急管理工作组、社会安全应急管理工作组和事故灾难应急管理工作组。下设防汛抗旱（水旱灾害）专项应急委员会（指挥部）、气象灾害专项应急委员会（指挥部）、地震灾害专项应急委员会（指挥部）、农业农村事件（事故）专项应急委员会（指挥部）、综合治安事件专项应急委员会（指挥部）、民族和宗教事件专项应急委员会（指挥部）、信息安全事件专项应急委员会（指挥部）、金融安全事件专项应急委员会（指挥部）、工矿商贸事故专项应急委员会（指挥部）、烟花爆竹

和民用爆炸物事故专项应急委员会（指挥部）、建筑施工事故专项应急委员会（指挥部）、火灾事故专项应急委员会（指挥部）、环境污染和生态破坏专项应急委员会（指挥部）、综合交通事故专项应急委员会（指挥部）、电力事故专项应急委员会（指挥部）、石油天然气（能源）事故专项应急委员会（指挥部）、通信基础设施事故专项应急委员会（指挥部）、道路交通事故专项应急委员会（指挥部）等市专项应急委，按照不同的突发事件划分主管单位和专项应急委员会，具体如表 8-1 所列。

表 8-1　突发事件专项应急委员会及主管单位

工作组	专项应急委员会	主管单位	突发事件
防汛抗旱应急管理工作组	防汛抗旱（水旱灾害）专项应急委员会（指挥部）	市水务局	水旱灾害；水利基础设施事故；饮用水安全事件
自然灾害应急管理工作组	气象灾害专项应急委员会（指挥部）	市气象局	气象灾害监测、预报、预警
	地震灾害专项应急委员会（指挥部）	市应急管理局	地震灾害
	地质灾害专项应急委员会（指挥部）	市自然资源和规划局	地质灾害
	森林火灾（林业生态）专项应急委员会（指挥部）	市园林和林业局	森林火灾；森林病害、虫害、鼠害，林业有害植物事件、外来有害动植物威胁林业生产事件；盗伐、滥伐、哄抢森林、毁林、乱占林地、非法改变林地用途事件
事故灾难应急管理工作组	工矿商贸事故专项应急委员会（指挥部）	市应急管理局	金属非金属矿山事故；危险化学品事故；其他工矿商贸事故
	烟花爆竹和民用爆炸物事故专项应急委员会（指挥部）	市公安局	烟花爆竹和民用爆炸物事故
	建筑施工事故专项应急委员会（指挥部）	市城乡建设局	建筑施工事故；建筑垮塌事故
	火灾事故专项应急委员会（指挥部）	市消防救援支队	火灾事故
	环境污染和生态破坏专项应急委员会（指挥部）	市生态环境局	水、空气、土壤污染事件，污染导致城市水源供水中断事故，转基因生物生态破坏、濒危物种生存环境遭受环境污染、野生动（植）物种群大批死亡事件，自然保护区、风景名胜区生态破坏，进口再生原料污染、非法倾倒、埋藏剧毒危险废物事件，其他环境污染和生态破坏事件

表 8-1(续)

工作组	专项应急委员会	主管单位	突发事件
公共卫生应急管理工作组	综合卫生事件专项应急委员会(指挥部)	市卫生健康委员会	传染病事件；群体性中毒、感染事件；病原微生物、菌毒株事件；群体性不明原因疾病；其他公共卫生事件
	农业农村事件(事故)专项应急委员会(指挥部)	市农业农村局	农作物种子质量安全事件；动物疫情事件；农业病害、虫害、草害、鼠害、外来有害动植物威胁农业生产事件、其他生物灾害；农业机械事故
社会安全应急管理工作组	综合治安事件专项应急委员会(指挥部)	市公安局	群体性事件；重大刑事案件；恐怖袭击事件；涉外突发事件；其他社会安全事件；踩踏事件
	民族和宗教事件专项应急委员会(指挥部)	市民族宗教事务委员会	民族和宗教事件
	信息安全事件专项应急委员会(指挥部)	市委网络安全和信息化委员会办公室	网络安全事件；信息安全事件
	金融安全事件专项应急委员会(指挥部)	市地方金融管理局	金融安全事件；金融基础设施事故

工作组	专项应急委员会	主管单位	突发事件
事故灾难应急管理工作组	综合交通事故专项应急委员会(指挥部)	市交通运输局	水上交通事故；铁路交通事故；城市轨道交通事故；民航事故；公路、铁路、城市轨道交通、水运交通、民航交通设施事故
	特种设备事故，食品药品安全、影响市场稳定事件专项应急委员会(指挥部)	市市场监管局	特种设备事故；食品、药品安全事件，预防接种、医疗器械安全、化妆品安全事件，其他食品药品安全事件；影响市场稳定的突发事件
	雨雪冰冻灾害、燃气和城市桥梁隧道事故专项应急委员会(指挥部)	市城市管理执法委员会	燃气事故；城市桥梁隧道设施事故；雨雪冰冻灾害
	电力事故专项应急委员会(指挥部)	市经济和信息化局	电力基础设施事故；大面积停电事故
	石油天然气(能源)事故专项应急委员会(指挥部)	市发展改革委(能源局)	石油天然气基础设施事故；能源供应中断事故
	通信基础设施事故专项应急委员会(指挥部)	市通信管理局	通信基础设施事故
	道路交通事故专项应急委员会(指挥部)	市公安局交通管理局	道路交通事故

区级突发事件处置机构与市级相似，区人民政府作为区突发事件应急管理工作的行政领导机关；区人民政府设置有区突发事件应急委员会（简称“区应急委”），负责领导、组织、协调本级行政区域内突发事件防范应对工作，并负责指挥处置一般、较大突发事件；区应急委下设办公室，作为其日常的办公机构在区人民政府办公室办公，配备专职工作人员，负责贯彻落实区应急委各项决定，承办市人民政府应急办交办事项，并负责突发事件相关信息的收集、研判与报送工作。

另外，为了保证突发事件处置的科学性和专业性，市、区人民政府和相关应急机构建立专家人才库，聘请专家成立突发事件专家组，充分发挥专业人才优势，充分听取专家的专业性意见，保证处置方案和采取的应急措施具有科学性，必要的时候，可以邀请专家参与现场的处置工作。

二、深圳市突发事件处置机构及职责

深圳市应急管理体系的核心是由市级和区级人民政府组成的，根据突发事件的严重程度，可以将突发事件分为一般（Ⅳ级）、较大（Ⅲ级）、重大（Ⅱ级）、特别重大（Ⅰ级）四个等级，并依次用蓝色、黄色、橙色和红色表示。按照职责划分，市一级负责处置重大和特别重大突发事件；区一级负责处置一般、较大突发事件。同时，深圳市也发挥基层组织和居委会、社区的作用，在“两级政府、三级管理、四级网络”的管理组织体系中，除了两级人民政府需要担负突发事件的处置职责，街道办需要负责突发事件先期处置、基层动员等基础工作；居委会、社区管理站和社区综治办则担负基层警情收集、应急宣传等工作职责。

深圳市（区）负责处置突发事件的机构主要有市（区）处置突发事件委员会（领导机构）、各专业应急机构（市、区安全管理委员会，市、区民防委员会，市、区食品安全委员会，市、区三防指挥部，市、区森林防火指挥部，深圳海上搜寻救助分中心等）、市（区）应急指挥中心（日常办事机构）和区（街道办）处置突发事件委员会（区级、街道领导机构）。还需补充说明的一点是突发事件未有专业应急机构管理的，由分管副市长（副区长）牵头，事件主管单位为具体指挥机构；主管单位不明确的，由市（区）处置突发事件委员会指定。不同机构的功能划分不同，承担的职责也不同，具体如表 8-2 所列。

表 8-2　深圳市突发事件处置机构与职责一览表

组织机构	机构性质	主要职责
市处置突发事件委员会	市级领导机构	协调制定本市突发事件管理的法规、政策和实施办法；协调制定全市突发事件管理总体预案；指挥和协调全市重大和特别重大突发事件的处置；协调调查和处理重大和特别重大责任事故
市各专业应急机构	市级专业机构	制定完善突发事件专项预案；及时确定重大或特别重大突发事件等级与预警级别，启动相关预案，组织指挥有关方面力量参与处置工作；开展专业应急演习和应急宣传教育等工作

表 8-2(续)

组织机构	机构性质	主要职责
市应急指挥中心	市级日常办事机构	草拟突发事件法规、规章和总体预案；整合各项应急资源；规范专项预案；汇总分析信息，提供应急决策服务；建立市预警机制并统筹全市预警信息发布工作；组织综合应急演习；组织、协调和指挥相关部门参与应急处置工作
区处置突发事件委员会	区级领导机构	协调制定本区突发事件管理的规章和实施办法；协调制定全区突发事件管理总体预案；指挥和协调全区相关力量处置一般、较大突发事件，先期处置重大和特别重大突发事件；协调调查和处理一般、较大、重大和特别重大责任事故
区各专业应急机构	区级专业机构	制定完善突发事件专项预案；及时确定较大、重大或特别重大突发事件等级与预警级别，启动相关预案，组织指挥有关方面力量参与处置工作；开展专业应急演习和应急宣传教育工作
区应急指挥中心	区级日常办事机构	草拟突发事件规章和总体预案；整合各项应急资源；规范专项预案；汇总分析信息，提供应急决策服务；建立区预警机制并统筹全区预警信息发布工作；组织综合应急演习；组织、协调和指挥相关部门参与应急处置工作
街道办处置突发事件委员会	街道领导机构	组织指挥各方面力量对突发事件进行先期处置；制定完善辖区内突发事件分预案和专项预案；落实区处置突发事件委员会部署的应急工作；提供现场指挥部运作的相关保障；开展辖区内应急演习和应急宣传教育等工作

深圳市一旦遇到突发事件，启动相应的应急预案时，将会成立应急指挥部。一般情况下，应急指挥部的总指挥由分管应急管理工作的市领导(区领导)担任，一般是主管相关工作的副市长(副区长)；副总指挥则由市(区)应急指挥中心的负责人担任；同时，应急指挥部还包含有市(区)突发事件专业应急机构主要负责人和专家组。应急指挥部成立以后，为了适应处置突发事件的工作需要，将成立应急行动小组，分别是综合协调组、治安救助组、工程抢险组、医疗救护组、信息报送组、新闻宣传组、物资保障组、交通运输组、涉外(港澳台)联络组、环境处理组、调查评估组和善后处理组。

总结起来，深圳市已经形成了以市和区两级处置突发事件委员会为核心的多层级应急管理体系。市(区)处置突发事件委员会居于中心地位，承担领导责任；各专业应急机构、应急指挥中心和下级处置突发事件委员会以及相关专家组成的应急指挥部担负现场统一指挥职责；应急行动小组则满足了处置突发事件的不同环节的工作需求，应急指挥部可以根据工作需要决定启动若干应急行动小组，具体的组织框架图如图 8-4 所示。深圳市构建的“两级政府、三级管理、四级网络”的应急管理体系，在处置突发事件中发挥着重要的作用。首先，应急管理体系按照分级管理和分级响应的原则运行，不同层级的应急机构划分职责，分工配合，可以根据突发事件的等级进行快速分类和高效处置。其次，深圳市的应急组织体系具有市、区、街道办、社区“上下结合、条块结合、纵向到底、横向到边”的特点，可以快速汇集和上报相关信息，为处置突发事件委员会和应急指挥部提供信息决策支持，便于在最短时间内对突发事件做出判断，启动相关应急预案，制定处置方案。最后，深圳市的应急管理体系广泛动员了社会力量和基层群众，包括政府机关、社会团体和志愿者参与处置工作，以群防、群控、群救为核心，建立起了社会动员体系。

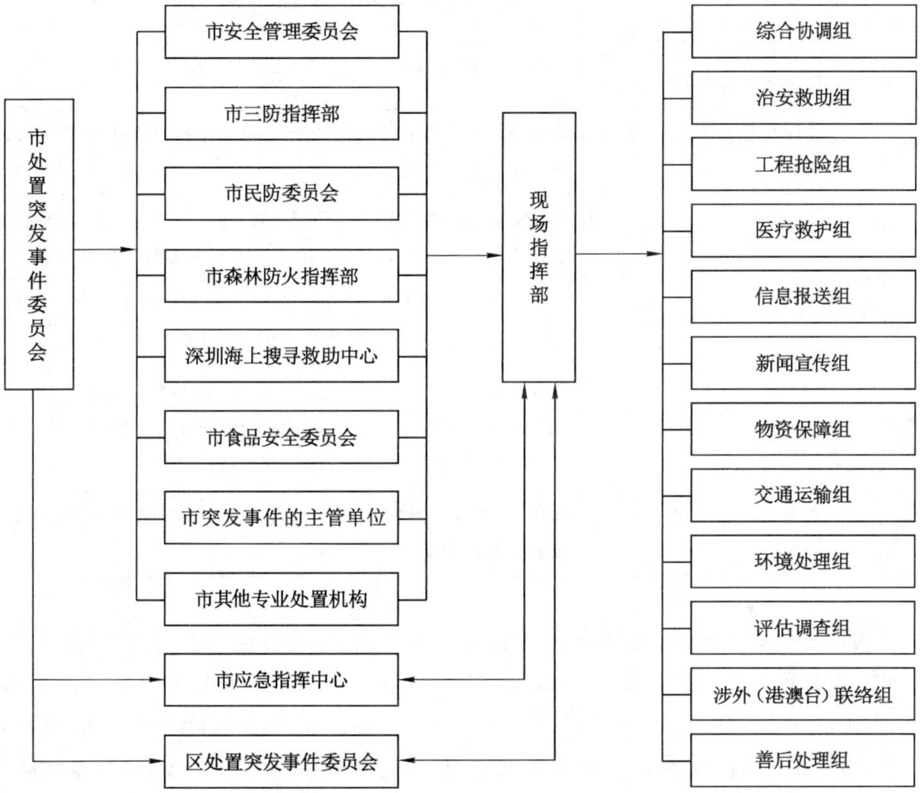

图 8-4　深圳市突发事件应急组织框架图

三、典型案例分析

1. 深圳市防汛机构与职责

深圳市负责防汛防旱防风指挥和协调工作的是设置在市应急管理局的三防指挥部（简称“市防指”）。深圳市的防汛防旱防风工作遵循“地方主责、政府主抓、基层主防、地段主控、群众主动”的原则，各区和街道（乡镇）分别设立三防指挥部，指导和协调本辖区的防汛防旱防风工作。

深圳市三防指挥部有 1 个总指挥，1 个常务副总指挥，6 个副总指挥。其中，总指挥一般由市委书记、市长或常务副市长担任；常务副总指挥由分管副市长担任；副总指挥分别由市政府协助分管市应急管理局的副秘书长，市应急管理局、市水务局、市气象局、深圳警备区、市消防救援支队负责同志担任，具体的职责如表 8-3 所列。

表 8-3 深圳市三防指挥部职责分工一览表

指挥	人员	主要职责
总指挥	市委书记、市长或常务副市长	主持全市三防防御准备和抢险救灾工作;主持市防指年度三防工作会议,研究部署三防工作,决策重大事项
常务副总指挥	分管副市长	协助总指挥组织、指挥、协调全市三防工作
副总指挥	市政府协助分管市应急管理局的副秘书长	协助总指挥、常务副总指挥督促落实各项三防工作
副总指挥	市应急管理局主要负责同志	组织落实市防指各项日常工作;协助总指挥、常务副总指挥督促落实各项三防工作
副总指挥	市水务局主要负责同志	组织落实水情旱情的监测预报预警、重要水工程调度、水利工程险情处置技术支撑等工作;协助总指挥、常务副总指挥督促落实各项三防工作
副总指挥	市气象局主要负责同志	组织落实灾害性天气的监测预报预警及相关技术支撑等工作;协助总指挥、常务副总指挥督促落实各项三防工作
副总指挥	深圳警备区负责同志	根据军地抢险救灾协调联动机制,统一组织驻深部队(含武警部队)参加抢险救灾工作,组织民兵参加抢险救灾工作,协助地方政府转移危险地区的群众,维护社会治安和救援受困群众
副总指挥	市消防救援支队主要负责同志	组织、指挥各级消防救援队伍承担应急抢险救援工作;协助地方政府疏散和营救危险地区的遇险群众

除了三防指挥部以外,深圳市防汛防旱防风工作的其他参与单位还可以分为监测预报单位、综合保障部门、行业监管部门和抢险救援力量四类。监测预报单位需要为指挥部的决策提供信息支持,包括对水情、雨情、旱情、风情、风暴潮及危险边坡隐患点等的监测,及时将信息向指挥部汇报;综合保障部门则需要为整个防控体系的各个环节提供人力和物力保障,保障受灾群众的正常生活需要;行业监管部门则需要督促、指导本行业落实相关防御和应急处置措施;救援力量包含医疗、消防、驻深部队等力量,主要担负着救援和抢险工作,涉及的单位有各区人民政府、市应急管理局、市水务局、市气象局、深圳警备区、市消防救援支队、市委宣传部(市政府新闻办)、市委大湾区办(市港澳办)、市发展改革委、市教育局、市工业和信息化局、市公安局、市民政局、市财政局、市人力资源保障局、市规划和自然资源局、市生态环境局、市住房建设局、市交通运输局、市商务局、市文化广电旅游体育局、市卫生健康委、市市场监管局、市城管和综合执法局、市建筑工务署、市机关事务管理局、市通信管理局、深圳海事局、市红十字会、市地铁集团公司、深圳供电局有限公司、中国电信深圳分公司、中国移动深圳分公司、中国联通深圳分公司、中国铁塔深圳分公司、市水务集团、市燃气集团、深圳报业集团和深圳广电集团等。同时,为了防汛防旱防风工作的实际需要,三防指挥部还设置有12个小组,具体负责防汛防旱防风工作的不同环节,分别是:综合协调小组、抢险突击小组、综合救援小组、治安维稳小组、交通保障小组、物资保障小组、医疗救护及卫生防疫小组、工程抢险小组、灾民安置小组、次生灾害防治小组、公用设施保障小组和宣传小组,各单位的具体职责如表 8-4 所列。

表 8-4　救援力量中各成员单位职责

成员单位	主要职责
各区人民政府	在市防指统一指挥下做好辖区防汛抢险救灾工作
市应急管理局	负责协调处置暴雨期间发生的突发事件；统筹指导各区按预警信号有序开放室内应急避难场所，就近安置受灾人员并发放救灾物资；组织各区核定和报告灾情；指导预防暴雨引发的生产安全事故；组织协调生产安全事故、自然灾害类应急救援和调查处理工作
市住房建设局	负责在建房屋、轨道交通建设工程、市政工程的抢险救灾、维修以及建筑工地内临时建筑物的安全，并协助工地内工人安全撤离；负责组织物业管理机构开展人员疏散和安全防护工作，督促物业公司做好物业管理区域的安全防范工作
市人力资源保障局	负责协调技工院校落实防御措施，必要时指导技工院校停课并安全转移师生；指导各区人力资源部门做好职业培训机构的防御措施落实工作
市交通运输局	负责组织指导协调有关单位和部门做好道路、桥梁、隧道、公用场站、枢纽、航道、人行天桥以及交通标配、标识、标线、护栏等水运交通设施和机场、港口、轨道交通的防汛安全工作，督促做好人员疏散；负责交通建设工程的防汛工作；制定实施抢险救灾交通保障预案，及时抢修损毁的道路、桥梁；组织协调各种交通运力，做好防汛抢险物资和人员输送工作；负责道路交通设施防汛工作，及时修复、加固或拆除存在安全隐患或已损坏的设施，督促做好地铁站防洪排涝
市消防救援支队	负责抢救遇险人员，转移和疏散被困群众，处置暴雨引发的次生灾害，协助地方政府开展灾后重建中的相关工作
市地铁集团公司	负责做好在建地铁工地、运营线路及上盖物业的防汛工作；及时在地铁媒体上发布三防信息，组织开展场站和交通工具人员保护、疏散，组织抢险救灾
深圳警备区	负责做好抢险救灾的相应准备，必要时迅速参与抢险救灾，协助地方政府转移群众
市工业和信息化局	负责协调无线电通信设施抢修及保障，保障抢险救灾无线电通信顺畅
市市场监管局	负责监管应急抢险人员和受灾群众发放食品的安全
市机关事务管理局	负责市防指后勤保障服务工作
广东粤港供水有限公司	负责做好深圳水库的防汛工作；负责供港输水工程防汛抢险救灾
市气象局	负责暴雨等灾害性天气的监测、预报及气象预警信息的发布
市水利局	负责水文观测和预警预报，水务工程设施调度运行及抢险抢修，组织清疏河道，指导排水运管单位抽排积水；加强在建水务工程的度汛管理；协助市应急管理局处置暴雨期间发生的水务工程设施突发事件；为市防指提供抢险技术支撑
市城管和综合执法局	负责对管辖范围内的环卫路面作业设施、城市照明设施、绿化养护设施等市政设施场所进行抢险、抢修，并协助有关单位在监管范围内的危险地带或危险建筑物附近组织警戒，疏散、转移该危险地区的人员、财产
市口岸办	负责深圳口岸在暴雨期间对港交通、通关安全突发事件的应急处置工作；配合协调各口岸因暴雨滞留旅客的疏导工作，维护口岸公共秩序
市发展改革委	负责会同有关部门等单位拟定市级储备物资品种目录、计划和政策，负责救灾物资的收储、轮换和日常管理

表 8-4(续)

成员单位	主要职责
市规划和自然资源局	负责海浪、风暴潮等海洋灾害的预报、监测与预警，及时向市防指提供海洋预报等相关信息；指导各区、相关部门开展地质灾害群测群防、专业监测和预报预警等工作，指导开展地质灾害工程治理工作；督促各区和市相关部门开展地质灾害隐患排查、落实防御措施；协助各区或市相关部门开展地质灾害危险区域人员的转移安置工作
市水务集团	负责实施辖区排水除涝，供水保障工作，及时疏通排水管网，修复水毁供排水管线
市卫生健康委	负责组织医疗卫生救护队伍开展人员救治，负责伤病人员救护及灾区的卫生防疫
市委大湾区办（市港澳办）	负责通知香港方面做好防洪准备，并同步协调港方做好水库泄洪影响区安全管理
市财政局	负责筹措抢险救灾及灾后复产所需经费
市建筑工务署	负责所管辖在建工程的抢险救灾和抢修
深圳海事局	负责海上险情灾情处置
市委宣传部（市政府新闻办）	负责统筹指导重大险情灾情宣传报道；负责协调抢险救灾等舆情引导应对工作
市公安局	负责维持社会治安、指挥灾民的疏散、撤退和陆地的突击救生；负责对道路交通事故进行快速处置，对涉水被困车辆实行紧急救援，协助受灾群众安全转移，确保抢险救灾车辆优先、快速通行
市文化广电旅游体育局	负责组织协调有关单位和部门做好经营性旅游景点（景区）、星级酒店（宾馆）、文体场馆防汛工作；督促景区、文体场馆暂停营业或关闭，组织救护和转移滞留景区、文体场馆内的人员
市政务服务数据管理局	负责配合市防指做好防汛及抢险救灾期间政务数据的归集、管理、分析和安全保障工作；为市防指开通市政府门户网站的信息报送权限，在市政府门户网站开设抢险救灾相关专栏
市民政局	负责福利机构、救助机构的防汛工作，督促协调做好福利机构、救助机构防汛准备及内部人员的安全保护，灾后修复或重建
深圳供电局有限公司、中国电信深圳分公司、中国移动深圳分公司、中国联通深圳分公司、中国铁塔深圳分公司	负责防汛及抢险救灾期间的供电、电信、移动电话的通畅，及时抢修损坏的供电、电信设施
深圳报业集团、深圳广电集团	负责及时、准确报道灾情和救灾工作情况；不间断播报预警信息，及时向公众播报抢险救灾信息，做好宣传报道工作
市教育局	负责教育机构的防汛工作，督促协调做好教学场所防汛准备、在校师生教职员工的安全保护，灾后修复或重建
市燃气集团	负责易涝区域燃气设施的排水排涝工作，及时抢修受损设施，保障供气设施安全运行
市生态环境局	负责洪涝灾害影响区环境监测，处置环境影响突发事件
市商务局	负责协调组织灾民生活必需品的市场供应
市红十字会	负责参与应急救援救护，提供医疗和物资救助

2. 深圳市危险化学品事故应急处置机构及职责

深圳市危险化学品事故应急处置机构主要包含应急指挥部、应急指挥部办公室、应急指挥部成员单位、现场指挥部、应急救援专家组、应急救援队伍等组成，不同的机构职责分工不同，相互配合，能够高效处置危险化学品事故。

第一，应急指挥部组织领导由总指挥、副总指挥、执行总指挥（兼现场指挥部现场指挥官）组成。一般总指挥由分管应急管理工作的副市长担任，副总指挥一般由协助分管应急管理工作的市政府副秘书长、深圳警备区副司令员、市消防救援支队主要负责人担任；执行总指挥则一般由市应急管理局的局长担任。

第二，应急指挥部办公室是应急指挥部的日常办公室，一般都设置在市应急管理局内，承担日常工作，应急指挥部的办公室主任一般由市应急管理局分管应急的副局长担任，办公室联络员由市应急管理局应急指挥和预案管理处（核应急处）负责同志担任。

第三，应急指挥部成员单位是在市处置突发事件委员会的领导下，由应急指挥部统一协调指挥，参与危险化学品事故的处置工作。主要包含单位有：市委宣传部（市政府新闻办）、市委台办、市科技创新委、市工业和信息化局、市公安局、市民政局、市司法局、市财政局、市人力资源保障局、市规划和自然资源局、市生态环境局、市住房建设局、市交通运输局、市水务局、市文化广电旅游体育局、市商务局、市卫生健康委、市应急管理局、市国资委、市市场监管局、市城管和综合执法局、市气象局、市政府外办、市港澳办、深圳警备区、市消防救援支队、深圳海事局、市通信管理局、市总工会、深圳供电局有限公司、深圳水务集团、区人民政府、事发单位、安全研究院和市应急委其他成员单位，具体如图 8-5 所示。

第四，当发生较大（Ⅲ级）危险化学品事故时，需要设置现场指挥部，现场指挥部由应急指挥部办公室牵头，组成人员包含市政府及有关部门负责人、应急救援专家、应急救援队伍负责人、事发单位负责人等。现场指挥部一般设置有 1 位现场指挥官和多个现场副指挥官。一般，现场指挥官由应急管理局局长担任，负责指挥和协调所有现场救援工作；现场副指挥官则应急管理局副局长和其他应急指挥部的成员单位的主要负责人担任，如市政府新闻办主任、广东陆军预备役防化团团长、事发地的区人民政府分管应急管理工作的同志、市消防救援支队现场救援负责人、市生态环境局分管负责人和市交通运输局分管负责人等。同时，现场指挥部下设综合协调组、技术专家组、抢险救灾组、治安疏导组、医疗卫生保障组、舆情新闻信息组、军地联动协调组、后勤保障组、环境气象监测组、涉外（港澳台）联络组、调查评估组、善后工作组等 12 个工作组，现场指挥部可以根据实际工作需要，启动某些工作组。各工作组组长由现场指挥官指定参与抢险救援部门（单位）的现场负责人担任。

第五，应急指挥部办公室可以根据应急工作的实际需要组建危险化学品应急救援专家组，由消防、危险化学品、机械电气、应急处置、建筑工程、环境保护、医疗救护等专业专家组成。危险化学品事故应急救援队伍主要包括综合性应急救援队伍、专业应急救援队伍、企业应急救援队伍、社会应急救援队伍。应急救援队伍应当配备必要的应急救援装备和物资，并定期组织训练。综合性应急救援队伍依托全市综合性消防救援队、专职消防队建立，是危险化学品事故应急救援的主力军。专业应急救援队伍由应急指挥部办公室牵头，各相关部门配合组建。企业应急救援队伍由危险化学品企业依法组建，是危险化学品事故应急救援的基础力量。社会应急救援队伍由具备必要的专业知识、技能和资质的人员组成，是危险化学品事故应急救援的补

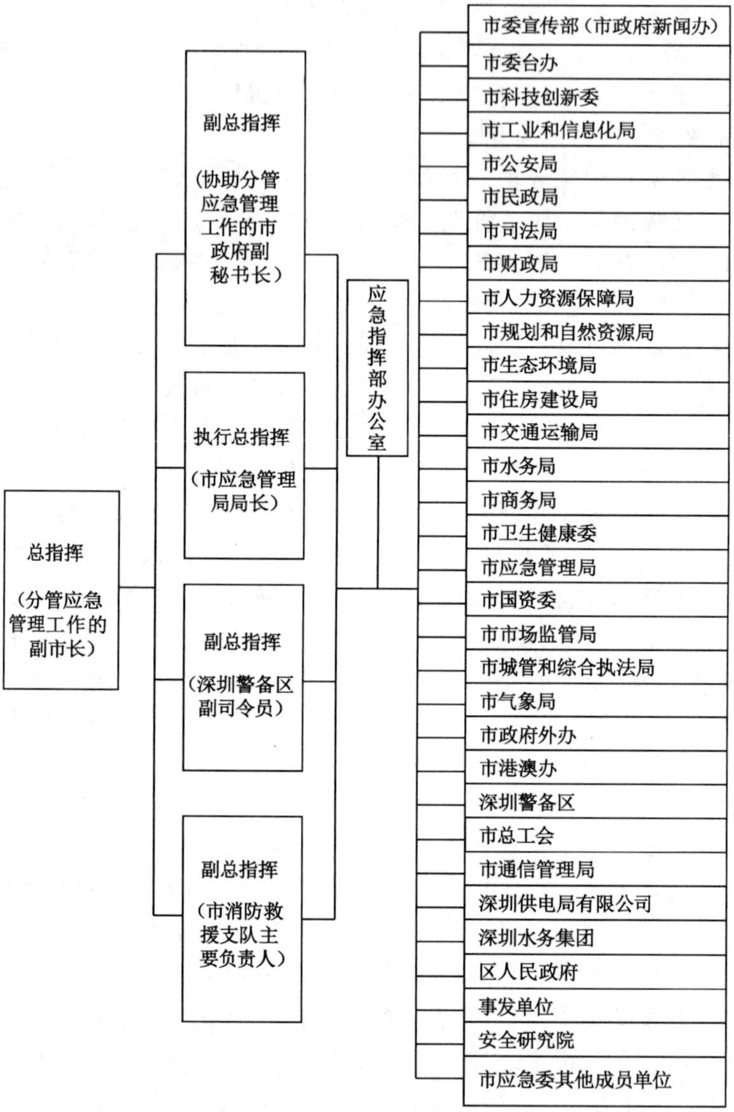

图 8-5　深圳市危险化学品事故应急指挥部设置图

充力量。深圳市危险化学品事故应急处置机构的主要职责如表 8-5 所列。

表 8-5　深圳市危险化学品事故应急处置机构及主要职责

应急机构	主要职责
应急指挥部	贯彻执行防范和应对有关危险化学品事故的法律、法规、规章和政策；确定较大以上有关危险化学品事故的等级及响应级别，按本预案规定的程序启动和结束应急响应，统筹有关力量和资源参与事故的应急处置工作；指挥、协调各区开展有关危险化学品事故预防和应急救援工作；指挥、协调应急指挥部成员单位和市级应急救援力量参与应急救援工作；决定和批准抢险救援工作的重大事项；落实上级领导批示（指示）相关事项

表 8-5(续)

应急机构	主要职责
应急指挥部办公室	组织开展应急指挥部应急值守相关工作;统筹危险化学品救援抢险应急物资及装备的储备、调用;组织落实应急指挥部决定,协调、调动成员单位开展危险化学品事故应急救援相关工作;组织收集、分析有关工作信息,及时上报危险化学品事故重要信息;组织发布危险化学品事故预警信息;配合有关部门承担危险化学品事故新闻发布工作;建设和完善危险化学品事故应急指挥平台,纳入全市应急平台体系;组织开展本市危险化学品事故应急演练、培训、宣传工作;组织、协调有关应急队伍、专家的建设和管理;负责开展市危险化学品事故应急预案编制、修订和评审工作,督促指导和抽查各区开展危险化学品事故预防与应急准备工作;承担应急指挥部日常工作
应急指挥部成员单位	各成员单位按照应急指挥部的统一指挥,按照应急响应级别,按照预案的要求和应急指挥部的部署,参与危险化学品事故的应急处置工作
现场指挥部	根据救援工作需要,成立应急工作组,指挥各部门参与事故救援,指定承担事故核心区救援指挥工作的具体部门;组织制定应急处置方案,向各应急工作组下达工作任务;督促各应急工作组按照救援任务制定工作方案并实施,接受各工作组的工作汇报;负责现场处置沟通协调、督查督办、信息报送、材料汇总等综合工作;针对事故引发或可能引发的次生、衍生事故(如环境污染),适时通知相邻地区人民政府;根据处置需要,决定依法调用和征用有关单位或个人的设备、设施、场地、交通工具等应急资源;及时向市应急委、应急指挥部报告应急救援处置、事态评估情况和工作建议,落实市政府有关决定事项和市领导批示、指示;发现可能直接危及应急救援人员生命安全的紧急情况时,应当立即采取相应措施消除隐患,化解或者降低风险,必要时可以暂时撤离应急救援人员;根据救援工作需要,提请应急指挥部按报批程序请求驻深部队参加应急救援行动;组织现场指挥部的会晤、政务活动等
应急救援专家组	对事故的发展趋势、抢险救援方案、专业处置方案等提出意见和建议,为应急抢险救援行动的决策、指挥提供技术支持;对事故可能造成的危害进行预测、评估;根据行政主管部门的安排,参与应急演练及事故调查
应急救援队伍	负责扑救事故现场火灾和组织人员搜救;根据危险化学品事故处置需要,负责前沿指挥部指挥工作;按照队伍各自特点负责危险化学品事故现场应急处置和应急保障,与综合性应急救援队伍协同完成救援任务,并提供专业技术支持,接受综合性应急救援队伍现场负责人指挥。建立应急值班制度,配备应急值班人员,加强日常训练与考核,提高实战技能,发挥救援队伍在预防性检查、安全技术服务等方面的作用;负责本单位危险化学品事故的先期处置和应急救援工作,配合综合性应急救援队伍、专业应急救援队伍开展抢险救援;定期进行预防性检查,消除事故隐患,并建立预防检查档案;按照编制的危险化学品事故应急预案,定期组织演练;参与防灾避险、疏散安置、急救技能等应急知识的宣传、教育和普及工作,在力所能及的技术领域协助开展应急救援工作

3. 深圳市金融突发事件应急处置机构及职责

深圳市处置金融突发事件的专向应急指挥机构是市处置突发事件委员会下设的市金融突发事件应急指挥部,负责组织、协调和指挥金融突发事件相关的各项工作。市金融突发事件应急指挥部设置有 1 名总指挥,一般由分管副市长担任;1 名副总指挥,一般由市政府协助分管金融、应急工作的副秘书长担任;1 名执行总指挥,一般,由市地方金融管理局主要负责同志担任,原则上同时兼任现场指挥部的现场指挥官。

市金融突发事件应急指挥部的成员单位有市委宣传部、市信访局、市发展改革委、市经贸信息委、市财政委、市市场监管局、市公安局、市审计局、市国资委、市地税局、市法制办、市应急办、市地方金融管理局、市国税局、人民银行深圳市中心支行、深圳银监局、深圳证监局、深圳保监局、深圳证券交易所、各区人民政府(新区管委会)。必要时,邀请市中级人民法院、市检察院参加。同样,市金融突发事件应急指挥部也设有日常办公室(市金融突发事件应急指挥部办公室,简称"市金融应急指挥办"),一般设置在市地方金融管理局,负责办公室日常工作。办公室主任由市地方金融管理局分管金融风险的副局长担任。区级的金融突发事件应急处置机构由各区人民政府(新区管委会)建立,市级金融突发事件应急处置机构可以对其工作进行指导和检查。同时,市金融突发事件应急指挥部还成立金融突发事件应急专家组,提供专业性的指导和技术支持,各应急机构的主要职责如表 8-6 所列。

表 8-6　深圳市金融突发事件应急处置机构及职责

处置机构	主要职责	处置机构	主要职责
市金融突发事件应急指挥部	组织、协调和指挥金融突发事件的各项应对工作	区级金融突发事件应急领导机构	及时启动相应的应急响应,组织做好应对工作
市金融突发事件应急指挥部办公室	负责收集、整理、上报有关信息资料;向有关单位通报金融突发事件信息;提出是否启动应急响应的建议;督促、检查、指导、协调各成员单位落实应急措施情况;按照市金融突发事件应急指挥部的要求组织召集会议;收集、保管并于事后移交有关档案;提出修订应急预案的建议;组织成员单位做好政策的宣传和解释工作;完成市金融突发事件应急指挥部交办的其他事项	市委宣传部(市政府新闻办)	指导金融突发事件牵头处置部门开展舆论引导和新闻应对工作,制定舆论引导和新闻应对工作方案,起草新闻通稿,组织新闻发布会,并协调新闻媒体开展新闻报道,做好重大金融突发事件的舆情监控和引导工作
人民银行深圳市中心支行	加强对金融行业领域敏感性、重要性问题的调查、监督、预警,加强对有关金融风险动态分析、研判;协助有关部门落实金融突发事件信息处置的有关工作	深圳银监局	对深圳市银行业敏感问题、重要问题进行调查、监测、预警,对银行业有关风险问题进行认定,落实银行业突发事件应对处置工作
深圳证监局	对深圳市证券、期货业敏感问题、重要问题进行调查、监测、预警,对证券、期货业有关风险问题进行认定,落实证券、期货业突发事件应对处置工作	深圳保监局	对深圳市保险业敏感问题、重要问题进行调查、监测、预警,对保险业有关风险问题进行认定,落实保险业突发事件应对处置工作
市公安局	及时发现并搜集线索,对金融突发事件中涉嫌经济犯罪的行为及时依法立案侦查;对涉嫌经济犯罪的单位或个人依法采取强制措施,依法查询、冻结、扣押涉案资产,最大限度挽回损失;组织警力维护社会秩序,控制事态发展	专家组	为重大金融突发事件应急处置工作的决策、指挥提供技术支持

4. 深圳市突发公共卫生事件处置机构与职责

同其他突发事件的处置机构相似，突发公共卫生事件的处置也包含市和区人民政府、应急指挥机构、相关成员单位、专家组和其他社会力量等方面。

第一，市、区人民政府。市、区人民政府统筹辖区内突发公共卫生事件应急工作，主要担负的职责有健全公共卫生应急管理体制机制，建立稳定的公共卫生事业投入保障制度，加强疾病预防控制体系和应急救治体系建设，提升突发公共卫生事件应急管理能力和水平。街道办事处负责辖区内突发公共卫生事件应急具体工作。

第二，应急指挥机构。市处置突发事件委员会是负责处置和管理突发公共卫生事件的领导机构，市应急指挥中心是其日常办事机构。市突发公共卫生事件应急处置领导小组(以下简称领导小组)，由市政府分管副市长担任组长，市政府分管副秘书长、市卫生健康委主任担任副组长，市应急指挥中心、市发展改革委、市教育局、市公安局、市民政局、市财政局、市劳动和社会保障局、市交通运输局、市气象局及深圳出入境检验检疫局和各区人民政府等部门相关负责人任成员。领导小组办公室设在市卫生健康委，作为其日常办事机构。市卫生健康委应急办公室负责日常事务处理。市应急指挥机构统一领导、组织、协调、指挥特区突发公共卫生事件应急工作，区应急指挥机构负责组织、实施辖区内突发公共卫生事件应急工作。突发公共卫生事件应急响应期间，市、区应急指挥机构代表本级人民政府发布、实施突发公共卫生事件应急相关决定、命令。

第三，相关成员单位。例如卫生健康部门负责组织和指导突发公共卫生事件的监测预警、事件报告、风险评估、预防控制和医疗救治，加强公共卫生监督管理，开展健康知识和应急技能的培训和教育；市场监管部门负责重大食品安全事故类突发公共卫生事件应急处置工作；市、区疾病预防控制机构负责组织开展重大疾病、重大公共卫生问题以及突发公共卫生事件的监测、调查、分析和评估，提出预防控制重大疾病和公共卫生应急措施的意见、建议。

第四，现场指挥部和应急工作组。突发公共卫生事件发生后，卫生行政部门根据事件性质，向领导小组提出成立现场指挥部的建议。现场指挥部成立后，可启动《深圳市突发事件总体应急预案》中12个基本应急组的若干组，及时参与处置工作。根据处置突发公共卫生事件的需要，增加疾病防治和医疗救护2个基本应急工作组。

第五，专家委员会。市人民政府组织成立突发公共卫生事件应急专家委员会。专家委员会由预防医学、临床医学、卫生检验检疫、卫生管理、应急管理、卫生经济、食品安全、心理学、社会学、法学、新闻传播学等相关领域的专家组成，并可以根据需要成立专项工作专家组。专家委员会主要履行下列职责：指导突发公共卫生事件应急预案的拟订和评估；评估和研判突发公共卫生事件及其趋势；分析评估重大传染病疫情输入本市的风险；对突发公共卫生事件应急处置重大决策和防控措施提出专家意见和专业技术依据；对突发公共卫生事件应急救治方案提出专家意见；参与突发公共卫生事件应急处置专业技术人员的技术指导和培训；指导对社会公众开展突发公共卫生事件应急知识教育和技能培训；提出突发公共卫生事件公众沟通、媒体宣传策略和建议。专家委员会依法形成的意见应当作为市、区人民政府及其相关部门做出突发公共卫生事件相关决策的重要参考。

第六，其他社会力量。国家机关、企事业单位、群团组织、社会组织和个人应当积极参与、配合突发公共卫生事件应急工作。社区基层组织应当协助做好社区突发公共卫生事件应急工作。支持慈善组织、志愿者服务组织等依法有序参与突发公共卫生事件应急防控工作。

四、地方政府突发事件机构职责存在问题及改进建议

上文以武汉市和深圳市为例，详细介绍了地方政府处置突发事件的领导机构、专业机构、日常办事机构和突发事件的主管单位。随着我国应急管理体制机制的不断完善和行政机构改革的不断推进，地方政府在突发事件主管机构的职责上更加明晰，但还是存在一些问题，具体如下：

(1) 突发事件主管主责机构交叉，职责划分不明晰

地方政府制定的总体应急预案中，为了适应应急管理工作的现实需要，对突发事件的主管和主责机构都进行了划分。现实中，存在突发事件主管机构交叉现象，同一类别的突发事件存在多部门协管，但却无实际主管主责部门，各部门相互推诿，出现“谁都能管，谁都不管”局面，造成职责管理混乱，尤其以基层应急机构更为严重，出现“既有交叉重叠又有空白缺失”的现象。同时，街道(乡镇)和社区(村)没有承担起突发事件先期报告和先期处置的应急职责。突发事件主管和主责机构划分不明，导致突发事件处置效率低下。最后，现实中也存在针对同一类型的突发事件引发不同灾害的主责主管部门的职责划分不明的情况，尤其是在基层应急机构和部门表现得尤为突出。例如，水利部门在防洪工作方面与国土资源部门在预防地质灾害如山洪、泥石流等方面存在职责交叉。

(2) 突发事件主管权和行动权脱离，职责缺乏支撑体系

一般来说，突发事件的处置需要应急指挥和应急救援的相互协调配合。实际中，突发事件的主责主管部门与应急救援队伍之间并非隶属关系，部分主责主管部门虽对突发事件主责主管，但“有将无兵”需依赖专业化的应急救援队伍实施应急救援。同时，突发事件主责主管部门与应急救援专业队伍并无常态化的沟通协调机制，造成应急指挥与应急救援不协调，导致突发事件的处置工作效率低下。最后，在部分部门中也存在只有职责却没有支撑体系的现象。例如防汛工作，应急管理部门无法指挥水利部门各水库、河道监测人员完成防汛监测的基础性工作。

(3) 缺乏各部门的联合工作机制，部门间协调度不够

当前，突发事件的性质日益复杂化，应急管理工作也将面临更加复杂的局面，而突发事件的处置，往往需要多个职能部门的相互配合才能实现。在本次抗击 COVID-19 疫情的过程中，卫生部门是疫情的主责主管部门，但抗击疫情需要多部门的协同配合，如道路交通部门、后勤保障部门和公安部门等多个部门的通力合作。现实中，往往是突发事件发生时，成立应急指挥部，负责协调各部门参与突发事件的处置，但应急指挥部是临时性的应急指挥机构，各部门并无常态化的联合工作机制，彼此之间缺乏信息共享和协调联动机制。同时，各地政府应急办机构设置不一，职责规定不同，影响协调、枢纽职能的发挥。

(4) 日常预防和规划不到位，重“战时”、轻“平时”

当前，在党中央和国务院的高度重视下，各级地方政府在突发事件的处置方面实现了巨大的进步，各主责主管部门基本能够在突发事件发生时，按照应急预案规定履行相

关应急管理职能。但各级地方政府及主责主管部门往往重视“战时”紧急应对,轻视“平时”的预防和规划工作。例如,城市内涝问题,诸多城市都存在严重的城市内涝问题,但是城市道路交通和排水管道的规划工作和城市内涝的预防工作缺位,导致城市内涝年年发生。地方政府及主责主管部门的规划和预防突发事件的意识薄弱,缺乏长期规划和预防预警机制。

以上是地方政府及主责主管部门存在的共性问题,这些问题在不同地区和不同部门或许有不同的形式,但是都将影响到地方政府及主责主管部门履行应急管理职责。针对这些问题,给出如下可供借鉴的改进意见:

(1) 明确职责归属划分,建立严肃问责制度

针对当前地方政府及主责主管部门存在多处职责交叉同时又有空白缺失并存的局面,主要从理清机构交叉乱象,明确职责划分和建立严肃问责制度三个方面进行解决。首先,在制定应急预案时,必须将突发事件与事件主责主管部门建立对应关系,针对不可预知的突发事件,也必须指定主责协调部门。其次,明确职责划分,进行职责的整合和归并,交叉职责应当归并,空白缺失职责应当补齐。最后,建立严肃问责制度,定期针对主责主管机构的领导干部的履职情况进行考评,纳入工作绩效和晋升考核中,对履职不力的领导干部进行严肃问责。

(2) 保障主管权和行动权的统一,完善职责配套支撑体系

主责主管单位的主管权和行动权的统一是保证突发事件高效处置的必要条件,现实中却存在主责主管单位有职权无职能的现象。针对这一现象,需要保证职权和职能的统一划分。在机构改革的过程中,部分职能部门的应急管理职责合并到应急管理部门,同时相应的职能也应当进行整合,需要完善职责的配套支撑体系,保障职责和职权的统一。最后,应当整合现有的专业应急救援人员,打造高素质的综合性救援队伍,强化应急管理部门与应急救援队伍工作上协同配合和体制机制上的深度融合。

(3) 建立常态化部门联合工作机制,增强各部门的协调性

突发事件的复杂性及衍生的次生灾害处置往往需要多部门的配合。第一,建立以应急管理部门为核心的常态化的多部门联合工作机制,不单纯依赖应对突发事件时成立的临时指挥部。这一工作机制以应急管理部门为核心,其他主责主管部门协调配合,针对同一类型的突发事件引发的各种衍生灾害进行协调和沟通,例如水利部门、地质部门和国土资源部门在防范洪涝灾害及其衍生的泥石流和山体滑坡等其他灾害方面的协调沟通。第二,建立各部门的信息沟通共享机制,应急演练参与协调机制,整合各部门的应急平台,实现多部门信息的共享互通和应急联动,增强各部门工作联动的协调性。第三,部分突发事件的处置不仅需要同一级人民政府和各主责主管机构之间的协调配合,更需要跨区域的协调合作,应当规范地方政府及相关主责主管部门的职责划分,增强区域协调性。

(4) 强化预防和规划意识,建立常态化的预防机制和长远性规划

首先,应当强化地方政府及相关主责主管机构的预防意识,建立常态化的预防机制,定期进行应急预案演练,加强应急管理人员的管理培训和专业救援人员的技能训练,加大面向公共的宣传力度,形成包括应急管理人员、专业救援人员以及社会大众在内的全社会对突发事件的预防意识。其次,建立常态化的突发事件的预防机制,按照主责主管

单位的职责划分，分别建立配套的预防机制，加强对潜在突发事件的监测预警。最后，地方政府应当针对目前辖区内多发频发的突发事件进行长期规划，并纳入地方长期发展规划中，例如城市内涝问题，应当将城市交通道路规划、下水道网络规划和人工湖建设纳入城市建设总体规划中。

总结起来，我国地方政府及主责主管部门伴随着我国应急体制机制和应急预案体系的不断完善，突发事件应急处置职责划分也更加明晰，各级政府、职能部门、专业应急机构等的履职能力也有了大幅度提升。但是我国地方政府及其职能部门处置突发事件时，在职责划分和履职方面还是存在一些短板和不足之处，需要在下一步行政机构改革中进行优化和完善。在大应急时代，推进地方政府及相关职能部门应对突发事件职责的进一步落实和明晰，对提升地方政府应对突发事件的效率具有重要意义。

参考文献

[1] 北京市人民政府. 北京市人民政府关于印发《北京市突发事件总体应急预案(2021 年修订)》的通知:京政发〔2021〕19 号[A/OL]. (2021-08-06)[2022-10-15]. https://www.beijing.gov.cn/zhengce/zfwj/202108/t20210806_2457870.html.
[2] 曹杰,朱莉. 现代应急管理[M]. 北京:科学出版社,2011.
[3] 陈安,陈宁,倪慧荟,等. 现代应急管理理论与方法[M]. 北京:科学出版社,2009.
[4] 陈安,陈宁,武艳南,等. 现代应急管理技术与系统[M]. 北京:科学出版社,2011.
[5] 陈安. 现代应急管理:理论体系与应用实践[J]. 安全,2019,40(6):1-14,88.
[6] 陈冲. 重大地质灾害应急响应技术支撑体系分析[J]. 江西建材,2016(20):219.
[7] 陈辉,贺姗姗,陈洋,等. 我国突发事件应急体系建设的实践创新与思考[C]//公安部,民政部,国家行政学院. 2015 应急管理研讨会论文集. 北京:[出版者不详],2015:14-23.
[8] 陈建安,刘建波,吕红频. 全面加强应急预案管理 着力健全公共安全体系:《突发事件应急预案管理办法》解读[J]. 中国减灾,2014(11):16-19.
[9] 陈锐志,王磊,李德仁,等. 导航与遥感技术融合综述[J]. 测绘学报,2019,48(12):1507-1522.
[10] 陈一洲,杨锐,苏国锋,等. 应急装备资源分类及管理技术研究[J]. 中国安全科学学报,2014,24(7):166-171.
[11] 崔晓涛. 新形势下消防装备科学化管理分析[J]. 科学技术创新,2017(21):108-109.
[12] 第十三届全国人民代表大会第一次会议关于国务院机构改革方案的决定[J]. 中华人民共和国全国人民代表大会常务委员会公报,2018(2):266-269.
[13] 董泽宇. 德国应急救援体系及其启示[J]. 中国应急管理,2011(11):51-55.
[14] 段华明. 应急管理体制机制研究[M]. 北京:社会科学文献出版社,2017.
[15] 范维澄,陈涛. 国家应急平台体系建设现状与发展趋势[C]//中国灾害防御协会. 中国突发事件防范与快速处置优秀成果选编. [出版地不详:出版者不详],2009.
[16] 付荣国. 应急通信技术浅析[J]. 信息系统工程,2016(4):87-88.
[17] 高小平,刘一弘. 我国应急管理研究述评(上)[J]. 中国行政管理,2009(8):29-33.
[18] 高小平. 整体性治理与应急管理:新的冲突与解决方案[J]. 公共管理与政策评论,2018,7(6):3-10.
[19] 高小平. 中国特色应急管理体系建设的成就和发展[J]. 中国行政管理,2008(11):18-24.
[20] 工业和信息化部,四川省人民政府,甘肃省人民政府,等. 汶川地震灾后通信基础设施重建规划[J]. 电信软科学研究,2009(7):13-22.
[21] 郭济. 政府应急管理实务[M]. 北京:中共中央党校出版社,2004.

[22] 国家安全监管总局国际交流合作中心培训处. 德国的应急救援管理体系[J]. 劳动保护,2013(9):27-29.

[23] 国家安全监管总局国际交流合作中心培训处. 美国应急平台及其支撑体系考察报告[J]. 中国应急管理,2008(1):50-53.

[24] 贺定超. 推进中国特色应急管理法律法规体系建设[J]. 中国应急管理,2018(6):39-41.

[25] 黄东方. 我国应急救援装备管理现状与对策[J]. 广东化工,2018,45(14):185-186.

[26] 黄东方. 我国应急救援装备体系的构建[J]. 消防科学与技术,2019,38(1):134-137.

[27] 黄宏纯. 应急管理科技支撑体系研究[D]. 武汉:武汉理工大学,2013.

[28] 黄军利. 国外煤矿应急救援技术装备综述[J]. 煤矿安全,2016,47(9):233-236.

[29] 姜玉欣. 风险社会与社会预警机制:德国社会学家贝克的"风险社会"理论及其启示[J]. 理论学刊,2009(8):79-82.

[30] 蒋明,张世富,张冬梅,等. 美国应急装备体系分析[J]. 中国应急救援,2014(5):39-43.

[31] 雷晓康. 责任保险:政府应急管理成本的有效分担[J]. 理论学刊,2018(5):40-47.

[32] 李红敏. 江苏省应急管理 GIS 方案设计与应用研究[D]. 南京:南京邮电大学,2010.

[33] 李金生,宋丹丹,胡荣. 技术自主创新的公众风险认知偏差形成机理研究[J]. 中国科技论坛,2016(11):115-120.

[34] 李立国. 我国应对重大自然灾害取得显著进步[J]. 求是,2013(10):10-12.

[35] 李维梁,黄宽. 电力系统应急管理机制研究[J]. 山东行政学院山东省经济管理干部学院学报,2010(6):28-30.

[36] 李妍. 地方政府自然灾害应急管理体系建设研究[D]. 湘潭:湘潭大学,2011.

[37] 李尧远. 应急预案管理[M]. 北京:北京大学出版社,2013.

[38] 李宇. 我国突发事件应急平台建设的思考[J]. 中国减灾,2013(17):26-29.

[39] 李震. YY 区政府应急管理信息化建设研究[D]. 呼和浩特:内蒙古大学,2010.

[40] 梁骥超,解建仓,姜仁贵,等. 面向城市内涝的应急管理流程及快速应对方案研究[J]. 中国防汛抗旱,2019,29(2):10-15.

[41] 梁永朵,王艳,黄祖超,等. 国外自然灾害应急管理体系对我国应急管理工作的启示[J]. 防灾科技学院学报,2009,11(3):130-132.

[42] 林德尔,普拉特,佩里. 应急管理概论[M]. 王宏伟,译. 北京:中国人民大学出版社,2011.

[43] 林鸿潮,杨佩琳. 应急救援队伍体系的法治化完善路径[J]. 中国应急救援,2023(3):4-8,15.

[44] 刘楠. 建立健全应急救援队伍是提升新时代应急管理能力的关键[J]. 中国应急管理,2019(12):15-16.

[45] 刘念. 武汉城市洪涝问题及防治对策[J]. 绿色科技,2017(8):168-169,171.

[46] 刘文俭,井敏. 法国应急管理的特点与启示[J]. 行政论坛,2011,18(3):92-96.

[47] 刘亚岚. 3S 技术在应急管理中的应用[J]. 高科技与产业化,2011(3):66-67.

[48] 吕东亮. 1998 年湖北抗洪大事记[J]. 党史天地,2008(增刊):74-84.

[49] 吕欣，蔡梦思，陈彬. 桌面推演技术前沿及发展趋势[J]. 中国科学基金，2021，35(5)：742-751.
[50] 马奔，毛庆铎. 大数据在应急管理中的应用[J]. 中国行政管理，2015(3)：136-141，151.
[51] 莫天庆. 浅谈应急通信技术发展趋势[J]. 中国新通信，2016，18(15)：1.
[52] 莫于川. 国外应急法制的七个特点[J]. 中国应急管理，2007(3)：56-60.
[53] 牟明福. 发达国家应急管理理念探析[J]. 中共贵州省委党校学报，2015(2)：100-105.
[54] 普拉茨. 法国化工风险预防和应急预案实践[J]. 吴大明，译. 劳动保护，2019(1)：37-39.
[55] 钱海婷. 突发事件中公众风险认知的理论模型述评[J]. 情报杂志，2015，34(5)：141-145，168.
[56] 钱祖桥，战勤处，弓立新. 全面加强森林消防队伍应急保障能力建设[J]. 中国应急管理，2019(11)：40-41.
[57] 清华大学美国应急平台考察团. 美国应急管理的运行机制[J]. 劳动保护，2013(9)：21-23.
[58] 阮欣，尹志逸，陈艾荣. 风险矩阵评估方法研究与工程应用综述[J]. 同济大学学报(自然科学版)，2013，41(3)：381-385.
[59] 闪淳昌，薛澜. 应急管理概论：理论与实践[M]. 北京：高等教育出版社，2012.
[60] 深圳市清水河化学危险品仓库"8·5"特大爆炸火灾事故[J]. 化工劳动保护(安全技术与管理分册)，1998，19(6)：18-21.
[61] 时训先，蒋仲安，邓云峰，等. 重大事故应急救援法律法规体系建设[J]. 中国安全科学学报，2004，14(12)：45-48.
[62] 苏野. 地方政府应对突发事件应急处置流程模式初探[J]. 中国应急管理，2007(8)：48-50.
[63] 隋欣. 基于 GIS 系统的公路规划与管理[J]. 黑龙江交通科技，2009，32(11)：93，96.
[64] 孙继平，钱晓红. 煤矿事故与应急救援技术装备[J]. 工矿自动化，2016，42(10)：1-5.
[65] 孙继平，钱晓红. 煤矿重特大事故应急救援技术及装备[J]. 煤炭科学技术，2017，45(1)：112-116，153.
[66] 唐黎标. 美国灾害紧急救援管理的主要特点[J]. 劳动保护，2004(4)：84-85.
[67] 唐晓雪. 浅谈应急物流在中国的发展[J]. 现代经济信息，2014(09)：400，407.
[68] 童星. 中国应急管理的演化历程与当前趋势[J]. 公共管理与政策评论，2018，7(6)：11-20.
[69] 汪永清. 中华人民共和国突发事件应对法解读[M]. 北京：中国法制出版社，2007.
[70] 王宝明. 民营经济与政府管理的中外比较[J]. 江南论坛，2006(5)：34-36.
[71] 王宏伟. 应急管理导论[M]. 北京：中国人民大学出版社，2011.
[72] 王久平. 立足当前 着眼长远 整体规划 科学构建应急管理法制体系：访中国政法大学法治政府研究院教授、博士生导师、应急法研究中心主任林鸿潮[J]. 中国应急管理，2019(11)：30-33.
[73] 王雷，赵秋红，王欣. 应急管理技术与方法[M]. 北京：北京航空航天大学出版社，2016.

[74] 王莉莉,薛艳杰.德国技术救援体系的装备及标准浅析[J].标准科学,2019(6):131-136.

[75] 王丽.基于SOA架构的应急平台数据交换与共享系统研究与实现[D].天津:河北工业大学,2012.

[76] 王伟,张佳.陕西省突发环境事件应急指挥系统建设案例研究[C]//陕西省科学技术协会,陕西省应急管理办公室,陕西省人民代表大会常务委员会.2012年应急管理与科技研讨会论文集.[出版地不详:出版者不详],2012:263-269.

[77] 王雅莉.我国城市安全管理与应急机制的建设[J].青岛科技大学学报(社会科学版),2006,22(3):1-6.

[78] 王亚奇,王点,胡友雪,等.应急准备体系建设的目标及路径探讨[J].中国应急管理,2022(3):24-35.

[79] 文彬,姚翔,庞辉,等.国内外应急产业科技发展现状及建议[J].设备管理与维修,2017(6):12-14.

[80] 吴祥佑,徐玫.多层次可持续巨灾保险体系的构建[J].经济体制改革,2008(5):26-30.

[81] 筱雪,吴雅琼,吕志坚,等.日本应急管理的最新进展研究[J].中国软科学,2009(S2):198-202.

[82] 肖建红,江虹.建立综合应急救援队伍体系的思考[J].中国安全生产,2019,14(09):40-42.

[83] 薛澜,钟开斌.国家应急管理体制建设:挑战与重构[J].改革,2005(3):5-16.

[84] 阳谦尚,李宏良,万井江.法国重大工业事故应急能力建设[J].劳动保护,2019(1):32-36.

[85] 杨卫军.国外典型应急指挥系统建设和软件平台功能模型简介[J].警察技术,2007(4):28-30.

[86] 杨月巧.应急管理概论[M].北京:清华大学出版社,2016.

[87] 姚国章,陈建明.应急通信新思维:从理念到行动[M].北京:电子工业出版社,2014.

[88] 姚国章.典型国家突发公共事件应急管理体系及其借鉴[J].南京审计学院学报,2006,3(2):5-10.

[89]《应急救援系列丛书》编委会.应急救援装备选择与使用[M].北京:中国石化出版社,2008.

[90] 于魏华.中外应急管理模式的比较与借鉴[J].中国管理信息化,2015,18(9):231-234.

[91] 袁宏永,黄全义,苏国锋,等.应急平台体系关键技术研究的理论与实践[M].北京:清华大学出版社,2012.

[92] 袁宏永,李鑫,苏国锋,等.我国应急平台体系建设[J].中国减灾,2013(17):20-23.

[93] 袁辛奋,胡子林.浅析突发事件的特征、分类及意义[J].科技与管理,2005,7(2):23-25.

[94] 翟良云.英国的应急管理模式[J].劳动保护,2010(7):112-114.

[95] 张海波.新时代国家应急管理体制机制的创新发展[J].人民论坛·学术前沿,2019(5):6-15.

[96] 张磊,王心,郭海涛.突发公共卫生事件的应急管理[J].中国急救复苏与灾害医学杂志,2010,5(10):942-943.
[97] 张沛,潘峰.现代城市公共安全应急管理概论[M].北京:清华大学出版社,2007.
[98] 张乔.政府应急平台的构建研究[D].长春:吉林大学,2011.
[99] 张小明,麻名更.突发事件应急管理科技支撑体系建设[J].行政管理改革,2013(5):57-63.
[100] 张雪丽,王睿,董晓鲁,等.应急通信新技术与系统应用[M].北京:机械工业出版社,2010.
[101] 赵飞,傅承主,矫涌本,等.国内外突发公共卫生事件应急指挥系统建设研究[J].中国卫生信息管理杂志,2012,9(2):25-29,61.
[102] 赵科,姬鹏华,张晓明,等."大智移云"背景下京津冀城市群协同应急救援信息平台建设研究[J].内江科技,2019,40(11):83-84.
[103] 赵鹏,周芙蓉,刘文国.瓮安事件背后[J].瞭望,2008(28):10-11.
[104] 赵秋红,郗蒙浩.非常规突发事件应急管理体系的组织设计:理论、方法与应用[M].北京:科学出版社,2017.
[105] 赵媛媛.我国应急管理体系的现状、问题以及完善[J].时代金融,2012(9):254.
[106] 赵正宏.事故应急救援的成功经验与失败教训[J].中国科技成果,2008(16):32-35.
[107] 正圆.应急预案依标准 评估工作要规范:《生产经营单位生产安全事故应急预案评估指南》解读[J].广东安全生产,2020(3):56-57.
[108] 中华人民共和国应急管理部.生产经营单位生产安全事故应急预案编制导则:GB/T 29639—2020[S].北京:中国标准出版社,2020.
[109] 朱正威,吴佳.中国应急管理的理念重塑与制度变革:基于总体国家安全观与应急管理机构改革的探讨[J].中国行政管理,2019(6):130-134.
[110] FRANKS A P,MADDISON T. A simplified method for the estimation of individual risk[J]. Process safety and environmental protection,2006,84(2):101-108.
[111] HAO M,ZHANG J L,NIU R Q,et al. Application of BeiDou navigation satellite system in emergency rescue of natural hazards:a case study for field geological survey of Qinghai-Tibet plateau[J]. Geo-spatial information science,2018,21(4):294-301.
[112] LIU W M,HU G Y,LI J F. Emergency resources demand prediction using case-based reasoning[J]. Safety science,2012,50(3):530-534.
[113] MARKOWSKI A S,MANNAN M S. Fuzzy risk matrix[J]. Journal of hazardous materials,2008,159(1):152-157.
[114] MCCOURT A D,SUNSHINE G,RUTKOW L. Judicial opinions arising from emergency preparedness,response,and recovery activities[J]. Health security,2019,17(3):240-247.
[115] PACIAROTTI C,CESARONI A. Spontaneous volunteerism in disasters,managerial inputs and policy implications from Italian case studies[J]. Safety science,2020,122:104521.